NATIONAL GEOGRAPHIC TRAVELER

GRIECHENLAND

NATIONAL GEOGRAPHIC TRAVELER

GRIECHENLAND

Mike Gerrard

INHALT

RÜCKSICHTSVOLL REISEN 6

DIE REISE PLANEN 8

Geschichte & Kultur 13
Griechenland heute 14 | Essen & Trinken 20 | Griechenland damals 22
Special: Die Olympischen Spiele 40 | Kunst & Kultur 42

Athen 51
Special: Das antike Drama 60 | Zu Fuß durch die Plaka 70

Attika 89
Mit dem Auto durch Attika 98

Peloponnes 103
Special: Heinrich Schliemann 112 | Mit dem Auto durch die Mani 122

Mittelgriechenland, Thessalien, & Epirus 137
Zu Fuß durch Ali Paschas Ioannina 162

Makedonien & Thrakien 167
Special: Die Götter der Griechen 172 | Mit dem Schiff um den Berg Athos 188
Special: Griechenlands Vogelwelt 198

Euböa 203
Mit dem Auto durch Nordeuböa 208

Ägäische Inseln 215
Saronische Inseln 218 | Sporaden 224
Nordostägäische Inseln 228 | Special: Große griechische Dichter 234
Kykladen 240 | Dodekanes 256
Zu Fuß durch die Altstadt von Rhodos 262

Kreta 273
Special: Arthur Evans 284 | Zu Fuß durch die Samaria-Schlucht 296

Korfu & Ionischen Inseln 307
Mit dem Auto: Die zwei Gesichter Korfus 316 | Special: Homer & die *Odyssee* 326

REISEINFORMATIONEN 333
Hotels & Restaurants 343

REGISTER 265 | BILDNACHWEIS 270

Seiten 2–3: Abendstimmung auf Santorin; linke Seite: Kirchenvorplatz in Olymbos, Karpathos

RÜCKSICHTSVOLL REISEN

Umsichtige Urlauber brechen voller Neugierde auf und kehren reich an Erfahrungen nach Hause zurück. Wer dabei rücksichtsvoll reist, kann seinen Teil zum Schutz der Tierwelt, zur Bewahrung historischer Stätten und zur Bereicherung der Kultur vor Ort beitragen. Und er wird selbst reich beschenkt mit unvergesslichen Erlebnissen.

Möchten nicht auch Sie verantwortungsbewusst und rücksichtsvoll reisen? Dann sollten Sie folgende Hinweise beachten:

- Vergessen Sie nie, dass Ihre Anwesenheit einen Einfluss auf die Orte ausübt, die Sie besuchen.

- Verwenden Sie Ihre Zeit und Ihr Geld nur auf eine Weise, die dazu beiträgt, den ursprünglichen Charakter eines Ortes zu bewahren. (Auf diesem Weg lernen Sie ein Land auch sehr viel besser kennen.)

- Entwickeln Sie ein Gespür für die ganz besondere Natur und das kulturelle Erbe Ihres Urlaubslandes.

- Respektieren Sie die heimischen Bräuche und Traditionen.

- Zeigen Sie den Einheimischen ruhig, wie sehr Sie das, was den besonderen Reiz ihres Landes ausmacht, zu schätzen wissen: die Natur und die Landschaft, Musik, typische Gerichte, historische Dörfer oder Bauwerke.

- Scheuen Sie sich nicht, mit Ihrem Geldbeutel Einfluss zu nehmen: Unterstützen Sie möglichst solche Einrichtungen oder Personen, die sich um die Bewahrung des Typischen und Althergebrachten bemühen. Entscheiden Sie sich für Läden, Restaurants, Gaststätten oder Reiseanbieter, denen offensichtlich an der Bewahrung ihrer Heimat gelegen ist. Und meiden Sie Geschäfte, die den Charakter eines Ortes stören.

- Wer auf diese Weise reist, hat mehr von seinem Urlaub, und er kann sicher sein, dass er seinen Teil zum Erhalt und zur Verbesserung eines Ortes oder einer Landschaft beigetragen hat.

Diese Art des Reisens gilt als zeitgemäße Form eines sanften, auf Nachhaltigkeit bedachten Tourismus; NATIONAL GEOGRAPHIC verwendet dafür auch den Begriff des „Geo-Tourismus". Gemeint ist damit ein Tourismus, der den Charakter eines Ortes – seine Umwelt, seine Kultur, seine natürliche Schönheit und das Wohlergehen seiner Bewohner – nicht aus den Augen verliert. Weitere Informationen zum Thema gibt es im National Geographic's Center for Sustainable Destinations unter www.nationalgeographic.com/travel/sustainable.

NATIONAL
GEOGRAPHIC
TRAVELER

GRIECHENLAND

ÜBER DEN AUTOR

Mike Gerrard, der für seine Reisebeschreibungen mehrere Preise erhalten hat (den Travelex Travel Writers Award der Outdoor Writers; Guide Awards für hervorragende Fotodokumentationen und Reportagen sowie den Preis der British Guild of Travel Writers für die „Beste Reportage aus dem Vereinigten Königreich"), kam Ende der 60er-Jahre zum ersten Mal nach Griechenland und war von Land und Leuten auf Anhieb begeistert. Seither ist er jedes Jahr mindestens einmal dort und hat bereits Reiseführer über Athen, das griechische Festland, die Inseln und Korfu geschrieben. Seine Reiseberichte sind weltweit in Zeitschriften und Zeitungen wie der Londoner *Times* und der *Washington Post* zu lesen. Bei den Recherchen zu einem Artikel für die *Times* arbeitete er eine Woche lang auf der Insel Zakynthos als Kellner und ist seither großzügiger beim Spendieren von Trinkgeldern.

Die Reise planen

Griechenland gilt als die Wiege der europäischen Zivilisation und hat doch mehr zu bieten als die antiken Überreste, die es im Überfluss besitzt: die Akropolis, das antike Olympia und Knossos, um nur drei zu nennen. Daneben gibt es Strände und bezaubernde Inseln, auf denen man herzliche Gastfreundschaft pflegt. Dramatische Naturlandschaften findet man auf Kreta und im Pindosgebirge – oft von nur wenigen Reisenden besucht.

In einer Woche

Falls es Ihre erste Griechenlandreise ist und Sie nur eine Woche Zeit haben, gibt es gute und schlechte Nachrichten. Die schlechte ist, dass Sie nur einen oberflächlichen Eindruck bekommen von dem, was dieses faszinierende Land zu bieten hat. Die gute ist: Was auch immer Sie unternehmen, Sie werden eine tolle Zeit haben! Jede Reise sollte in Athen beginnen und enden und das nicht nur, weil dort der größte internationale Flughafen liegt. Seit den Sanierungen anlässlich der Olympischen Spiele 2004 ist Athen zu einem wunderbaren Reiseziel geworden. Viele Bereiche der Plaka und der Akropolis sind für Fußgänger umgestaltet worden, und das ausgezeichnete U-Bahnsystem bringt Sie überall hin. Zwei oder drei Tage in dieser einzigartigen antiken Stadt ermöglichen Ihnen nicht nur den Besuch der beiden Hauptsehenswürdigkeiten, der Akropolis und des Archäologischen Nationalmuseums, sondern auch den einiger anderer toller Sammlungen der Stadt. Das Benaki-Museum, das Museum für kykladische Kunst, das frisch renovierte Byzantinische und Christliche Museum und das Museum für islamische Kunst sind gute Beispiele für ausgezeichnete moderne Ausstellungshäuser.

Leicht von Athen aus erreichbar ist die antike Ausgrabungsstätte von Delphi am Fuß des Parnass. Zusammen mit Olympia und Knossos gehört sie zu den Hauptattraktionen Griechenlands. Nicht nur wegen ihrer historischen Bedeutung,

Die aufwendigen Details des Kraters von Derveni zeigen Szenen mit Dionysos

auch ihre Lage über den Olivenhainen ist fast magisch. Mit dem Bus von Athen aus ist es ein bequemer Tagesausflug, aber Sie können auch ein Auto mieten, die Nacht in der Stadt Delphi verbringen und die Anlage gleich morgens besuchen, bevor es zu voll wird.

Eine Griechenlandreise wäre nicht komplett, ohne wenigstens eine der Inseln zu besuchen. Mit Athen als Ausgangsbasis ist das kein Problem. Die vier größten der Saronischen Inseln sind von dort leicht erreichbar. Mit den guten Fährverbindungen von Piräus aus kann man in Ägina beginnen, einen Halt am Apheatempel einlegen (der älter als der Parthenon ist) und dann ein Boot zu der kleinen Insel Poros nehmen. Eine andere Möglichkeit wäre die Künstlerinsel Hydra. Wo auch immer Sie Halt machen, nehmen Sie sich die Zeit zu entspannen, frischen Fisch am Hafen zu essen und griechisches Lebensgefühl zu genießen.

Wenn Sie mehr Zeit haben

Viele Besucher machen zwei Wochen Ferien auf dem Festland oder den Inseln. Im Sommer sind daher die beliebtesten Inseln stark überfüllt. Wenn Sie frei über Ihre Zeit verfügen, bieten sich viele Möglichkeiten: Athen und Delphi sind natürlich ein Muss, aber anstelle sich auf die dicht bei Athen liegenden Inseln zu beschränken, könnten Sie eine Woche oder mehr auf einer anderen Insel Ihrer Wahl verbringen.

NICHT VERSÄUMEN:

Den wunderschönen Parthenon in Athen **54–55**

Athens tolles Archäologisches Nationalmuseum **82–83**

Die Ruinen von Delphi, einst Zentrum der griechischen Welt **144–147**

Das antike Olympia, Stätte der ersten Spiele **130–133**

Eine Wanderung durch die Samaria-Schlucht **296–297**

Die beeindruckenden Überreste des Palasts von Knossos auf Kreta **280–285**

Meteora-Klöster hoch auf den Felsen in Thessalien **152**

Die hübsche Stadt Nauplia, erste Hauptstadt des Landes **114**

Ein Besuch der Kykladen, den griechischen Inseln schlechthin **240–255**

Ausreichend Zeit für eine ruhigere Insel wie Tilos einplanen, um selbst zu entdecken, was Griechenland so besonders macht **272**

Flugzeuglektüre

Die griechische Mythologie ist vor Ort so allgegenwärtig, dass zumindest ein oberflächliches Verständnis nötig ist, um das Land zu würdigen. Wenn Sie in der westlichen Welt aufgewachsen sind, wissen Sie bereits mehr als Sie ahnen. Falls nicht, entspannen Sie sich, der Flug nach Griechenland reicht allemal für ein wenig Lektüre. Die folgende Leseliste soll Sie auf dem Laufenden halten. Für eingefleischte Mythologie-Fans geht nichts über die klassischen Werke von Homer, Euripides, Sophokles, Aischylos und andere antike Autoren – es reicht ein einzelnes Werk um sich Klarheit zu verschaffen. Gustav Schwabs „Sagen des klassischen Altertums" ist das Standardwerk zur griechischen Mythologie. 1883 zum ersten Mal herausgegeben. Etwas aktueller ist Gerhard Finks „Who is who in der griechischen Mythologie". Um die kulturelle Bedeutung der Mythologie zu verstehen, lesen Sie Joseph Campbells „Der Heros in tausend Gestalten" von 1949.

Das Kastell und die Kirche von Astypalea mit Blick auf das Meer

Ist Feilschen erlaubt?

Wenn Ihnen in einem Souvenirladen in Athen etwas zu teuer erscheint, können Sie einen niedrigeren Preis vorschlagen und die Reaktion des Verkäufers abwarten. Auf Wochenmärkten machen Sie ein Angebot oder fragen nach Preisnachlass beim Kauf mehrerer Artikel. Eventuell gehen einige Händler mit dem Preis herunter, aber wirkliches Feilschen ist unüblich, das finden Sie eher in der benachbarten Türkei. Um ein paar Euros zu sparen, können Sie in jedem Fall nach Steuernachlässen für Touristen fragen. Auf Wochenmärkten wird eher Bargeld akzeptiert als Kreditkarten.

Die Inseln: Mit den zahlreichen Flügen und schnellen Fährverbindungen von Piräus aus, dem Hafen von Athen, bietet sich Inselhopping an. Ein wenig Planung und Recherche ist nötig, aber jede der Inseln lohnt sich. Kreta, die größte Insel, bietet alles an einem Fleck: ruhige und lebhafte Küsten, Berge, die zum Wandern einladen, pittoreske Hafenstädte wie Chania und Rethimnon, stolze Bewohner sowie Kultur, Musik und gutes Essen sowie zahlreiche archäologische Stätten, von denen Knossos die größte und bekannteste ist. Die Kykladen sind vielleicht die schönste Inselgruppe, mit zwei Schmuckstücken – Santorin mit seinen schwarzen Sandküsten und Mykonos, bekannt für sein Nachtleben. Der Dodekanes bietet viel Abwechslung, vom lebhaften Rhodos zu kleineren Inseln wie Tilos und Chalki. Die südlichsten Inseln der Gruppe sind besonders im Frühling wunderschön. Die Ionischen Inseln sind schwieriger zu erreichen, vielleicht konzentrieren Sie sich daher auf

Korfu, eine hübsche Insel mit vielen Möglichkeiten. Nahe an Italien gelegen, zeigen hier die Gebäude den Einfluss byzantinischer, venezianischer, französischer und britischer Vergangenheit.

Das Festland: Das griechische Festland bietet ebenfalls viele Möglichkeiten, Sie können sich also auch ganz gegen die Inseln entscheiden. Eine Woche auf der Peloponnes könnte den Besuch antiker Stätten wie Olympia und Mykene beinhalten, hübsche Städte wie die alte Hauptstadt Nauplia, Strände, die denen der Inseln in nichts nachstehen, sowie die raue Landschaft der Mani. Sie können auch nach einem Delphibesuch von Athen aus Richtung Norden reisen, in den wildesten Teil Griechenlands, das Pindosgebirge und Makedonien. Dies ist ein Gebiet für Naturfreunde und Wanderer. In Ostmakedonien liegt Griechenlands zweitgrößte Stadt, das quirlige Thessaloniki, daneben die Ferienzentren Chalkidiki und die „Mönchsrepublik", der Berg Athos. Weiter östlich folgt Thrakien, das an die Türkei grenzt. Die Region ist ein nur wenig besuchter Teil des Festlandes und wird Ihnen das Gefühl geben, das „echte Griechenland" zu entdecken. ■

Umgangsformen: Wichtige Floskeln

Griechisch wird nicht gerade von vielen Menschen gesprochen und jeder Versuch daher mit viel Enthusiasmus gewürdigt. Prägen Sie sich ein paar einfache Floskeln ein:

Parakalo	Bitte
Efcharisto	Danke
Signomi	Entschuldigung
Kali mera	Guten Morgen
Kali spera	Guten Abend
Kali nichta	Gute Nacht
Kala	Gut
Nä	Ja
Ochi	Nein
Endaxi	Okay

Achtung: Meist verwendet man den ganzen Tag „*kali mera*" und geht erst gegen Abend zu „*kali spera*" über. „*Kali nichta*" sagt man nur, um jemandem eine gute Nacht zu wünschen, den man am selben Abend nicht mehr sieht.

Reisezeit

Für Griechenland ist das ganze Jahr Reisezeit. Ob Sie im Sommer oder Winter kommen, Sie werden die Reise genießen. Dennoch sollte man den August besser meiden, nicht nur, weil es wegen der Hauptreisezeit sehr voll ist, sondern auch wegen der Temperaturen, die bis auf 38 °C klettern können, v. a. in Athen ist es dann sehr unangenehm.

Im Winter kann es regnen und die Temperaturen bei 10 °C liegen, genauso gut kann man aber blauen Himmel und Temperaturen um die −6 °C erleben. Die besten Reisezeiten sind Frühling und Herbst, es gibt wenig Niederschlag, angenehme Temperaturen und weniger Reisende, sodass die Gastgeber Zeit haben, sich mit ihren Besuchern zu befassen. Im Frühling blühen die Wildblumen und die Landschaft ist üppig grün. Falls Sie in die Berge möchten, bietet sich eine Reise Ende Mai an, wenn der Schnee schmilzt und die Pfade wieder passierbar sind.

Ein besonders guter Reisezeitpunkt ist Ostern, da dann viele Feierlichkeiten stattfinden. Ostern ist das bedeutendste Fest im griechischen Kalender. Allerdings fallen die Daten nur selten mit dem christlichen Kalender zusammen, da sie nach einem anderen System berechnet werden, also prüfen Sie die Termine vorab.

Geschichte & Kultur

Griechenland heute 14–19

Essen & Trinken 20–21

Griechenland damals 22–39

Special: Die Olympischen Spiele 40–41

Kunst & Kultur 42– 50

Erlebnis: Ein wenig Griechisch gefällig? 49

Minoisches Wandgemälde aus der Zeit um 1600 v. Chr.

Das gern fotografierte Kloster Roussano in Meteora wurde um 1288 gegründet

Griechenland heute

Was ist Griechenland? Griechenland ist der Parthenon über den Dächern von Athen, der an die lange Geschichte des Landes erinnert. Griechenland ist ein tiefblauer Himmel über türkisblauem Meer, dazwischen würfelförmige weiße Häuser am Berghang über einem Hafen – das Bild, das Touristen auf die griechischen Inseln lockt.

Aber Griechenland ist viel, viel mehr als das. Es ist ein Land mit einer einzigartigen Kultur, einer einzigartigen Sprache, wilden Landschaften und einem gastfreundlichen Volk.

Zwar finden viele Besucher nicht die Zeit für einen Abstecher in Gegenden abseits der Touristenzentren. Doch auch sie erleben fast immer jene besondere Atmosphäre, die dieses Land von allen anderen unterscheidet. Wohl niemanden lässt es unbeeindruckt, wenn er beim ersten Aufenthalt in Griechenlands geschäftiger Hauptstadt feststellt, dass über den Straßen keine Wolkenkratzer aufragen, sondern ein über 2500 Jahre altes Gebäude, das überdies zu den schönsten der Architekturgeschichte gehört. Der erste Anblick des Parthenon ist ein faszinierendes Erlebnis, ganz gleich wie gut man ihn von Postkarten und Fotos zu kennen meint.

Der erste Anblick des Parthenon ist ein faszinierendes Erlebnis, ganz gleich wie gut man ihn von Postkarten zu kennen meint.

Schon ein kurzer Aufenthalt in Griechenland bietet Gelegenheit, mehrere der wichtigsten Sehenswürdigkeiten kennen zu lernen wie z.B. das Archäologische Nationalmuseum in Athen, das eine Vielzahl von sehenswerten einheimischen Exponaten zeigt, oder die Ruinen von Delphi mit ihrem eigentümlichen magischen Zauber. Eine vergnügliche Kreuzfahrt durch die Inselwelt bringt Sie nach Rhodos mit seiner mittelalterlichen Altstadt, über deren Hafeneinfahrt sich angeblich einst der berühmte Koloss erhob, oder nach Kreta, wo die rekonstruierten Ruinen des Königspalastes von Knossos an die bedeutende Kultur der Minoer erinnern. Und auf keinen Fall sollten Sie sich einen der einfachsten und doch größten Genüsse entgehen lassen, die Griechenland zu bieten hat: ein köstliches Essen im Freien am Ufer des Meeres, und das oftmals zu einem Preis, wie er so günstig in kaum einem anderen westeuropäischen Land zu finden ist.

Wenn Sie länger bleiben, stehen Sie vielleicht vor der Frage, ob Sie die Tage nur auf einer der vielen kleinen Eilande verbringen oder ob Sie von Insel zu Insel reisen, um zu erleben, dass jede ihr ganz eigenes Flair besitzt. Gehen Sie auf dem Festland mit einem Mietwagen auf Erkundungsfahrt und Sie werden in Orten, in die sich nur wenige Touristen verirren, freundlich willkommen geheißen; besichtigen Sie die großen klassischen Sehenswürdigkeiten wie Delphi oder Olympia frühmorgens oder am späten Nachmittag und Sie werden diese

Athens Stadtteil Plaka bietet viele Straßencafés für die Bummelnden

Die Kirche der Heiligen Apostel und der Tempel des Hephaistos in Athen

stimmungsvollen Plätze fast für sich allein genießen können; oder wandern Sie durch die Berge, besuchen Sie Seen und andere Naturschönheiten, die im Ausland fast unbekannt sind, und Sie werden das Gefühl haben, in diesem ungewöhnlichen Land ein privilegierter Gast zu sein.

Mentalität

Zwar gibt es in der griechischen Sprache kein Wort für Gast, sondern nur die Begriffe *xenos* (Fremder) und *episkeptis* (Besucher), doch die alte Tradition, derzufolge ein fremder Besucher automatisch als Gast des Landes, des Ortes, ja des eigenen Hauses behandelt wird, ist noch weithin lebendig. Die Gastfreundschaft, der Sie in einem griechischen Haushalt begegnen, ist oft überwältigend. Wenn Sie ein schönes Bild an der Wand bewundern, kann es passieren, dass Sie es als Geschenk mit nach Hause nehmen. Und wenn Sie über Land wandern, werden Bauern Ihnen Obst schenken, während andere Sie in ihr Haus winken, um Sie mit einem Getränk oder mit Brot und Käse zu bewirten.

Die meisten Griechen schätzen nichts so sehr wie ein lebhaftes Streitgespräch. Nicht von ungefähr ist das Land die Heimat der Philosophie und der gelehrten Diskussion, und auch heute trifft man in fast jedem *kafenio* (Café) auf eine Männerrunde, deren Teilnehmer in eine lautstarke Debatte verwickelt sind, wobei sie heftig gestikulieren und auf Tisch und Stühle einschlagen. Es mag um die nächsten Wahlen gehen oder auch nur um den aktuellen Preis für Honig oder Fisch – meist sieht es aus, als würden gleich die Fäuste fliegen. In Wirklichkeit liegen die Standpunkte oft gar nicht so weit auseinander, und der vermeintliche Streit ist nur Ausdruck der Debattierleidenschaft. Die griechische Gesellschaft ist weithin recht patriarchalisch geprägt und so sind es in der Regel nur die Männer, die in den Cafés sitzen, um den Lauf der Welt zu besprechen. Die *kafenia* sind eine Domäne der Männer, in die sich nur selten eine griechische Frau verirrt – nicht weil sie dort belästigt würde, sondern weil es schlicht nicht üblich ist. Ausländerinnen können sich unbesorgt alleine oder in Gruppen in einem Café niederlassen – für sie gelten ohnehin andere Regeln. Ganz allgemein gibt es, was die Stellung der Frau betrifft, große Unterschiede zwischen Athen, wo Frauen in Führungspositionen nichts Ungewöhnliches sind und von den Männern problemlos akzeptiert werden, und ländlichen Gegenden, wo die Geschlechterrollen noch immer traditionellen Mustern folgen und der Platz der Frau im Haus ist.

Familie

Im Haus führen meist die Frauen das Regiment. Auch wenn es kein Mann, der sich nach außen stolz als Familienoberhaupt präsentiert, öffentlich zugeben würde, sind griechische Frauen in der Regel sehr selbstbewusst und charakterstark. Die Familie steht für alle Griechen im Mittelpunkt ihres Daseins, und das nicht nur auf dem Land. Kinder wohnen oft zu Hause, bis sie heiraten, und selbst nach der Hochzeit leben manche Paare bei den Eltern der Frau oder des Mannes, bis sie sich eine eigene Unterkunft leisten können. Wenn ein alter Mensch stirbt, übersiedelt sein Ehepartner meist zu den Kindern, ist es doch für viele Griechen unvorstellbar, einen alten Menschen allein leben zu lassen. Außerhalb Athens trifft man selten auf Bettler, und wenn, so sind es meist illegale Einwanderer aus Albanien oder anderen Balkanländern. Griechische Familien lassen ihre Angehörigen nicht im Stich.

Religion

Religion und Familie gehören in Griechenland eng zusammen. Rund 98 Prozent der Griechen sind griechisch-orthodox, wenn auch nicht notwendigerweise besonders fromm. Viele praktizieren ihren Glauben vor allem anlässlich von Hochzeiten, Taufen und Beerdigungen. Aber auch die Got-

Tischsitten

In Griechenland wird – wie in den meisten Mittelmeerländern – spät gegessen. Wenn Sie einen Tisch in einem gefragten Restaurant ergattern möchten, haben Sie zu einem frühen Zeitpunkt bessere Chancen. Wenn Sie sich mit Griechen zum Essen verabreden, kann es später werden als vereinbart, da sie oft einen sehr dehnbaren Zeitbegriff haben. Lediglich in angesagten Lokalen, in denen man schwierig einen Tisch bekommt, erscheint man mehr oder weniger pünktlich. Kinder essen üblicherweise mit den Erwachsenen, auswärts zu essen ist eine Familienangelegenheit und Familie hat einen hohen Stellenwert. Trotzdem werden die Kinder oft an einen separaten Tisch neben die Erwachsenen gesetzt. Auf diese Weise ist jeder zufrieden.

tesdienste am Sonntagmorgen dienen den Bewohnern eines Dorfes oder Stadtviertels als gesellschaftlicher Treffpunkt. Sie dauern ungewöhnlich lang – oft drei Stunden oder auch länger –, doch nur wenige Griechen nehmen an der gesamten Liturgie teil. Sie kommen zu einem beliebigen Zeitpunkt zur Kirche, bleiben eine Weile, gehen wieder hinaus, um vor der Tür ein Schwätzchen zu halten, und schauen später noch einmal herein. Auswärtige Besucher sind jederzeit willkommen, und die Atmosphäre in den Gottesdiensten ist ebenso unkompliziert und zugleich ernsthaft wie die Griechen selbst.

Jeder Gedenktag eines Heiligen wird in jeder nach ihm benannten Kirche gefeiert ... mit Feuerwerk, Umzügen und Darbietungen.

Feste & Feiern

Fast jeden Tag findet irgendwo in Griechenland ein großes Fest statt, wird doch der Gedenktag jedes Heiligen rund um jede nach ihm benannte Kirche in großem Stil gefeiert – und es gibt viele Heilige und viele Kirchen in Griechenland. Die Gäste erwartet ein buntes Programm mit Umzügen, Festessen, künstlerischen Darbietungen und vielfach einem abendlichen Feuerwerk. Manchmal sind an ein oder zwei Tagen im näheren Umkreis die Läden geschlossen.

Die meisten Feste in Griechenland haben einen kirchlichen Hintergrund und bieten Gelegenheit zu ausgiebigem Essen und Trinken, Tanzen und Musizieren. Oft wird der Festtag am Vorabend mit einem Gottesdienst eingeleitet. Diesem folgt ein üppiges Mahl und danach spielen Musikanten zu traditionellen Tänzen auf. Am nächsten Tag wiederholt sich das Ganze, wobei häufig noch eine Prozession sowie Darbietungen von Kindern und weiteren Musik- und Tanzgruppen hinzukommen. Nach Prozession und Gottesdienst steht wieder ein großes gemeinsames Festessen auf dem Programm, das ebenfalls von Musik und Tanz begleitet wird. Die Griechen feiern gern und ausgiebig – zuweilen mehrere Tage hintereinander bis spät in die Nacht.

Die Griechen & das Meer

Seit jeher sind die Griechen ein Volk von Seefahrern, und lange Zeit verdankte das Land einen großen Teil seines Wohlstands den Reederdynastien, von denen die Familie Onassis sicher die bekannteste ist. Bedenkt man, dass zu Griechenland rund 2000 Inseln gehören, ist das enge Verhältnis der Menschen zum

Meer sicher nichts Ungewöhnliches. Für die Bewohner der Inseln ist die Fähre ein so alltägliches Verkehrsmittel wie andernorts das Auto oder die Eisenbahn. Dennoch sind viele Griechen nicht sehr seefest.

In vielen Städten und Dörfern auf den Inseln und an den zerklüfteten Küsten des Festlands ist der Fischfang nach wie vor ein wichtiger Erwerbszweig. Große Fangflotten sind allerdings die Ausnahme; die meisten Fischer arbeiten auf eigene Rechnung und fangen gerade genug für den Bedarf der Familie sowie für den Verkauf auf dem örtlichen Markt.

Die Landwirtschaft

Auch heute noch ist Griechenland in hohem Maß agrarisch geprägt, und bis zum Aufkommen des Massentourismus war die Landwirtschaft noch vor Seehandel und Fischfang der bei weitem wichtigste Erwerbszweig. Eines der Hauptanbauprodukte sind nach wie vor Oliven. Das aus ihnen gewonnene Öl gehört – wie die Oliven selbst – nicht nur zu den bedeutendsten Exportgütern, auch die Griechen selbst verbrauchen pro Kopf mehr Olivenöl als jedes andere Volk der Erde. ■

Der Wohn- und Schlafraum eines Hauses auf Karpathos

Essen & Trinken

Verwurzelt in einer 3000-jährigen Tradition, verbindet die griechische Küche dank der geographischen Lage des Landes mit ihren einfachen und doch köstlich zubereiteten Speisen die Kochkunst Europas mit der des Orients.

Der besondere Reiz der griechischen Küche liegt in ihrer Einfachheit. Ein langsam über Holzkohle gegrilltes Stück Lammfleisch oder frisch gefangener Fisch, serviert mit einem Zitronenschnitz und einem bunten Salat, schmecken oft besser als raffinierte Kompositionen.

Deutlich verbessert hat sich in den letzten Jahren die Qualität der griechischen Weine. War einst das Sortiment wirklich guter Tropfen eher klein, so gewinnen Weine aus Griechenland heute manch internationale Auszeichnung. Eine Spezialität des Landes ist Retsina, mit Harz versetzter Weißwein, dessen Marktanteil jedoch auch in Griechenland nur etwa 15 Prozent beträgt.

Essgewohnheiten

Ebenso wie in anderen Mittelmeerländern wird in Griechenland eher spät gegessen. Mittagessen gegen 14 Uhr, abends gegen 21 Uhr oder später. Touristen werden natürlich auch früher bewirtet.

Als Vorspeisen sind Dips wie *taramasalata* (eine Creme aus Kabeljaurogen), Tsatsiki (*tzatziki*, Joghurt mit Gurkenstückchen und Knoblauch) oder *mezedhes*, eine Mischung verschiedener Häppchen, beliebt. Eines der bekanntesten griechischen Gerichte ist sicherlich Moussaka (*musakas*), ein köstlicher und leicht bekömmlicher, oft mit einer Béchamelsauce überbackener Auflauf aus mehreren Schichten Hackfleisch, Auberginen und Kartoffelscheiben. Unter den Fleischgerichten rangiert an erster Stelle Lammfleisch, doch fast überall gibt es auch Rind- und Schweinefleisch sowie Geflügel. Bei Fischgerichten sollte auf der Speisekarte vermerkt sein, ob der Fisch frisch oder tiefgekühlt ist. (Eine Liste der gängigsten Fischsorten finden Sie auf S. 385.)

Getränke

Der beliebteste Aperitif in Griechenland ist Ouzo, ein klarer Anisschnaps, der sich milchig eintrübt, wenn man ihn mit Wasser verdünnt. Viele Griechen bevorzugen ihn allerdings pur und lassen das dazu servierte Wasser stehen oder trinken es zum „Nachspülen" hinterher. Beim Cafébesuch nach dem Essen bestellt man dann gerne einen Weinbrand wie den bekannten Metaxa, der je nach Dauer der Lagerung in vier Varianten angeboten wird – mit drei, fünf, sieben oder zwölf Sternen. Ein anderer beliebter Verdauungstrunk ist der mit dem italienischen Grappa vergleichbare Raki, von dem es ebenfalls schärfere und weichere Sorten gibt, die jedoch alle einen hohen Alkoholgehalt aufweisen. ■

Frisches Obst und Gemüse vom Markt sind die Grundlagen vieler griechischer Gerichte

Griechenland damals

Nicht wenige Regionen dieser Welt erheben den Anspruch, Wiege der Zivilisation zu sein; die Wiege der europäischen Kultur mit Kunst, Philosophie und den Urformen der Demokratie aber stand zweifellos in Griechenland. Schon Cicero schrieb über Athen: «Wo man auch hintritt, trifft man auf Erinnerungen an die Vergangenheit.»

Die Steinzeit

In Griechenland wurden vergleichsweise wenige Zeugnisse der Altsteinzeit, der frühesten Epoche der Menschheit, entdeckt. Dass menschliche Kultur hier also offenbar erst spät Fuß fassen konnte, macht ihr rasches Aufblühen vom 3. Jahrtausend v. Chr. an umso erstaunlicher. Der älteste bedeutsame menschliche Überrest aus Griechenland ist ein einzelner Schädel aus der Zeit vor dem Aufkommen der Neandertaler, der in einer Höhle rund 50 Kilometer südöstlich von Thessaloniki geborgen wurde.

Man weiß, dass schon um 200 000 v. Chr. Menschen in Griechenland lebten. Sie waren vermutlich aus dem Nahen Osten eingewandert und siedelten vor allem im Norden des Landes und in den fruchtbaren Ebenen Thessaliens. Weiter westlich, in Epirus, wurden in drei Höhlen im Tal des Louros Zeugnisse einer menschlichen Besiedlung aus der Zeit um 40 000 v. Chr. entdeckt.

Die ältesten bekannten bäuerlichen Gemeinschaften Griechenlands entstanden zwischen 7000 und 5000 v. Chr. wiederum in Thessalien sowie in Makedonien, wo Reste von Töpferware und Häuser aus Lehmziegeln gefunden wurden. In die gleiche Epoche fallen die ersten Siedlungen auf Kreta, von denen z. B. die Gräber in der Höhle von Trapeza über der Lasithi-Hochebene

Fragment einer Steintafel mit Linear-B-Schrift

zeugen, sowie auf einigen ägäischen Inseln. Die archäologischen Funde lassen vermuten, dass zwischen diesen Siedlungen rege Handelsbeziehungen bestanden.

Die Minoer

Um 3200 v. Chr. begann die Blütezeit der Kykladen-Kultur, die auf der gleichnamigen Inselgruppe in der Ägäis beheimatet war. Sie ist vor allem durch eine Vielzahl kleiner Statuen und Figuren aus der Zeit um 2800 v. Chr. bekannt, die meist in Gräbern entdeckt wurden. Mit ihren einfachen stilisierten Linien und sanften Rundungen haben die zierlichen Kunstwerke aus hellem Marmor viele Künstler des 20. Jahrhunderts beeinflusst und setzen bis heute den Betrachter in Erstaunen, zumal wenn man bedenkt, dass sie fast 5000 Jahre alt sind.

Eine echte Hochkultur auf griechischem Boden schufen jedoch erst die Minoer. Den Namen dieses Volkes prägte der englische Archäologe Arthur Evans (siehe S. 284f), der den Palast von Knossos auf Kreta ausgrub und ihn dem sagenhaften kretischen König Minos zuschrieb. (Heute gehen die Altertumsforscher davon aus, dass das Wort *minos* kein Name war, sondern vielmehr der Titel des Herrschers.)

Ihren Höhepunkt erreichte die minoische Zivilisation um 1500 v. Chr. Kretische Schiffe segelten damals bis nach Ägypten, um mit Keramik, Öl oder Wein zu handeln.

Der älteste Palast in Knossos, dessen weitläufiges Areal bis heute von Macht und Wohlstand seiner Erbauer zeugt, entstand um 2000 v. Chr. Zu dieser Zeit kontrollierte Kreta auf Grund seiner strategisch günstigen Lage, die der Insel noch im Zweiten Weltkrieg große militärische Bedeutung verlieh, den Handel im östlichen Mittelmeerraum. Minoische Siedlungen gab es in Argos, Tiryns und Mykene – alle drei unweit voneinander auf der Peloponnes gelegen –, aber auch auf den Inseln Rhodos und Kythera (vor der Südostspitze der Peloponnes) sowie auf den Kykladen. Ihren Höhepunkt erreichte die minoische Zivilisation um 1500 v. Chr. Kretische Schiffe segelten damals bis nach Ägypten und Palästina, um mit Keramik, Wein, Öl, Edelsteinen und anderen Waren zu handeln.

Das plötzliche Ende der Minoer führte Evans auf den gewaltigen Vulkanausbruch auf der Insel Santorin um 1500 v. Chr. und die durch ihn verursachte Flutwelle zurück, die weite Teile Kretas verwüstet haben muss. Tatsächlich bestand die minoische Kultur jedoch bis ca. 1450 v. Chr., doch Evans´ Vermutung genießt bis heute so viel Beachtung, dass ihretwegen der Vulkanausbruch von Santorin oft auf die Zeit um 1450 v. Chr. datiert wird.

Warum der Staat der Minoer tatsächlich zu Grunde ging, wissen wir nicht. Die Ursache mag in der Tat eine Naturkatastrophe gewesen sein, aber auch eine Revolte der Bevölkerung gegen das harte Regiment der Herrscher und der mächtigen Priester oder eine Invasion der Mykener oder einer anderen, unbekannten Macht. Fest steht, dass nach den Minoern die Mykener die Vorherrschaft in der Ägäis antraten.

Höhepunkt des Kampfes zwischen Athen und Sparta um die Vorherrschaft in Griechenland war der 27 Jahre lange Peloponnesische Krieg (431–404 v. Chr.). Die Spartaner bewiesen ihre Überlegenheit nicht zuletzt in den Seeschlachten von Syrakus und Aigospotamoi.

Krieg & Kolonisation

Athens „goldenes Zeitalter“ begann um 500 v. Chr. mit der Entwicklung einer stabilen politischen Verfassung und einer hochkarätigen Kunstszene (siehe S. 28). Gleichzeitig wehrten die Griechen unter der Führung Athens die Angriffe der Perser ab – zum ersten Mal durch ihren Sieg in der berühmten Schlacht von Marathon im Jahr 490 v. Chr., später u.a. durch die Siege bei Mykale und Platää im Jahr 479 v. Chr.

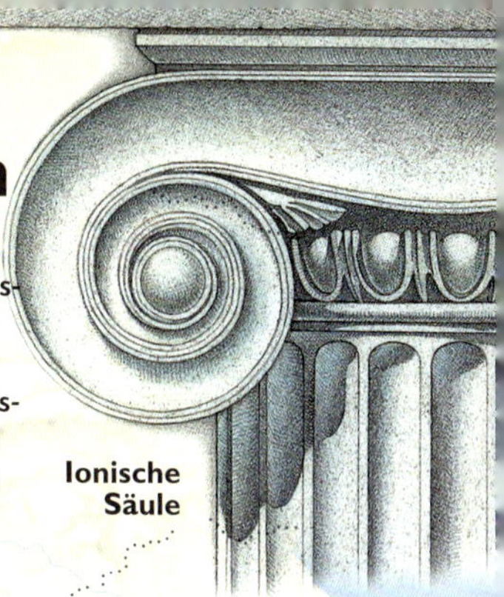

Ionische Säule

Im so genannten Archaischen Zeitalter zwischen 750 und 500 v. Chr. entstanden vor allem an den Küsten der heutigen Türkei und Süditaliens zahlreiche griechische Siedlungen, die zu wichtigen Handelsplätzen wurden und für eine weite Verbreitung der griechischen Kultur sorgten. In den großen Kriegen des 5. Jahrhunderts v. Chr. schlossen sich vor allem die kleinasiatischen Kolonien dem von Athen geführten Attischen Seebund an.

Das Zeitalter der Mykener

Die Ausgrabungen des deutschen Archäologen Heinrich Schliemann (siehe S. 112f) haben gezeigt, dass die Burg von Mykene um 2100 v. Chr. angelegt wurde. Ihre ersten Bewohner gehörten zu den Einwandererwellen, die damals über Vorderasien nach Europa drängten, doch schon bald unterstand sie den Minoern, die von Knossos aus den ägäischen Raum kontrollierten. Schliemann, der sich von der Mischung aus Mythen und historischen Fakten in den Epen Homers leiten ließ, vermutete, er habe die Grabstätte des legendären Mykenerkönigs Agamemnon gefunden.

Sicher wissen wir, dass die Mykener einen frühen griechischen Dialekt sprachen. Davon zeugen die in der so genannten Linear-B-Schrift beschriebenen Reste von Tontäfelchen, wie sie auch in Knossos gefunden wurden. Bekannt ist ferner, dass die Mykener nach dem Niedergang der minoischen Kultur die Vorherrschaft in der Region übernahmen und wie zuvor die Minoer durch die Kontrolle der Handelsrouten zu Wohlstand gelangten. So beherrschten sie u.a. das in der Nähe von Mykene gelegene Tiryns sowie Pylos im Westen der Peloponnes, aber auch Troja an der Westküste Kleinasiens. Fest steht, dass sich die mykenische Kultur trotz ihrer starken Stellung nur etwa 200 Jahre lang behaupten konnte. Um 1200 v. Chr. begann ihr Niedergang, über dessen Ursachen wie im Fall der Minoer noch wenig bekannt ist. Vielleicht sind sie in einer weiteren Naturkatastrophe zu suchen, vielleicht aber auch in einer neuen Welle von Einwanderern aus dem Norden, den Dorern.

Die Mykener vor Troja

In der „Ilias" berichtet Homer, wie Agamemnon, der König von Mykene, seine Truppen nach Troja führt; er war einer der Helden während der zehnjährigen Belagerung der Stadt. Troja fiel schließlich an die Griechen, dank der List mit dem hölzernen Pferd. Um die starken Gegenwinde zu besänftigen, die die Heimfahrt der Truppen verhinderten, opferte Agamemnon seine Tochter der Göttin Artemis und kehrte mit der trojanischen Prinzessin Kassandra im Triumphzug nach Mykene zurück. Nach der „Orestie" von Aischylos (siehe S. 61) wurde er von seiner Frau Klytaimnestra und ihrem Liebhaber im Bad ermordet. Es gab sicher mächtige Könige in Mykene, aber ob einer von ihnen Agamemnon hieß und ob die von Schlieman gefundene Totenmaske ihm gehörte, ist sehr zweifelhaft.

Die Dorer

Mit dem Untergang der mykenischen Kultur begann für das alte Griechenland ein „dunkles Zeitalter". Zu den maßgeblichen Auslösern gehörte die Invasion der von Norden her vordringenden Stämme der Dorer im 12. Jahrhundert v. Chr., die bei ihrem Vormarsch auf die Peloponnes zuerst Korinth und dann Mykene, Tiryns, Pylos und alle anderen Zentren der Mykener einnahmen. Die Dorer waren ein kriegerisches Volk ohne das kulturelle Niveau, das Minoer und Mykener groß gemacht hatte. Sie unterdrückten die Traditionen der von ihnen unterworfenen Völker, und obwohl sie mit der Zeit nicht

Das Löwentor am Eingang zur Burg von Mykene wurde im 13. Jh. v. Chr. errichtet

nur das Festland, sondern auch Kreta und den Dodekanes erobert hatten und bis nach Süditalien und Kleinasien vorgedrungen waren, erlebte der Seehandel, auf den die früheren Herrscher ihren Reichtum gegründet hatten, einen Niedergang.

Die Folge dieser Entwicklung war eine Verarmung des Landes, für das Handel und Seeschifffahrt seit jeher die wichtigsten Grundlagen seines Wohlstands waren und bis in die heutige Zeit der Reederdynastien geblieben sind. Den Warentransport auf dem Landweg erschwerten im Norden unwirtliche Gebirgszüge, im Osten die stets prekären Beziehungen zu den Völkern Kleinasiens. Unter dem Einbruch des Seehandels litt aber nicht nur die Wirtschaft, sondern auch der kulturelle Austausch mit den Nachbarvölkern. Die Menschen waren zum Überleben auf ihre Landwirtschaft angewiesen.

Wie entbehrungsreich die Zeiten waren, ist leicht nachvollziehbar. Auch heute noch verfügt Griechenland kaum über natürliche Reichtümer, und seine Wirtschaft ist von Tourismus, Seehandel und Geldtransfer aus dem Ausland abhängig.

Das klassische Griechenland

So schwierig die Lebensbedingungen während der „dunklen Jahrhunderte" auch waren, sie begünstigten eine Entwicklung, die in die glanzvollste Ära der griechischen Geschichte münden sollte. Weil es kaum noch größere Territorialstaaten gab, konzentrierten sich die Menschen auf ihre örtlichen Gemeinschaften, und so entstanden etwa vom 9. Jahrhundert v. Chr. an eigenständige Stadtstaaten, die völlig autonom waren und Bündnisse schlossen, Handel trieben oder Krieg führten.

Den Höhepunkt seiner kulturellen und politischen Entwicklung erreichte Athen während des Perikleischen Zeitalters.

Zu den mächtigsten dieser Stadtstaaten entwickelten sich Athen und Sparta. Während Letzteres als Hochburg der Dorer mit seiner totalitären und militaristischen Gesellschaftsordnung zur Heimat des „spartanischen" Lebensstils wurde, entfaltete sich in Athen ein kulturelles Leben auf höchstem Niveau, und bereits im 5. Jahrhundert v. Chr. besaßen alle männlichen Bürger, die keine Sklaven waren, das Wahlrecht. Mit Recht bezeichnete man das politische System der Stadt als *demokratia* (Herrschaft des Volkes). Auch auf militärischem Gebiet konnte Athen große Erfolge verbuchen, und so erlebte die Stadt im 6. und 5. Jahrhundert v. Chr. – dem klassischen Zeitalter Griechenlands – eine Blütezeit, die ihm kulturell und lange

Zeit auch politisch zu einer überlegenen Vorrangstellung verhalf. Den Höhepunkt seiner kulturellen und politischen Entwicklung erreichte Athen während des Perikleischen Zeitalters zwischen 460 und 429 v. Chr. Perikles reformierte die Verfassung durch den Ausbau der Rechte der Volksversammlung und die Einführung von Tagegeldern für die Wahrnehmung politischer Ämter, um auch ärmeren Bürgern den Zugang zu eröffnen. Zugleich förderte er Kunst, Literatur und Architektur durch öffentliche Aufträge. So wurde unter seiner Herrschaft u.a. der Parthenon errichtet und das klassische Theater erlebte seine Glanzzeit. Die Namen großer Dramatiker wie Aischylos und Aristophanes stehen für die geistig-literarische Blüte Athens während des gesamten 5. Jahrhunderts v. Chr. Sokrates, Platon und Aristoteles eröffneten von hier aus der Philosophie neue Horizonte.

Gemälde aus dem 17. Jahrhundert mit dem „Sieg über Troja"

Die Rivalität zwischen Athen und Sparta mündete im Peloponnesischen Krieg (431–404 v. Chr.). Sparta und die unter seiner Vorherrschaft stehenden Stadtstaaten der Peloponnes griffen das mächtige Athen an und nach jahrelangen Feldzügen gelang ihnen im Jahr 404 v. Chr. die Eroberung der Stadt. Das eingesetzte Regime wurde ein Jahr später aus Athen vertrieben, die Stadt kehrte zum demokratischen System zurück. Rund 40 Jahre später waren alle griechischen Stadtstaaten bedroht – vom Norden aus, von Makedonien.

Im Jahr 333 v. Chr. besiegte Alexander der Große den Perserkönig Darius III. in Issos

Alexander der Große & das Reich der Makedonen

Im Jahr 382 v. Chr. wurde in der makedonischen Hauptstadt Pella der spätere König Philipp II. geboren, der 359 v. Chr. den Thron bestieg und sein Reich zur führenden Macht ausbaute. Sein Sohn Alexander sollte die Landkarte einer ganzen Region nachhaltig verändern.

Die sich ständig befehdenden Stadtstaaten in Griechenland waren naturgemäß gegen den Angriff eines starken Gegners schlecht gerüstet. Dennoch hatten die Griechen bis ins 4. Jahrhundert v. Chr. stets rechtzeitig ihre Kräfte sammeln können, um Eroberer abzuwehren – worauf sie sich sofort wieder gegenseitig bekämpften. Erst Philipp II. und Alexander erwiesen sich als Gegner, denen die griechischen Städte nicht gewachsen waren.

König Philipp hatte in seiner Jugend als Gefangener in Theben gelebt, das damals zum mächtigsten Stadtstaat des Landes aufgestiegen war. Während dieser Zeit studierte er die Taktik des Militärs, die seine eigenen Truppen übernehmen sollten, nachdem er in die Heimat zurückgekehrt war. Makedonien war zu dieser Zeit ein unabhängiges, aber relativ schwaches Königreich, dessen Territorium sich auf die fruchtbare Ebene westlich des heutigen Thessaloniki beschränkte. Philipp schloss die teilweise autonomen Regionen seines Reiches zusammen und begann dann, die benachbarten Territorien anzugreifen, und zwar sowohl die Halbinsel Chalkidike und Thrakien im Osten als auch Thessalien im Süden. 338 v. Chr. schlugen Philipps Truppen in der Schlacht von Chäronea die verbündeten Streitkräfte Athens und Thebens, von dessen militärischer Organisation Philipp so viel gelernt hatte. Kurz nach dem Beginn eines Feldzugs gegen Persien wurde der König im Jahr 336 v. Chr. ermordet, wobei ungeklärt bleibt, ob sein Sohn Alexander an dem Komplott beteiligt war. Doch obwohl Philipp einer der mächtigsten Herrscher seiner Zeit war, sollte sein Sohn ihn bald völlig in den Schatten stellen.

Als der junge Alexander die Nachfolge seines ermordeten Vaters antrat, schien seine Lage zunächst recht ungünstig. Gerade 18 Jahre alt, herrschte er über ein eher kleines Reich, dessen jüngst erworbene Machtposition noch keineswegs stabil war. So tat er zunächst, was vor und nach ihm viele Herrscher taten – er ließ alle potenziellen Gegner im eigenen Lager ermorden. Danach schlug er die in den unterworfenen Gebieten ausgebrochenen Aufstände gegen die makedonische Herrschaft nieder – erst in Thessalien und Thrakien, dann in besonders grausamer Form in Theben, das er völlig zerstören ließ.

Mit diesem raschen und brutalen Vorgehen konnte Alexander seine Vorherrschaft über die griechische Staatenwelt sicherstellen und an die Eroberungspläne seines Vaters anknüpfen. Im Jahr 334 v. Chr. führte er eine rund 35000 Mann starke Armee über den Hellespont – die heutigen Dardanellen – und besiegte schon in der ersten Schlacht ein zahlenmäßig überlegenes persisches Heer. Inspiriert von seiner charismatischen Führung, errangen die makedonischen Soldaten einen Sieg nach dem anderen, auch wenn sie wiederholt in der Unterzahl waren, und drangen schließlich bis nach Ägypten und Zentralasien vor.

Man geht davon aus, dass Alexander nicht nur erobern wollte, sondern die Vision eines geeinten griechisch-orientalischen Reiches hatte.

Die Kontrolle über den gesamten östlichen Mittelmeerraum war dem jungen König nicht genug und er führte seine Truppen Richtung Indien. Auch dieser Feldzug verlief zunächst erfolgreich, doch Alexander verlor viele Soldaten und war gezwungen, nach Babylon zurückzukehren. Dort machte er sich an die Planung neuer Eroberungen, erkrankte aber im Juni 323 v. Chr. an Fieber und war elf Tage später tot.

Viele Historiker gehen davon aus, dass Alexander nicht allein von Eroberungslust getrieben war, sondern auch von der Vision, griechische und orientalische Kultur in einem großen Reich zu vereinen. So waren die von ihm gegründeten bzw. ausgebauten Städte durchweg als kulturelle Zentren angelegt, und er nahm im gleichen Maße Impulse aus den Kulturen der eroberten Regionen auf wie er sich der Verbreitung der griechischen Kultur und Sprache widmete. Hätte er länger gelebt, wäre sein Reich vermutlich noch größer geworden, doch als er starb, zeigte sich schnell, dass kein einzelner Mensch im Stande war, das riesige Territorium zusammenzuhalten.

Die Herrschaft der Römer

Der Zerfall von Alexanders Reich begann sofort nach seinem Tod. Während einige Regionen den Kampf um ihre Unabhängigkeit aufnahmen, bildeten sich vier Teilreiche heraus, die sich anfangs noch als Einheit verstanden: Ägypten, Persien und Mesopotamien, Kleinasien sowie das eigentliche Makedonien. Die anhaltenden Konflikte zwischen diesen Diadochenreichen äußerten sich in jahrelangen Kriegen und brachten den griechischen Stadtstaaten einen gewissen Zuwachs an Autonomie. Diese als Zeitalter des Hellenismus bekannte Epoche endete, als um 200 v. Chr. eine neue Großmacht den Schauplatz betrat, das Römische Reich.

König von Makedonien war damals Philipp V., der sich mit Roms Gegner Karthago verbündete, dessen schwache Truppen sich aber den Römern im Jahr 197 v. Chr. geschlagen geben mussten. Knapp zehn Jahre später hatte Rom die Vorherrschaft über Griechenland errungen, auch wenn die Stadtstaaten wie Athen, Theben und Sparta zunächst ihre Unabhängigkeit behielten. Im Jahr 146 v. Chr. verloren die Stadtstaaten ihre Autonomie und wurden der zwei Jahre zuvor gegründeten römischen Provinz Macedonia angegliedert. Die Griechen behielten ihre Sprache und auch ihre Kultur wurde von den Römern nicht verdrängt, sondern eher gefördert.

Das Byzantinische Reich

Um das Römische Reich besser verwalten zu können, wurde das riesige Staatsgebiet seit Mitte des 3. Jahrhunderts wiederholt geteilt. Im Jahr 395 n. Chr. kam es dann endgültig zur Spaltung in ein West- und ein Oströmisches Reich. Während sich im Westen das Zentrum von Rom nach Ravenna verlagerte, stieg im Osten Konstantinopel (heute: Istanbul) zur Metropole auf.

Die bis dahin als Byzantion bekannte alte griechische Hafenstadt war von Kaiser Konstantin (ca. 280–337) im Jahr 324 zur Hauptstadt des Römischen Reichs erhoben worden. Anfänglich von einer Mischung aus griechischem und römischem Erbe geprägt, öffnete sie sich nach der Reichsteilung, durch die sich der Schwerpunkt ihres Herrschaftsgebietes nach Osten verschob, bald dem Einfluss orientalischer Kulturen. Neben griechischen, römischen und christlichen Traditionen gingen in die byzantinische Kultur somit auch viele östliche Elemente ein.

Während Athen dramatisch an Bedeutung verlor, erlebte Konstantinopel eine Blütezeit als kulturelles Zentrum Europas. Die bewusste Abkehr vom heidnischen Erbe der Antike äußerte sich nicht nur in der Zerstörung von Tempeln und Kultgegenständen, sondern auch in der Schlie-

Lord Byron

Unterstützung für die Griechen während ihres Unabhängigkeitskriegs war in Europa weitverbreitet. Freiwillige gingen nach Griechenland, um in der Widerstandsbewegung zu kämpfen. Der berühmteste „Söldner" war der Dichter Lord Byron (1788–1824). Dass ein englischer Edelmann und gefeierter Autor sich auf die Seite des griechischen Volkes stellte, gab der Sache enormen Auftrieb. Byron gab sogar sein Leben im Kampf für die Unabhängigkeit, wenn auch nicht in der Schlacht: Er starb an einem Fieber.

Ein byzantinisches Deckenmosaik im Kloster Nea Moni auf der Insel Chios

ßung des Orakels von Delphi, das früher als Mittelpunkt der Welt gegolten hatte, und der Einstellung der Olympischen Spiele, jener regelmäßigen Manifestation der alten griechischen Tradition. Griechenland genoss innerhalb des Oströmischen Reiches keine besondere Vorrangstellung und als slawische Stämme in den Norden des Landes vordrangen, wurde dies nicht als existenzielle Bedrohung für Byzanz empfunden.

Konstantinopel selbst widerstand lange Zeit erfolgreich allen Belagerern, und während der letzte weströmische Kaiser im Jahr 476 von germanischen Söldnern abgesetzt wurde, konnte sich das Byzantinische Reich fast tausend Jahre lang behaupten und beherrschte bis ins 11. Jahrhundert sogar Teile des weströmischen Kernlands Italien. Erst den Kreuzfahrern gelang es, Konstantinopel im Jahr 1204 zu erobern.

Die Bewohner Griechenlands waren mit westeuropäischen Eroberern schon über hundert Jahre früher konfrontiert worden. Im Jahr 1081 waren die Normannen auf Korfu gelandet, die im folgenden Jahrhundert mehrere Eroberungszüge auf dem griechischen Festland unternahmen. Nach der Einnahme Konstantinopels durch die Kreuzfahrer wurde der größte Teil des griechischen Festlands dann unter französischen („fränkischen") Adligen aufgeteilt, während Venedig sich die meisten Inseln aneignete. Zwei Jahrhunderte lang kämpften Griechen, Westeuropäer und Slawen um die Vorherrschaft über das Land, bis Mitte des 14. Jahrhunderts die nach Europa vordringenden Osmanen immer größere Gebiete einnahmen und schließlich das Byzantinische Reich für immer auslöschten. Noch heute träumen einige Griechen von dessen glanzvoller Wiederauferstehung und davon, dass aus dem heutigen Istanbul eines Tages wieder das griechische Konstantinopel werden könne – eine Vorstellung, die angesichts der griechischen Erfahrungen mit der türkischen Fremdherrschaft verständlich erscheint, die prekären Beziehungen zwischen Griechen und Türken aber nicht unbedingt erleichtert.

Der Unabhängigkeitskrieg begann am 25. März 1821, als Erzbischof Germanos im Kloster Agia Lavra eine griechische Fahne hisste und damit das Zeichen zum Aufstand gab.

Die Türken in Griechenland

Die langen Jahre der türkischen Herrschaft haben im Bewusstsein der Griechen tiefe Spuren hinterlassen. Das Schicksal des Parthenon auf der Athener Akropolis erscheint manchem Griechen durchaus symptomatisch. In dem antiken Tempel errichteten die türkischen Herrscher eine Moschee, überließen später einen Großteil des Gebäudes dem Verfall und erlaubten schließlich Anfang des 19. Jahrhunderts dem britischen Botschafter in Konstantinopel, Lord Elgin, einen Großteil des Parthenon-Frieses zu entfernen und als „Elgin Marbles" (siehe S. 55) nach England zu verschiffen.

Schon ein Jahrhundert vor der Einnahme Konstantinopels durch die Truppen des Sultans im Jahr 1453, die oft mit dem Beginn der türkischen Herrschaft über Griechenland gleichgesetzt wird, hatte die Eroberung des Landes durch die Osmanen eingesetzt. Ende des 15. Jahrhunderts war sie weitgehend abgeschlossen. Nur die Ionischen Inseln vor der Westküste, die Kykladen und der Dodekanes in der Ägäis, Kreta sowie einige kleinere Vorposten auf dem Festland blieben zunächst unter venezianischer Herrschaft.

Die Griechen machten mit den türkischen Landesherren recht unterschiedliche Erfahrungen. In einigen Regionen überließen diese das Regiment weitgehend den örtlichen Familienclans, die ihre Vollmachten nach Belieben ausnutzen konnten, solange sie regelmäßig Steuern nach Konstantinopel abführten und dafür sorgten, dass es nicht zu Aufständen kam. Andernorts wurden muslimische Statthalter eingesetzt, die zum Teil durchaus tolerant auftraten, auf die geringsten Anzeichen einer Rebellion aber zuweilen mit der Zerstörung ganzer Ortschaften reagierten. Zugleich bemühten sie sich um die Verbreitung der islamischen Kultur, deren Spuren z. B. in Thessaloniki, in Ioannina, der Hauptstadt von Epirus, aber auch in vielen Städten und Dörfern Thrakiens an der Grenze zur Türkei bis heute gegenwärtig sind.

Über 300 Jahre lang blieb die osmanische Herrschaft über Griechenland weitgehend unangefochten. Erst gegen Ende des 18. Jahrhunderts formierten sich die ersten Ansätze einer Bewegung, die bald den Kampf um die Gewinnung staatlicher Selbstständigkeit aufnehmen sollte.

Der Kampf um Unabhängigkeit

Das Streben der Griechen nach Unabhängigkeit machte sich zuerst in kleineren Erhebungen bemerkbar, vor allem in einem Aufstand auf der Peloponnes im Jahr 1770, der von den russischen Glaubensbrüdern der orthodoxen Griechen unterstützt, doch von den Soldaten des Sultans niedergeschlagen wurde. Der eigentliche Unabhängigkeitskrieg begann im Jahre 1821. Am 25. März hisste Erzbischof Germanos von Patras im Kloster Agia Lavra bei Kalavrita im Norden der Peloponnes eine griechische Fahne und gab damit das Zeichen zum Aufstand. Das Kloster ist heute ein Wallfahrtsort und jährlich am 25. März Schauplatz einer Feier zur Erinnerung an den Befreiungskampf, der die jahrhundertealte Fremdherrschaft innerhalb von weniger als einem Jahrzehnt überwinden sollte.

Als die türkische Regierung Truppen ihres Vasallen Mehmet Ali, des Herrschers von Ägypten, einsetzte und ihm für den Fall des Sieges die Oberhoheit über Kreta und die Peloponnes versprach, wuchs in Großbritannien, Frankreich und Russland die Bereitschaft zur Intervention. 1827 entsandten die drei Mächte eine Flotteneinheit nach Griechenland, die in der Bucht von Navarino im Südwesten der Peloponnes auf die Schiffe der türkisch-ägyptischen Truppen stieß und die meisten von ihnen in einer Seeschlacht versenkte. Als einige Monate später Russland der Türkei selbst den Krieg erklärte, gaben die Türken Griechenland auf und erklärten sich bereit, seine Unabhängigkeit anzuerkennen, die auf der Londoner Konferenz von 1830 von Großbritannien, Frankreich und Russland offiziell garantiert wurde.

Jungen und Mädchen in traditionellen Trachten bei einer Parade zum Unabhängigkeitstag

Das 19. Jahrhundert

Mit dem siegreichen Ende des Unabhängigkeitskriegs begann für den jungen Staat keineswegs eine Ära des Friedens. Vor allem die 1832 vertraglich festgelegten Grenzen bedeuteten für viele Griechen eine Enttäuschung: Die großen Regionen Epirus und Makedonien, der Dodekanes und Kreta blieben türkisch, die Ionischen Inseln britisches Protektorat. Es folgten heftige interne Konflikte, die sich zu einem Bürgerkrieg entwickelten, als 1831 der Führer der Unabhängigkeitsbewegung und erste Präsident des Landes, Ioannis Kapodistrias, von zwei Landsleuten ermordet wurde. Erneut schritten die Großmächte ein und errichteten 1832 eine Monarchie mit einem von ihnen ausgewählten König. Der 17-jährige Otto I., Sohn des Königs von Bayern, erwies sich jedoch als unglückliche Wahl. Die griechische Öffentlichkeit verübelte ihm, dass es ihm nicht gelang, eine Vergrößerung des Staatsgebiets zu erreichen, und dass er politische Schlüsselpositionen mit deutschen Vertrauten besetzte.

König Konstantin I. (1913–17 und 1920–22) wurde zweimal zur Abdankung zu Gunsten seiner Söhne gezwungen

1862 wurde Otto durch eine von Großbritannien unterstützte Revolte des Militärs und der Bevölkerung gestürzt. Zu seinem Nachfolger bestimmten die europäischen Mächte einen Sohn des Königs von Dänemark, der als Georgios I. den Thron bestieg und aufgrund seiner geschickten Politik viel beliebter wurde als sein Vorgänger. So billigte er eine Bodenreform, bei der das Land, das der türkische Staat in Besitz genommen hatte, an Kleinbauern verteilt wurde, und setzte sich für eine Erweiterung des Staatsgebiets auf Kosten der Türkei ein. Der Anschluss Thessaliens und eines Teils von Epirus im Jahr 1881 war für Griechenland ein diplomatischer Erfolg.

Weitere Gebietsgewinne erwiesen sich allerdings zunächst als wesentlich schwieriger. Der 1896 ausgebrochene, von der griechischen Regierung unterstützte Aufstand der Kreter gegen die türkischen Herrscher war nur insofern erfolgreich, als die europäischen Mächte im Jahr 1898 den griechischen Prinzen Georgios als Hochkommissar für die Insel einsetzten. Erst 1913 sollte es zur Vereinigung Kretas mit dem Mutterland kommen.

Auf noch größeren Widerstand stießen Griechenlands Ansprüche auf Makedonien. Im Jahr 1897 marschierten griechische Truppen in die nach wie vor zur Türkei gehörende Region ein, wurden aber bis weit nach Thessalien zurückgeschlagen und nur die Intervention der europäischen Mächte, die die Türkei zum Rückzug drängten, bewahrten das Land vor einer katastrophalen Niederlage.

Balkankriege und Erster Weltkrieg

Um ihre – zum Teil widerstreitenden – Gebietsansprüche in der südlichen Balkanregion durchzusetzen, schlossen Serbien, Montenegro, Bulgarien und Griechenland ein Bündnis und griffen im Ersten Balkankrieg 1912–13 das geschwächte Osmanische Reich an. Auf Makedonien, das Kernland der europäischen Türkei, hatten aber nicht nur die Griechen ihr Augenmerk gerichtet, sondern auch die nördlichen Nachbarn Serbien und Bulgarien. Ausschlaggebend dafür war neben historischen und ethnischen Gründen vor allem die strategische Bedeutung des Hafens von Thessaloniki, der die wichtigsten Verbindungswege vom Mittelmeer in die Balkanländer kontrollierte. Ein Aufstand der in Makedonien lebenden Bulgaren veranlasste die griechische Armee – unter dem grotesken Vorwand, der Türkei zu Hilfe zu kommen –, in die Region einzumarschieren. Den konzertierten Angriffen der vier Bündnispartner hatten die türkischen Truppen wenig entgegenzusetzen; sie wurden bis kurz vor Konstantinopel zurückgedrängt. Bei den Friedensverhandlungen setzte Griechenland den endgültigen Anschluss Kretas durch und erhob Anspruch auf große Teile Makedoniens.

Wegen des Streits um die Aufteilung der gewonnenen Gebiete brach bereits einen Monat nach dem Ende des Ersten Balkankriegs ein weiterer Konflikt aus. Dieser dauerte allerdings nur einen Monat. Diesmal waren Serbien, Griechenland und Montenegro mit Rumänien und der Türkei gegen Bulgarien verbündet, das auf einen großen Teil seiner Ansprüche verzichten musste.

Kompliziert war auch Griechenlands Position im Ersten Weltkrieg. Während Ministerpräsident Venizelos für einen Kriegseintritt zu Gunsten der Alliierten eintrat, bestand der mit einer Schwester Kaiser Wilhelms II. verheiratete König Konstantin I. auf strikter Neutralität. Nach seiner Entlassung bildete Venizelos im Oktober 1916 in Thessaloniki eine Gegenregierung, die kurze Zeit später von Großbritannien und Frankreich anerkannt wurde.

Unter deutscher Besetzung

Das Thema Krieg spielt in der griechischen Geschichte schon immer eine große Rolle. Allerdings litt Griechenland im Zweiten Weltkrieg besonders schwer, das Ausmaß des Schreckens aus den Jahren der Besetzung wurde nie ganz verarbeitet. Über eine halbe Million Griechen starben den Hungertod, viele auf den Straßen Athens. Einige dieser entsetzlichen Geschichten sind im Kriegsmuseum dargestellt (siehe S. 75–76). Viele wurden Opfer von Gräueltaten und die grausamen Ereignisse sind noch in der Erinnerung der älteren Generation lebendig.

Die jüdische Bevölkerung wurde besonders hart getroffen und in einigen Städten und Gemeinden gar vollständig ausgelöscht. Sogar in Thessaloniki, wo die größte jüdische Gemeinschaft Europas lebte, sank ihre Zahl von 60 000 vor dem Krieg auf einige wenige Hundert danach. Insgesamt wurden 87 Prozent der griechischen Juden getötet. In einigen Teilen Griechenlands war der Krieg weniger prägend, v. a. auf den Inseln, die von den Italienern besetzt waren. Deren Lebensstil ähnelte dem der Griechen und man bemühte sich um eine stabile Beziehung.

Unter dem Druck Venizelos' und der Alliierten überließ der König 1917 den Thron seinem Sohn Alexander und ging ins Exil, während Griechenland den Mittelmächten den Krieg erklärte. Bei den Pariser Friedensverhandlungen forderte es von Bulgarien die Abtretung Westthrakiens, von der Türkei Ostthrakien sowie die vor den Dardanellen liegenden Inseln Imbros und Tenedos.

Venizelos ging jedoch noch einen Schritt weiter und erhob Anspruch auf die von Griechen bewohnte Stadt Smyrna an der Westküste Kleinasiens und ihr Hinterland. Als die Türkei die Ratifizierung des 1920 geschlossenen Friedensvertrages verweigerte, begannen die bereits seit 1919 in Smyrna stationierten griechischen Truppen mit Billigung der Alliierten einen Feldzug ins Landesinnere Anatoliens, wo sie nach ersten Erfolgen von der neu organisierten türkischen Armee unter dem Nationalistenführer Mustafa Kemal (dem späteren Präsidenten Atatürk) vernichtend geschlagen und anschließend ganz aus Kleinasien vertrieben wurden. Beim Einmarsch in Smyrna (dem heutigen Izmir) verübten die türkischen Soldaten ein Massaker an der flüchtenden griechischen Zivilbevölkerung und legten einen Großteil der Stadt in Trümmer.

Damit hatte Mustafa Kemal die Oberhand gewonnen und konnte eine Revision des Friedensvertrags durchsetzen. Eine Folge war der berüchtigte „Bevölkerungsaustausch" des Jahres 1923, in dessen Verlauf rund 400 000 Türken aus Griechenland in die Türkei umgesiedelt wurden, während das sehr viel kleinere Griechenland über 1,4 Millionen Griechen aus Kleinasien aufnehmen musste. Die Bevölkerung des Landes erhöhte sich damit innerhalb kürzester Zeit um ca. 25 Prozent – fast durchweg enteignete und daher mittellose Flüchtlinge, von denen sich viele am Stadtrand von Athen und in den eilig errichteten Slums rund um den Hafen von Piräus ansiedelten. Der gewaltige Flüchtlingsstrom bedeutete zwar für die griechische Musik und alle anderen Bereiche des kulturellen Lebens eine Bereicherung, doch zugleich stürzte er das Land in eine wirtschaftliche Krise, die vor dem Hintergrund der internationalen Entwicklung in den 20er und 30er Jahren kaum zu überwinden war.

Mit dem Tod von Andreas Papandreou 1996 verlor Griechenland einen der wichtigsten Politiker des 20. Jahrhunderts.

Zweiter Weltkrieg und Bürgerkrieg

Angeblich vollzog sich Griechenlands Eintritt in den Zweiten Weltkrieg mit einem einzigen Wort: ochi – nein. Mit dieser knappen Antwort soll General Ioannis Metaxas (1871–1941), der griechische Ministerpräsident, auf Mussolinis Forderung reagiert haben, den italienischen Truppen Bewegungsfreiheit in seinem Land zu gewähren und mehrere Stützpunkte zu übergeben. Das Ultimatum wurde Metaxas am 28. Oktober 1940 überreicht, und seine Ablehnung zwang Griechenland zwar in den Krieg, wurde aber zugleich zum Inbegriff griechischen Widerstandsgeistes und der 28. Oktober als Ochi-Tag zum nationalen Feiertag. Allerdings dürfte Metaxas in Wirklichkeit etwas mehr als nur ein Wort gesagt haben. Wahrscheinlich beantwortete er das Ultimatum in der Sprache der Diplo-

Griechische Partisanen, bekannt für ihre Hartnäckigkeit, feiern die Befreiung 1944

matie, d.h. auf Französisch, und mit den Worten «C'est la guerre» – «Das bedeutet Krieg».

Den Einmarsch der italienischen Armee konnte Griechenland zwar anfänglich in den Bergen von Epirus zurückschlagen, doch im Frühjahr 1941 kam Deutschland den Italienern zu Hilfe und innerhalb von knapp zwei Monaten waren das Festland und fast alle Inseln von deutschen und italienischen Soldaten besetzt. König und Regierung gingen ins Exil; General Metaxas war bereits Ende Januar gestorben.

Den Kern der griechischen Widerstandsbewegung bildete die Nationale Befreiungsfront (EAM, Ethnikon Apelevtherotikon Metopon), die im Kampf gegen die Besatzungstruppen anfänglich vom britischen Geheimdienst unterstützt wurde und mit ihren kühnen Aktionen beachtliche Erfolge erzielte. Bald entwickelte sich allerdings zwischen den Flügeln der Widerstandskämpfer ein politischer Zwist.

Der Weg zu neuer Demokratie

Dieser Bürgerkrieg hielt bis 1949 an. Nach dem Sieg der antikommunistischen Gruppen wurde Griechenland als Königreich ins westliche Verteidigungssystem integriert. 1967 errichteten Offiziere ein Militärregime. König Konstantin ging ins Exil. 1974 trat die Junta zurück und die Monarchie wurde abgeschafft. Seit 1981 ist Griechenland Mitglied der EU. Bis 1996 war Papandreou der führende Politiker. Aufgrund der Wirtschaftskrise wechselten die Premierminister in den letzten Jahren häufig. Seit den Wahlen 2012 bekleidet nun Andonis Samaras dieses Amt. ■

Die Olympischen Spiele

Es schien nur richtig, dass die Olympischen Spiele wieder in Griechenland stattfanden – in dem Land, in dem die Spiele 776 v. Chr. in Olympia zum ersten Mal stattfanden und wo gut ein Jahrtausend später die Olympischen Spiele der Neuzeit 1896 wiederbelebt wurden. Als Athen 2004 Gastgeber wurde, geriet das ganze Land in Aufregung.

Bild von den ersten Olympischen Spielen der Neuzeit, die 1896 in Athen stattfanden

Athen wurde einer massiven Verjüngungskur unterzogen, einschließlich neuer Sportstadien und des öffentlichen Nahverkehrs. Der Olympia-Sportkomplex in Maroussi war der Hauptaustragungsort, in Killimarmaro – dem Stadion von 1896 – fanden die Wettkämpfe für Bogenschießen statt und die Marathonläufe endeten hier. All das für eine jahrhundertealte Tradition.

Die ersten Spiele in Olympia waren kaum mehr als Wettrennen mit lokaler Beteiligung. Später kamen Wettbewerbe wie Pferderennen und Ringen hinzu, aber auch Dichter und Musiker stritten um den Sieg in ihren Disziplinen. Allmählich kamen auch Teilnehmer aus entfernteren Regionen.

Bei den Spielen von 720 v. Chr. beschloss man, dass die Teilnehmer von nun an nackt gegeneinander antreten sollten, weshalb Frauen das Zuschauen verboten wurde. Trotzdem versammelten sich rund 20000 Sportbegeisterte auf den ansteigenden Tribünen von Olympia, die bis heute erhalten geblieben sind. Am Kronoshügel in Olympia wird noch heute alle vier Jahre das Olympische Feuer entzündet.

Die Spiele wurden seit 1896 alle vier Jahre abgehalten, mit Ausnahme der Jahre 1916, 1940 und 1944. Heute ist die Politik untrennbar mit den Spielen verbunden. Etwa ein Drittel aller Teilnehmerländer, darunter auch die Vereinigen Staaten, boykottierte 1980 die Spiele in Moskau, um damit gegen den sowjetischen Einmarsch in Afghanistan zu protestieren. Es war nahezu unvermeidlich, dass die Sowjets daraufhin die Spiele von 1984 boykottierten, die in Los Angeles stattfanden. Auch die Olympischen Spiele von 1936 in Berlin waren umstritten. Adolf Hitlers Wahn von der Überlegenheit der weißen Rasse erhielt einen Dämpfer durch den farbigen Sportler Jesse Owens, der vier Goldmedaillen errang.

Trotz dieser Probleme nehmen jedes Jahr immer mehr Länder teil. Die Statistik verrät: An den Spielen von 1886 nahmen 13 Nationen teil, neun Sportarten waren vertreten und insgesamt 42 Wettbewerbe fanden statt. Heute sind über 180 Nationen dem Internationalen Olympischen Komitee im schweizerischen Lausanne angeschlossen, 201 Nationen waren auf den Olympischen Spielen 2004 vertreten, maßen sich in 28 Sportarten von Rudern über Leichtathletik bis hin zu Tischtennis. Ein Museum in der Stadt Olympia erzählt die ganze Geschichte der Spiele von der Antike bis zur Moderne (siehe S. 131).

Fünfkampf

Während heute die einzige Sportart in Olympia darin besteht, den Horden von Touristen zu entkommen, kamen vor vielen Jahrhunderten Männer – keine Frauen! – nach Olympia, um Ruhm und Ehre zu erstreiten. Einer der bedeutendsten Wettbewerbe seit dem Jahr 708 v. Chr. war der Fünfkampf, der Diskus- und Speerwerfen, Springen, Laufen und Ringen kombinierte. Die genaue Reihenfolge ist nicht überliefert, aber antike Texte berichten, dass das Ringen an letzter Stelle stand. Der Sieger musste mit Geschwindigkeit, Kraft, Geschicklichkeit und Ausdauer siegen, den Besonderheiten jeder einzelnen Disziplin Rechnung tragen.

Beim Diskuswurf stand der Athlet mit dem Rücken zur Wurfrichtung, hielt den Diskus mit den Fingerspitzen an seinem äußeren Rand, drehte sich dann schnell 540 Grad um die eigene Achse und warf den Diskus so weit wie möglich innerhalb eines markierten Bereichs. Der Speer war aus Holz gefertigt, mit einer Metallspitze und einem Ledergriff in der Mitte für größere Genauigkeit.

Für den Weitsprung trugen die Athleten steinerne Gewichte, halteres genannt, um ihren Sprung zu verlängern. Durch Schwenken der Halter beim Aufkommen nach hinten trug der Schwung sie weiter nach vorn. Die Grundregeln des Laufens waren für die antiken Athleten dieselben wie heute, aber die Läufer nicht so aerodynamisch: Beim Lauf der Hopliten z. B. trugen die Teilnehmer eine 18–27 kg schwere Waffenausrüstung.

Antike Ringkämpfe liefen ebenfalls ähnlich wie heute ab, jedoch waren die Kämpfer nackt. Beißen und Griffe an die Genitalien waren verboten, dafür verschafften sich manche Ringer durch Einreiben mit Fett einen strategischen Vorteil.

Kunst & Kultur

Heutige griechische Künstler stehen stets im Schatten ihrer antiken Vorgänger. Kaum einer entgeht der Auseinandersetzung mit der Geschichte des Landes, seinen Mythen und der Tradition des orthodoxen Christentums. Ob Schriftsteller, Maler oder Goldschmied – wohl jeder entdeckt früher oder später dieses Erbe in seinem Werk.

Bildende Kunst

Eine unübertroffene Meisterschaft erreichten die alten Griechen in der Bildhauerkunst. Die im 8. und 7. Jahrhundert v. Chr. entstandenen Skulpturen des Archaischen Zeitalters wiesen zunächst deutliche ägyptische Einflüsse auf. Durch den regen Austausch mit dem Land am Nil gelangten damals vermutlich zahlreiche Werke ägyptischer Bildhauer nach Griechenland und wurden anfangs weitgehend imitiert. Doch schon bald wurden die Lehrmeister von ihren Schülern übertroffen. Nur hundert Jahre nach den ersten ägyptisch beeinflussten Skulpturen entstanden solche mit ganz neuen, eigenständigen Eigenschaften: Ihre Körper waren realistischer gestaltet und deuteten oft eine leichte Bewegung an.

Unübertroffen waren die Griechen in der Bildhauerkunst. Viele Werke verbinden Kraft und Würde mit Grazie.

Einen guten Überblick zur griechischen Bildhauerkunst vermittelt ein Rundgang durch Athens Archäologisches Nationalmuseum (siehe S. 82ff), dessen Glanzstücke aus den verschiedenen Epochen in guten Museumsführern ausführlich präsentiert werden. Freilich befinden sich einige der bedeutendsten Werke griechischer Bildhauer gar nicht in ihrem Herkunftsland. So sind die von Athen wiederholt zurückgeforderten „Elgin Marbles" (siehe S. 55) nach wie vor im Britischen Museum in London zu besichtigen, die Venus von Milo und die geflügelte Nike von Samothrake im Louvre in Paris.

Eine ähnliche Stellung wie die Bildhauerei nahm bei den Griechen der Antike die Vasenmalerei ein. Herausragende Beispiele dieser Kunst sind in vielen Museen Griechenlands zu bewundern. Auffällig sind die bevorzugten Darstellungstechniken einer Epoche, wobei man zwischen schwarzfigurigen und rotfigurigen Vasen unterscheidet. Während bei den schwarzfigurigen Vasen die bildlichen Darstellungen mit einem schwarzen oder dunkelbraunen Firnis auf den helleren Ton des Gefäßes aufgetragen und feine Zeichnungslinien eingeritzt wurden, wurde bei den rotfigurigen der Hintergrund der Darstellung eingefärbt und die dargestellten Figuren bis auf die Binnenzeichnung ausgespart.

In der bildenden Kunst unserer Tage finden sich griechische Namen besonders häufig in der Fotografie. Das klare Wasser der Ägäis, der tiefblaue Himmel und blendend weiße Häuser inspirieren die Fotokünstler des Landes zu

Die zahlreichen neuen öffentlichen Bauten in Athen schaffen Raum für moderne Kunst

eindrucksvollen Blicken auf ihre Heimat. Unter den jüngeren Vertretern der Zunft sind der für seine Sportfotos mit dem Fuji Award ausgezeichnete Nikos Apostolopoulos (geb. 1955) sowie Andreas Zacharatos (geb. 1961) zu erwähnen, dessen preisgekröntes Werk ländliche Landschaften ebenso umfasst wie Jazzszenen aus Athen.

Griechenlands Maler gelangten nur selten zu Weltruhm. Am bekanntesten ist bis heute Dominikos Theotokopoulos (1541–1614) aus Heraklion auf Kreta, der die meisten seiner Werke in Italien und Spanien schuf, wo er als El Greco, „der Grieche", berühmt wurde.

Beachtung verdient aber auch der naive Maler Theofilos Chatzimichalis (1873–1934), der in der Kunstwelt als Theophilos bekannt ist. Die zahlreichen Werke dieses Künstlers sind an vielen Orten Griechenlands zu sehen, so z.B. im Athener Museum für griechische Volkskunst und in seinem Wohnhaus außerhalb von Mytiline auf Lesbos, das zum Museum umgestaltet wurde (siehe S. 236). Seine Bilder sind unprätentiös, doch sie faszinieren durch ihre Lebendigkeit und Energie.

Architektur

Wenn es in der Geschichte Griechenlands eine Kunstform gibt, die alle anderen haushoch überragt, so ist es die Baukunst. Die noch relativ gut erhaltenen Tempel wie der Parthenon und der Aphaia-Tempel auf Ägina sind eindrucksvolle Belege der Meisterschaft ihrer Erbauer.

Die ältesten griechischen Tempel zeigen Einflüsse ägyptischer Vorbilder, doch schon in früher Zeit entwickelte sich ein reizvoller eigenständiger Stil. Ein Grund hierfür waren die unterschiedlichen Baumaterialien, die in den beiden Ländern zur Verfügung standen. Während die Ägypter ihre Kultstätten aus eher dunklem Stein errichteten, der den Bauten eine düstere Erhabenheit verlieh, verwandten die Griechen hellen Kalkstein und später Marmor, wodurch ihre Tempel leichter und heller wirkten.

Zu den bekanntesten Details der klassischen griechischen Architektur gehören die so genannten Säulenordnungen (d.h. Säulentypen), wobei man im Wesentlichen dorische und ionische Säulen unterscheidet. Die dorischen, die ihren Namen dem Stamm der Dorer (siehe S. 26) verdanken, stehen in der Regel nicht auf einer Basis, sind meist oben etwas schmaler als unten und stehen enger beieinander als ionische Säulen, wodurch ein eher geschlossener

Sechs Karyatiden, jede über zwei Meter hoch, tragen den südlichen Portikus des Erechtheion gegenüber dem Parthenon auf der Athener Akropolis. Die Originale wurden ersetzt

Eindruck entsteht. Dieser in ganz Griechenland verbreitete Säulentypus dominiert auch die Tempelarchitektur in Süditalien und Sizilien; ein besonders eindrucksvolles Beispiel war der Zeus-Tempel in Olympia, dessen kolossale Säulen heute allerdings umgestürzt am Boden liegen.

Der ionische Säulentypus ist nicht nach den Ionischen Inseln vor der griechischen Westküste benannt, sondern nach der Landschaft Ionien im Westen Kleinasiens, die heute zur Türkei gehört. Diese Säulen sind meist schmaler als dorische Säulen und stehen weiter auseinander, wodurch die Kolonnaden offener und weniger massiv wirken. Ferner stehen sie in der Regel auf einer kleinen Basis, und ihre Kapitelle sind im Unterschied zu denen der eher schmucklosen dorischen Säulen verziert. Besonders schöne Beispiele finden sich in Ephesus im Westen der Türkei (dem früheren Ionien) und am Erechtheion auf der Athener Akropolis.

Im berühmtesten Bauwerk Griechenlands, dem Parthenon in Athen, waren einst beide Säulenordnungen miteinander verbunden. Die ionischen Säulen sind heute weitgehend verschwunden, doch das Modell des Tempels im Athener Archäologischen Nationalmuseum zeigt, wo sie gestanden haben. Die schwere Arbeit, die mit der Errichtung dieses architektonischen Meisterwerks verbunden war, veranschaulicht die Ausstellung über die Bauarbeiten im Akropolis-Studienzentrum (siehe S. 57).

Während die 90 Prozent Transpiration (Schweiß), die dem Sprichwort zufolge zur Schaffung eines Kunstwerks erforderlich sind, von den Arbeitern beigesteuert wurden, zeichnete für die ebenso notwendigen zehn Prozent Inspiration der Architekt Phidias verantwortlich. Er galt als der größte Bildhauer seiner Zeit und meißelte auch das riesige Standbild der Athena Nike im Innern des Parthenon sowie die Statue des Olympischen Zeus im Zentrum des Heiligtums von Olympia.

Als aus den Tempeln Kirchen wurden, entstand im frühen Mittelalter der zweite charakteristische Gebäudetypus der griechischen Architektur, die byzantinische Kirche, wie sie in jeder griechischen Ortschaft von der Metropole Athen bis zum kleinsten Dorf zu finden ist. Die meist mit roten Ziegeln gedeckten Gotteshäuser mögen groß oder klein sein – bestimmte Elemente sind ihnen durchweg gemeinsam.

Die achtsaitige Bouzouki, ein mandolinenähnliches Instrument mit langem Hals, ist das wichtigste Begleitinstrument

Der Altar steht (wie in den meisten katholischen Kirchen auch) stets im Osten, ist aber hinter einer Bilderwand, der Ikonostase, verborgen. Über dem häufig in drei Schiffe unterteilten Hauptraum erhebt sich in der Mitte die Zentralkuppel, die meist mit einem Bild Christi als Pantokrator (allmächtiger Herrscher) geschmückt ist, dessen ernster Blick damit von oben auf die Gemeinde gerichtet ist. Ein weiteres Bildnis Christi befindet sich oft über dem Haupteingang, wo es gleichsam die Eintretenden begrüßt. Wände und Decken vieler byzantinischer Kirchen sind mit Mosaiken oder Malereien geschmückt; hinzu kommen fast überall zahlreiche Ikonen und häufig auch Votivtäfelchen. Der Gesamteindruck ist meist ein Fest für die Sinne, zumal während eines Gottesdienstes, wenn liturgische Gesänge vorgetragen werden und die Luft von Weihrauch erfüllt ist.

Neuzeitliche Gebäude, die heute das Bild aller größeren Städte prägen, halten dem Vergleich mit dem reichen architektonischen Erbe des Landes nur selten stand. Einige der schönsten Gebäude des 19. Jahrhunderts in Athen wurden von deutschen Architekten entworfen, u.a. von Ernst Ziller, auf den auch das großartige Stadion für die Olympischen Spiele 1896 zurückgeht.

Musik

Griechenland ist eines der wenigen Länder unseres Kulturkreises, das nicht unter dem Bann westlicher Popmusik steht. Schaltet man aufs Geratewohl das Radio ein, so hört man in den meisten Fällen eindeutig griechische Klänge. Natürlich handelt es sich dabei oft um griechische Popmusik, doch diese ist bis heute mit wenigen Ausnahmen vom unverwechselbaren Kolorit der Bouzouki geprägt, eines mandolinenähnlichen Saiteninstruments, das zum Inbegriff griechischer Musik geworden ist. Deutlich herauszuhören sind Einflüsse aus dem Orient und selbst indische Elemente.

Dass sich junge Griechen dennoch mit den Trends der internationalen Musikszenen auskennen, beweisen die zahlreichen Diskotheken, Freiluftkonzerte und Clubs, in denen Blues, Rock und Jazz zu hören sind. Doch Griechen wachsen mit der Musik ihres Landes auf und haben sie gewissermaßen im Blut. In Tavernen und Kaffeehäusern, in Bussen, auf Fähren und durch die Fenster von Häusern und Autos sind immer wieder Bouzouki-Klänge zu hören. Jede Landschaft und jede Insel hat ihre eigene volksmusikalische Tradition, auch wenn diese angesichts der allgegenwärtigen orientalischen Anklänge kaum als gänzlich eigenständig zu bezeichnen ist. Fast überall werden regelmäßig Musik- und Tanzfestivals veranstaltet, oder man erlebt eine improvisierte Vorstellung, wenn ein Musikant seine Zuhörer in den Bann schlägt und zum Tanzen animiert.

Musikinstrumente

Die Musik Griechenlands ist einzigartig und bodenständig, sowohl im Stil als auch bei den Instrumenten. Die folgenden Instrumente bilden das Rückgrat traditioneller griechischer Klänge: Die Lyra – eine Verwandte der Harfe – hat die führende Rolle verloren, die sie in der Antike innehatte. Allerdings ist ihre Nachfolgerin, die Laute, in Griechenland *laouto* genannt, immer noch ein wichtiges Musikinstrument. Ähnliche Streichinstrumente sind die tamboura und die outi. Außerdem werden Sie selten eine Band ohne Tamburin sehen, je nach Region bezeichnet als *defi*, *dachares* oder *tsaboutsas*. Ein einzigartiges Holzblasinstrument ist die *zoumas*, auch als Schalmei bekannt.

Das griechische Gegenstück zum klassischen Blues und in gewissem Umfang auch zum Jazz in den USA sind die Rembetika, in denen sich wie bei Blues und Jazz vielfältige Wurzeln zu einer neuen und eigenständigen Gattung verbinden. Woher ihr Name stammt, ist unbekannt, die Musik aber ist eine Schöpfung der kleinasiatischen Griechen, die 1923 aus ihrer Heimat vertrieben wurden (siehe S. 36). Die in der Türkei geborenen Zuwanderer brachten eine stark orientalisch geprägte Musik nach Griechenland, wie sie bevorzugt in Cafés und Bars gespielt wurde. Die meisten Vertriebenen lebten bitterarm in Elendsquartieren rund um die Hafenstadt Piräus bei Athen, und in ihren ärmlichen Kneipen trafen sich Musiker und Sänger, deren Lieder der Misere des Lebens und dem Gefühl der Entfremdung Ausdruck verliehen – eine Art griechischer Blues war entstanden.

Wie der Blues der Amerikaner erfreuen sich auch die Rembetika bis heute großer Beliebtheit, erkennen die Zuhörer in ihnen doch tief empfundene Gefühle, die als charakteristisch für eine bestimmte Gesellschaftsschicht gelten und doch allen Menschen vertraut sind. Ein Besuch in einem Athener Rembe-

In antiken Theatern erleben Besucher Aufführungen der klassischen Dramen

tika-Lokal kann deshalb einen guten Einblick in die griechische Seele vermitteln. Wer aufmerksam lauscht und zusieht, wird zwar vielleicht den Wortlaut der Lieder nicht verstehen, wohl aber die darin zum Ausdruck gebrachten Empfindungen. Darüber kann es übrigens recht spät werden.

Der berühmteste griechische Musiker der Gegenwart ist zweifellos Mikis Theodorakis (geb. 1925), dessen bekanntestes Werk die Musik zu dem 1965 gedrehten Film *Alexis Sorbas* ist. Wohl jeder, der sich als Tourist in Griechenland aufhält, wird irgendwann die Titelmusik dieses Films zu hören bekommen oder aber die des bekannten griechischen Streifens *Sonntags ... nie!*, für die der Komponist Manos Chatzidakis (1925–94) einen Oscar erhielt. Der Musikstil, den Theodorakis mit seinen beliebtesten Stücken populär gemacht hat, wird als Entechno bezeichnet. Dabei handelt es sich nicht um eine Variante moderner Techno-Musik, sondern um eine Verbindung von folkloristischen und Rembetika-Elementen zu einer modernen Musikgattung, die jedoch ihre Ursprünge in der traditionellen Folklore nicht verleugnet.

Theodorakis studierte am Konservatorium von Paris, wurde dann aber zum Gegner der etablierten klassischen Musikszene Griechenlands und bald zum Kritiker der etablierten Schichten überhaupt. Als 1967 – zwei Jahre nachdem der Erfolg von Alexis Sorbas ihn zum Liebling der Nation gemacht hatte – die Obristen an die Macht gelangten, kam er deshalb eine Zeit lang in Haft und seine Musik wurde als subversiv verboten.

Ein international renommierter Vertreter der europäischen Moderne ist der aus Griechenland stammende Komponist Iannis Xenakis (1922–2001), der sich auch als Architekt einen Namen machte, als er von 1948 bis 1960 als Assistent für den Schweizer Le Corbusier (1887–1965) arbeitete, einen Pionier der modernen Architektur. Das Interesse für mathematische und harmonische Gesetzmäßigkeiten findet sich in seinen Kompositionen wieder und bewog ihn 1966 zur Gründung einer Schule für Mathematische und Automatische Musik. In seinen Werken greift Xenakis zwar gelegentlich griechische Themen auf, wie z.B. in der Begleitmusik zu einer Produktion von Aischylos' Drama *Orestie*, doch er lebte bereits seit Ende der 40er Jahre in Frankreich und war seit 1965 französischer Staatsbürger.

Literatur

Die Dichter und Schriftsteller des antiken Griechenland haben die Weltliteratur geprägt. Die „Epen" Homers (siehe S. 326f) gelten bis heute als Wurzel der abendländischen Literatur. Eines der bedeutendsten Werke des 20. Jahrhunderts, der Roman „Ulysses" des irischen Schriftstellers James Joyce (1882–1941), verdankt Homers Odysseus nicht nur den Namen, sondern auch das Grundkonzept und zahlreiche Motive.

Selbst die Reiseliteratur geht im Grunde auf griechische Vorbilder zurück, gilt doch die Beschreibung Griechenlands des Historikers Pausanias aus dem 2. Jahrhundert n. Chr. als Ursprung dieser Gattung. Das Buch ist auch heute

ERLEBNIS: Ein wenig Griechisch gefällig?

Reisen durch Griechenland ist wesentlich angenehmer, wenn Sie zumindest ein bisschen Griechisch sprechen. Griechisch ist eine der Sprachen, die nicht sehr verbreitet sind und deshalb können die meisten Besucher kein oder kaum griechisch sprechen und verlassen sich darauf, dass die Griechen Englisch oder eine andere Sprache verstehen. Aber in den eher abgelegenen – und schönsten – Teilen Griechenlands sprechen die meisten Bewohner nur griechisch. Wenn Sie den Bus nehmen, ist der Zielort nur auf Griechisch angezeigt und viele Orts- und Verkehrsschilder ebenso. Ohne Griechischkenntnisse sind Sie im wahrsten Sinne des Wortes verloren.

Jede Kenntnis des Griechischen wird nicht nur von den Einheimischen begrüßt, sondern erweitert auch Ihr Verständnis für Land und Leute erheblich. Und es gibt wahrscheinlich keine bessere Methode als einen Intensivkurs Griechisch in Athen zu buchen.

Es gibt zahlreiche Anbieter für solche Kurse, u.a. die Language Travel Company (www.thelanguagetravelcompany.com), die Kurse aller Niveaus anbietet inklusive Business-Griechisch oder Kurse für Altgriechisch, und die Hellenic Language School Alexander the Great (www.alexander-edu.org/de) mit Filialen in Athen, Thessaloniki und Chania auf Kreta. Die meisten Besucher entscheiden sich für den konventionellen Kurs Neugriechisch in Verbindung mit Sightseeing und haben so gleich viele Gelegenheiten, die Sprache zu praktizieren. Studenten können 10, 20 oder 30 Stunden pro Woche buchen und bei einer griechischen Familie wohnen – was in mehr als einer Hinsicht eine Lernerfahrung sein kann.

noch ein nützlicher Reisebegleiter, ebenso wie z. B. die „Historien" des Herodot (ca. 484–425 v. Chr.) und die „Geschichte des Peloponnesischen Krieges" von Thukydides (ca. 460–400 v. Chr.). Man hat Herodot den „Vater der Geschichtsschreibung" genannt und sein Werk gilt als das erste umfassende Sachbuch überhaupt. Neben einer Darstellung der Perserkriege (490 und 481–479 v. Chr.) beschreibt es das Leben jener Jahre und vermittelt mit seinen Informationen über Sagen, Traditionen, Anschauungen, Sitten und Alltagsereignisse ein anschauliches Bild seines Zeitalters. Auch Thukydides' Buch ist eine wertvolle Quelle, nicht zuletzt auf Grund seiner präzisen Darstellung des Peloponnesischen Kriegs. Der Historiker, der selbst als athenischer Flottenkommandeur am Krieg teilgenommen hatte, erkannte die Bedeutung einer detaillierten Aufzeichnung des Geschehens und bemühte sich um eine möglichst objektive Perspektive. Er ließ sich von anderen Kriegsteilnehmern über ihre Erlebnisse berichten und zitierte die Ansprachen der politischen Führer in einer Form, die noch heute als mustergültig anerkannt wird.

Auf die großen griechischen Dichter von Homer bis Elytis wird an anderer Stelle dieses Buches eingegangen (siehe S. 234f), ebenso auf die berühmten Dramatiker Aischylos, Sophokles und Euripides (siehe S. 60f) sowie den Romancier Nikos Kazantzakis (siehe S. 287). Doch auch unter den lebenden Autoren des Landes gibt es viele Talente, deren geringer Bekanntheitsgrad im Ausland wohl nur mit der Sprachbarriere zu erklären ist. Zumindest in englischer Sprache sind mittlerweile mehrere neuere Werke verfügbar, und zwar in der Reihe „Modern Greek Writers" des Athener Verlags Kedros, der sich mit Übersetzungen um die Vermittlung griechischer Literatur bemüht. ■

Im Archäologischen Nationalmuseum in Athen wird die Fackel für die Olympischen Spiele entzündet

Athen ist eine Stadt wie ein Freund, den man trotz seiner Fehler gerne mag. Ein Blick auf den Parthenon-Tempel über den Dächern der Stadt oder auf die Schätze des Archäologischen Nationalmuseums lässt den Besucher Lärm und Hektik der belebten Straßen vergessen

Athen

Erster Überblick 52–53

Akropolis 54–57

Südlich der Akropolis 58–59

Special: Das antike Drama 60–61

Erlebnis: Eine Aufführung in Epidaurus 61

Nördlich der Akropolis 62–65

Monastiraki 66–67

Plaka & Umgebung 68–77

Erlebnis: Lernen Sie Tanzen in Athen 69

Zu Fuß durch die Plaka 70–71

Kolonaki & Lykabettos 78–79

Rund um den Omonoia-Platz 80–81

Archäologisches Nationalmuseum (Ethniko Archaiologiko Mouseio) 82–85

Piräus 86–87

Weitere Sehenswürdigkeiten in der Nähe von Athen 88

Hotels & Restaurants 344–351

Evzone bei der Wachablösung

Athen

Ein Besuch der Akropolis gehört zum touristischen Pflichtprogramm, doch auch die anderen antiken Stätten und die großartigen Museen der Stadt sollte man sich auf keinen Fall entgehen lassen. Zwischendurch empfiehlt sich ein Bummel durch die Plaka, die Altstadt am Fuß der Akropolis mit ihren Touristenlokalen und Souvenirläden.

Etwa 4 Millionen Menschen leben im Großraum Athen, nahezu die Hälfte der gesamten Einwohnerschaft Griechenlands. Die größten Probleme dieser geschäftigen Metropole sind dementsprechend die Verkehrslawinen und der im Sommer nahezu allgegenwärtige *nefos* (Smog). In den letzten Jahren hat die Regierung jedoch begonnen, den Verkehr und die damit einhergehende Luftverschmutzung etwas einzudämmen.

Ironischerweise ist der häufige Smog eine Folge von Athens reizvoller Lage in einer nach Südwesten offenen Senke zwischen drei Gebirgszügen, die die Schadstoffwolken am Abziehen hindern. Südwestlich der Stadt liegen das Ägäische Meer und Athens Hafen Piräus, eine selbstständige Gemeinde, die nahtlos in die Hauptstadt übergeht. Eine Stadtbahnlinie verbindet die Zentren beider Städte, die im Hinblick auf Chaos und Hektik miteinander zu wetteifern scheinen. Nicht umsonst zieht es viele Einwohner bei jeder Gelegenheit auf die beschaulichen Inseln. Doch wer sich eine Weile in Athen aufhält, wird auch den versteckten Charme dieser Stadt kennen lernen. ■

NICHT VERSÄUMEN:

Eines der schönsten Gebäude der Welt, der Parthenon 54–55

Der Sonntagsmarkt bei Monastiraki 66–67

Abends im Stadtteil Psirri essen gehen 67

Die exquisite Sammlung im Benaki-Museum für islamische Kunst 67

Die Zeremonie der Wachablösung 72

Die Lebensmittelstände am Hauptmarkt 81

Das beeindruckende Archäologische Nationalmuseum 82–85

Akropolis

Akropolis heißt „Oberstadt". Eine solche gibt es in mehreren griechischen Städten. Dennoch verbindet man mit dem Wort stets die von den Säulen des Parthenon gekrönte Akropolis von Athen. Die alte Tempelburg beherrscht bis heute das Stadtbild und erinnert an das goldene Zeitalter des antiken Griechenland.

Gekrönt von den Säulen des Parthenon, beherrscht die Akropolis bis heute das Athener Stadtbild

Akropolis

Karte S. 52

21 03 21 41 72, 21 03 22 53 85
Museum: 21 09 00 09 00

€€– €€€

U-Bahn: Akropoli

Besucher-information

Verkehrsamt Athen, Amalias 26

21 03 31 07 16, 21 03 31 03 92, 21 03 31 03 47

Zwei Wege führen zum Eingang der Akropolis an der Westseite des Hügels. Den Zugang bietet der Weg durch die Plaka, in deren steilen Straßen man hin und wieder auf handgemalte Wegweiser stößt. Leichter, aber weniger idyllisch ist der Zugang über die Straße Dionysiou Areopagitou.

Die ältesten Siedlungsspuren am Südhang des Hügels zeigen, dass sich hier um 3000 v. Chr. die ersten Menschen niederließen. Die erhaltenen Bauten der Akropolis stammen allerdings hauptsächlich aus dem 5. Jahrhundert v. Chr., dem Zeitalter, in dem Athen unter der Führung des Perikles den Höhepunkt seiner Macht erreichte (siehe S. 28f). Perikles war es auch, der die führenden Baumeister seiner Zeit verpflichtete, darunter vor allem den berühmten Bildhauer Phidias, der den **Parthenon** entwarf, den zentralen Tempel des Ensembles. Die bauliche Leitung übernahm vermutlich der bekannte Architekt Iktinos.

Man weiß heute, dass der Parthenon absichtlich ohne gerade Linienführung erbaut wurde und dass der symmetrische Eindruck, den das Bauwerk erweckt, durch eine leichte Neigung sowohl der Säulen wie der Stufen zu Stande kommt. In der Kombination der baulichen Elemente spielt immer wieder das Verhältnis 9:4 eine wichtige Rolle, so z.B. beim Vergleich des Abstands zwischen den Säulen mit der Dicke einer Säule oder zwischen Breite und Höhe des Baus. Im Innern stand ursprünglich eine 12 Meter hohe goldene Statue der Göttin Athene, die der Stadt ihren Namen gegeben hatte. Wie der Parthenon damals aussah, zeigt ein Modell im Archäologischen Nationalmuseum (siehe S. 82ff). Nach neunjähriger Arbeit war der Tempel im Jahr 438 v. Chr. fertig gestellt. Der leichte Eisengehalt des in den Bergen bei Athen gewonnenen Marmors, aus dem er erbaut wurde, verleiht ihm in der Abendsonne einen wunderbaren warmen Farbton.

Schwere Beschädigungen des Parthenon verursachten vor allem die Türken, die im vorderen Teil eine Moschee errichteten und später ein Munitionslager darin anlegten, das bei der Beschießung durch venezianische Truppen im Jahr 1687 explodierte. Den zerstörten Bau ließen die türkischen Stadtherren dann verfallen und verkauften schließlich Teile seines Figurenschmucks an Lord Elgin.

Seit einigen Jahren dürfen Besucher den Tempel nicht mehr betreten. Auf diese Weise soll verhindert werden, dass eine stetig wachsende Zahl von Füßen und Händen den kostbaren Marmor so abnutzt, dass der Bau – auch wenn ihn niemand absichtlich zerstören möchte – irreparabel beschädigt wird.

Neben dem Parthenon verdienen aber auch die anderen Bauten der Akropolis einen näheren Blick. So steht rechts vom Eingang der kleine **Tempel der Athena Nike**, der Athene des Sieges, der von

Die „Elgin Marbles"

Im Jahr 1801 war Thomas Bruce, Earl of Elgin, Botschafter Großbritanniens in der Türkei, zu der auch Griechenland gehörte. Die Bauten der Akropolis waren verfallen, und die türkischen Stadtherren nutzten die Steine bei Bedarf als Baumaterial. Lord Elgin erwirkte eine Erlaubnis, einige Bauteile und Skulpturen zu entfernen, ließ dann aber weit mehr abtransportieren und verkaufte seine Beute 1816 an das Londoner Britische Museum. Die bekanntesten Stücke, die einen Großteil des Parthenon-Frieses ausmachen, werden heute meist als „Elgin Marbles" bezeichnet. Griechenland betreibt auf verschiedenen Ebenen eine Kampagne zur Rückführung der Beutestücke.

427 bis 424 v. Chr. zum Gedenken an den Triumph der Athener über die Perser errichtet wurde. (Im Parthenon dagegen wurde die Stadtgöttin als Athena Promachos, als Führerin im Kampf, verehrt.) Im Jahr 1686 von den Türken abgerissen wurde er rekonstruiert.

Die Akropolis

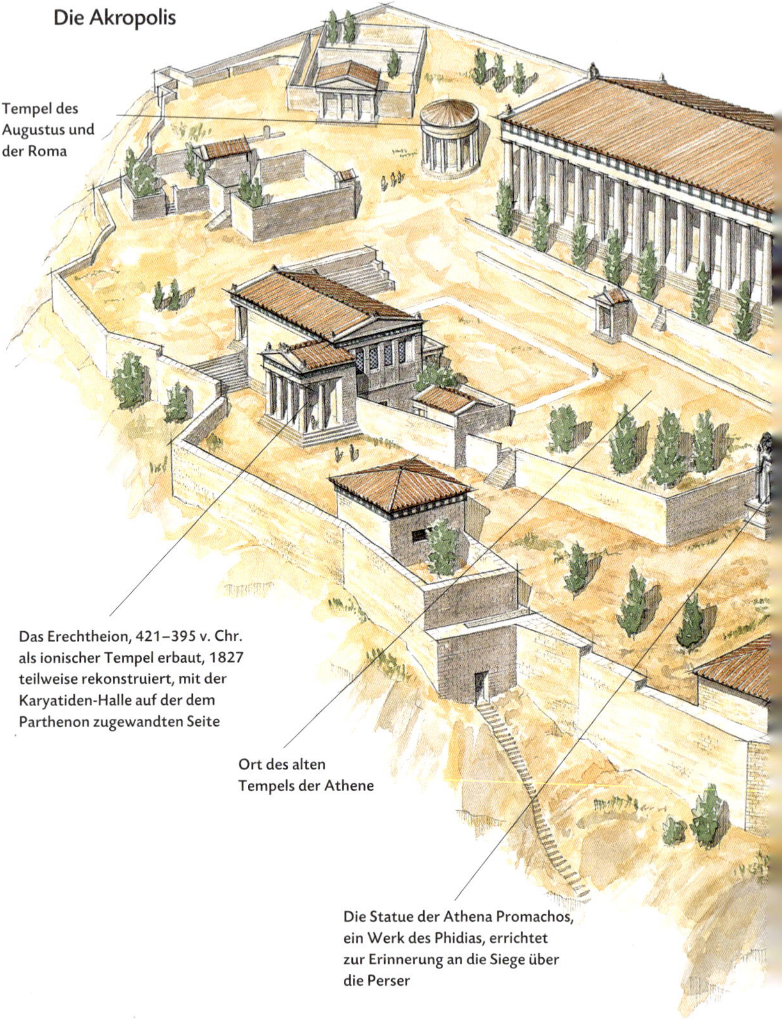

Nördlich des Parthenon (vom Eingang aus auf der linken Seite) erhebt sich das zwischen 421 und 395 v. Chr. errichtete **Erechtheion** an der Stelle, an der erstmals ein Ölbaum wuchs, nachdem die Göttin Athene die Erde mit ihrem Speer berührt hatte. Bemerkenswert ist die südlich vorgelagerte Karyatidenhalle.

Das **Museum** der Akropolis befindet sich am Fuß der Akropolis und beherbergt eine eindrucksvolle Sammlung, die künftig wahrscheinlich zum Teil in das neue **Akropolis-Studienzentrum** (Kentro Meleton Akropoleos) südlich des Hügels ausgelagert wird. ■

Südlich der Akropolis

Wer sich der Akropolis von Süden her nähert, nimmt automatisch den Weg, der sich am Südhang unter Bäumen hinter dem auffälligsten Baudenkmal, dem Herodes-Atticus-Theater, nach oben schlängelt.

Die Steinfiguren im Dionysos-Theater sind durch Wetter und Umweltverschmutzung angegriffen

Herodes-Atticus-Theater (Teatro Irodou Attikou)

- Karte S. 52
- Leoforos Dionysiou Areopagitou
- 21 03 24 18 07
- täglich von 9–14 und 18–21 Uhr geöffnet
- U-Bahn: Akropoli

Im Gegensatz zu den Gebäuden der Akropolis stammt das **Herodes-Atticus-Theater** (Teatro Irodou Attikou) aus der Römerzeit und wurde zwischen 161 v. Chr. und 174 von einem Geschäftsmann aus Marathon, mit dem bombastischen Namen Tiberius Claudius Atticus Herodes, errichtet. Das Theater wurde 1955 restauriert und fasst 5000 Personen; es wird während der Athener Festspiele von Juni bis September bespielt.

Etwas weiter unterhalb der Akropolis bildet das nicht restaurierte **Dionysos-Theater** (Teatro Dionysiou) einen großen Kontrast zum Herodes-Atticus-Theater nebenan. Man sollte sich indes vor Augen halten, dass es sich dabei um die Ruinen einer weitläufigen Anlage handelt, in der zu besten Zeiten 17 000 Menschen Platz fanden. Das ursprünglich griechische Theater wurde 342 bis 326 v. Chr. von den Römern erweitert.

Das Dionysos-Theater diente verschiedenen Zwecken – besonders Gladiatorenkämpfen und jährlich stattfindenden Wettbewerben in der darstellenden Kunst. Auf der Bühne dieses Theaters erlebte das griechische Drama seine Geburtsstunde. Hier wurden die ersten Stücke von Sophokles und Aristophanes aufgeführt – wenn auch nicht in den Ruinen, die man heute sieht. Sie stammen aus römischer Zeit, so auch die Marmorthrone für Würdenträger und der Marmorboden, den Kaiser Nero im 1. Jahrhundert v. Chr. anfertigen ließ. Eine ungewöhnliche Kapelle in einer Höhle, einst die der Artemis, bekommen Sie zu Gesicht, wenn Sie zum Akropolis-Felsen zurückgehen: die Panagia Spiliotissa, die Mutter Gottes der Höhle.

Gegenüber vom Dionysostheater liegt Athens neueste Attraktion, das neue **Akropolismuseum** *(www.newacropolis museum.gr)*. Die Eröffnung hatte sich mehrere Male verschoben, da man – typisch für Athen – beim Ausschachten immer wieder auf archäologische Funde stieß. Diese entpuppten sich als eine prähistorische Athener Siedlung und sind jetzt durch große Glasböden und Gehwege zu besichtigen, die in aller Eile in die Entwürfe für das Untergeschoss integriert wurden.

In den oberen Stockwerken wurden fehlende Stücke des Parthenonfrieses, die als „Elgin Marbles" im British Museum stehen, in der Hoffnung auf eine baldige Rückkehr bewusst nicht ergänzt. Von ganz oben erlaubt ein gläsernes Atrium den Blick über den Parthenon und den Rest der Akropolis. Auf den anderen Etagen sind Exponate aus dem alten Akropolismuseum zu sehen und Stücke der archäologischen Sammlung, für die früher zu wenig Platz war.

Westlich des Studienzentrums liegt in den Hügeln ein Park, die **Pnyka** (Pnyx). Sein Eingang befindet sich gegenüber vom Herodes-Atticus-Theater. Nur wenige Besucher wissen, dass sie sich dabei an jenem Ort befinden, wo zu Zeiten des Perikles die Volksversammlung von Athen zusammenkam.

Das politische Leben verlief indes nicht immer so demokratisch. In einem (vermeintlichen) Gefängnis hier wurde der Philosoph Sokrates (um 470–399 v. Chr.) gefangen gehalten, unter der Anklage, er habe mit seinen radikalen Lehren „die Athener Jugend verdorben". Sokrates wurde zum Tod verurteilt und trank den Schierlingsbecher – allerdings im Gefängnis an der Agora. ■

Dionysos-Theater (Teatro Dionysiou)

- Karte S. 52
- Leoforos Dionysiou Areopagitou
- €
- U-Bahn: Akropoli

Akropolismuseum

- Karte S. 52
- Makriyianni/Areopagitou
- 21 09 00 09 00
- U-Bahn: Akropoli

Pnyka

- Karte S. 52
- U-Bahn: Akropoli

Großstadt mit Kleinstadtfeeling

Viele Städte werden als Ansammlung kleiner Dörfer beschrieben, aber Athen ist wahrlich ein griechisches Dorf in Übergröße. Es „menschelt" überall: gepflegte Blumenrabatte, tratschende Nachbarn, eine alte Dame, die ein paar Minuten in einer Kirche rastet. Die Bedeutung der Kirchen beweist, dass diese ungewöhnliche Stadt vielleicht eine moderne Großstadt ist, aber immer noch eine zutiefst menschliche. Winzige byzantinische Kapellen zwingen den Verkehr zu Umwegen und das in einer Zeit, in der andere Metropolen solche Hindernisse längst zugunsten eines effizienten Verkehrsflusses abgerissen hätten. Die Homogenität der sehr griechisch wirkenden Bevölkerung Athens ist ebenfalls außergewöhnlich. Es gibt stark wachsende ethnische Bevölkerungsgruppen wie die Albaner oder andere Einwanderer vom Balkan sowie Neulinge aus dem asiatischen Subkontinent. Aber wenn Sie in Athen sind, wissen Sie immer, dass Sie sich in Griechenland befinden.

Das antike Drama

Das antike Griechenland war die Geburtsstätte des modernen Dramas. Im 5. Jahrhundert v. Chr., das nach dem Athener Staatsmann Perikles das „Goldene Zeitalter des Perikles" genannt wurde, gelangten bildende Kunst, Architektur, Rednerkunst und vor allem das Drama in Athen zu hoher Blüte.

Das griechische Wort *drama* bedeutet Handlung oder Geschehen, und die literarische Form ging im 6. Jahrhundert v. Chr. aus dem gespielten Vortrag von Geschichten oder Gesängen hervor.

Micaela Esdra in den *Bakchen* des Euripides

Vermutlich hat das Drama seinen Ursprung in traditionellen Chorgesängen, bei denen Hymnen zu Ehren der Götter vorgetragen wurden – Hymnen, die eine Erzählung oder kleine Geschichten zum Inhalt hatten. Schließlich trat ein Chorleiter namens Thespis aus dem Chor heraus und verlieh den Hymnen zusätzliche Dramatik.

Der Chor spielte in allen frühen griechischen Dramen eine wichtige Rolle. Er war Beobachter und Kommentator des Geschehens auf der Bühne. Die Stücke waren in Versform geschrieben und zwischen die Szenen wurden Choreinlagen eingeschoben. Mit der Weiterentwicklung des Dramas nahm die Bedeutung des Chors ab.

Die Werke vieler Dramatiker der Antike werden noch heute aufgeführt – auf den Bühnen der Welt und im Sommer auch im großen Theater von Epidaurus (siehe S. 108f) und in Athen im Theater des Herodes Atticus (siehe S. 58).

Auf dem Gebiet der Tragödie ragen drei Persönlichkeiten heraus: Aischylos, Sophokles und Euripides. Aischylos (um 525–456 v. Chr.) revolutionierte das Drama, indem er einen zweiten Sprecher einführte – bis dahin waren die Dramen Monologe gewesen, die in der homerischen Tradition vorgetragen wurden. Jetzt begannen sich Poesie und Drama zu vermischen. In Dramen wie „Die Perser" und „Sieben gegen Theben" griff Aischylos auf seine Erfahrungen in den Perserkriegen zurück. Die bekanntesten seiner sieben erhalten gebliebenen Tragödien sind „Der gefesselte Prometheus" (der einzige noch existierende Teil einer Trilogie) und die

„Orestie", eine vollständige Trilogie über die Geschichte der vom Unheil verfolgten Familie des Agamemnon.

Einer der größten Rivalen des Aischylos war Sophokles (um 496–405 v. Chr.), der gleichfalls in Athen lebte. Er führte einen dritten Sprecher in seine Tragödien ein und beschnitt die Bedeutung des Chors – die Handlung sollte für sich selbst sprechen. Das grandioseste seiner sieben erhalten gebliebenen größeren Werke ist zweifellos „König Ödipus", ein Meisterwerk, das die Zuschauer damals in seinen Bann zog und es noch heute tut.

Der dritte überragende Dramatiker der Antike ist Euripides (um 480–406 v. Chr.). Die Handlung seiner Tragödien ist vielschichtiger und seine Charaktere sprechen eine natürlichere Sprache, wofür er zu Lebzeiten heftig kritisiert wurde. Zu seinen berühmtesten Werken gehören „Medea", „Elektra" und „Die Bakchen", die alle noch heute gespielt werden. Euripides war ein frühes Beispiel eines Dichters, der erst nach seinem Tod die ihm gebührende Anerkennung fand.

Außer Tragödien entstanden zu der damaligen Zeit auch viele Komödien und Satiren. Auf diesem Gebiet ragt ein weiterer Athener heraus: Aristophanes (um 450–385 v. Chr.). Komödien sind meistens kurzlebig, aber die Dramen des Aristophanes, darunter „Die Vögel" und „Die Frösche" (in denen er sich über Euripides lustig macht), werden noch heute in der ganzen Welt gespielt. Die berühmteste Komödie des Aristophanes ist „Lysistrata", ein Stück, in dem sich die Frauen ihren Männern verweigern, bis diese darauf verzichten, in den Krieg zu ziehen.

Die Kunst des Dramas wurde in der Antike ebenso ernst genommen wie es heutzutage der Fall ist. Das erste literaturkritische Werk, die „Poetik" des Aristoteles, wurde im 4. Jahrhundert v. Chr. geschrieben.

In diesem Werk analysiert und beurteilt Aristoteles insbesondere die Tragödie, eine Sonderform des Dramas. Mit seiner „Poetik" versuchte Aristoteles auch – im Sinne einer normativen Ästhetik –, Regeln für das Drama aufzustellen.

ERLEBNIS: Eine Aufführung in Epidaurus

Die meisten Besucher sehen Epidaurus am Tag, wenn nur die herumwandernden Touristen das antike Theater bevölkern. Die Anlage ist aber noch viel beeindruckender, wenn Sie das Theater bei seinem ursprünglichen Zweck sehen, während der Aufführung eines Stücks. Wenn Sie in der Nähe wohnen oder in Athen oder Nauplia, können Sie während des Epidaurus-Festivals im Juli und August Aufführungen erleben. Moderne Stücke werden ebenso aufgeführt wie antike griechische Klassiker, und die Ensembles haben so klangvolle Namen wie das National Theatre of Greece und das National Theatre of Great Britain. Manchmal werden auch Opern- und Ballettaufführungen geboten.

Tickets kann man zum Beispiel beim Festival-Ticketschalter in Athen *(Panepistimiou Str. 39)* oder in Epidaurus erwerben. Wenn Sie kein eigenes Auto haben: kein Problem. Für Festivalgänger fahren Sonderbusse von Athen und Nauplia, an Bord herrscht bereits der richtige Festivalgeist. Auch an der zweiten Spielstätte in Epidaurus, dem antiken Kleinen Theater (aus dem 4. Jh. v. Chr.) wird während des Festivals gespielt. Es ist jedoch viel kleiner als das Haupttheater, also achten Sie darauf, Tickets für den richtigen Veranstaltungsort zu kaufen.

Nördlich der Akropolis

Besucher, die sich der Akropolis von Norden her nähern, haben sicher ihre Zweifel, ob die handgeschriebenen Schilder und Pfeile überhaupt auf die Akropolis führen, eine der bedeutendsten historischen Stätten der Welt. Es gibt keine offizielle Beschilderung, die Sie vielleicht erwarten, doch steigen Sie getrost weiter die Stufen hinauf und Sie werden zur Akropolis gelangen.

Unter Platanen lässt es sich in der Plaka schön im Freien essen

Folgen Sie den Schildern, übersehen Sie vielleicht **Anafiotika**, eines der reizvollsten Viertel Athens. Es ist wie ein Dorf in der Stadt, zwischen der Plaka und dem Akropolis-Felsen gelegen. Die strahlend weiß getünchten Häuser mit ihren blauen Türen vermitteln den Eindruck, man sei in einem Dorf auf den Kykladen. Die Bewohner des Viertels wanderten von der Kykladeninsel Anafi ein. König Otto siedelte sie an, kurz nachdem er 1832 den Thron bestiegen hatte. Die besten Handwerker der Stadt sollten einen Palast für ihn bauen – und die kamen von Anafi. Also warb er sie an. Als den Leuten klar wurde, dass sie mehrere Jahre in Athen bleiben mussten, schufen sie sich ihre Heimat am Fuß der Akropolis neu.

Agora

Wenn Sie von der Akropolis nach Norden gehen, erstreckt sich links unter Ihnen die riesige **antike Agora**, der Marktplatz. Ursprünglich war hier ein Friedhof, es sind noch viele Gräber zu sehen, doch wurde auf dem Areal etwa im 6. Jahrhundert v. Chr. ein Marktplatz gebaut, wo sich nun mehrere hundert Jahre lang das Leben in Athen abspielen sollte – mit Geschäften und einem Gedränge von Menschen.

Zwei Gebäude hier sollte man sich genauer ansehen: den **Hephaistos-Tempel** (Hephaisteion) und die Attalos-Stoa. Der Tempel wurde 449 bis 444 v. Chr. erbaut und ist somit etwas älter als der Parthenon. Er steht am Beginn der Stadtentwicklung im so genannten goldenen Zeitalter. Hephaistos war der Gott des Feuers, der Künste und der Metallurgie, und so wurde der Tempel im Viertel der Metallarbeiter errichtet. Mit dem Parthenon zählt er zu den am besten erhaltenen Tempeln Griechenlands.

Die **Attalos-Stoa** (Stoa Attalou) liegt am entfernteren Ende der Agora. Eine Stoa ist eine lang gestreckte überdachte Säulenhalle. Das zweistöckige Gebäude in Athen wurde komplett restauriert. Derartige Rekonstruktionen sind eine zweischneidige Arbeit. Doch die Rekonstruktion in den Jahren 1953 bis 1956 ist der American School of Classical Archaeology hervorragend geglückt. Gründer der Schule war John D. Rockefeller jr.

Die Stoa war im 2. Jahrhundert v. Chr. von Attalos, dem König von Pergamon, erbaut worden, brannte aber im Jahr 267 ab. Heute befindet sich in dem Gebäude ein faszinierendes Museum, dessen Sammlung das einstige Leben auf der Agora veranschaulicht. Eine Vielzahl von Artefakten trägt dazu bei – vom Kindernachttopf bis zu so wichtigen historischen Objekten wie einer Wahlmaschine, die dazu diente, die Stimmen der Bürger bei den Wahlen zu zählen.

Trinkgeld

Trinkgeld zu geben, ist in Griechenland wesentlich informeller als in anderen Ländern, wo sie schon einen sehr schlechten Service erleben müssen, um kein Extrageld zu hinterlassen. In griechischen Restaurants ist der Service in der Rechnung enthalten. Trotzdem ist es üblich, ein paar Münzen liegen zu lassen oder eine außergewöhnlich gute Bedienung zu honorieren.

Hotelportiers und Zimmermädchen freuen sich immer über ein Trinkgeld, aber wenn Sie gerade kein Kleingeld haben, ist es kein Unglück. Das Gleiche gilt für Taxifahrer – Sie können ihm das Wechselgeld überlassen, wenn der Betrag angemessen ist, aber es besteht keine Verpflichtung.

Antike Agora-Museum

- Karte S. 52
- Adhrianou 24
- 21 03 21 01 85
- Geschl. Mo
- €
- U-Bahn: Monastiraki

Tempel des Hephaistos (Hephaisteion)

- Karte S. 52
- Pelopidha/ Eolou
- 21 03 21 01 85
- Geschl. Mo
- € (für die gesamte Agora inklusive Tempel)
- U-Bahn: Monastiraki

Attalos-Stoa (Stoa Attalou)

- Karte S. 52

Römische Agora
Karte S. 52
Pelopidha/ Eolou
21 03 24 52 20
täglich 8–15 Uhr (letzter Einlass 14:45 Uhr)
€
U-Bahn: Monastiraki

Turm der Winde (Naos Aiolou)
Karte S. 52
U-Bahn: Monastiraki

Römisches Forum

Rund hundert Meter östlich der Agora liegt das interessante, wenngleich weniger beeindruckende römische Forum, auch bekannt als **römische Agora**. Es war einst eine Erweiterung der griechischen Agora und wurde von Julius Cäsar (59–44 v. Chr.) und Kaiser Augustus (44 v.–14 n. Chr.) erbaut. Wenn auch der Marktplatz vergleichsweise vernachlässigt wirkt, steht dort eines der ungewöhnlichsten Wahrzeichen Athens, der **Turm der Winde** (Naos Aiolou).

In der zweiten Hälfte des 1. Jahrhunderts v. Chr. wurde der Marmorturm errichtet, und zwar nach einem Entwurf des syrischen Astronomen Andronikos von Kyrrhos. Der Turm ist zwölf Meter hoch und hat einen Durchmesser von acht Metern; die Griechen nennen ihn Aerides (die Winde). Bei Sonnenuntergang funkelt das Marmorgebäude ebenso golden wie der Parthenon. Der Turm ist achteckig und diente mehreren Zwecken.

Jede seiner Seiten entspricht einem der acht Punkte auf dem Kompass, ein dekoratives Fries stellt jeweils einen der acht mythologischen Winde dar. Der kalte Nordwind Boreas z.B. trägt einen warmen, wogenden Umhang. Sein Bruder Notos, der Südwind, bringt Regen, den er aus einem Wasserkrug schüttet. Wieder ein anderer, Zephyros, der Westwind, streut Blumen, während der Nordostwind Kaikias Hagel bringt. Zwischen Boreas und Apeliotes, dem Ostwind, lassen kleine Öffnun-

Der an ein Pfefferfass erinnernde Turm der Winde wurde im 6. Jahrhundert in eine Kapelle umgewandelt

gen Licht in den Turm. Auf jeder der acht Seiten befand sich früher unter dem Fries eine Sonnenuhr.

Der Turm hatte früher auch eine Wasseruhr, betrieben von einem Wasserlauf, der die Akropolis herabfloss. Davon ist heute nur eine Rinne auf dem Fußboden im Innern des Turms erhalten. Das Wasser wurde in festgesetzten Mengen in einen Zylinder geleitet, sodass man die Zeit am Wasserstand ablesen konnte.

Der Turm wurde wahrscheinlich auch als Planetarium genutzt; mit Hilfe einer Vorrichtung konnte man die Bewegung der Sonne, des Mondes und der fünf Planeten aufzeichnen, die damals bekannt waren.

Ein weiteres bemerkenswertes Gebäude am römischen Forum ist die **Fetihye-Moschee**. Sie wurde 1458 errichtet und ist somit die älteste in Athen, wird heute aber nur als Depot verwendet. Ein anderes islamisches Gebäude stand einst gegenüber dem Eingang zum Forum: eine Medrese, d.h. eine Koranschule. Sie wurde später in ein Gefängnis umgewandelt. An einem Baum knüpfte man dort die Übeltäter auf. Nach der Schließung des Gefängnisses wurde das Gebäude aber fast völlig zerstört.

Auch die **Hadriansbibliothek** (Vivliothiki Asriianou) stand einmal an einer Ecke des römischen Forums, ist aber heute durch mehrere Straßen von der antiken Stätte getrennt. Im Jahr 132 wurde die Bibliothek von Kaiser Hadrian für dessen riesige Büchersammlung erbaut; sie muss wirklich gigantisch gewesen sein, denn das Gebäude war das größte, das er in Athen errichten ließ.

INSIDERTIPP:
Denken Sie daran, dass die Griechen spät essen, nie vor 21 Uhr, oft später. In den besten Restaurants, *psistaria* oder *ouzerie*, beginnt man gegen 21:30 Uhr. Und es ist absolut akzeptabel, wenn Sie nach dem Essen noch über eine Stunde sitzen bleiben und reden.

NICHOLAS TURLAND
National Geographic-Mitarbeiter

Es lag inmitten eines ummauerten Hofes von 122 auf 82 Meter Länge, hatte sage und schreibe hundert Säulen, außerdem besaß es ein Wasserbecken und einen Garten. Bis auf die verbliebene Ostmauer ist nicht mehr viel zu sehen, doch seit einigen Jahren arbeiten Archäologen an dem Gemäuer, und irgendwann werden die Besucher die Bibliothek betreten dürfen. Interessant sind die Steinnischen, wo die Bücher in Form gerollter Manuskripte aufbewahrt wurden. ■

Hadriansbibliothek (Vivliothiki Asriianou)

Karte S. 52
täglich 8–15 Uhr (letzter Einlass 14:45 Uhr)
€
U-Bahn: Monastiraki

Monastiraki

Monastiraki ist eines der lebhaftesten Einkaufszentren Athens. In den Läden und Buden des Flohmarkts bekommt man alles – von der heiligen Ikone bis zu alten Ausgaben des *Playboy*. Monastiraki schließt sich unmittelbar an das Durcheinander der Straßen der Plaka (siehe S. 68) an und ist das reinste Tollhaus.

Am Monastiraki-Platz duckt sich zwischen den Einkaufswütigen eine alte byzantinische Kirche

Monastiraki
Karte S. 52

Wenn Sie von der Plaka in Richtung Westen gehen, finden Sie sich in der exotischen Welt des **Flohmarkts** wieder. Hunderte von Läden aller Art flankieren die Hauptstraße und vielen Nebengassen. Die ersten Geschäfte sind für die Touristen gedacht. Je weiter man jedoch vordringt, desto abwechslungsreicher wird das Angebot. Wer eine echt griechische Kaffeetasse oder eine *bouzouki* sucht, ist hier genau richtig. Es gibt Läden, die Kleidung, CDs, Bücher, Videos, Antiquitäten, Gemälde, Postkarten, Musikinstrumente, Elektrogeräte, Küchenausstattung und sonstigen Tand feilbieten.

Wer hier einkauft, fühlt sich wie auf einem orientalischen Basar. Die Ladenbesitzer versuchen, einem etwas aufzuschwatzen, aber meist sind sie nett und machen wenig Druck. Taschendiebe sind ein Problem, man sollte also auf der Hut sein.

Das beste Spektakel bietet sich am Sonntagmorgen, wenn der Markt auch auf der Hauptstraße, der Ermou, und in allen Gassen rundum bis zum Kerameikos-Friedhof stattfindet.

Auch dem **Kerameikos** sollten Sie einen Besuch abstatten. Der Name stammt von den Töpfern der antiken Stadt. Keramos war ihr Schutzgott, daher auch das Wort Keramik. Der Friedhof ist ein Hort der Ruhe. Schon im 12. Jahrhundert v. Chr. fanden hier Bestattungen statt und viele der alten Gräber sind erhalten; am bekanntesten ist der zentrale Hauptweg, die sogenannte Gräberstraße. Versäumen Sie nicht, auch einen Blick auf die bewegenden Grabinschriften zu werfen, die im kleinen Museum zu sehen sind.

Über die Ermou geht es zurück, vorbei am Monastiraki-Platz zum Platz der Kathedralen (Plateia Mitropoleos). Dort stehen zwei Kathedralen, die große und die kleine. Die **Kleine Mitropolis** (Mikri Mitropoli) rechts ist eine hübsche, winzige Kirche aus dem 12. Jahrhundert und dem heiligen Eleftherios geweiht. Das höhlenartige Innere ist meist von Votivkerzen erhellt; friedlich und spirituell wirkt der Raum. Draußen zieren schöne Relief-Bildwerke die Mauern.

Nebenan steht die **Große Mitropolis** (Megali Mitropoli), die Kathedrale von Athen, deren Bau in der Mitte des 19. Jahrhunderts begonnen wurde und 25 Jahre dauerte. Beachtenswert sind die detaillierten, farbigen Mosaiken über dem Eingang. Die Kathedrale wird heute für offizielle Feierlichkeiten genutzt.

Gleich beim Monastiriki, im Norden der Ermou und westlich der Amerikis, ist **Psirri** als Szeneviertel im Kommen. Es war bereits angesagt, bevor man wegen der Olympischen Spiele von 2004 viele Teile Athens modernisierte. Das heutige Psirri hat nichts mehr mit der heruntergekommenen Gegend Athens gemein, die es einmal war. Wo früher Baumärkte und Werkstätten waren, stehen jetzt schicke *ouzeries* und Restaurants, Bars und Clubs. Hier befindet sich auch eines der besten kleineren Museen der Stadt, das **Benaki-Museum für islamische Kunst**, das all die islamischen Kunstschätze beherbergt, die früher im zentralen Benaki-Museum (siehe S. 74–75) lagerten, für die dort kein Platz war. Es bietet eine exquisite Sammlung und sollte auf dem Reiseplan stehen.

INSIDERTIPP:

Besuchen Sie sonntags den Monastiraki-Markt, um die Farben und Düfte zu erleben.

EVA VALSAMI-JONES
National Geographic-Mitarbeiterin

Westlich von Psirri liegt **Gazi**, der letzte Innenstadtbereich, der saniert wurde. Ein ehemaliges Gaswerk wurde zum **Technopolis** umgebaut, die Art von Kulturzentrum mit wechselnden Kunst- und Fotoausstellungen und abendlichen Konzerten. ■

Kerameikos
- Karte S. 52
- Ermou 148
- 21 03 46 35 52
- Geschl. Mo
- €
- U-Bahn: Keramikos

Benaki-Museum für Islamische Kunst
- Karte S. 53
- Asomoton 22
- 21 03 25 13 11
- Geschl. Mo
- €€
- U-Bahn: Syntagma oder Evangelismos

Technopolis
- Karte S. 52
- Pireos 100
- 21 03 46 09 81
- U-Bahn: Thissio

Plaka & Umgebung

Die Plaka ist das Straßengewirr, das sich am Fuß der Akropolis nach Norden und Osten erstreckt. Hierher kommen alle Touristen, die Athen besuchen, man ist umgeben von pittoresken Andenkenläden und Restaurants, die um Gäste werben. Viele der Gebäude sind alt und schön. Die meisten Straßen sind autofrei, Tag und Nacht herrscht buntes Treiben.

Die Plaka mit Blick auf die Akropolis im Hintergrund

Museum für griechische Volksmusik-Instrumente (Mouseio Ellinikon Mousikon Organon)

Karte S. 71
Diogenous 1–3
21 03 25 01 98, 21 0325 41 19, 21 0325 41 29
Geschl. Mo
U-Bahn: Monastiraki

Das Viertel entwickelte sich im 19. Jahrhundert, als sich hier viele wohlhabende Athener niederließen. Sie bauten sich prächtige neoklassizistische Häuser, von denen einige heute Museen oder Geschäfte sind, sodass man sie außen wie innen betrachten kann.

Bei einem Bummel durchs Viertel sollte man unbedingt einen Besuch im **Museum für griechische Volksmusik-Instrumente** (Mouseio Ellinikon Mousikon Organon) einplanen. Im Hof des Gebäudes, das 1842 erbaut wurde, finden im Sommer Konzerte statt. Drinnen sind über drei Stockwerke hinweg etwa 1200 Musikinstrumente ausgestellt, die der griechische Musikwissenschaftler Fivos Anoyanakis (geb. 1915) zusammentrug. Das Museum dokumentiert auf unterhaltsame Weise die Geschichte der griechischen Musik. Über Kopfhörer kommt man in den Genuss von Klangproben. In einem Flügel des Gebäudes befindet sich der Museumsladen mit dem besten Angebot an traditioneller griechischer Musik in ganz Athen.

Ein weiteres herrschaftliches Gebäude aus dem Jahr 1884 beherbergt das **Kanellopoulos-Museum** (Museio Kanellopoulos) mit einer Sammlung von Keramik, Skulpturen, Schmuck und anderem Kunsthandwerk, die von den Athenern Paul und Alexandra Kanellopoulos zusammengestellt wurde. Die Exponate umfassen den Zeitraum vom 3. Jahrhundert v. Chr. bis zum 19. Jahrhundert und stammen aus verschiedenen Kulturen: der minoischen, mykenischen, römischen, persischen, ägyptischen und phönizischen. Es gibt edlen Schmuck und Vasen mit erotischen Darstellungen zu sehen.

Ein weiteres wichtiges Museum in der Plaka, das Sie sich nicht entgehen lassen sollten, ist das **Museum für griechische Volkskunst** (Mouseio Ellinikis Laografias). Es ist ein bisschen chaotisch und voll gestopft – so wie Athen ja auch –, aber mit seinen verwinkelten Ecken überaus faszinierend. Auf fünf Stockwerken finden Sie eine Fülle von Exponaten, dazu oft Sonderausstellungen. Zu den Höhepunkten zählen Werke des Malers Theophilos (siehe S. 44), dazu das komplett bemalte Zimmer eines Hauses, das von der Insel Lesbos hierher geschafft wurde.

(weiter auf S. 72)

Kanellopoulos-Museum (Mouseio Kanellopoulos)

- Karte S. 52
- Panos/Theorias
- 21 03 21 23 13
- Geschl. Mo
- €
- U-Bahn: Monastiraki

Museum für griechische Volkskunst (Mouseio Ellinikis Laografias)

- Karte S. 52
- Kydathinaion 17
- 21 03 22 90 31
- Geschl. Mo
- €
- U-Bahn: Syntagma

ERLEBNIS: Lernen Sie Tanz in Athen

Dora Stratou (1903–88) war eine der berühmtesten griechischen Tänzerinnen des 20. Jahrhunderts Sie schrieb Bücher über traditionellen Tanz, produzierte Schallplatten und Filme, gab Interviews und setze sich vehement für die Bewahrung und Förderung der verschiedenen Tanzformen in ganz Griechenland ein. Ihr Name lebt im Dora Stratou Theater nahe der Akropolis weiter, in dem regelmäßig gefeierte Tanztruppen zur Freude der Besucher auftreten. Griechen sind geborene Tänzer. Es ist ein wichtiger Bestandteil ihrer Kultur, was jeder bestätigen kann, der einmal an einem lokalen Fest teilgenommen hat. Vom Kleinkind bis zum Großvater steht jeder auf der Tanzfläche und beteiligt sich an den unterschiedlichen Volkstänzen. Athenbesucher müssen sich nicht nur aufs Zuschauen beschränken, das Stratou Theater bietet auch Workshops in griechischem Tanz während der Sommermonate an (auf Englisch). Diese bieten viel mehr als die paar Tanzschritte, die jeder im Rahmen einer „griechischen Nacht" in den Tourismuszentren lernen kann. Hier lernt man an vier Stunden pro Nachmittag Geschichte und Tradition des Tanzes, hört Vorlesungen, kann die 3000 Kostüme in der Garderobe des Stratou bewundern, Tanzgruppen beobachten und die Tänze lernen, die in der Abendvorstellung gezeigt werden. Für Tänzer und zukünftige Tänzer ist es die Chance, von der Pike auf zum Griechen zu werden.

Kontakt zum Dora Stratou Theater *(Scholiou 8, Plaka, 10558 Athen, Tel. 21 03 24 43 95, Fax 21 03 24 69 21, E-Mail: mail@grdance.org, www.grdance.org, am Wochenende geschlossen)*. Die Kosten für eine Woche Unterricht liegen bei ca. 120 Euro.

Zu Fuß durch die Plaka

Die Geschäfte, Restaurants und das Nachtleben haben das Viertel zu einem beliebten Touristentreffpunkt gemacht. Hinzu kommen einige schöne Kirchen und neoklassizistische Häuser, vor allem die herrschaftlichen Anwesen. Auf einem kurzen, abwechslungsreichen Spaziergang lernen Sie die Plaka kennen.

Die Händler am Sonntagsmarkt von Monastiraki bieten viele Sammlerstücke an

NICHT VERSÄUMEN:

Museum für griechische Volkskunst • Zentrum für Volkskunst & Tradition • Museum für griechische Volksmusik-Instrumente

Vom **Syntagma-Platz** (Plateia Syntagmatos) ❶ (siehe S. 72) biegen Sie – vom Parlamentsgebäude aus gesehen links – in die Filellinon ein. Folgen Sie ihr auf der rechten Straßenseite, bis links **St. Nikodemos** (Agios Nikodimos) in Sicht kommt, die wichtigste russisch-orthodoxe Kirche Athens. Sie wurde Mitte des 19. Jahrhunderts errichtet, doch stand bereits seit 1031 ein Gotteshaus an dieser Stelle. Gegenüber der Kirche halten Sie sich rechts, wo ein Schild zum Volkskunstmuseum weist.

Sie befinden sich jetzt auf der Kydathinaion, einer der Hauptstraßen der Plaka. Die Kirche **St. Sotira** (Agia Sotira) auf der rechten Seite ist die wichtigste in der Plaka und stammt aus dem späten 11. oder frü-

Der Umgang mit der Sommerhitze

Die Temperaturen in Griechenland können vor allem in Juli und August sehr hoch sein. In Athen und auf den Ägäischen Inseln werden leicht 32 °C erreicht. Meiden Sie also bestmöglich die Hitze. Sie sollten sich bei der Besichtigung von Sehenswürdigkeiten zumindest Pausen gönnen, um Ihre Körpertemperatur niedrig zu halten. Vermeiden Sie während des Tages Alkohol, der dehydrierend wirken kann. Trinken Sie viel Wasser. Verwenden Sie Sonnencreme und tragen Sie einen Hut. Sich zu verhüllen hilft auch. Schließlich tragen Wüstenvölker weite Gewänder mit langen Ärmeln, nicht T-Shirt und Shorts.

hen 12. Jahrhundert. Beachtenswert ist der Brunnen im Hof, lange Zeit die einzige Wasserquelle im Viertel. Linker Hand liegt das **Museum für griechische Volkskunst** (Mouseio Ellinikis Laografis) ❷ (siehe S. 69) und ein Stück weiter kommt rechts das **Kindermuseum** (Elliniko Paidiko Mouseio, *Tel. 21 03 31 29 95*), das den Kleinen viel Spaß macht, da es interaktiv aufgebaut ist.

Gehen Sie nun weiter die Kydathinaion entlang und halten Sie rechts nach einer Straße namens Geronta Ausschau. Sie mündet in die Straße Aggelou Chatzmichali Nr. 6, in der sich das **Zentrum für Volkskunst und Tradition** (Kentro Laikis Techniks kai Paradosis, *Tel. 21 03 24 39 87*) befindet ❸. Die Sammlung griechischer Volkskunst ist den Umweg wert. Ein Stück weiter die Kydathinaion hinunter gelangen Sie zur Kreuzung mit der Adrianou; überqueren Sie die Kreuzung und gehen Sie die Thespidou-Straße hinauf. Rechts sehen Sie das **Atelier von George Savakis**, einem Künstler, der viele der Wandmalereien in den Tavernen in der Plaka gestaltete. Wieder auf der Adrianou halten Sie sich links und gehen ins Zentrum der Plaka. Nach einer Kreuzung befindet sich links eine Gasse mit einer Treppe, die Mnisikleous. Steigen Sie die Stufen hinauf und biegen Sie rechts in die Diogenous ab. Am Ende befindet sich rechts das **Museum für griechische Volksmusik-Instrumente** (Mouseio Ellinikon Mousikon Organon) ❹, wo Sie die Klangerzeuger sehen und deren Musik vom Tonband hören können. Weiter der Diogenous entlang kommen Sie zum **römischen Forum** ❺ (siehe S. 64). Hier biegen Sie rechts ab, umrunden die Agora und nehmen, just gegenüber dem Eingang, rechts die Eolou. An der Adrianou rechts vorbei biegen Sie links in die Pandrossou-Straße ab, eine der Einkaufsstraßen der Plaka. Sie führt zum **Monastiraki-Platz** (Plateia Monastiraki) ❻, wo der **Flohmarkt** (siehe S. 66) beginnt und wo sich auch eine U-Bahnstation befindet.

Karte	Siehe Karte S. 52
➤	Syntagma Square
↔	1,5 km
Uhr	30 Minuten
➤	Monastiraki Square

Syntagma-Platz (Plateia Syntagmatos)
Karte S. 52
U-Bahn: Syntagma

Auch Kunsthandwerk und Trachten der Sarakatsani-Nomaden (siehe S. 157) gibt es zu sehen, außerdem Trachten von den griechischen Inseln und aus verschiedenen Regionen auf dem Festland. Wer sich für Stickerei und generell für Kleidung interessiert, darf das Museum nicht versäumen. Im kleinen Museumsladen werden neben Büchern auch Musterstücke verkauft.

Ein anderes Muss in der Plaka ist das Essen. Das halbe Viertel scheint aus Tavernen, Bars und Cafés zu bestehen; in der Tür stehen oft Schlepper, die einen hereinbitten. Diese Lokale sollte man besser meiden. Die guten Restaurants sind sowieso voll von Einheimischen und haben dergleichen nicht nötig – ihr Ruf spricht für sich. Einige Kellerlokale bringen einfache, aber leckere Gerichte auf den Tisch; oft sind die Wände mit Malereien einheimischer Künstler verziert.

Die Plaka erwacht nur langsam zum Leben; doch ist sie der beste Ort für ein Mittagessen im Freien oder einen unterhaltsamen Abend mit typisch griechischer Kost, einem Besuch in einer Musikkneipe und einem abschließenden Metaxa oder Kaffee unter freiem Himmel.

Eleusis

Als letzte Ruhestätte für die Seelen der Tapferen markieren die Elysischen Gefilde ein Ende der heiligen Straße zum Parthenon im Herzen von Athen. Der Vorort Eleusis ist heutzutage nicht sehr paradiesisch, da er in einem Industriegebiet im Nordwesten der Stadt liegt und durch eine Autobahn mit der Stadt verbunden ist. Nur die Fundamente der Stätte sind erhalten, aber Modelle und Nachbildungen im örtlichen Museum *(Gioga/Iera 1, Tel. 21 05 54 60 19, €€)* helfen, sich ein Bild von dem ungewöhnlichen Kult zu machen, der dort zelebriert wurde. Über ihn ist wenig bekannt, außer dass bis zu 30 000 Menschen an den Ritualen teilnahmen, die sich ca. 2000 Jahre hielten und bereits 1500 v. Chr. bestanden.

Syntagma-Platz (Plateia Syntagmatos)

Am Syntagma schlägt das Herz Athens. Der Name bedeutet Platz der Verfassung: Hier steht das griechische Parlamentsgebäude, der **Vouli**. Als Königspalast wurde es 1842 vollendet und König Otto I. verkündete vom Balkon die erste Verfassung.

Vor dem Vouli grenzt das **Grabmal des Unbekannten Soldaten** an den Platz. Hier halten ständig griechische Nationalgardisten (*evzones*) Wache – in traditioneller Uniform mit roter Kappe, dunklem Umhang im Winter oder roter

Weste im Sommer, einem kurzen weißen Faltenrock über weißen eng anliegenden Hosen und roten Holzschuhen mit Quasten. Günstigste Zeit für einen Besuch ist elf Uhr vormittags am Sonntag, wenn die große Wachablösung zelebriert wird; wer zu dieser Zeit verhindert ist, kann sich die kleine Wachablösung ansehen, die immer zur vollen Stunde stattfindet.

An einer Seite des Platzes steht das **Hotel Grande Bretagne**, das von Staatsmännern und anderen Berühmtheiten besucht wird. Zu seinen Gästen zählten Sir Winston Churchill, der Komponist Richard Strauss und die Schauspielerin Elizabeth Taylor.

Ein weiteres renommiertes Hotel ist das King George Palace, das auf den Syntagma-Platz blickt, ebenso wie das Grande Bretagne. Dieses Fußgängerareal ist ein weiteres Ergebnis der Investitionen anlässlich der Olympischen Spiele 2004, mit einer modernen Station der U-Bahn, die die Menschen leichter ins Zentrum bringt als die gefürchteten Automassen. Verschiedene Cafés flankieren den Platz, ihre schattigen Markisen bieten Schutz vor der Sonne und einen entspannten Platz für den Nachmittagsdrink in der Stadt.

Nationalgarten

Der Nationalgarten erstreckt sich hinter dem Parlamentsgebäude, dem früheren Königspalast, und bildet einen Hort der Ruhe im Lärm der quirligen Stadt. Er wurde in den 1840er Jahren angelegt und ist bis heute ein zentraler Punkt in Athen, in unmittelbar Nähe des modernen Präsidentenpalasts.

Der Garten ist eine Schöpfung Amalias, der Gattin König Ottos I. Sage und schreibe 15 000 Setzlinge aus Italien ließ die Königin hier anpflanzen.

Mit 16 Hektar ist die Anlage nicht so groß, dass man sich in ihr verirren würde, aber dennoch groß genug, dass sie erkundet sein will – mit vielen Bänken, auf denen man sich ausruhen oder auch allein sein kann, wenn einem der Sinn danach steht. Hier verbringen die Athener, die in den umliegenden Büros arbeiten, gern ihre Mittagspause, essen ein Sandwich oder lesen Zeitung. Kindermädchen fahren Babys im Buggy spazieren, Kinder tummeln sich auf den Spielplätzen. Im Park gibt es auch eine Bü-

Nationalgarten (Ethnikos Kipos)

Karte S. 52
Leoforos Amalias
U-Bahn: Syntagma

Ikonen, wie diese Kreuzigung Christi, sind trotz stilisierender Darstellung der Szene überaus lebendig

Benaki Museum (Mouseio Benaki)
- Karte S. 53
- Vasilissis Sofias/ Koumbari 1
- 21 03 67 10 00
- Geschl. Mo u. Di
- €€
- U-Bahn: Syntagma

cherei für Kinder mit Titeln in mehreren Sprachen – gut zu wissen, wenn man mit Kindern unterwegs ist, vor allem an einem Regentag. Die Teiche sind

INSIDERTIPP:

Besuchen Sie die Geschäfte mit mediterranen Lebensmitteln in der Sofokleousstraße 1 oder Artidoustraße 11 mit ihrer großen Auswahl lokaler Produkte.

PENNY DACKIS
National Geographic-Herausgeberin

von Schildkröten bevölkert; sie sitzen auf Steinen oder recken hin und wieder den Kopf aus dem Wasser. In einem etwas altmodischen Zoo haben noch mehr und natürlich größere Tiere ihr Revier.

An Fußwegen stehen elegante Marmorstatuen, hin und wieder plätschert ein Springbrunnen, lädt ein ruhiges Café zum Verweilen ein. Am südlichen Ende befindet sich ein bemerkenswertes Gebäude aus dem 19. Jahrhundert, das **Zappeion**, heute ein Konferenzzentrum, von den Rumänien-Griechen Evangelos und Konstantinos Zappas ursprünglich als Ausstellungshalle erbaut. Im Café nebenan lässt sich höchst angenehm eine Pause machen.

Benaki Museum (Mouseio Benaki)

Antoine Emmanuel Benaki (1873–1954) war ein griechischer Baumwollhändler aus Alexandria in Ägypten. Einen großen Teil seines Vermögens gab er für eine Sammlung von Artefakten aus, die heute in mehreren Stockwerken des neoklassizistischen Anwesens zu bewundern sind, das einst Wohnsitz seiner Familie war. Gut 35 Jahre lang trug Benaki die Stücke zusammen; sie

Der stromlinienförmige Rumpf eines Kampfjets vor dem Kriegsmuseum

stammen aus der Zeit vom 3. Jahrhundert v. Chr. bis ins 20. Jahrhundert.

Die Sammlung ist grob chronologisch geordnet und beginnt mit Skulpturen aus dem 5 Jahrhundert v. Chr. Im zweiten Stock sind Artefakte von den griechischen Inseln und aus Kleinasien ausgestellt.

Griechisches Kunsthandwerk – Schmuck, Schnitzwerke, Keramik und Trachten – beherbergt der dritte Stock, ferner Schmuck aus Mykene und Kultgegenstände wie frühe Evangeliare, liturgische Gewänder und Ikonen. Star der Ausstellung ist der Schreibtisch Lord Byrons (siehe S. 32). Ein weiteres herausragendes Exponat ist das Empfangszimmer eines ägyptischen Palasts aus dem 17. Jahrhundert.

Zu den Gemälden im vierten Stock gehören u. a. Werke El Grecos. Eines der frühesten Gemälde der Sammlung stammt aus dem 3. Jahrhundert v. Chr.: das lebensnahe Porträt eines jungen Mannes, von einem ägyptischen Maler. Versäumen Sie nicht, auf dem Dach des Gebäudes die schöne Imbissbar aufzusuchen

Kriegsmuseum (Polemiko Mouseio)

Wer die Vasilissis Sofias entlangschlendert, wird das Kriegsmuseum kaum übersehen, denn vor ihm, im Freien, steht Kriegsgerät, darunter Panzer aus dem Ersten Weltkrieg und Kampfflugzeuge wie die ehrwürdige *Tiger Moth*. Über eine Treppe kann man in die einzelnen Exponate einsteigen.

In der griechischen Geschichte hat Krieg zu allen Zeiten eine wichtige Rolle gespielt – vom Kampf um Troja bis in die Gegenwart. Das Kriegsmuseum zählt zu den wenigen positiven Hinterlassenschaften der Militärdiktatur der Jahre 1967 bis 1974. Es sollte eigentlich die Armee und ihre Führer verherrlichen, doch hält sich die Propaganda in Grenzen, und so ist das Museum unerwartet zu einer Attraktion geworden. Im Innern des Museums findet sich eine

Athener Ärgernisse

Athen hat seine lästigen Seiten wie jede Großstadt, aber wahrscheinlich weniger als die meisten. Es gibt vielleicht Menschen, die Sie anbaggern wollen – Männer und Frauen –, aber wenn Ihnen das zuwider ist, sollten Sie in Ihrer Weigerung standhaft bleiben. Meistens hilft das. Die freundliche Ansprache auf der Straße ist oft auch nur der Versuch, Sie in ein bestimmtes Hotel oder Geschäft zu locken. Ein üblicher Auftakt ist, Sie nach der Uhrzeit zu fragen – meist auf Englisch. Oft folgen darauf mehrere Fragen, um ins Gespräch zu kommen. Ein guter Trick ist, sich ganz dumm zu stellen und vorzugeben, keinerlei Fremdsprachen zu sprechen.

Kriegsmuseum (Polemiko Mouseio)

- Karte S. 53
- Leoforos Vasilissis Sofias 22/Rizari 2
- 21 07 29 44 64
- Geschl. Mo
- €
- U-Bahn: Evangelismos

Nationalgalerie (Ethniki Pinakothiki)

Karte S. 53
Vasileos Konstantinou 50
210 72 35 93 78
Geschl. Di
€
U-Bahn: Evangelismos

breite Darstellung zum Thema Krieg. Die Exponate sind chronologisch geordnet. Militärische Konflikte in alter Zeit werden anhand lebhafter Steinreliefs aus dem Tempel von Bassä (siehe S. 129) und anderer Skulpturen präsentiert. Der umfassenden Sammlung von Gewehren, Schwertern und anderen Waffen fehlt es vielleicht an Abwechslung, doch die Aufmerksamkeit wird durch Exponate wie z.B. Modelle griechischer Burgen und bewehrter Städte gefesselt. Andere Modelle veranschaulichen wichtige Schlachten im alten Griechenland.

Aus jüngerer Vergangenheit sieht man Exponate zum Unabhängigkeitskrieg, wobei auch auf die Bedeutung einzelner Helden des Widerstands eingegangen wird. Beeindruckend und bewegend sind die Beiträge, die verdeutlichen, auf welche Weise Griechenland unter dem Zweiten Weltkrieg und Bürgerkrieg zu leiden hatte.

Nationalgalerie (Ethniki Pinakothiki)

Die Griechische Nationalgalerie ist, nur einen kurzen Spaziergang die Vailissis Sofias hinunter, in einem modernen Gebäude an der Vasileos Konstantinou untergebracht, nahe am Hotel Hilton. Die Galerie hat auch einen Skulpturengarten.

Griechenland besaß nie das Geld, um große Kunstwerke zu erwerben, deshalb sind in der Galerie hauptsächlich die Werke griechischer Künstler ausgestellt, von denen nur wenige international bekannt sind.

Ein Vorteil dieser Konzentration auf griechische Kunstwerke ist, dass man an einem einzigen Ort viel vom künstlerischen Talent der Griechen zu sehen bekommt. Zahlreiche Bilder sind konventionelle griechische Landschaften: Doch wer beispielsweise Meteora oder die Inseln besucht hat, wird die historischen Darstellungen faszinierend finden. Unter viel Durchschnitt finden sich immer wieder außerordentlich lebendige Arbeiten: So sollte man nach dem Namen Nikos Hatzikyriakos-Ghikas Ausschau halten – er signiert mit Ghika –, einem der bekanntesten griechischen Maler der Moderne. Auch die Werke der griechischen naiven Malerei sind mit Theophilos (siehe S. 44) gut repräsentiert.

Darüber hinaus sind indes auch Werke so bedeutender Künstler wie Cézanne, Breughel, Caravaggio, Picasso, Braque, Rembrandt und Dürer ausgestellt, wobei es sich allerdings um weniger bekannte Arbeiten handelt, in der Regel Drucke und Skizzen. Der berühmteste griechische Maler ist natürlich El Greco (siehe S. 44); fünf gute Beispiele seiner Kunst sind zu sehen.

Leider ist die Nationalgalerie oft vorübergehend geschlossen, immer dann, wenn eine neue Sonderausstellung vorbereitet wird; auch diese sind oft hervorragend und haben besondere Aspekte der griechischen Kunst zum Inhalt, z.B. Theaterdesign oder byzantinische Kunst.

Byzantinisches Museum

Das renovierte Byzantinische Museum **(Vizantino Mouseio)**, dessen Erweiterungsbau 2007 eröffnet wurde, entwickelte sich von einem kleinen Museum mit gut erhaltenen religiösen Ikonen zu einer der größten Attraktionen der Stadt. Der unterirdische Flügel ist eine erstaunliche architektonische Meisterleistung und ein attraktives Zuhause für die erweiterte Sammlung.

Sonderausstellungen werden jetzt in einem der früheren Gebäude des Museums gezeigt, einer Florentinischen Villa, um 1840 für die französische Duchesse de Plaisance (1785–1854) errichtet, die sich bei ihrem ersten Besuch in Griechenland verliebte. Der attraktive Innenhof mit Brunnen, reichem Blumenschmuck und Orangenbäumen existiert noch immer. Der Erweiterungsbau hat die Atmosphäre der Gebäude nicht verändert, indem er einfach – wenn auch technisch schwierig – in den Untergrund verlegt wurde.

Obwohl ohne Tageslicht, sind die neuen Galerien geräumig und gut beleuchtet. Die erste Galerie zeigt eine Übersicht der ganzen Sammlung und erläutert die Geschichte des Byzantinischen Reiches auf informativen Schautafeln.

Die Reise beginnt mit der vorbyzantinischen Kunst der christlichen Ära und geht weiter zu Ikonen, Schmuck, Keramik, illustrierten Handschriften, Bibeln, Fresken, Stickereien und Skulpturen. Die Galerie schließt mit der Eroberung Konstantinopels 1453 ab.

Audioguides sind erhältlich. Es gibt auch Statuen zum Anfassen für Sehbehinderte. Die Verbesserungen und Erweiterungen des Museums sind noch nicht abgeschlossen. Neue Objekte werden aus dem Depot in die Ausstellungsräume gebracht und es gibt Pläne für eine Sonderausstellung der atemberaubenden Handschriften. Es gibt auch laufende archäologische Ausgrabungen an dieser Stelle, an der man das berühmte Lyzeum des Aristoteles vermutet, der dort vor ca. 2500 Jahren lehrte. ■

„Apollos Laden" von Nikos Hadjikyriakos-Ghika findet sich in der Nachkriegskunstabteilung des Museums

Byzantinisches Museum (Vizantino Mouseio)

Karte S. 53

Vasilissis Sofias 22

21 32 13 95 72

Geschl. Mo

€

U-Bahn: Evangelismos

Kolonaki & Lykabettos

Wer sich vom Syntagma her Kolonaki nähert, merkt bald, dass er es hier mit einem der vornehmeren Viertel der Stadt zu tun hat. Die Zahl der Galerien, der Antiquitätenläden und der Modegeschäfte nimmt zu, in den Straßen flanieren Damen mit ihren Schoßhündchen, schick gekleidete junge Leute sitzen, das Handy in der Hand, in Cafés. Den Lykabettos erblickt man von überall aus, sein Besuch ist ein Muss.

Glockenturm auf dem Lykabettos

Kolonaki
Karte S. 53

Museum für kykladische Kunst
Karte S. 53
Neofytou Douka 4
210 72 28 32 13
Geschl. Di
€€
U-Bahn: Syntagma oder Evangelismos

Kolonaki

Wenn Sie über die Neofytou Douka nach Kolonaki gehen, kommen Sie zum **Museum für kykladische Kunst** (Mouseio Kykladikis kai Archais Ellinikis Technis), eines der bedeutendsten Museen der Stadt, wenngleich weniger bekannt. Es öffnete 1986 seine Tore und beherbergt Kunst von den Kykladen (siehe S. 240ff), die bis zu 5000 Jahre zurückreicht. Die Exponate wurden ursprünglich von dem griechischen Reeder Nikolas Goulandris zusammengetragen. Schenkungen haben die Sammlung zu einer der exquisitesten der Welt gemacht.

Man sieht hier Vasen und Glassachen wie auch Skulpturen, doch die Statuetten von den Kykladen stehlen ihnen die Schau. Die besten Arbeiten wurden in der Blütezeit der Kykladenkultur hergestellt – etwa 3000 bis 2000 v. Chr.

Die kykladischen Figuren – Statuetten und Gesichtsmasken – sind für ihre anmutige Schlichtheit berühmt. Sie werden in einer subtilen Beleuchtung präsentiert, die jede Nuance zur Geltung bringt. Es fällt sofort auf, dass Künstler wie der Spanier Pablo Picasso (1881–1973), der britische Bildhauer Henry Moore (1898–1986), allen voran jedoch der italienische Bildhauer und Maler Amedeo Modigliani (1884–1920) von ihnen inspiriert wurden.

Die Sammlung ist so umfangreich, dass sie vier Stockwerke füllt. 1992 wurde ein neuer Flügel im **Statathos-Haus** eröffnet, den man über einen ungewöhnlichen mit Glas überdachten Weg erreicht. Dort zeigen einige Räume Mobiliar aus der Zeit um 1885, als das Anwesen erbaut wurde. In anderen ist Überzähliges aus dem Haupttrakt untergebracht, darunter griechische Kunst aus dem Besitz der Athener Akademie, zudem gibt es Sonderausstellungen.

Die **Amerikanische Schule zum Studium der Klassik** (Gennadeion) befindet sich ebenfalls in Kolonaki. Sie wurde 1926 eröffnet und ist mit ihren 24 000 Büchern hauptsächlich für Wissenschaftler interessant. Das attraktive neoklassizistische Gebäude ist öffentlich zugänglich und lohnt wegen der Landschaftsmalerei an seinen Wänden einen Besuch, darunter Gemälde des englischen Dichters Edward Lear (1812–88), und auch wegen der Sammlung von Gegenständen, die einst Lord Byron (siehe S. 32) gehörten.

Lykabettos

Das hervorstechende Merkmal des Stadtviertels ist der Lykabettos. Mit 277 Metern ist der Hügel die höchste Erhebung Athens und bietet einen schönen Panoramablick. Man sieht die Akropolis und in der Ferne Piräus und die Ägäis – bei klarem Wetter sogar die Insel Ägina.

Zum Lykabettos gelangt man zu Fuß oder mit der **Zahnradbahn**. Auf den Hügel schlängelt sich ein Weg, der durch aromatisch duftende Kiefern führt. Wer nicht ganz fit ist, sollte sich den Fußmarsch gut überlegen. Die Bahn fährt am Ende der Plutarchou-Straße ab; im Sommer verkehrt sie bis Mitternacht – so beliebt ist der Lykabettos bei Einheimischen und bei Touristen.

Oben auf dem Hügel steht die weiß getünchte Kapelle **Agios Georgios**. Der Heilige hat am 23. April Namenstag, und wer zufällig in der Stadt ist, sollte an der Festlichkeit teilnehmen.

Am weiter entfernten Ende des Hügels werden im modernen **Lykabettos-Theater** Konzerte unter freiem Himmel gegeben – von der Klassik bis zum Rock. ■

Amerikanische Schule zum Studium der Klassik (Gennadeion)
- Karte S. 53
- Souidias 54
- 21 07 21 05 36, 21 30 00 24 00
- Geschl. So, beschränkte Öffnungszeiten im Aug.
- U-Bahn: Syntagma

Lykabettos
- Karte S. 53

Zahnradbahn
- Aristippou/ Plutarchou
- € (einfache Fahrt), €€ (Hin- und Rückfahrt)
- U-Bahn: Syntagma

Öffnungszeiten

Griechen haben eine lockere Einstellung zu den meisten Dingen, einschließlich Pünktlichkeit und Öffnungszeiten. Wenn Sie sich mit einem Griechen zu einem Drink um 20 Uhr verabreden, sollten Sie nicht überrascht sein, wenn er eine halbe Stunde später auftaucht. Pünktlichkeit wird im Alltagsleben nicht für wichtig gehalten. Kleine Familienbetriebe geben meist keine Ladenzeiten an. Sie öffnen meist früh am Morgen und bleiben dann so lange geöffnet, bis der Besitzer meint, dass es Zeit zum schließen wäre, da keine Kunden mehr kommen. Wundern Sie sich nicht, wenn Sie zur Mittagzeit ein Geschäft betreten, das verlassen scheint. Die Besitzer sind vermutlich beim Mittagessen und schicken eines der Kinder hinaus, sich um den Kunden zu kümmern. Einige Läden schließen an lokalen Feiertagen, oft in der Nacht vor dem Fest selbst. Man erwartet in Griechenland, dass jeder die örtlichen Ereignisse kennt, Touristen haben dann Pech gehabt.

Rund um den Omonoia-Platz

Plateia Omonoias bedeutet Platz der Harmonie – einer der irreführendsten Namen der Stadt. Der Platz ist nach dem Syntagma der zweitwichtigste in Athen, doch im Gegensatz zum Syntagma, wo der Verkehr um die große Fußgängerzone in der Mitte auf einer Einbahnstraße pulsiert, ist der Omonoia einfach eine Kreuzung von sechs Hauptstraßen mit einigen Nebenstraßen.

Die Straßen um den Omonoia-Platz sind manchal fast menschenleer

Omonoia-Platz (Plateia Omonoias)

Karte S. 52

U-Bahn: Omonia

Wer den Platz mit den vielen Menschen umrundet, kommt an Zeitungskiosken vorbei, Händler verkaufen Lotterielose, Billiguhren oder geschmuggelte Zigaretten. Hier gibt es auch Cafés, in denen man echtes Athener Flair schnuppern kann. Der Omonoia ist ein Synonym für das quirlige Geschäftsleben der Stadt – und darin nicht zu übertreffen. Wenn der Syntagma-Platz das europäische Gesicht Athens repräsentiert, dann der Omonoia den Balkan oder den Nahen Osten. Hier geht es laut und lärmend zu, eine Unmenge von Händlern verkauft alle möglichen Billigwaren, es tobt das pralle Menschenleben. Bei Nacht hängen illegale Einwanderer herum und verhökern Importartikel oder kopierte Markenware. In den Seitenstraßen findet man Pornokinos, der Omonoia-Platz verwandelt sich zum Rotlichtviertel, allerdings so dezent, dass es manch einem gar nicht auffällt.

Einer der lebhaftesten Plätze ist ein paar Blöcke weiter die Athinas hinunter der **Zentralmarkt** (Kentriki Agora). Er ist in einem Metall-Glas-Gebäude aus dem 19. Jahrhundert untergebracht. Obwohl auf dem Markt eigentlich Fisch und Fleisch feilboten wird, gibt es auch alle möglichen anderen Sachen zu kaufen. Wer gerne sehen will, wie der Fisch aus der Ägäis tagtäglich hereinkommt, ist hier richtig. Selbst wenn man nichts kaufen möchte, macht es Spaß, die Athener Hausfrauen und Restaurantbesitzer zu beobachten, wie sie um das beste Stück Fleisch handeln und um den frischesten Fisch.

Am Zentralmarkt ist vom frühen Morgen bis spät abends viel los. Auch nachts kann man hier in zahlreichen Kneipen Ouzo kosten, ein paar Happen essen und Rembetika, den griechischen Blues (siehe S. 47f), in den Lokalen hören.

Wenn Sie ein Picknick planen oder auf eine Insel fahren möchten, sollten Sie sich hier mit Proviant eindecken; auf den Fähren wird nämlich nicht viel Essbares geboten. Auf dem Markt bekommen Sie Käse, Oliven, Brot, Obst, frische Kräuter, Gemüse und Blumen. Nüsse und Ouzo eignen sich als Mitbringsel für die Daheimgebliebenen. Für den Hunger zwischendurch naschen Sie einen Souvlaki. Kurzum: Alles Essbare findet sich hier.

Die Athinas selbst ist auch eine inoffizielle Jobbörse. In aller Frühe können Sie hier Maler und Dekorateure mit Eimer und Leiter in der Hoffnung auf Arbeit stehen sehen – ein Schatten im Flair des lebhaften Viertels. ■

Die größte archäologische Ausgrabung

Die Bauherren wussten beim Beginn der Arbeiten an neuen Abschnitten für die Athener Metro zwar, dass die Gefahr auf archäologisch wertvolle Überreste zu stoßen, groß war. Was sie dann aber entdeckten, war immens: Unter anderem traten ein antikes Badehaus, eine Schmiede, Aquädukte, Straßen, Stadtmauern und Grablegen zutage. Einige Artefakte datierten sogar aus dem Neolithikum. Damit wichtige Stätten nicht beeinträchtigt wurden, musste eine neue Metro-Station komplett verlegt und an anderer Stelle die Streckenführung verändert werden. Darüber hinaus mussten sie mit der Hand graben und konnten die Tunnelbohrmaschinen nicht einsetzen. Freigelegte Stücke – viele in Museumsqualität – werden heute hinter Glas an vielen neuen Stationen zur Schau gestellt, darunter Syntagma und Monastiraki. Mit der Metro durch Athen zu fahren bedeutet in der Tat eine Zeitreise in die Vergangenheit des Landes.

Archäologisches Nationalmuseum (Ethniko Archaiologiko Mouseio)

In der Sammlung des Museums sind die herrlichsten Schätze der griechischen Zivilisation ausgestellt. Wenn Sie in Athen nur für zwei Unternehmungen Zeit haben, sollten Sie den Parthenon aufsuchen und in dieses herausragende Museum gehen, das zu den großen Museen der Welt zählt. Um wirklich alles aufnehmen zu können, ist es ratsam, zweimal herzukommen oder an einer der Führungen teilzunehmen, die in verschiedenen Sprachen angeboten werden. Die folgende Beschreibung hilft Ihnen, wenigstens einige der großartigen Exponate zu finden.

Amphore mit schlankem Hals aus der Zeit um 750 v. Chr. Sie wurde in Athen gefunden

Das Museum ist chronologisch angelegt. Die eindrucksvollste Präsentation, in **Saal 4**, stammt aus Mykene, das der Archäologe Heinrich Schliemann (siehe S. 112f) 1874 entdeckte. Die goldene Totenmaske war, laut Schliemann, die des Agamemnon, stammt aber, wie wir heute wissen, aus der Zeit vor dem Trojanischen Krieg. Das herrliche Stück ist von weiteren Funden aus den Königsgräbern von Mykene umgeben, darunter ein silbernes Weingefäß (*rhyton*) in Form eines Stierkopfs mit Hörnern aus reinem Gold.

Die Schönheit einiger der größeren Werke ist überwältigend: vor allem in **Saal 15** die des Poseidon, der gerade dabei ist, seinen Dreizack zu werfen; manche halten die bronzene Figur auch für Zeus, der einen Blitz schleudert. Der Gesichtsausdruck ermöglichte es Experten, die Statue auf die Zeit von 460 bis 450 v. Chr. zu datieren.

Saal 21 beherbergt zwei nicht minder berühmte Bronzen, *Pferd und Reiterknabe*. Man weiß nicht genau, ob das mächtige Pferd und der winzige Reiter wirklich zusammengehören, der Effekt ist jedenfalls dramatisch und voller Bewegung. Die Figuren wurden – wie auch Poseidon – im Meer bei Kap Artemision gefunden und stammen aus dem 2. Jahrhundert v. Chr.

Nicht verpassen sollten Sie auch den *Jüngling von Antikythera* in **Saal 28**, eine zwei Meter große Bronze eines nackten jungen Mannes. Die überlebensgroße Figur wurde 1900 vor der Insel Antikythera gefunden und stammt aus der hellenistischen Periode.

In **Saal 30** gibt es eine bemerkenswerte hellenistische Skulpturengruppe aus dem 1. Jahrhundert zu sehen: *Pan und Aphrodite*. Pan hat eindeutig lasziv-begehrliche Züge, die nackte Göttin hingegen bedeckt mit einer Hand ihre Blöße und schwingt mit der anderen einen Schuh, um sich zu verteidigen. Im gleichen Saal befindet sich auch eine Monumentalfigur des Zeus, die 1916 gefunden wurde, sowie Steinstelen tanzender Mädchen aus dem Dionysos-Theater (siehe S. 58f).

INSIDERTIPP:
Sie finden eine große Auswahl an Souvenirs in der Plaka, eine noch bessere Möglichkeit bieten die Museumsshops.

PENNY DACKIS
National Geographic-Herausgeberin

Unten im Museum finden Sonderausstellungen statt, die in der Regel überaus beeindruckend sind. Am Fuß der Haupttreppe sind zwei Privatsammlungen untergebracht, die dem Museum überlassen wurden: die **Eleni-Stathatou-Schmuck-Sammlung** sowie die **Karapanos-Sammlung** mit vielen Funden aus Dodona bei Ioannina in Epirus (siehe S. 160f), darunter die wichtigsten Täfelchen mit Fragen an das Orakel. In der Schmucksammlung werden kunstvolle Arbeiten aus Türkisen, Silber, Bronze und Glas präsentiert, von der Bronzezeit bis zur Epoche von Byzanz.

Wenn Sie ein Faible für Numismatik haben, besuchen Sie die **Münzsammlung**. Sie war bis vor Kurzem in einem Seitentrakt des Archäologischen Museums untergebracht, hat heute aber einen eigenen Bau, der an sich bereits interessant ist: Das Anwesen aus dem Jahr 1878 war nämlich ursprünglich das Zuhause von Heinrich Schliemann und als Palast von Troja bekannt.

Die Sammlung umfasst über 600 000 Münzen von der griechischen Antike über die römische und die byzantinische Zeit bis zur Gegenwart. Sie bietet detaillierte Einblicke sowohl in die Herstellung als auch in die Verbreitung von Münzen und erläutert das Zahlungssystem in der griechischen Antike. Eine neu eingerichtete Abteilung widmet sich der Währungsunion. ■

Archäologisches Nationalmuseum (Ethniko Archaiologiko Mouseio)

- Karte S. 52
- Oktovriou 28/ Patission 44
- 21 32 14 48 00, 21 32 14 48 95, 21 32 14 48 97
- Geschl. Mo bis 13 Uhr
- €€
- U-Bahn: Omonia oder Victoria

Griechische Münzen

Die alte griechische Währung, die Drachme, die seit mindestens 1100 v. Chr. in Umlauf war, wurde im Januar 2002 durch den Euro ersetzt. Die Umwandlung war nicht überall gern gesehen, die Konsumenten fürchteten vor allem eine Preissteigerung. Dennoch lebt die Drachme auf dem Ein-Euro-Stück weiter, auf dessen Rückseite eine alte Drachmenmünze aus dem 5. Jahrhundert v. Chr. abgebildet ist. Die Zwei-Euro-Münze zeigt ein Stück aus der griechischen Mythologie, Zeus in Gestalt eines Stiers, der Europa entführt – nach der der Kontinent und schließlich auch der Euro benannt wurden. Andere Münzen zeigen griechische Schiffe, von alten Triremen bis zu modernen Tankern und griechische Politiker wie Venizelos und Kapodistrias.

Archäologisches Nationalmuseum

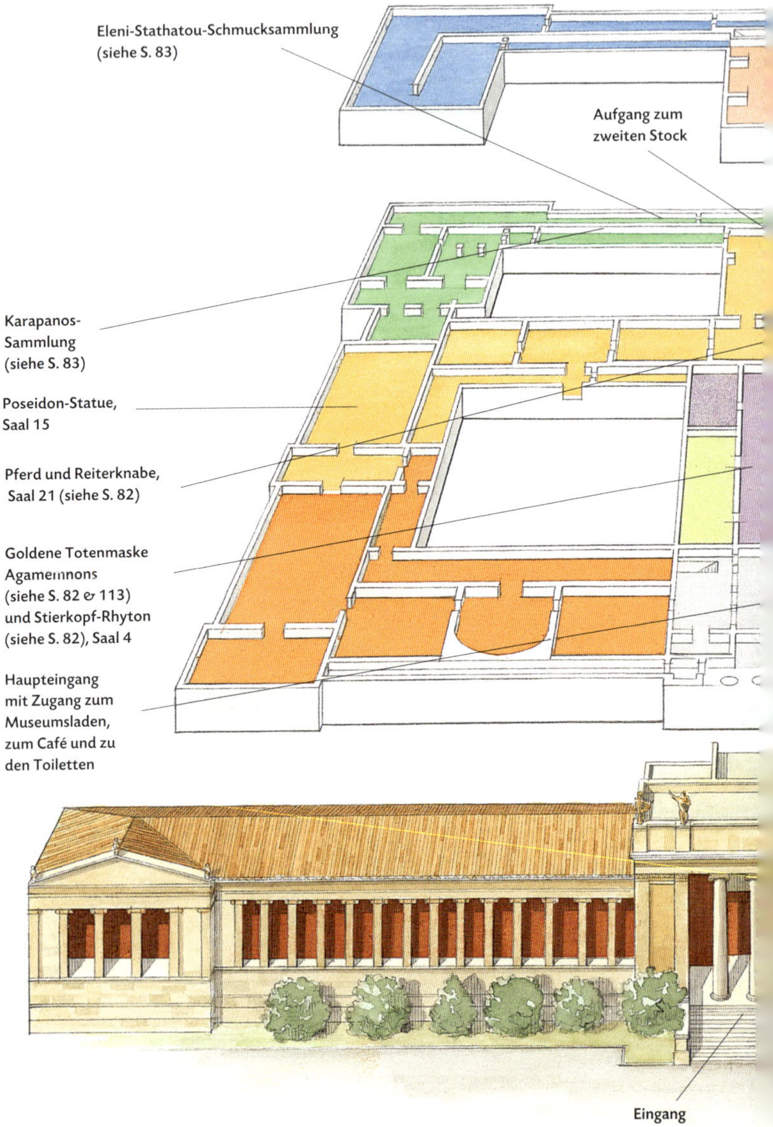

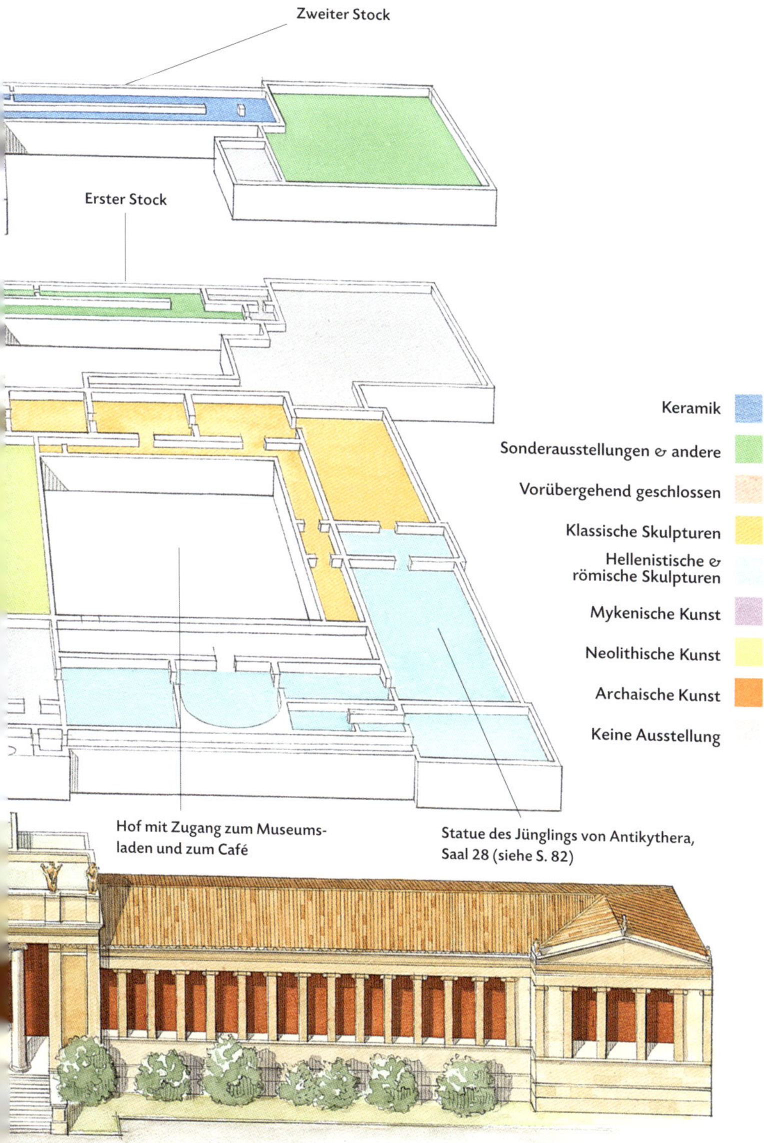
Zweiter Stock
Erster Stock
Keramik
Sonderausstellungen & andere
Vorübergehend geschlossen
Klassische Skulpturen
Hellenistische & römische Skulpturen
Mykenische Kunst
Neolithische Kunst
Archaische Kunst
Keine Ausstellung
Hof mit Zugang zum Museumsladen und zum Café
Statue des Jünglings von Antikythera, Saal 28 (siehe S. 82)

Piräus

Viele Touristen sehen von Athen nur Piräus, wenn sie vom Flugzeug aus gleich zur Fähre eilen, um auf eine der Inseln zu fahren. Piräus hat jedoch seinen ganz eigenen Charme, dazu natürlich das übliche Verkehrschaos und einige schöne öffentliche Gebäude – was man eben von einem geschäftigen Hafen erwarten kann. Seit 500 v. Chr. ist Piräus für seinen Hafen berühmt.

In Piräus, dem größten Hafen Griechenlands, liegen seit alten Zeiten Schiffe vor Anker

Piräus
Karte S. 91

Von den U-Bahnstationen Monastiraki und Omonoia in der Innenstadt ist Piräus im Süden schnell erreicht. Wer von dort aus die Fähre nehmen möchte, sollte sich genau nach dem Abfahrtsort erkundigen und sich viel Zeit zum Suchen nehmen. Kentriko Limani ist der Hauptfährhafen mit teuren Geschäften und Restaurants.

Das Leben am Hafen wurde in dem Film *Sonntags ... nie!* (1959) mit Melina Mercouri vortrefflich dargestellt. Es wird auch in verschiedenen Rembetiko-Liedern (siehe S. 45f) besungen, die von hier stammen; man kann sie bis heute in den Lokalen und Hinterhöfen hören.

Piräus hat auch seine kulturellen Glanzpunkte, ein kleines, aber feines **Archäologisches Museum** etwa, sowie ein Marinemuseum. Die Funde im Archäologischen Museum

INSIDERTIPP:

Wenn Sie in einem Restaurant Fisch nach Gewicht bestellen, fragen Sie vorher nach dem Endpreis. Einige Fischspezialitäten sind exorbitant teuer.

NICHOLAS TURLAND
NATIONAL GEOGRAPHIC-Mitarbeiter

stammen alle aus den Hafenbecken. So entdeckte man im Jahr 1930 in einem gesunkenen Schiff Steinstatuen, die aus einer griechischen Werkstatt nach Italien verschifft werden sollten. Und im Jahr 1939 stieß man im Hafen auf drei herrliche Bronzestatuen von Artemis, Athena und Apollon.

Das **Griechische Marinemuseum** (Nautiko Mpiseio Elladhas) befindet sich am Zea-Marina-Hafen und ist am alten U-Boot vor dem Eingang leicht zu erkennen. Anhand von Bildern, Fotos, Landkarten, Flaggen, Uniformen, Funden und Schiffsmodellen vermittelt die Sammlung mit ihren 2000 Objekten einen guten Eindruck von der illustren Seefahrtsgeschichte Griechenlands: von den Trieren der Antike – Kriegsschiffen mit je drei Reihen Ruderern übereinander auf jeder Seite – über die Barke eines einsamen Fischers bis zu den Luxuslinern der Reeder-Dynastien. Ein Teil des Marinemuseums wurde aus den Resten der sogenannten Langen Mauer errichtet, einer Wehranlage, die 493 bis 456 v. Chr. den Hafen schützte, doch 86 v. Chr. weitgehend zerstört wurde. Die Mauer, die Piräus und Athen miteinander verband, geht auf den Athener Staatsmann und Soldaten Themistokles (um 523–468 v. Chr.) zurück und wurde danach von Perikles im goldenen Zeitalter erweitert, als Piräus bereits ein wichtiger Hafen war. Eine Zeit lang ruhte die Bedeutung der Stadt am Golf von Ägina. Als moderne Hafenstadt – neugriechisch Peiraieus – fungiert sie seit 1835.

Piräus kann mit einer ganzen Reihe nobler Restaurants aufwarten, vor allem um den Hafen **Mikrolimano**, wo Luxusyachten neben Barken vor Anker liegen. Den frischen Fisch muss man einfach probieren, billig ist er allerdings nicht. Man kann auch am Abend in romantischer Atmosphäre speisen, die Lichter der Jachten und die Ägäis im Blickfeld. ■

Nichts verpassen

Wenn Sie Nachrichten aus der Heimat verfolgen wollen, finden Sie in den größeren Städten und Touristenzentren Tageszeitungen aus verschiedenen europäischen Ländern, meist sogar zum Erscheinungstag. In den größeren Hotels ist ein TV-Empfang deutscher Sender Standard, aber dieser Service wird auch von vielen günstigeren Hotels geboten.

Archäologisches Museum
✉ Harilaou Trikoupi 31
☎ 21 04 52 15 98
🕒 Geschl. Mo
$ €
U-Bahn: Piraeus

Griechisches Marinemuseum
✉ Akti Themistokleous

Weitere Sehenswürdigkeiten in der Nähe

Wer mitten in Athen untergebracht ist, hat vielleicht Lust, die Umgebung zu erkunden. Es kann schon aufwendig sein, zu den einzelnen Orten zu gelangen, aber die Mühe lohnt sich allemal.

Kloster Kaisariani

Blickt man von der Innenstadt Athens nach Südosten, sieht man die Hänge des Hymettus und das Kloster Kaisariani aus dem 11. Jahrhundert. Hauptsehenswürdigkeit sind die Fresken. Einige reichen bis ins 12. Jahrhundert zurück, die meisten stammen aus dem 16. und 17. Jahrhundert. Das Kloster ist bewohnt und kann besichtigt werden. Viele der Wälder rund um Athen sind Bränden zum Opfer gefallen, doch hier am Hymettus ist alles noch üppig und grün, dank dem Ilissos. Der Fluss versorgte Athen früher mit Frischwasser, seine Quelle ist nach Kaiser Hadrian benannt: Kaiserquelle – Griechisch *kaisariane*, die Kaiserliche.

☎ 21 07 23 66 19 $ € 🚌 Bus: 234

Kifisia

Der Vorort liegt am Nordende der U-Bahn und ist ein lohnender Ausflug. Es handelt sich um eine wohlhabende Gegend, die derzeit in Mode ist. Hier ist es etwas kühler als in der Stadt, denn der Ort liegt 276 Meter hoch. Sehenswert ist das **Goulandris Museum für Naturgeschichte** *(Levidou 13, Tel. 21 08 01 58 70)* mit seiner umfassenden Sammlung von Pflanzen aus dem Mittelmeerraum. Doch macht es auch Spaß, einfach durch Kifisia zu bummeln und sich die Parks und herrschaftlichen Häuser anzusehen.

Touristenpolizei ☎ 21 08 08 14 64 oder 210/808 14 65 $ € 🚌 U-Bahn: Kifisia

PAIANIA

Etwa 18 Kilometer von Kaisariani entfernt liegt das Dorf Paiania, bekannt als Geburtsort des Demosthenes (284–322 v. Chr.): Der Athener Politiker war einer der größten Redner des antiken Griechenland. Hauptattraktion ist heute das ungewöhnliche Vorres-Museum. Ian Vorres zeigt darin seine Sammlung traditioneller und zeitgenössischer griechischer Volkskunst. Vom Dorf führt eine Straße zu den Höhlen von Koutouki; mit einer Führung kann man sich die bizarren Tropfsteine anschauen.

Vorres-Museum ✉ Diadochou Konstatinou 1 ☎ 21 06 64 47 71 🕒 Geöffnet Sa & So 10 bis 14 Uhr, werktags nur nach Vereinbarung und für Gruppen **Koutouki-Höhle** ☎ 21 06 44 21 08 $ €€, bis vorauss. 2014 geschl. (Wiedereröffnung erfragen)

Salamina

Die Saronischen Inseln sind ein beliebtes Ziel für einen Tagesausflug von Athen aus, und dennoch kennt kaum ein Tourist die größte der Inseln. Sie liegt in der Bucht von Salamis und wird wohl wegen ihrer Nähe zur Großstadt gern übergangen. Viele Athener leben heute hier, und wenn auch der Hauptort nicht besonders attraktiv ist, kann Salamina doch mit malerischen Fischerdörfern aufwarten, einem Kloster aus dem 17. Jahrhundert, einigen schönen alten Herrenhäusern und dem winzigen Badeort Selinia. Dort, in der Bucht, fand 480 v. Chr. die Schlacht von Salamis statt, in der die Griechen die übermächtige persische Flotte besiegten. Die wendigen kleinen griechischen Trieren waren den sperrigen Schiffen der Perser gegenüber im Vorteil.

Karte S. 91 ⛴ Fähre von Piräus

Die wahren Schätze Athens liegen im Zentrum, doch nur ein kurzes Stück entfernt in Attika, dem Athener Umland, findet man weitere Kleinode: vereinzelte Ruinen und Tempel, dazu Strände und natürlich das typisch griechische Dorfleben – und alles ist mühelos zu erreichen

Attika

Erster Überblick 90–91

Kap Sunion & die Ostküste 92–95

Marathon 96–97

Erlebnis: Nehmen Sie an einem Marathonlauf in Athen oder dem Spartathlon in Sparta teil 97

Mit dem Auto durch Attika 98–99

Rhamnous & Brauron 100–102

Hotels & Restaurants 351–352

Von der Sonne gebleicht: Fensterläden in Attika

Attika

Die meisten Besucher, die nach Athen kommen, sehen sich nur die Innenstadt an und fahren dann gleich weiter. Man gewinnt jedoch einen umfassenderen Eindruck von Griechenland, wenn man sich ein paar Kilometer außerhalb die Umgebung anschaut. Man muss zwar zuvor die Vorstädte hinter sich lassen, aber dann steht man plötzlich ganz allein vor großartigen antiken Stätten.

Die Klosterruine von Dafni wurde ins Weltkulturerbe der UNESCO aufgenommen

Wer in Athen mit dem Auto unterwegs ist, sieht sich vor eine Nervenprobe gestellt. Das Verkehrsaufkommen ist enorm und die Beschilderung miserabel. Wer Attika kennenlernen möchte, mietet daher besser am Flughafen ein Auto und startet von dort. Viele der schönsten Sehenswürdigkeiten lassen sich auch mit öffentlichen Verkehrsmitteln erreichen, außerdem sind Taxis, die man den ganzen Tag mietet, erstaunlich preiswert. Ein Ausflug ans Kap Sunion, wo sich einer der am herrlichsten gelegenen Tempel Griechenlands befindet, gehört zum Pflichtprogramm. Viele Athener fahren dort hinaus, um sich den Sonnenuntergang anzusehen und bei einem Getränk den Blick über die Ägäis zu genießen. An der Küste von Piräus bis zum Kap Sunion befinden sich auch die der Stadt am nächsten gelegenen Strände. Sie sind zwar nicht so idyllisch wie die auf den Inseln, bieten aber dennoch Erholung von der Hektik der Großstadt. Orte wie Marathon erwachen zu neuem Leben, wenn Sie sich vorstellen, dass Sie an der Stelle stehen, wo einst die Schlacht gegen die Perser stattfand. ■

NICHT VERSÄUMEN:

Den traumhaften Sonnenuntergang am Kap Sunion **93**

Das köstliche Brot in Markopoulon **94**

Abendessen in einem der Fischrestaurants von Rafina **95**

Der berühmte Grabhügel von Marathon **96–97**

Spektakuläre Strände auf Vouliagmeni **98**

Die malerische Straße nach Evia **98–99**

Heiligtum von Rhamnus **100–101**

Ein Besuch des Archäologischen Museums auf Vravrona **102**

Kap Sunion & die Ostküste

Athen ist mit Stränden direkt vor der Haustür gesegnet sowie schönen Inseln, die man mit dem Boot von Piräus in kurzer Zeit erreicht. Wenn in der Stadt Temperaturen wie im Backofen herrschen, sind Sie am Strand in bester Gesellschaft. Zudem bekommen Sie hier einen ganz anderen Eindruck von Griechenland.

Vom Poseidon-Tempel hat man einen herrlichen Blick auf den Sonnenuntergang

Kap Sunion
Karte S. 91

Poseidon-Tempel
Karte S. 91
22 92 03 93 63
Geschl. Mo
€

Wer einen Tagesausflug machen möchte, braucht nicht einmal eine halbe Stunde bis nach **Glyfada**, dem ersten wichtigen Ferienort in Richtung Osten, der im Süden in **Voula** übergeht. Wer mit Kindern unterwegs ist und einen Tag am Strand verbringen will, findet hier an der Apollo-Küste Meer, Sand und Unterhaltung; und Eltern können ein Essen mit Meeresfrüchten in einem der Restaurants am Meer genießen. Allein der Fluglärm trübt das Vergnügen.

Wenn Sie die Küste entlang weiter südwärts fahren, werden die Ferienorte ruhiger und weitläufiger. Wie immer Sie nun reisen, mit einem Mietwagen oder mit dem Bus, den Tempel, der sich stolz auf der 60 Meter hohen Landspitze von Kap Sunion erhebt, können Sie nicht übersehen.

Der **Poseidon-Tempel** wurde 444 v. Chr. aus grauem Marmor erbaut, der in den nahegelegenen Steinbrüchen von Agrileza gebrochen wurde. Von den ursprünglich 34 Säulen stehen noch 15 in voller

Höhe, eine davon trägt die Initialen des britischen Dichters Lord Byron (siehe S. 32), der die Stätte 1810 besuchte und seine Unterschrift auf der Säule hinterließ, die dem Eingang am nächsten steht. Leider ist es nicht möglich, nahe genug heranzutreten, um den Namenszug zu entziffern: Die Ruinen sind gesperrt, um weitere Schäden durch Besucher zu vermeiden. Der Tempel steht auf den Resten eines noch älteren Bauwerks, das in die Zeit von 490 v. Chr. zurückreichen soll. Er ist dem Gott des Meeres, Poseidon, geweiht.

Unterhalb des Kaps befindet sich ein Strand mit Unterkunftsmöglichkeiten, wenn Sie gern länger bleiben möchten. Wer in aller Frühe da ist, kann dem Besucherandrang am ehesten entrinnen.

Die größte Insel vor dem Kap ist Kea; sie gehört zu den Kykladen und liegt der Stadt Athen am nächsten. Wer beim Sonnenuntergang nach Westen blickt, sieht Ägina, das zu den saronischen Inseln gehört (siehe S. 218ff). Ein Stück weiter zeichnet sich die Ostküste der Peloponnes ab.

Fährt man von Kap Sunion die Ostküste Attikas hinauf, gelangt man nach **Lavrio**. Die Kleinstadt wirkt heute nicht gerade wohlhabend, doch ohne sie wäre Athen nicht das, was es heute ist. Riesige Silberminen trugen dazu bei, die Bauwerke in Athen zur Zeit des Perikles zu finanzieren, ebenso die athenische Flotte, die schließlich die Perser bezwang und so Griechenland zu einer großen Seefahrernation machte. Die Minen wurden im 19. Jahr-

Lavrio
Karte S. 91

Fährverbindungen

Griechenland – als ausgesprochene Seefahrernation – bietet ausgezeichnete Fährverbindungen. Es gibt Routen nach Griechenland von Italien, besonders von Bari, Brindisi, Ancona, Triest und Venedig aus, sowie von Dubrovnik in Kroatien. Eine Reise in der Hochsaison zwischen Italien und Griechenland kostet einfach ca. 60 Euro für Fußgänger, mit Auto ca. 120 Euro. Um die Inseln zu erreichen, gibt es verschiedene Fährverbindungen und ein ständig wachsendes Netzwerk der schnelleren (und teureren) Luftkissenboote. Kleinere Boote verkehren zwischen benachbarten Inseln und bieten im Sommer Ausflugstouren an. Selbst wenn Sie nicht an der ganzen Exkursion teilnehmen wollen, kann es die günstigere Wahl sein gegenüber den kommerziellen größeren Fähren. Ein Bootseigentümer ist eher zu Preisverhandlungen bereit. In der Nebensaison (Okt.–Nov. & April–Mai) ist es etwas billiger. Es gibt zahlreiche konkurrierende Fähren und die Zeitpläne ändern sich ständig. Für aktuelle Informationen kontaktieren Sie den griechischen Fremdenverkehrsverein *(7 Tsoha, Tel. 21 08 70 76 62, -3, info@gnto.gr, www.gnto.gr)*; **Auskunftsschalter 26 Amalias** *(Tel. 21 03 31 03 92, 21 03 31 07 16, 21 03 31 03 47, E-Mail: info@gnto.gr, 9:00 – 19:00. Mo.–Fr., 10:00 – 18:00. Sa.–So. & Feiertage)*; **oder am Auskunftsschalter in der Ankunftshalle des Flughafens** *(Tel. 21 03 53 04 45, E-Mail: venizelos@ gnto.gr, Mo–Fr 9–18 Uhr, Sa, So und Feiertage: 10–15 Uhr)*.

Porto Rafti
Karte S. 91

Markopoulon
Karte S. 91

Koropi
Karte S. 91

hundert geschlossen; das kleine Mineralien-Museum in Lavrio erzählt ihre Geschichte.

Ein Stück weiter die Küste hinauf erreicht man den hübscheren – und heute florierenden – Ort **Porto Rafti**. Der lebhafte Fischerhafen mit guten Restaurants und Bars ist ein beliebtes Wochenendziel der Athener.

Nicht weit vom Hafen entfernt – einem der schönsten Griechenlands – liegt die Insel, nach der er benannt wurde: Rafti. Dort befindet sich aus der Römerzeit die riesige Statue einer sitzenden Frau, die im Lauf der Jahre als Leuchtfeuer für Schiffe genutzt wurde. Sie trägt den Namen „die Schneiderin" (griechisch *raftis*), weil man annimmt, dass die Figur früher eine Schere in den Händen hielt; ein Arm fehlt heute allerdings. Möglich ist auch, dass der fehlende Arm Obst oder auch Weizengarben festhielt – Fruchtbarkeitssymbole. Denn von hier wurden alljährlich die ersten Früchte vom Festland auf die heilige Insel Delos (siehe S. 246f) transportiert.

Wer landeinwärts in Richtung **Markopoulon** fährt, anstatt die Straße nach Vravrona (siehe S. 101) zu nehmen, findet sich in einer betriebsamen Marktstadt wieder, die dem fruchtbaren Umland, dem Weinbau vor allem, und ihrer Nähe zu Athen ihren Wohlstand verdankt. Verschiedene Tavernen bieten original griechisches Essen – keine Touristenmenüs – , und in den Bäckereien wird das leckere Brot feilgeboten, für das die Region weithin bekannt ist. Auch einige kleine Kapellen können Sie hier besichtigen; Sie müssen nur läuten oder sich bei jemandem erkundigen, wer den Schlüssel hat.

INSIDERTIPP:

Der Geschmack griechischen Honigs variiert je nach Art der Pflanzen, die die Bienen besuchen – *thymaria* (Thymian), *elato* (Alpenkiefer), Orange oder Zitrone. Schicken Sie ihn mit der Post nach Hause, das ist wegen der Zollbestimmungen einfacher.

PENNY DACKIS
National Geographic-Herausgeberin

Macht man einen kleinen Umweg nach Westen, kommt man nach **Koropi**; der Ort ist größer und für den Weinbau berühmt – vor allem für den Retsina, den einzigartigen griechischen Wein mit Harzaroma. Harz wurde schon in alten Zeiten beim Keltern verwendet, da der Wein sich so besser hält und auch seinen besonderen Geschmack bekommt. Am südöstlichen Stadtrand steht die Kirche Metamorphosis Sotiras, die bis ins 10. Jahrhundert zurückreicht und somit eines der ältesten Gotteshäuser Attikas ist.

Rafina

Der Hafen Rafina an der Ostküste Attikas ist etwa 40 Minuten mit dem Bus vom Zentrum Athens entfernt und wird in den nächsten Jahren sicher an Größe und Bedeutung gewinnen. Im Osten der Stadt wurde 2001 nämlich ein neuer internationaler Flughafen in Betrieb genommen, sodass Touristen nun einfacher nach Rafina gelangen als nach Piräus, von wo aus man früher die griechischen Inseln erreichte. Von Rafina fährt man auch auf die Insel Euböa und in die nordöstliche Ägäis, außerdem auf die Kykladen und den Dodekanes.

Das Herz der Stadt ist der malerische alte Fischerhafen, der allerdings durch die zahlreichen – hervorragenden – Meeresfrüchte-Restaurants etwas gelitten hat; die meisten haben eine Dachterrasse, von der aus man die Boote im Wasser dümpeln sieht.

Am Hafen legen auch die Fähren ab. Jedenfalls hat sich Rafina zu einem beliebten Ort an der Küste entwickelt. Es gibt ausreichend preisgünstige Hotels sowie sämtliche Einrichtungen für Wassersportler, und natürlich können Sie auch im Meer schwimmen gehen. An beiden Enden des Ortes finden sich kleine Strände, und die Küste ist mit den Ferienhäusern betuchter Athener übersät.

Vom Hafen landeinwärts und ein Stück bergauf erreichen Sie den großen Hauptplatz, wo Sie dem Lärm des Hafens entfliehen können; hier spielen die Kinder und die Oma sieht zu.

Im Norden liegt ein anderer Ferienort, **Mati**. Hier ist es etwas ruhiger, denn es gibt keine betriebsamen Fähren.

Von den Hügeln hinter dem Ort hat man einen herrlichen Blick über die Bucht von Marathon. Gleich in der Nähe liegt ein hübscher Badestrand, Agios Andreas.

Wenn Sie die Fähre von oder nach Rafina nehmen möchten, wo die Hotels oft im Voraus ausgebucht sind, sollten Sie sich überlegen, ob sie nicht in Mati bleiben und von dort mit dem meist recht billigen Taxi nach Rafina hin und wieder zurückfahren. ■

Rafina
Karte S. 91

Mati
Karte S. 91

Rafina ist der Haupthafen, wenn man mit der Fähre oder einem Tragflügelboot zu den Inseln fahren will

Marathon

Das Wort Marathon hat in alle Sprachen der Welt Eingang gefunden. Auch wenn die Geschichte, die sich um das griechische Dorf rankt, gemeinhin bekannt ist, kennen doch viele die Einzelheiten nicht.

Die athletische Geschmeidigkeit der Langstreckenläufer ist auf dieser Vase aus dem Jahr 470 v. Chr. festgehalten. Vieles, was wir über den Sport im alten Griechenland wissen, stammt von solch lebendigen Darstellungen

Marathon
Karte S. 91

Im Jahr 490 v. Chr. wurde Athen von den Persern belagert. Die genauen Zahlen weiß man nicht, es sollen aber 25 000 Perser 10 000 Athenern gegenüber gestanden haben.

Doch die Athener standen nicht mit dem Rücken zur Wand, sondern zum Thermopylen-Pass in den Bergen östlich von Athen, die sie vor den siegreich vorrückenden Persern schützten. Die Perser hatten ihr Heer auf Kriegsschiffen an der Küste angelandet und dann die Ebene von Marathon gestürmt.

Die Bewohner Athens wussten, dass ihr Schicksal von den Soldaten in Attika abhing, und warteten auf Nachricht. Die Athener kämpften um ihr Leben und besiegten schließlich die Perser.

Wie heroisch der Sieg war, zeigt die Tatsache, dass 6400 Perser zu Tode kamen, die Athener jedoch nur 192 Männer verloren. Die Kunde vom Sieg bei Marathon wurde den Athenern von einem Boten übermittelt, Phedippides, der von Marathon bis auf die Akropolis lief und aus Erschöpfung tot umfiel, als er die gute Nachricht überbracht hatte.

Bis zum heutigen Tag gedenkt der Marathonlauf von 42,195 Kilometern Länge jenes tapferen Soldaten; jedes Jahr im Oktober findet auf der Strecke der Internationale Marathonlauf von Athen statt – allerdings ohne schwere Rüstung.

Was von der Schlacht von Marathon überliefert ist, stammt von Herodot, der die Ereignisse 50 Jahre später aufzeichnete. Die gefallenen Soldaten der Athener wurden unter einem schlichten Erdhügel von zehn Meter Höhe und 180 Meter Umfang bestattet. Gerade seine Schlichtheit macht den Grabhügel vier Kilometer südlich von Marathon jedoch so bemerkenswert. An der Stätte stand früher ein Grabstein mit einem in der Schlacht gefallenen Soldaten. Er kann heute im Archäologischen Nationalmuseum von

Athen (siehe S. 82ff) besichtigt werden; der Stein vor Ort ist eine Kopie.

Wer nach Marathon weiter fährt, gelangt dort – nach einmal Linksabbiegen – ins **Archäologische Museum**. Die beeindruckende kleine Sammlung präsentiert Objekte, die auf dem Schlachtfeld und auf den Ländereien des Kunstmäzens Herodes Atticus (101–177) gefunden wurden, der aus dieser Region stammt. Zu den Ausgrabungsfunden zählen Statuen, Urnen, Grabsteine, ein Bronzespiegel und ein Teil des Denkmals, das die Griechen errichteten, um ihren Sieg bei Marathon zu feiern.

Dabei handelte es sich um eine Ionische Säule, die die siegreichen Athener auf dem Schlachtfeld in der Ebene errichtet hatten. Sehenswert sind außerdem einige prähistorische Fundstücke, zumeist Keramik, deren älteste bis in die frühe Bronzezeit (4000–2700 v. Chr.) zurück zu datieren sind.

Hinter dem Museum kann man auf den **Tumulus von Plataä** steigen, der 1970 entdeckt wurde. Die Platäer hatten als Verbündete die Athener in der Schlacht von Marathon unterstützt und dabei elf Soldaten verloren, unter ihnen einen zehnjährigen Jungen. Die gefallenen Platäer sind in dem Grabhügel beerdigt.

Marathon selbst ist eine ganz normale Kleinstadt. Auf der Straße Nr. 83 ein Stück weiter nach Westen gelangen Sie zum beeindruckenden Stausee von Marathon. Er verdankt seine Existenz einem Marmordamm, der von 1925 bis 1931 errichtet wurde, um das Wasser vom Parnis-Gebirge aufzufangen; bis 1950 war er die Hauptwasserversorgung für die Hauptstadt Athen. ■

Archäologisches Museum

☎ 22 94 05 51 55

Geschl. Mo

€

ERLEBNIS: Nehmen Sie an einem Marathonlauf in Athen oder dem Spartathlon in Sparta teil

Wenn Sie begreifen wollen, wie die Griechen zu ihren Helden und ihrer Geschichte stehen, nehmen Sie am jährlichen Athener Marathon teil. Glücklicherweise findet er zu einer kühleren Zeit im Jahr statt, an einem Sonntag Anfang November. So besteht nur ein geringes Risiko, das gleiche Schicksal zu erleiden wie der erste Marathonläufer Pheidippides, der vor Erschöpfung tot zusammenbrach, nachdem er die 42 Kilometer von Marathon bis Athen gelaufen war. Der heutige Marathon mit der ursprünglichen Route zieht mehr als 3000 Läufer an, die von Marathon bis zum Ziel, dem Panathinaikos-Stadion, laufen wollen. Informationen unter *www.athensmarathon.com*.

Wenn der Marathon Sie nicht herausfordert, versuchen Sie sich beim Spartathlon, der jedes Jahr im September veranstaltet wird. Dieses Rennen erinnert an einen anderen Lauf während der gleichen Schlacht der Griechen gegen die Perser, als ein Bote von Athen nach Sparta geschickt wurde, um Verstärkung gegen die Angreifer zu holen. Er soll das Ziel am nächsten Tag erreicht haben, nachdem er 246 Kilometer zurückgelegt hatte. Informationen unter *www.spartathlon.gr*.

Mit dem Auto durch Attika

Attika erstreckt sich rund um Athen und bietet dem Reisenden ein Bild von Griechenland im Kleinen. Hier gibt es Berge, kleine Dörfer, alte Kirchen und eine Vielzahl interessanter Stätten aus der klassischen Antike.

NICHT VERSÄUMEN:

Kap Sunion • Markopoulon • Grabhügel von Marathon & Archäologisches Museum • Rafina

Am besten beginnt man die Tour am alten Flughafen von Athen, sodass man vom chaotischen Verkehr der Stadt nicht tangiert wird. Die Straße schlängelt sich an der Küste bis nach Halkida, dem Tor zu Euböa. Wer nach Athen zurückkehren möchte, dreht bei Marathon um, was Strecke und Zeitdauer etwas verkürzt.

Vom alten Flughafen fahren Sie über Vouliameni auf der Küstenstraße 91 in Richtung Kap Sunion. Wenn Sie die Rundreise am neuen Flughafen Eleftherios Venezilos bei Spata beginnen (siehe S. 334f und Karte S. 91), kommen Sie – über Peania und Koropi – bei Varkiza auf die 91 und lassen Vouliameni rechts liegen.

Vouliagmeni ❶ liegt nur ein Stück südlich von Athen und ist ein beliebter Badeort. Die Strände von Vouliagmeni sind überaus gepflegt und sauber (mehrfach Öko-Label *Blaue Flagge*). Die Gegend von Vouliagmeni war während der Olympischen Sommerspiele 2004 Austragungsort des Triathlons. Für die malerische Strecke brauchen Sie etwas länger als auf der Hauptstraße, doch sollten Sie sich die Fahrt an der Küste entlang nicht entgehen lassen. Die Ägäis zur Rechten ist einfach herrlich. Bald kommt der imposante **Poseidon-Tempel** ❷ (siehe S. 92f) oben auf Kap Sunion in Sicht; vom Flughafen aus ist man nicht einmal eine Stunde lang unterwegs.

Wenn Sie das Kap besichtigt haben, fahren Sie auf die Landstraße 91 zurück und biegen rechts ab; sie trägt dann die Nummer 89 und führt nordwärts an der Küste entlang, bis sie sich landeinwärts zum Städtchen **Makropoulon** ❸ (siehe S. 94) schlängelt. Hier können Sie Rast machen und Proviant kaufen.

Anschließend fahren Sie wieder auf die Landstraße 89, biegen links ab und dann sofort rechts auf die Landstraße 85, die Sie nach 20 Kilometern nach **Rafina** ❹ (siehe S. 95) bringt. Rafina ist nach Piräus zweitwichtigster Hafen, um von Athen aus auf die griechische Inselwelt zu gelangen. Beim Hafen finden Sie Parkmöglichkeiten. Hier lässt sich gut zu Mittag essen.

Wieder auf der Landstraße 85 geht es in Richtung Norden nach Nea Makri. Dort nehmen Sie die Landstraße 83 und biegen rechts nach **Marathon** (siehe S. 96) ab.

Halten Sie nach etwa drei Kilometern nach dem Schild **Grabhügel** ❺ (Thymphos Marathona) Ausschau. Noch ein paar Kilometer weiter, und Sie erreichen das **Archäologische Museum**.

Vom Ort Marathon aus geht es weiter auf der Landstraße 83 bis Agios Stefanos. Dort bringt Sie eine Abzweigung zur Hauptstraße Thessaloniki–Athen, ausgeschildert als Nummer 1 oder E 75.

Biegen Sie rechts auf die Hauptstraße ab, und halten Sie nach rund 40 Kilometern rechts nach einer Abzweigung Ausschau, die mit Euböa und **Halkida** ❻ (siehe S. 206f) beschildert ist, dem Tor zur Insel Euböa, die Sie über eine Brücke vom Festland aus erreichen können. Als Alternative können Sie auf der E 75 links abbiegen und dann zurück nach Athen fahren.

Halkida (Chalkis)
Thiva (Theben)
Notios Evvoikos Kolpos
1/E75
Limni Marathona
Kaledzi
Marathon
Archäologisches Museum
Parnitha
1413m
PARNITHA NATIONAL-PARK
Agios Stefanos
63
Tymfos Marathona
83
Nea Makri
6/E94
1/E75
1109m
Pendeli
Korinthos (Korinth)
ATHINA (ATHEN)
8A
Mati
Rafina
START
6/E94
Spata
Loutsa
1026m
Imitos
Peania
Flughafen Eleftherios Venizelos
Piräus
85
Koropi
Markopoulon
SALAMINA
Glyfada
Voula
Varkiza
Vouliagmeni
Keratea
89
Lagonisi
91
Saronikos Kolpos
Saronida
Thoriko
Anavyssos
Lavrio
Kato Sounion
Poseidon-Tempel
Akra Sounion
Siehe Karte S. 91
Flughafen von Athen
190 km
3 Stunden
Halkida
0
20 Kilometer

Rhamnous & Brauron

Die klassische Ausgrabungsstätte des antiken Rhamnous ist eine der abgelegensten und somit eine der schönsten in Attika. Nicht so einsam ist das antike Brauron (Vravrona), dem man ebenfalls einen eingehenden Besuch abstatten sollte. Es liegt rund acht Kilometer nordöstlich von Makropoulon und hat sowohl eine Grabungsstätte als auch ein interessantes Museum zu bieten, dazu noch ein modernes Dorf. Ausgrabungen und Museum sind nicht weit voneinander entfernt.

Teilansicht der Stoa von Brauron, das für seine Stille und Abgelegenheit bekannt ist

Rhamnous
Karte S. 91

Rhamnous

Die von der Vegetation überwucherten Ruinen von Rhamnous liegen über einen Hügel verstreut mit Blick aufs Meer. Wer hier umherstreift, ist in Gesellschaft von Schmetterlingen und Eidechsen, die auf Steinen in Ritzen sitzen. Der Name der Anlage stammt von dem stacheligen Gebüsch, das hier wächst und auf Griechisch *ramnos* heißt.

Es gibt eigentlich nicht viel zu sehen, und man sollte deshalb Einiges über die Stätte wissen, um die Stille des malerischen Orts würdigen zu können. Es heißt, dass die griechische Göttin Nemesis, zuständig für Glück und Unglück unter den Sterblichen, hier verehrt wurde. (Bis heute hat sich im Deutschen die Redewendung von der „blindlings waltenden Nemesis" erhalten, womit Bildungsbürger auf ihr klassisches Wissen hinweisen möchten.)

Ein Teil der persischen Streitkräfte soll hier vor ihrer Niederlage bei Marathon an Land gegangen sein. Einer Niederlage, die – der Legende nach – auf dem Diebstahl eines marmornen Steinquaders aus dem **Nemesis-Tempel** beruht, mit dem sie ihres Sieges über die Athener gedenken wollten. Heute sind nur noch die Fundamente zu sehen, der Nemesis-Tempel aus dem 6. Jahrhundert lässt sich indes eindeutig identifizieren.

Brauron (Vravrona)

Der Ort liegt – was ungewöhnlich ist – am Fuß eines Hügels und nicht oben auf seinem Rücken. Den Hügel krönt eine hübsche kleine byzantinische Kapelle, die dem heiligen Georg geweiht ist: **Agios Georgios**. Das Dorf und die Ausgrabungen liegen in einem Tal inmitten wild wuchernder Natur. Die Leute hier sind Fremden gegenüber offen, da sie noch nicht vom Tourismus überrollt wurden.

Die Geschichte der Grabungsstätte ist faszinierend. In ihrem Mittelpunkt steht das **Heiligtum der Artemis**, von dem nur die Fundamente erhalten sind. Artemis ist das griechische Gegenstück zur römischen Göttin Diana, Tochter von Zeus und Zwillingsschwester Apollons. Sie war die Mondgöttin, zudem die Göttin der Geburt und der Ernte sowie der Jagd und der wilden Tiere, vor allem der Bären. Ihr zu Ehren wurde in Brauron alle vier Jahre ein Fest abgehalten, mit geheimnisvollen Ritualen, bei denen junge Mädchen als Bären verkleidet tanzten. Aristophanes schreibt in „Lysistrata" von diesem Tanz, doch wie bei so vielen griechischen Kulten, wie etwa dem in Eleusis (siehe S. 72), weiß niemand genau, was sich im Einzelnen abgespielt hat und warum.

In seinem Drama „Iphigenie" *auf Tauris* behandelt Euripides die Ereignisse in Brauron. Iphigenie, die Tochter von Agamemnon und Klytaimnestra, wurde für einen starken Wind verantwortlich gemacht, der die griechischen Schiffe an der Fahrt nach Troja hinderte. Der Wind war die Rache, weil eines der wilden Tiere, die unter dem Schutz der Artemis standen, getötet worden war, vermutlich ein Bär. Agamemnon gab sein Einverständnis, dass seine Tochter in Brauron auf dem Altar der Artemis geopfert werden sollte, damit

Autoknigge

Die Griechen sind im Großen und Ganzen rücksichtsvolle Autofahrer. Männer drücken gern aufs Gas, obwohl die Polizei auf den Straßen ziemlich präsent ist. Falls Ihnen ein entgegenkommendes Fahrzeug Lichthupensignale gibt, ohne dass Sie etwas falsch gemacht haben, will man Sie eventuell vor einer Polizei- oder Geschwindigkeitskontrolle warnen. Die Lichthupe wird auch gebraucht, wenn zwei Autos eine Kreuzung oder Straßenverengung gleichzeitig passieren. In manchen Ländern will man Ihnen mit dem Lichthupensignal Vorfahrt gewähren, aber in Griechenland heißt es, „geh mir aus dem Weg, jetzt komme ich."

Brauron

- Karte S. 91
- 22 99 02 70 20
- Geschl. Mo, archäologische Grabungsstätte wg. Restaurierungsarbeiten geschl., Neueröffnung erfragen
- €

Archäologisches Museum
☎ 22 99 02 70 20
🕒 Geöffnet Jun.–Okt., Geschl. Mo
$ €

seine Schiffe in See stechen konnten.

Euripides zufolge verschonte die Göttin Iphigenie, weil sie nicht wünschte, dass ihr Altar von menschlichem Blut befleckt wurde, und wählte als Opfer einen Hirsch. Iphigenie ließ daraufhin ein Heiligtum bauen, das sie der Artemis weihte.

Relief der Göttin Artemis: Durch ihr Tier, den Hirsch, ist sie eindeutig als „Herrin des Wilds" kenntlich

In anderen Versionen der Geschichte wird Iphigenie wirklich geopfert. Südlich der Stoa, nicht weit vom **Heiligen Haus**, wo sich die Priesterinnen der Artemis aufhielten, will man ihr Grab gefunden haben.

Um das 4. Jahrhundert v. Chr. wurde die Gegend überschwemmt und sämtliche Ortschaften verschwanden von der Landkarte. Das Dorf Brauron entstand später wieder, doch erst 1946 begann man mit der Ausgrabung des antiken Brauron, die bis 1963 dauerte.

Bei den Grabungen wurden u.a. die Reste eines alten Tempels aus dem 5. Jahrhundert v. Chr. gefunden. Nicht weit von ihm entfernt befindet sich die **Stoa**, die wohl noch älter ist. Inschriften, die dort entdeckt wurden, sprechen vom „Parthenon der Bären." Weitere Funde wie Steinbänke lassen darauf schließen, dass einige der Räume als Speise- und Schlafzimmer genutzt wurden.

Nicht weit von der Stoa liegen die Reste einer der ältesten Steinbrücken der Welt. Sie gehen ebenfalls auf das 5. Jahrhundert v. Chr. zurück. Außerdem lässt sich aus anderen Zeugnissen schließen, dass es früher auch Stallungen, ein Gymnasium und andere Gebäude gab, die allerdings noch nicht völlig freigelegt wurden.

Das nahe gelegene **Archäologische Museum** – klein aber fein – präsentiert Funde aus Brauron und anderen Grabungsstätten. Man bekommt auch ein Modell der Tempelanlage zu sehen, so dass man sich lebhaft vorstellen kann, wie es hier einmal ausgeschaut hat. ■

Wenn von der Form Griechenlands die Rede ist, denken viele Leute als Erstes an die mit ihren drei „Fingern" ins Meer ragende Peloponnes, die durch den Kanal von Korinth vom Festland getrennt ist

Peloponnes

Erster Überblick 104–105

Korinth 106

Erlebnis: Die Nemeischen Spiele 107

Epidaurus 108–109

Mykene 110–111

Special: Heinrich Schliemann 112–113

Nauplia, Tiryns & Argos 114–116

Erlebnis: Bei archäologischen Ausgrabungen helfen 117

Monemvasia 118–119

Die Mani 120–121

Mit dem Auto durch die Mani 122–123

Mistra 124–125

Erlebnis: Kirschen pflücken & Marmelade kochen in der Südpeloponnes 125

Messenien 126–128

Andritsena & Vasse 129

Olympia 130–133

Patras 134

Oliven – ein Grundnahrungsmittel

Weitere Sehenswürdigkeiten 135–136

Erlebnis: Freiwilligenarbeit mit Raubvögeln 136

Hotels & Restaurants 352–356

Peloponnes

Viele Besucher zieht es immer wieder auf die große Halbinsel Peloponnes (Peloponnisos). Sie hat so viel zu bieten, dass man Wochen oder sogar Monate dort verbringen könnte. Die Landschaft ist bergig und bewaldet, und an der Küste gibt es herrliche Strände.

Die Bourtzi-Festung aus dem 16. Jahrhundert an der Hafeneinfahrt von Methoni

Hauptanziehungspunkte sind einige der wichtigsten antiken Stätten Griechenlands, wie Epidaurus, Mykene und Olympia. Außerdem erwarten Sie kosmopolitische Städte wie Nauplia, einst die Hauptstadt Griechenlands, aber auch abgelegene Bergdörfer.

Der Name Peloponnes stammt aus der Antike und bedeutet „Insel des Pelops". Pelops war der Sohn des Tantalus (Tantalos), der wiederum ein Sohn des Zeus. Als die Götter zu einem Gastmahl zusammenkamen, tötete Tantalus seinen Sohn, kochte ihn und setzte ihn seinen Gästen vor, weil er herausfinden wollte, ob sie wirklich allwissend waren. Sie waren es, erweckten Pelops wieder zum Leben und bestraften Tantalus. Er musste Durst und Hunger leiden, obwohl er im Wasser stand und über ihm die Zweige eines Obstbaums hingen. Doch wenn er versuchte, zu essen oder zu trinken, wichen Nahrung und Wasser zurück, und er musste auf ewig „Tantalusqualen" erleiden.

Auch in der neueren Geschichte spielte die Peloponnes eine wichtige Rolle. Sie war das Zentrum des Unabhängigkeitskriegs im 19. Jahrhundert. Hier wurde zum ersten Mal die griechischen Flagge gegen die Türken gehisst und hier befand sich die Hauptstadt Griechenlands, bevor sie nach Athen verlegt wurde.

Die Peloponnes ist fast eine Insel – mit dem Festland nur durch eine sechs Kilometer breite Landenge verbunden –, und in Orten wie Koroni und Methoni hat man das Gefühl, sich auf einer der ägäischen Inseln zu befinden. Im Landesinnern dagegen sind die Traditionen des griechischen Festlands lebendig geblieben und die Landschaft begeistert Wanderer und Naturfreunde. ■

NICHT VERSÄUMEN:

Das sehenswerte Spektakel des Kanals von Korinth **106**

Eine Aufführung im Theater von Epidauros **108–109**

Besuch der legendären Stätte von Mykene **110–111**

Entzückendes Nafplio **114–115**

Verborgenes Monemvasia **118–119**

Eine Tour durch die Mani **122–123**

Eine Übernachtung im Bergdorf Andritsaina **129**

Ein Spaziergang durch Olympia **130–131**

Korinth

Der Kanal von Korinth ist eine der Sehenswürdigkeiten Griechenlands. Wenn Sie Glück haben, steuert gerade ein Schiff durch die schmale, steilwandige Wasserstraße, die den Golf von Korinth mit der Ägäis verbindet.

Korinth (Korinthos)
Karte S. 105

Antikes Korinth & Archäologisches Museum
Karte S. 105
27 41 03 12 07
€€

Akrokorinth (Akrokorinthos)
Karte S. 105

Als Erster kam Kaiser Nero (37–68 n. Chr.) auf die Idee, die schmale Landenge zu durchstechen, damit Schiffe von Italien in die Ägäis fahren konnten, ohne die Peloponnes umrunden zu müssen. Mit einem silbernen Löffel tat er symbolisch den ersten Spatenstich, aber die Arbeiten wurden nicht vollendet. Die Schiffe mussten weiterhin in den Golf von Korinth segeln, wo sie entladen wurden. Ihre Fracht wurde über die sechs Kilometer breite Landenge getragen und auf einem anderen Schiff verstaut. Auf diese Weise wurde die riskante Umrundung vermieden. Erst 1893 wurde der 23 Meter breite **Kanal von Korinth** nach zwölfjähriger Bauzeit eröffnet. Nicht weit vom Kanal entfernt liegt das **moderne Korinth**.

Die Hauptsehenswürdigkeit ist das **antike Korinth**. Den Mittelpunkt der gut erhaltenen Überreste der antiken Stadt bildet ein Apollon-Tempel aus dem 5. Jahrhundert v. Chr. mit mächtigen dorischen Säulen, eines der Gebäude, die die Römer stehen ließen, als sie die Stadt 44 v. Chr. umbauten und zur Provinzhauptstadt machten.

In Korinth lebten einst 300 000 Bürger und 460 000 Sklaven. Es sind die kleinen Gebäude, die Geschichten erzählen – die Überreste von Läden, Wohnhäusern und Verwaltungsbauten. Der **Brunnen der Peirene** war ein Geschenk von Herodes Atticus, einem reichen Athener und Freund der Römer. Die Quelle unter dem Brunnen versorgt noch heute das moderne Korinth mit Wasser.

Das **Archäologische Museum** an der Grabungsstätte zeigt neben keramischen Gefäßen und Schmuck Mosaiken aus der Römerzeit, überwiegend aus dem 2. Jahrhundert n. Chr., die einen Eindruck vom einstigen Reichtum der Stadt vermitteln.

Ungefähr vier Kilometer von der Unterstadt entfernt liegt der Burgberg **Akrokorinth** (zu griechisch *akros* „hoch, spitz"). Ein Besuch lohnt wegen der Mauern und der herrlichen Aussicht: Man erahnt die strategische Bedeutung der Burg und begreift, weshalb sie vor jeder Welle von Invasoren, unter ihnen Türken und Venezianer, erneut befestigt wurde. Die zwei Kilometer lange Mauer umfasst einen Teil des etwa 24 Hektar großen Areals mit seinen Überresten von Kapellen, Wohnhäusern und Befestigungsanlagen und dem türkischen Brunnen von Hatzi Mustafa. ■

ERLEBNIS: Die Nemeischen Spiele

Jeder kennt die Olympischen Spiele, aber im antiken Griechenland wurden noch andere Sportereignisse veranstaltet, darunter die Nemeischen Spiele. Wie die Olympischen Spiele leben auch diese bis heute fort, allerdings ohne deren weltweite Berühmtheit. Trotzdem kann sich jeder für die Teilnahme an den Nemeischen Spielen bewerben.

Sowohl die Sportler als auch die Richter kleiden sich in der antiken Tracht der Spiele von Nemea.

Nemea liegt im nordwestlichen Peloponnes, zwischen Korinth und Athen. Hier fanden die originalen Nemeischen Spiele statt und hier werden sie alle vier Jahre wiederaufgeführt, meist im Juni, das letzte Mal 2012. Die Originalspiele wurden zu Ehren von Zeus abgehalten und gehen ins 6. Jh. v. Chr. zurück.

Sie haben allerdings nicht die olympische Praxis übernommen, die Teilnehmer nackt laufen zu lassen. Wenn Sie teilnehmen möchten, müssen Sie ein klassisches antikes Outfit tragen wie den chiton, eine Tunika, und zoni, einen Gürtel. Die Spiele wurden 1994 von Archäologen und Mitarbeitern der Universität von Berkeley, Kalifornien, wiederbelebt, die an der Ausgrabungsstätte des Zeustempels im antiken Nemea arbeiteten. Sie begannen, sich für die Spiele zu interessieren und man fragte sich, ob man sie nicht wiederbeleben könne wie die Olympischen Spiele – auf einer kleineren, regionalen Ebene.

Rund 10 000 Menschen besuchen seither das zweitägige Event in Nemea, Hunderte nehmen an den Hundertmeterläufen teil, die nach Geschlecht und Alter aufgeteilt sind, mit 12 Teilnehmern in jedem Rennen. Die ursprünglichen Olympischen Spiele hatten nur einen Lauf, der über die Länge des Stadions ging, aber schrittweise wurden andere Wettkämpfe eingeführt. Die Spiele von Nemea dagegen halten an der ursprünglichen Tradition fest, nur ein Rennen über die Standardentfernung für alle. Die Sportler versammeln sich in der Umkleidekabine, dem *apodyterion*, das nur teilweise erhalten ist, deshalb wurde ein Zelt über dem ganzen Gebäude errichtet. Ein schwarz gekleideter Richter sammelt jede Läufergruppe um sich und trägt wie in den alten Zeiten einen Olivenzweig. Dieser wird benutzt, um die Läufer zu schlagen, die die Regeln brechen oder Anordnungen nicht befolgen.

Dann läuft man im selben Stadion dieselbe Strecke wie vor 2500 Jahren. Bei den Originalspielen wurden die Sieger mit einem Kranz aus Selleriezweigen von Argos ausgezeichnet, heutzutage erhalten sie einen Palmzweig, eine Schärpe, eine Nadel, ein T-Shirt und einen Platz an der Dinnertafel der Sieger. Um teilzunehmen, muss man sich zwei Monate im Voraus registrieren – kontaktieren Sie das Sekretariat der Society for the Revival of the Nemean Games *Post Office Box 2012 Nemea, Greece GR – 205 00, Tel. 27 46 02 41 25, E-Mail: info@nemeangames.org, http://nemeangames.org).*

Epidaurus

Das antike Theater in Epidaurus (Epidavros) ist eine der grandiosesten Sehenswürdigkeiten Griechenlands. Wegen seiner fantastischen Akustik wird es während des Athener Sommerfestivals nach wie vor für Aufführungen benutzt, die man sich nicht entgehen lassen sollte.

Ein Handwerker bei Restaurierungsarbeiten

Epidaurus
Karte S. 105
27 53 02 20 09
€€

Das **Theater** wurde im 4. Jahrhundert v. Chr. erbaut, und seine 55 Sitzreihen boten 14 000 Menschen Platz. Die Bühne hat einen Durchmesser von 20 Metern. Man kann sich kaum vorstellen, dass dieses Bauwerk bis zum Beginn der Grabungen im 19. Jahrhundert unentdeckt war. Endgültig restauriert wurde es erst 1954. Bemerkenswert ist, dass die unteren 34 Sitzreihen des Zuschauerraums original sind. Das heutige Publikum schaut über die Ruinen des antiken Epidaurus auf die Berge.

Das antike Epidaurus

Neben dem Theater hat Epidaurus noch vieles mehr zu bieten, denn der Ort war Kultstätte für Asklepios (Äskulap), dem Gott der Heilkunst. Asklepios ging bei dem Zentauren Chiron in die Lehre und es hieß, dass er sogar Tote wieder zum Leben erwecken konnte. Aber sich selbst konnte er nicht retten – Zeus erschlug ihn mit einem Donnerkeil, weil Asklepios zu mächtig geworden war.

In Epidaurus gab es einen **Tempel**, der Asklepios geweiht war. Er enthielt eine Statue des Gottes aus Gold und Elfenbein. Von diesem Tempel ist kaum noch etwas zu sehen, aber die Ausgrabungen gehen weiter und es ist durchaus möglich, dass noch weitere Bauten zum Vorschein kommen.

Kranke und Leidende kamen nach Epidaurus, wo es Heilkundige gab, und im **Museum** sind einige der medizinischen Instrumente ausgestellt, die sie benutzten. Bei einigen Heilungsprozessen spielte das Drama eine wichtige Rolle, weil es eine Katharsis (innere Läuterung) bewirkte. Das Museum verfügt zudem über Berichte von Heilungen, die in Epidaurus stattgefunden haben sollen, aber auch profanere Gegenstände wie Vasen und Statuen, die hier ausgegraben wurden.

Zu besichtigen sind auch die Überreste von Gästehäusern, eines Bads und einer Sporthalle, die beweisen, dass Leibesübungen damals nicht weniger wichtig genommen wurden als heute. Die Griechen waren davon überzeugt, dass zu einem gesunden Geist ein gesunder Körper gehört. Die kleine Nation schenkte der Welt nicht nur die größten Philosophen, sondern auch die Olympischen Spiele und Hippokrates, den Vater der Medizin.

Eine weitere Sehenswürdigkeit ist der **Tholos**, ein Rundbau, entworfen von Polykleitos, von dem auch das Theater stammt. Welchen Zweck der Bau hatte, ist unklar. Vielleicht waren darin die heiligen Schlangen untergebracht, die bei manchen Riten gebraucht wurden, oder womöglich war er sogar der Ort, wo diese Riten stattfanden. Einer Theorie zufolge diente er zur Schocktherapie für Geisteskranke, die durch die konzentrischen Gänge kriechen mussten, bis sie das stockfinstere Zentrum erreicht hatten, wo sie von Schlangen umgeben waren.

In der Nähe des Tholos und knapp 400 Meter nordwestlich des Theaters stehen die Überreste eines **Stadions** aus dem 5. Jahrhundert v. Chr. Ein Teil der Sitze sowie Start und Ziel der Rennen sind erhalten. ■

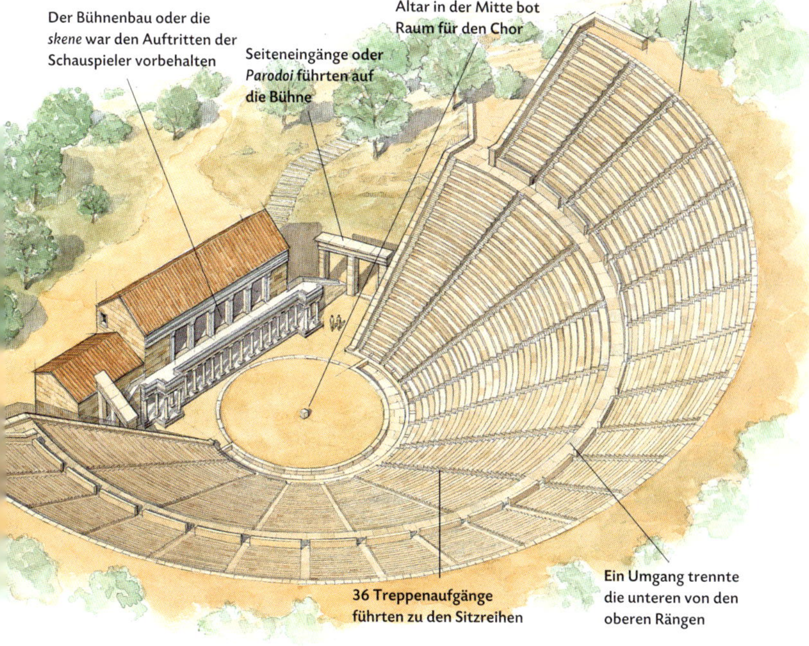

Mykene

Mykene (Mikinai) ist unbestritten die wichtigste antike Stätte der Peloponnes. Das hat den Nachteil, dass man auf dem Höhepunkt der Touristensaison den Eindruck bekommt, als hätten sich alle Besucher Griechenlands dort versammelt. Die Ruinen sind nur zwei Kilometer vom heutigen Dorf Mykene entfernt, liegen beiderseits der Straße von Nauplia nach Athen und sind gut ausgeschildert.

Der Plattenring A mit einigen der am besten erhaltenen Schachtgräber liegt innerhalb der Stadtmauern

Mykene
Karte S. 105
27 51 07 65 85
€€

Das Erste, was Sie zu Ihrer Linken sehen, ist das **Schatzhaus des Atreus**: ein gewaltiges Kuppelgrab, umso beeindruckender, da es völlig ohne Mörtel errichtet wurde. Ein langer Gang führt in das eigentliche Grabgewölbe, dessen Akustik erstaunlich ist. Sprechen Sie ein paar laute Worte, um diesen Effekt selbst zu erleben. Werfen Sie auch einen Blick auf den gewaltigen Sturz über dem Eingangstor, der acht Meter lang ist und fast 120 Tonnen wiegt.

Der große Palast von Mykene wird „Haus des Atreus" genannt. Der Herrscher Atreus war ein Sohn des Pelops, dem die Peloponnes ihren Namen verdankt (siehe S. 104), und die griechischen Dramatiker erzählen die unheilvolle Geschichte seiner Familie. Atreus' Frau wurde von seinem Bruder Thyestes verführt. Atreus rächte sich, indem er die drei Söhne des Thyestes ermordete, kochte und ihrem Vater bei einem Bankett vorsetzte. Dann zeigte er Thyestes die abgeschnittenen Köpfe seiner Söhne. Von da an lag der Fluch der Götter auf Atreus und seinen Nachkommen.

Das Erste, was Besuchern am Hauptareal auffällt, ist das **Löwentor** mit seinem in Stein gemeißelten Relief über dem Sturz des Eingangs. Es ist im 13. Jahrhundert v. Chr. entstanden, an der Basis 3,75 Meter breit und fast 3,5 Meter hoch. Die Löwen waren möglicherweise ein Symbol der Mykener; auch ein hier gefundenes Siegel zeigt einen Löwen in der gleichen Haltung. Beachtenswert sind auch die Rinnen im Boden, die von Streitwagen stammen, und die Bolzenlöcher an den Seiten, die ein festes Verschließen des Durchgangs ermöglichten.

Wenn Sie das Tor durchschritten haben, sehen Sie rechts die kreisförmigen Überreste der **Schachtgräber**. Im so genannten Plattenring A wurden sechs Königsgräber mit insgesamt 19 Skeletten entdeckt. Hier fand Schliemann die herrliche Totenmaske, von der er glaubte, sie wäre Agamemnon mit ins Grab gegeben worden. Insgesamt wurden hier 14 Kilogramm Gold in Form von Masken, Schmuckstücken, Kronen und anderen Gegenständen gefunden. Sie befinden sich heute im Archäologischen Nationalmuseum in Athen (siehe S. 82ff).

Um den Rest von Mykene würdigen zu können, brauchen Sie Phantasie und eine Karte. Es gibt zahlreiche Fundamente zu sehen, und das Bild, das sich dabei herausschält, ist das eines riesigen Königspalastes mit gewaltigen Mauern sowie einer großen Siedlung außerhalb der Mauern, deren Bewohner den Palast versorgten. Die Mauern selbst sind 14 Meter dick und werden Zyklopenmauern genannt, weil die Menschen glaubten, dass nur Riesen sie gebaut haben konnten.

Der Königspalast wurde um 1100 v. Chr. zerstört; die Brandspuren sind noch heute zu sehen. Ein Jahrhundert später wurde der Ort endgültig verlassen und war dem Verfall preisgegeben, bis Schliemann ihn 1874 wiederentdeckte. ■

INSIDERTIPP:

Mykene ist so beliebt, dass es in der Hauptsaison unglaublich voll ist. Dennoch: Werfen Sie sich ins Getümmel, es lohnt sich!

MIKE GERRARD
National Geographic-Autor

Zyklopen

Die großen, einäugigen Zyklopen werden oft geschmäht, vor allem wegen Odysseus' Begegnung mit dem hungrigen Polyphemus, aber in der klassischen Mythologie sind sie allgegenwärtig. Sie spielen nicht nur eine zentrale Rolle in Homers Epos, sondern erscheinen auch in Hesiods Theogonie, dort werden sie in den Tartaros verbannt. Zeus erhält von ihnen Blitz und Donner, Artemis den Bogen und Poseidon den Dreizack. Und Perseus' Hadeskappe haben sie auch gefertigt.

Man fragt sich dennoch: Wie entstand die Idee von einer Rasse von einäugigen Giganten? Der Paläontologe Othenio Abel vermutete 1914, dass die Schädelfunde prähistorischer Elefanten etwas damit zu tun hätten, da sie nur eine Augenhöhle zu haben schienen, die in Wirklichkeit die Nasenhöhle war. Ob das nun zutrifft oder nicht, der Mythos der Zyklopen lebt weiter. Ihr Name wird sogar in der Medizin verwendet: Zyklopie ist eine genetischer Defekt, der bei einer von 16 000 Geburten vorkommt.

Heinrich Schliemann

Der deutsche Archäologe Heinrich Schliemann (1822–90) widmete sein Leben der Suche nach den in der griechischen Erde verborgenen Geheimnissen. Obwohl er gelegentlich gewagte Theorien aufstellte, entdeckte er viele der großen Schätze des antiken Griechenland – auch wenn sie nicht immer das waren, wofür er sie hielt.

Schliemann war ein außergewöhnlicher Mann. Er war anfangs Kaufmann, der in Amsterdam und St. Petersburg u. a. als Heereslieferant im Krimkrieg ein Vermögen erwarb. Im Alter von 46 Jahren zog er nach Griechenland, um den Rest seines Lebens der Archäologie zu widmen. Seit seiner Kindheit war er von den Werken Homers und ihrer Mischung aus Mythos und Geschichte fasziniert. Jetzt wollte er herausfinden, ob es Orte wie Troja und den Palast des Odysseus wirklich gegeben hatte.

Er fing mit Troja an, dem Schauplatz von Homers „Ilias". 1870 begann er mit Grabungen in Hissarlik an der türkischen Küste der Ägäis, das er als wahrscheinlichen Ort Troja identifiziert hatte. Er fand Beweise dafür, dass es an dieser Stelle mehrere Städte gegeben hatte und erklärte, die zweitunterste Schicht, die Brandspuren aufwies, sei Homers Troja gewesen. Heute wissen wir, dass Troja, wenn es überhaupt hier existierte, in einer der späteren Schichten lag, durch die sich Schliemann bereits hindurchgegraben und dabei zerstört hatte. Was Schliemann entdeckte, war eine wichtige Fundstätte, auch wenn vielleicht nie restlos geklärt werden kann, worum es sich dabei handelt.

Von Troja zog er 1874 nach Mykene (siehe S. 110f) weiter. Er suchte die Gräber der mykenischen Könige und war entschlossen, das Grab des Agamemnon zu finden. Schliemann fand eine herrliche goldene Totenmaske und verkündete seinen Fund stolz in einem Telegramm an den griechischen König: «Ich habe ins Antlitz des Agamemnon geschaut!» Spätere Datierungen ergaben, dass es sich unmöglich um Agamemnon gehandelt haben kann. Aber Schliemann ließ sich nie

Gegenüber: Obwohl Heinrich Schliemann schon mit 14 Jahren die Schule verließ, gelangen ihm später außergewöhnliche Entdeckungen. Seine griechische Frau Sophia trägt auf diesem Foto Goldschmuck aus Mykene
Oben: Schliemann hielt die goldene Totenmaske für die Agamemnons. Tatsächlich stammt sie aber aus dem 16. Jahrhundert v. Chr. und ist zu alt, um Agamemnon gehört haben zu können

durch Experten von seiner vorgefassten Meinung abbringen. Es war wohl unausweichlich, dass Schliemann nach Ithaka weiterzog, um nach Beweisen für die Existenz des Odysseus, seines Palasts und der anderen Stätten zu suchen, die Homer in seiner „Odyssee" erwähnt. Ebenso unausweichlich war es, dass er etwas finden würde, von dem er überzeugt war, dass es sich um eine dieser Stätten handelte, aber auch hier fehlen noch die endgültigen Beweise für seine Theorien.

Trotz seines umfassenden Wissens und seiner Begeisterung für seine Arbeit hielten andere Archäologen Schliemann für einen Amateur. Dennoch steht unbestreitbar fest, dass er große und wichtige Stätten entdeckte.

Nauplia, Tiryns & Argos

Nauplia (Naplion) ist eine der reizvollsten Städte der Peloponnes. Einen Großteil ihres Charmes verdankt sie den Bauten ihrer Altstadt aus der Zeit der zweiten venezianischen Besetzung (1686–1715) sowie den Festungen in luftiger Höhe. Tiryns ist einen mindestens ein- oder zweistündigen Besuch wert, und auch in Argos, einer der ältesten Städte Griechenlands, gibt es einiges zu besichtigen.

Blick über die Dächer von Nauplia

Nauplia

Karte S. 105

Besucher-information

Verkehrsamt, 25 Martiou

27 52 02 44 44

Palamidi-Festung

27 52 02 80 36

€

Nauplia

Überragt wird die Stadt von der **Palamidi-Festung**. Ganz Mutige erreichen sie über 999 Stufen, aber es führt auch eine Straße hinauf. Der grandiose Ausblick lohnt den Aufstieg. Der Hauptteil der von den Venezianern erbauten Festung stammt aus dem 18. Jahrhundert. Innerhalb der Außenmauern liegen die Überreste von drei kleineren Festungen.

Die **Ist-Kale-Festung**, die türkische Bezeichnung für „innere Burg", ist nicht ganz so sehenswert. Sie steht auf dem Gelände der einstigen Akropolis, wo im Lauf der Jahrhunderte mehrere Burgen errichtet wurden. Viel ist nicht erhalten geblieben, aber die Landzunge, auf der die Ist-Kale-Festung steht, lässt sich auf einem längeren Spaziergang umrunden.

Auf einer Insel in der Bucht steht die kleine **Bourtzi-Festung**. Sie wurde im 15. Jahrhundert von den Venezianern erbaut und war wegen des sie umgebenden Wassers von Bedeutung: Es sieht tief aus, und tatsächlich gibt es nur eine sehr schmale schiffbare Passage nach Nauplia. Die Wachen auf der Festung konnten sie mit einer zwischen der Insel und der Stadt gespannten Kette blockieren.

In Nauplia gibt es mehrere Museen, die alle einen Besuch lohnen. Das **Archäologische Museum** (*Tel. 27 52 02 75 02,* €) an der Plateia Syntagmatos ist in einem venezianischen Lagerhaus aus dem 18. Jahrhundert untergebracht. Das Glanzstück seiner Exponate ist eine fast vollständig erhaltene Bronzerüstung aus mykenischer Zeit (um 1500 v. Chr.). Viele der ausgestellten Stücke stammen aus dem nahe gelegenen Tiryns (siehe unten) und aus Mykene (siehe S. 110f).

Das **Volkskundemuseum** in Nauplia ist eines der besten des Landes. Es besitzt eine reichhaltige und hervorragend präsentierte Sammlung farbenprächtiger Trachten aus der gesamten Region. Alte Fotos und eine umfangreiche Kollektion landwirtschaftlicher und häuslicher Gebrauchsgegenstände illustrieren das Landleben in früheren Zeiten.

Im **Militärmuseum** finden Sie authentische Waffen und Dokumente sowie eine große Kollektion beeindruckender – und oft auch erschütternder – Fotos über den Zweiten Weltkrieg in Griechenland. Viele Exponate stehen auch mit dem Unabhängigkeitskrieg in Zusammenhang, in dem Nauplia eine wichtige Rolle spielte – von 1829 bis 1834 war es die Hauptstadt des gerade unabhängig gewordenen Griechenland.

Griechenlands erster Präsident, Ioannes Kapodistrias (1776–1831) wurde zwar auf Korfu geboren, lebte aber in Nauplia und starb auch dort. Er wurde vor der Kirche **Agios Spiridon** von zwei rebellischen Stammesfürsten aus der Mani im Süden der Peloponnes ermordet. Die Löcher, die die Kugeln in die Mauer schlugen, sind noch heute zu sehen.

Tiryns

Zu Zeiten der Mykener (um 1400–1200 v. Chr.) lag Tiryns an der Küste der Ägäis und schützte das nahe gelegene Argos vor Angriffen. Es könnte sogar der Haupthafen der Mykener gewesen sein. Seither ist das Meer zurückgewichen, und Tiryns liegt heute mehrere Kilometer landeinwärts vier Kilometer westlich von Nauplia.

Homer erwähnt die mächtigen **Mauern** von Tiryns, die auch heute noch das Erste sind, was Besuchern auffällt. Die im 13. Jahrhundert v. Chr. erneuerten Mauern sind 700 Meter lang, bis zu acht Meter breit und zehn Meter hoch (früher waren sie sogar doppelt so hoch). Tiryns ist wesentlich besser erhalten als Mykene, aber weil hier die Attraktion der Königsgräber fehlt, wurde es weniger intensiv ausgegraben oder gepflegt.

Wenn Sie in Tiryns eintreffen, steigen Sie die Zugangs-

Sparta

Das Wort „spartanisch" geht auf die harten und strengen Regeln der Soldaten Spartas zurück, zu der Zeit als ihr Stadtstaat gegen den Erzfeind Athen kämpfte. Obwohl Sparta heute eine blühende Stadt ist, gibt es dort wenig zu sehen, mehr als ein bis zwei Stunden muss man nicht einplanen, um die verstreuten Altertümer zu entdecken. Dazu gehören ein Theater und einige Tempelüberreste mit einem archäologischen Museum *(Osiou Nikonos 71, Tel. 27 31 02 15 16)*.

Volkskundemuseum
- ✉ Vasilissis Alexandrou 1
- ☎ 27 52 02 89 47
- $ €
- 🕒 Geschl. Di

Militärmuseum
- ✉ Leoforos Amalias 22
- ☎ 27 52 02 55 91
- 🕒 Geschl. Mo

Tiryns
- Karte S. 105

Königspalast
☎ 27 52 02 26 57
$ €

Argos
Karte S. 105

Archäologisches Museum
✉ Plateia Agiou Petra
☎ 27 52 06 88 19
Geschl. Mo
$ €

rampe mit dem scharfen Knick am oberen Ende hinauf – ein Weg, den auch jeder Angreifer bewältigen musste. Das mächtige Tor, das dem Löwentor in Mykene entsprochen haben dürfte, ist nicht sonderlich gut erhalten und von seinem Schmuck ist praktisch nichts mehr zu sehen.

Auch vom **Königspalast** sind kaum mehr als die Fundamente stehen geblieben. Aber mit einem Grundriss, den Sie in den Geschäften in Mykene kaufen können, können Sie Bereiche wie die königlichen Gemächer identifizieren. Ein Badezimmer ist deutlich zu erkennen – sein Fußboden besteht aus einer einzigen Steinplatte. Die steinerne Treppe führt zu einer Ausfallpforte, die fast 3000 Jahre nahezu unbeschädigt überdauert hat.

Ein schmaler, gewölbter Gang im Innern der massiven Steinmauern von Tiryns

Argos

Argos gilt als eine der ältesten kontinuierlich besiedelten Städte Europas. Früheste Siedlungsspuren reichen bis zum Ende der Jungsteinzeit zurück. Die Stadt liegt an der Stelle, wo die Straßen von Nauplia nach Athen und von Tripolis nach Athen zusammentreffen.

Das **Archäologische Museum** in der Nähe des Hauptplatzes besitzt Fundstücke aus Mykene und Tiryns. Die besten befinden sich heute im Nationalmuseum in Athen (siehe S. 82ff), aber in Argos können Sie noch einen Bronzehelm und einen Brustpanzer aus mykenischer Zeit bewundern; außerdem verfügt das Museum über eine große Sammlung von Stücken aus der Römerzeit.

Wie wichtig Argos einst war, erkennt man am **antiken Argos**, das Sie vom Stadtzentrum aus zu Fuß erreichen, wenn Sie ein Stück weit der Straße nach Tripolis folgen. Die Hauptsehenswürdigkeit ist das Theater. Es ist eines der größten in Griechenland und bot 20 000 Zuschauern Platz. Es wurde gegen Ende des 4. Jahrhunderts v. Chr. erbaut, aber zweimal von den Römern modernisiert. Zu sehen sind auch die Überreste eines römischen Bads, eines römischen Theaters, eines Aquädukts und großer Entwässerungsgräben – Hinweise auf die einstige Größe und Bedeutung der Stadt.

Ein Pfad führt von der Grabungsstelle hinauf zu einer Festung. Auf dem Hügel befand sich die Akropolis von Argos, bis im Mittelalter eine Festung an ihre Stelle trat (einige Mauern stammen noch aus dem 6. Jahrhundert v. Chr.). ■

ERLEBNIS: Bei archäologischen Ausgrabungen helfen

Iklaina ist ein Bergdorf mit ca. 300–400 Einwohnern in der südwestlichen Ecke der Peloponnes. Es liegt nur 14 Kilometer landeinwärts vom Badeort Pylos, einer kleinen, aber hübschen Hafenstadt, mit zwei mittelalterlichen Burgen und dem beeindruckendsten natürlichen Hafen der Peloponnes: Navarino.

Alle griechischen Schüler kennen Pylos, denn bei der Schlacht von Navarino war es Schauplatz der berühmten Seeschlacht im Oktober 1827 während des griechischen Unabhängigkeitskriegs gegen die Türken. In Homers „Odyssee" wird es als der Ort genannt, auf dem der Palast von König Nestor stand, dem weisem Ratgeber Agamemnons. Der Palast ist eine archäologische Ausgrabungsstätte, die an der Küste besucht werden kann.

Das kleine Iklaina hat ebenfalls Anspruch auf Ruhm, doch wissen nur wenige davon, da seine Geheimnisse noch nicht freigelegt sind. Iklaina, umgeben von staubig-roten Hügeln und mit Blick aufs Ionische Meer, war bereits seit der späten Bronzezeit, 1600–1100 v. Chr. besiedelt. Obwohl bereits in Homers Schriften erwähnt, wurde es erst durch die Bronzefunde bei Ausgrabungen der archäologischen Gesellschaft von Athen in den 1950er Jahren bekannt.

Ausgrabungsproket Iklaina

Die Arbeiten in Iklaina wurden in den letzten Jahren durch das Iklaina Archaeological Project an der Universität von Missouri-St. Louis fortgesetzt. Neben Studenten, die die Möglichkeit wahrnehmen, ein Semester in Griechenland zu verbringen, kann jeder an den jährlichen Sommercamps teilnehmen, bei denen die Teilnehmer bei den Ausgrabungsarbeiten in Iklaina helfen.

Eine Stätte wie Iklaina bietet den freiwilligen Helfern Einblick in das Leben der mykenischen Zeit. Eine Fülle von historischen Informationen liegt in der Erde begraben. So können Sie auch einem Land etwas zurückgeben, das zwar reich an Altertümern ist, aber arm gemessen am Standard vieler westlicher Staaten. Durch die Teilnahme an einer archäologischen Grabung (unerfahrene Teilnehmer werden eingewiesen), lernen Sie nicht nur etwas über die Zivilisation, die Sie untersuchen (durch abendliche Vorlesungen oder andere Aktivitäten), sondern auch über die Archäologie an sich und gewinnen ein besseres Verständnis für die Vergangenheit.

Ausflüge zu anderen mykenischen Stätten einschließlich **Mykene** selbst und interessanten Plätzen in der Nähe wie das antike Olympia und die attraktive Festungsstadt **Nauplia**, die vor Athen Hauptstadt war, gehören ebenso dazu. Meist stehen zwei Termine jeden Sommer zur Auswahl, jede Reise dauert ca. 17 Tage und kostet etwa 3700 € Programm- und Studiengebühren. Für weitere Informationen besuchen Sie **Iklaina Archaeological Project** auf *www.iklaina.org* oder kontaktieren direkt den amerikanischen Projektdirektor Professor Michael B. Cosmopoulos *(Department of Anthropology, University of Missouri–St. Louis, St. Louis, MO 63121, Tel. 31 45 16 62 41, Fax 31 45 16 72 35, E-Mail: cosmopoulos@umsl.edu)*.

Archäologische Untersuchungen erfordern Detailarbeit

Monemvasia

Es ist erstaunlich, dass außerhalb Griechenlands kaum jemand Monemvasia kennt, einen der außergewöhnlichsten Orte des Landes. Immerhin hat es deshalb seinen ursprünglichen Charakter weitgehend bewahren können. Wer sich hierher vorwagt, den erwartet ein Ort, der nur wenigen vorbehalten ist.

Das mittelalterliche Örtchen Monemvasia bietet seinen wenigen Besuchern wohltuende Stille

Monemvasia

Karte S. 105

Besucher-information

Touristenpolizei

27 31 06 19 41

Vor der Küste erhebt sich ein gewaltiger Felsenberg, der nur durch eine einzige Straße mit dem Festland verbunden ist. Das ist Monemvasia, auch „das Gibraltar Griechenlands" genannt. Der Name Monemvasia bedeutet „einziger Eingang". Um das Geheimnis dieser ungewöhnlichen Insel zu entdecken, müssen Sie durch diesen Eingang hindurchgehen, der gerade so breit ist, dass ein beladener Esel ihn passieren kann.

Die Stadt

Wenn Sie die Stadt betreten, werden Sie sich ins 15. Jahrhundert zurückversetzt fühlen, als Monemvasia eine blühende byzantinische Stadt mit rund 50 000 Einwohnern war. Heute leben hier nur noch etwa 50 Leute. Ein paar der alten Häuser sind renoviert und in Hotels umgewandelt worden, in anderen befinden sich Andenkenläden und Restaurants. Diese Entwicklung ist indes im Rahmen geblieben, und die ursprüngliche Atmosphäre blieb erhalten. Da die Hotels sehr klein sind, sollten Sie vorher buchen, falls Sie länger in Monemvasia bleiben wollen. Es gibt aber auch einige einfache Hotels auf dem Festland.

Im Jahr 375 n. Chr. machte ein Erdbeben den Felsen zur Insel, und die Stadt wurde nach dem Bau der ersten Straße im 6. Jahrhundert gegründet. Der Hafen war von entscheidender Bedeutung, denn er kontrollierte den Schiffsverkehr rund um die südliche Peloponnes zwischen Italien und Konstantinopel. Mit seinem einzigen Zugang und den steil abfallenden Wänden war der Felsen nahezu uneinnehmbar. Er fiel nur einmal, 1821 im Unabhängigkeitskrieg, als die türkischen Besetzer hier von den Griechen belagert wurden. Nach fünfmonatiger Belagerung sollen die Menschen in der Stadt nur noch von Gras, Ratten und – der Überlieferung nach – auch von Menschenfleisch gelebt haben, bis sie schließlich aufgaben.

Sicher wird es Sie beruhigen, dass die Speisekarten der Inselrestaurants heute etwas appetitlicher sind. Nehmen Sie sich Zeit für Ihren Besuch in der Stadt und sehen Sie sich nicht nur die Haupt-, sondern auch die Nebenstraßen an, wo baufällige Kirchen und Häuser einen sehr guten Eindruck vom früheren Glanz der Stadt vermitteln.

Gleich links hinter dem Eingang steht das Geburtshaus des berühmten Dichters Jannis Ritsos (1909–90). Am hinteren Ende des Ortes sollten Sie sich die Kirche Panagia Chrysafitissa ansehen. Ihr genaues Alter ist unbekannt, doch wurde sie im 18. Jahrhundert von den Venezianern restauriert. Die Kirchenglocke hängt in einer Akazie. Ganz in der Nähe steht die größere Kirche Agios Nikolaos, die 1703 erbaut wurde. Der gesamte Bereich gehört zur **Unterstadt**.

In die **Oberstadt** gelangen Sie über einen Zickzack-Steinpfad, der zu einem weiteren Eingang führt. Von der Oberstadt existiert nur noch die Kirche Agia Sofia aus dem 13. Jahrhundert, ganz oben auf der Bergspitze. Der Aufstieg lohnt sich allerdings, denn der Ausblick auf die Küste ist einmalig. ■

Einsame Inseln

Elafonisos, eine kleine Insel zwischen Kithira und dem griechischen Festland, ist die beste Annäherung an ein einsames Inselparadies, das sie in Griechenland finden können. Auf Elafonisos gibt es herrlich lange weiße Sandstrände und nur ein Dorf mit einer kleinen Pension, die nur im Sommer geöffnet ist.

Andikithira, auf halbem Weg zwischen Kithira und Kreta, ist noch einsamer, mit einer Anzahl Ruinen, wenigen Stränden und zwei Dörfern mit weniger als 200 Einwohnern. Unterkünfte in Andikithira sind nicht nur sehr einfach, sondern auch weit verstreut. Diese Insel ist definitiv ein Platz, um von allem weg zu sein – die raue See kann allerdings dazu führen, dass es seine Weile dauert, bis Sie zurück können.

Die Mani

Von den drei Halbinseln, die aus der Peloponnes ins Meer ragen, ist die Mani die mittlere. Ihre Spitze bei Kap Tänaron (auch Kap Matapan genannt) ist der südlichste Punkt des griechischen Festlands. Doch auch ohne eine solche Assoziation ist die Halbinsel etwas Besonderes.

Hoch über Kap Tänaron und dem Meer ragen die Turmhäuser von Vatheia auf: ein Zeugnis regionaler Architekturgeschichte

Das Tiefland ist trocken und zerklüftet, und hier stehen auch die typischen Turmhäuser – ein Zeugnis vom gewalttätigen Leben, das die Menschen hier einst führten.

Die Abgelegenheit der Halbinsel hat sie schon immer zu einem Zufluchtsort gemacht, und die Familien, die sich hier im 15. Jahrhundert niederließen, kämpften erbittert um das beste Land. Der Clan der Nyklian gewann diesen Kampf. Anfangs waren sie die einzigen, die auf ihrem Land die hohen Turmhäuser bauen durften, die Verteidigung und Angriff gleichermaßen dienten. Je höher der Turm war, desto einfacher war es, die Gegner aus den schmalen Fenstern zu beschießen.

Bald begannen auch die anderen Familien, möglichst hohe Türme zu bauen. Wenn eine Familie eine andere beleidigte oder eines ihrer Mitglieder tötete, kam es zur Blutfehde, eingeleitet vom Geläut der Glocken und dem Rückzug der Familien in ihre Türme. Solche Fehden dauerten oft Jahre und gingen von einer Generation auf die nächste über. Die Versorgung der Türme war kein Problem – die Frauen standen unter Schutz und durften ungehindert ein- und ausgehen, um ihre Männer zu versorgen. Nur zur Erntezeit wurde ein Waffenstillstand geschlossen. Die Fehden endeten erst, wenn eine Familie entweder aufgab oder ausgelöscht war. Die letzte dieser Blutfehden wurde 1870 in Kita ausgefochten und erst beendet, als die griechische Armee eingriff.

Kita gehört zu den Dörfern, in denen die Turmhäuser erhalten geblieben sind, ebenso wie **Vatheia** an der Südspitze der Halbinsel.

INSIDERTIPP:

Fahren Sie zur Südspitze des griechischen Festlandes, den tiefsten Teil der Mani. Spazieren Sie zum Leuchtturm am Kap Tenaro, vorbei an einem antiken Mosaikboden und den Überresten eines klassischen Tempels, der in eine Kirche umgewandelt wurde.

NICHOLAS TURLAND
National Geographic-Mitarbeiter

Auf der Halbinsel gibt es indes noch viel mehr zu sehen. Im Sommer heißen malerische Fischerdörfer die Besucher willkommen, unter ihnen **Stoupa** und **Kardamili**. Im Kirchhof außerhalb Kardamilis befindet sich das Grab des britischen Reiseschriftstellers Bruce Chatwin (1940–89), der diese Region besonders liebte.

Auf der Mani unterwegs

Der Norden wird vom **Taygetos** beherrscht, einem bis zu 2404 Meter hohen Gebirge. Die tieferen Lagen bieten ausgezeichnete Wandermöglichkeiten im Wald; wollen Sie höher aufsteigen, ist es ratsam, einen ortskundigen Führer mitzunehmen.

Die wichtigste Stadt im südlicheren Teil der Halbinsel ist **Areopolis**. An der Küste, ein paar Kilometer südlich von Areopolis, liegt eine der Hauptattraktionen dieser Gegend, die **Spilia Dirou** oder Diros-Höhlen. Sie können eine 30-minütige Bootsfahrt in das Höhlensystem mit einer kurzen Fußwanderung durch die Alepotripa-Höhlen verbinden, in denen Sie beeindruckende Stalaktiten und Stalagmiten zu sehen bekommen. Die Tropfsteingebilde in den Diros-Höhlen sind wegen der feuchten, hallenden Atmosphäre und ihrer Spiegelung im Wasser besonders eindrucksvoll.

Die wichtigste Stadt an der Ostküste ist **Githion**, die Hauptstadt der Region. Die besten Restaurants in dieser belebten Stadt finden Sie rund um den Hafen. Die Überreste eines römischen Theaters, gute Strände am Stadtrand und eine Vielzahl von Hotels machen Githion zum idealen Ausgangspunkt für Erkundungsfahrten in die einzigartige Landschaft der Halbinsel. ■

Kardamili
Karte S. 105

Areopolis
Karte S. 105

Spilia Dirou
Karte S. 105
273 30 52 22 23
€€€

Githion
Karte S. 105

Besucherinformation
20 Vass. Georgiou, 232 00
27 33 02 44 84

Mit dem Auto durch die Mani

Sie können mehrere Tage damit verbringen, Kultur und Landschaft der Mani zu erkunden. Im Frühjahr verschönern Wildblumen die Insel, doch im Winter kann sie sehr rau sein. Unsere Fahrt führt Sie zu den Hauptsehenswürdigkeiten und ist an einem halben Tag zu schaffen, falls Ihre Zeit begrenzt ist. Wenn irgend möglich, sollten Sie aber einen ganzen Tag einplanen. Die Fahrt beginnt in der Westküstenstadt Areopolis (siehe S. 121) und endet in Githion.

Vergewissern Sie sich vor Antritt der Fahrt, dass der Tank voll ist, weil Sie unterwegs kaum Tankstellen finden werden. Von **Areopolis** ❶ aus fahren Sie in Richtung Süden und folgen der Ausschilderung zu den acht Kilometer entfernten **Spilia Dirou** ❷ (den Diros-Höhlen, siehe S. 121). Folgen Sie den Schildern und biegen Sie direkt hinter einer Linkskurve nach rechts ab (dort, wo Sie später Ihre Rundfahrt beenden). Bis zu den Höhlen sind es dann noch vier Kilometer. Sie sind sehenswert, aber Sie sollten Zeit mitbringen, vor allem im Hochsommer, wenn die Besichtigung nur mit Bootstouren möglich ist und es zu Wartezeiten kommt.

Kehren Sie auf die Hauptstraße zurück und fahren Sie weiter nach Süden. Biegen Sie nicht ab – die meisten Seitenstraßen sind Sackgassen oder Ringstraßen, die durch kleine Dörfer und dann zurück zur Hauptstraße führen.

Halten Sie auf diesem Teil der Strecke, der so genannten Schattenküste, nach **Turmhäusern** (siehe S. 120f) Ausschau und sehen Sie sich auch das eine oder andere Dorf an, von denen viele bildhübsche byzantinische Kapellen haben.

Rund zehn Kilometer hinter der Abzweigung nach Spilia Dirou kommen Sie an eine Kreuzung. Biegen Sie hier rechts ab nach Agios Giorgios und ins Dorf **Mezapos** ❸. Eine kurze Wanderung von Mezapos erlaubt Ihnen einen schönen Blick übers Meer auf die byzantinische Festung **Tigani** aus dem 13. Jahrhundert.

NICHT VERSÄUMEN:

Spilia Dirou • Mezapos Tigani • Vatheia

Wenn Sie auf dieser Straße bleiben, kommen Sie zur Hauptstraße zurück, wo Sie nach rechts abbiegen müssen, um die Fahrt fortzusetzen.

In dem Dorf Alika achten Sie auf die Abzweigung nach rechts, die nach **Vatheia** ❹ führt. Hier fallen die Turmhäuser auf, die den sonst unscheinbaren Ort überragen. Im Ort kehren Sie dann um und fahren zur Hauptstraße zurück – es sei denn, Sie möchten bis zur Südspitze fahren und sich Kap Matapan ansehen.

An der Hauptstraße angekommen, biegen Sie rechts ab und folgen der einzigen Straße in Richtung Norden, die an der Ostküste entlang führt. Dabei kommen Sie durch abgelegene Dörfer und an stillen Stränden vorbei, an die sich kaum ein Tourist verirrt.

Die Straße schwenkt schließlich nach links und führt quer über die Halbinsel zurück zur Westküstenstraße südlich von Areopolis, dem Hauptort in diesem Teil der Region. Biegen Sie hier rechts ab, und aus der Straße wird nun die Landstraße 39, die südlich am Taygetos-Gebirge vorbeiführt und Sie nach 25 Kilometern in die kleine Hafenstadt **Githion** ❺ bringt (siehe S. 121), die größte Ortschaft an der Ostküste der Mani. ■

Sparta
0
10 Kilometer
Githion
5
Chosiari
39
Lakonikos
Kolpos
START
Areopolis
1
Pirichos
Spilia
Dirou
2
Chimara
Pirgos Dirou
Kotronas
Triantafillia
Chalikia
Mezapos
Tigani
3
Agios
Georgios
Kokkala
Kita
Gerolimin
Tsikkalia
Alika
Vatheia
4
Marmari
Akra Tenaro
(Kap Matapan)
Siehe Karte S. 105
Areopolis
110 km
2 Stunden
Githion

Mistra

Ein Bummel durch die byzantinische Ruinenstadt bereitet außergewöhnliches Vergnügen: Die Lage der Stadt auf einem Hügel am Rand des Taygetos-Gebirges ist einfach atemberaubend. Ihre Ruinen erstrecken sich über den ganzen Hügel. Viel ist erhalten geblieben, sodass man sich gut vorstellen kann, wie die 42 000 Menschen hier im 15. Jahrhundert gelebt haben müssen.

Mistra stammt aus byzantinischer Zeit

Mistra

Karte S. 105

27 31 02 33 15, 27 31 02 53 63

€€

Die Stadt wurde 1249 von den Franken gegründet, die Griechenland zu Beginn des 13. Jahrhunderts besetzt hatten. Seine Existenz verdankt Mistra dem französischen Fürsten Wilhelm II. Villehardouin, der die Stadt neben Monemvasia und Tigani als dritte Festung in der Region plante. Für ihn war Mistra ein Ersatz für das nahe Sparta. Mistra fiel 1262 in die Hände der Byzantiner, und die neue Stadt, die um die Festung entstand, blühte auf.

Es gibt zwei Eingänge in die Stadt. Von Sparta aus kommen Sie zuerst an den unteren. Der zweite liegt oben auf dem Hügel, und an beiden gibt es Parkplätze. Wenn Sie nicht gern bergauf wandern, sollten Sie zuerst die tieferen Hänge erkunden und dann mit dem Auto nach oben fahren und sich dort umsehen.

Wenn Sie unten anfangen und sich zunächst rechts halten, kommen Sie zur **Metropolis,** der Kathedrale aus dem Jahr 1309 und damit der ältesten Kirche in Mistra. Schauen Sie sich die Fresken aus dem 14. Jahrhundert an und achten Sie auch auf den byzantinischen Doppeladler auf dem Boden. An dieser Stelle wurde 1449 der letzte byzantinische Kaiser Konstantin XI. Palaiologos-Dragases gekrönt.

Hinter der Metropolis liegt das Kloster **Pantanassa**, dessen wenige Nonnen heute die einzigen Bewohner von Mistra sind. In der Hauptsaison verkaufen sie Erfrischungen und Handarbeiten. Wie nicht anders zu erwarten, ist die zu diesem Kloster gehörende Kirche besser erhalten als alle anderen. Sie wurde 1365 als letzte erbaut.

Wenn Sie am unteren Eingang nach links abbiegen, kommen Sie zum **Perivleptos-Kloster**. Seine Kirche zeichnet sich durch schöne Fresken aus dem 14. Jahrhundert aus, zu denen – der byzantinischen Tradition gemäß – auch eine Darstellung des Christus Pantokrator gehört.

Kastro

Das auffälligste Gebäude oben auf dem Hügel ist die Burg, Kastro genannt. Zuerst gelangen Sie jedoch zur Palastkapelle Agia Sofia mit ihren eindruckvollen Marmorböden. Von hier aus können Sie den Hauptturm der Burg betreten, von dem aus man einen wunderbaren Blick über die Ruinen hat. Diese Stelle wählte Goethe (1749–1832) in seinem „Faust" für die Begegnung zwischen *Faust* und Helena.

Neben der Burg steht gleich der **Despotenpalast**. Die ersten byzantinischen Herrscher in der Region waren die Despoten von Morea, wie dieser Teil Griechenlands früher genannt wurde. Der Palast ist erstaunlich gut erhalten, aber seit mehreren Jahren wegen Renovierungsarbeiten geschlossen. Ein Flügel stammt noch aus der fränkischen Zeit, ein anderer wurde im 14. Jahrhundert angebaut. Im Thronsaal wurden mehrere byzantinische Kaiser gekrönt. Diese „Kaiser" dienten vor allem den Handelsinteressen Venedigs und geboten nur über einen Teil des byzantinischen Reichs. ■

ERLEBNIS: Kirschen pflücken & Marmelade kochen in der Südpeloponnes

Die Griechen lieben Süßes, was jeder weiß, der einmal Baklava oder eines der anderen beliebten Desserts probiert hat. Wenn Sie bei jemandem zuhause eingeladen sind, ist es Tradition in einigen Gegenden, Gäste mit einem Glas Wasser und einem Löffel Süßes, wie Marmelade, willkommen zu heißen. Meist ist diese hausgemacht.

***Nexus Yachts & Cruises (cruise-vacation.greek-islands-cruises.info)* bietet Kirschpflücker-Ferien an, in denen Sie Kirschmarmelade machen und mehr über diese griechische Tradition lernen. Die dreitägige Exkursion beginnt und endet in Athen und führt die Teilnehmer in das Dorf Arna, ca. drei bis vier Stunden entfernt im südlichen Peloponnes an den Ausläufern des Taygetosgebirges. Am ersten Abend gibt es ein Dinner auf dem Dorfplatz, unter der größten Platane Griechenlands.**

Am nächsten Tag geht es zum Kirschenpflücken (wenn Saison ist), diese werden in einer alten Zisterne gewaschen, entkernt und weiter für die Marmeladenherstellung vorbereitet. Am dritten und letzten Tag werden Marmelade und die traditionelle griechische Süßkirschenkonfitüre gekocht, die Sie dann in etikettierten Gläsern mit nach Athen nehmen können.

Messenien

Beiderseits der Halbinsel Messenien im Südwesten der Peloponnes vermitteln die Orte Koroni und Methoni den Eindruck von Posten, die über die Region wachen. Einst berühmt für ihre Festungen, sind sie heute beliebte Badeorte. Außerdem liegen hier weniger bedeutende, aber doch interessante Fundstätten.

Kleine Pause am Strand von Koroni. Normalerweise werden die Fischerboote nur im Winter für Reparaturen und einen neuen Anstrich an Land geholt

Koroni
Karte S. 105

Methoni
Karte S. 105

Die beiden Orte galten einst als „Augen Venedigs", weil von den jeweiligen Festungen aus der Schiffsverkehr zwischen Italien und Griechenland überwacht wurde. Mit dem Bau der Burg von **Koroni** wurde 1206 begonnen und ihre mächtigen Mauern stehen noch heute. Sie umgeben das Kloster Timiou Prodromou und einige Privathäuser. Die Stadt unterhalb der Festung entstand erst um 1830.

Die ebenfalls zu Beginn des 13. Jahrhunderts erbaute Festung von **Methoni** ragt ins Meer und ist auf drei Seiten von Wasser umgeben. Ein Burggraben schützt die vierte Seite. Es ist eine abweisende Festung, und geht man innerhalb ihrer Mauern umher und betrachtet die Übereste, überkommt einen unwillkürlich ein Gefühl von Verlassenheit. Anders als in der bewohnten Festung von Koroni gibt es in Methoni nur noch die Ruinen von Häusern, einer Kathedrale, einem türkischen Bad und einigen unterirdischen Tunneln.

Nestors Palast

In Homers „Odyssee" besucht Odysseus' Sohn Telemach den Palast König Nestors, um Neuigkeiten über seinen Vater zu erfahren. Hier wurde Telemach von Nestors Tochter Polykaste gebadet. Natürlich entdeckte man an dem Fundort, der Nestors Palast gewesen sein soll, eine Badewanne, was der Sage ein wenig mehr Glaubwürdigkeit verleiht.

Vor der Erkundung der Ruinen sollten Sie das **Archäologische Museum** im nahe gelegenen **Chora** besuchen. Dort sind Fundstücke aus dem Palast ausgestellt und die guten Erläuterungen helfen Ihnen, sich auf der Fundstelle zurechtzufinden.

Auf den ersten Blick ist die mykenische Palastruine wenig eindrucksvoll. Dennoch ist sie sehr interessant und ihre geringe Größe trägt dazu bei, dass man sich vorstellen kann, wie die Menschen hier einst lebten.

Nestors Palast wurde erst 1939 entdeckt und seine Historie ist deshalb nicht mit Theorien überfrachtet. Die Erforschung der Ruinen wird heute mit modernsten archäologischen Methoden vorgenommen. Zu den aufregendsten Funden zählen mehrere hundert Täfelchen, bedeckt mit einer Schrift, die Linear B genannt wird und die Arthur Evans auch auf der minoischen Fundstelle Knossos auf Kreta fand. Sie beweisen, dass es zwischen der minoischen und der mykenischen Kultur eine Verbindung gab. Ironischerweise sind die Täfelchen nur erhalten geblieben, weil sie in dem Feuer gebrannt wurden, das den Palast um 1200 v. Chr. zerstörte.

Kalamata

Wegen des stark frequentierten Flughafens und ihrer Ausmaße – die größte Stadt der Südpeloponnes – ist Kalamata eher Ausgangspunkt als Platz zum Verweilen. Sie ist aber für die Qualität ihrer Oliven und des Olivenöls berühmt, die in die ganze Welt exportiert werden. Besucher von Kalamata können natürlich Oliven vor Ort kaufen. Der schönste Teil der Stadt liegt um das Schloss, mit dem archäologischen Museum in der Nähe.

Messene

Das antike Messene soll im Jahr 369 v. Chr. in nur 85 Tagen als neue Hauptstadt der Messener erbaut worden sein. Die westliche der drei Halbinseln der Peloponnes ist nach diesem Volk benannt. Wie bei anderen Fundorten trägt auch hier die schöne Landschaft wesentlich zu ihrem Reiz bei. Die antike Stadt liegt direkt außerhalb von Mavromati an den Hängen des 800 Meter hohen Ithomi und ist an den Straßen als Ithomi ausgeschildert.

Wenn Sie mit dem Wagen kommen, nehmen Sie die Straße nach Meligalas, um durch das riesige Arkadia-Tor fahren

Nestors Palast
Karte S. 105
Geschl. Mo
€

Archäologisches Museum
Chora
27 63 03 13 58
€

Messene
Karte S. 105

Megalopolis
Karte S. 105

zu können, das Teil der ursprünglichen Stadtmauer ist. Etwa neun Kilometer der Mauer sind bisher ausgegraben. Hier befinden sich auch die Grundmauern eines Artemis-Tempels, auf dem Ithomi die Überreste der Akropolis und im Asklepios-Heiligtum eine Quelle, die das Dorf noch heute mit Wasser versorgt.

Megalopolis

Weiter nördlich auf der Straße nach Tripolis liegen die Ruinen des antiken Megalopolis, der „großen Stadt" am Rand des Ortes, der heute noch diesen Namen trägt. Von der antiken Stadt ist nicht viel übrig, doch um sich ihren früheren Glanz vorstellen zu können, sollten Sie wissen, dass das Theater hier ungefähr 20 000 Menschen Platz bot und damit größer war als das von Epidaurus und sogar größer als das des Dionysos in Athen.

Megalopolis wurde etwa zur selben Zeit wie Messene – in den Jahren 371 bis 368 v. Chr. – von demselben Feldherrn erbaut, dem Thebaner Epaminondas. Sein Ziel war die Errichtung mehrerer Verteidigungsstellungen gegen die Spartaner. Megalopolis blühte allerdings nie richtig auf und wirkt auch heute noch wie eine Geisterstadt. Die überwucherten Ruinen sind jedoch ein angenehmer Kontrast zu anderen Fundstellen, auf denen alles markiert und kartografiert ist. ■

Die Nationalflagge

Das Blau und Weiß der griechischen Flagge scheint auf geradezu ideale Weise den tiefblauen Himmel und die fast blendend weiß gestrichenen Häuser Griechenlands zu symbolisieren. Blau und Weiß sind seit Jahrhunderten die Farben Griechenlands, aber ihre heutige Gestaltung erhielt die Flagge erst 1833, als der Wittelsbacher Otto der erste König des unabhängigen Staates Griechenland wurde (siehe S. 36). Davor zeigte die Flagge ein schlichtes weißes Kreuz auf blauem Untergrund – eine Form, auf die 1975 bis 1978 zurückgegriffen wurde und die noch heute gelegentlich zu sehen ist.

Die neun waagerechten Streifen symbolisieren die neun Silben des Mottos der Freiheitskämpfer, die im Unabhängigkeitskrieg gegen die Türken zu Felde zogen: *Eleutheria i thanatos!* (Freiheit oder Tod!). Im Lauf der Jahre hat sich der Ton der blauen Streifen von Hell zu Dunkel und zurück zu Hell gewandelt. Auf die heutige Version einigte man sich am 21. Dezember 1978.

Griechenland ist ein überaus patriotisches Land und die Nationalflagge ist das ganze Jahr hindurch überall zu sehen.

Andritsena & Vasse

Nordwestlich von Megalopolis führt eine gewundene Straße in eines der unberührtesten Bergdörfer ganz Griechenlands: Andritsena. Wenn Sie der Straße weiter folgen, kommen Sie nach Vasse (Bassä) mit seinem einzigartigen Tempel.

In Bergdörfern wie Andritsena scheint die Zeit stehen geblieben zu sein

Während der türkischen Besetzung war Vasse ein wichtiger Marktflecken und es ist noch heute der Mittelpunkt für die umliegenden kleineren Dörfer.

Der **Tempel von Vasse** ist eines der einsamsten und beeindruckendsten Bauwerke der Antike. Er befindet sich in 1131 Metern Höhe und rundherum gibt es so gut wie nichts, was das Auge von ihm ablenkt.

Der Tempel war Apollon gewidmet und wurde von den einheimischen Figaliern zum Dank für den Schutz vor einer Seuche erbaut. Das antike Figalia lag westlich davon; inmitten der Überreste steht die moderne Stadt Figalia. Vasse ist einer der am besten erhaltenen Tempel Griechenlands, besser als der Parthenon. Eine Zeit lang glaubte man, dass er von Iktinos entworfen wurde, dem Architekten, der auch den Parthenon plante. Inzwischen ist man der Ansicht, dass er älter ist und um 425 v. Chr. fertig gestellt wurde.

Der Tempel wird noch beeindruckender sein, wenn Griechenland das zu seiner Restaurierung nötige Kapital aufbringt. Bis es so weit ist, schützt ein riesiges Zelt das Bauwerk vor den Elementen, doch selbst verhüllt ist es ein faszinierender Anblick. ■

Andritsena

Karte S. 105

Vasse

Karte S. 105

Olympia

Die Olympischen Spiele, wie wir sie heute kennen, sind nur rund hundert Jahre alt, doch die ursprünglichen Spiele fanden in Griechenland vor fast 3000 Jahren statt. Eine Olympiade dauerte vier Jahre und die Tradition wurde rund tausend Jahre lang aufrechterhalten. Für viele Menschen wird ein Traum wahr, wenn sie das Stadion sehen, in dem jene Spiele stattfanden.

Eine doppelte Säulenreihe markiert die Grenze der quadratischen Palästra

Antikes Olympia

Karte S. 105
26 24 02 25 17
€€

Besucherinformation

Tourist Office
Praxitelous
Kondyli
26 24 02 22 62

Der erste offizielle Wettkampf fand 776 v. Chr. statt. Die weitere Geschichte der Spiele wird auf den Seiten 40f erläutert, doch kein Bericht vermag den Zauber zu beschreiben, den die meisten Besucher empfinden, wenn sie durch den Eingangstunnel und den Bogen aus dem 3. Jahrhundert gehen und die Arena des **antiken Olympia** betreten. Man hat den Eindruck, noch heute den Jubel der Zuschauer zu hören, der durch die Jahrhunderte hallt.

Schon bevor Sie das Stadion erreichen, gibt es viel zu sehen. Der riesige Komplex braucht den Vergleich mit modernen olympischen Dörfern nicht zu scheuen.

In der Mitte der Anlage stand der **Zeus-Tempel**, der im 5. Jahrhundert v. Chr. erbaut wurde, als die Spiele bereits regelmäßig stattfanden. Heute stehen nur noch die Fundamente der Säulen, wenn auch einige Säulen dort liegen gelassen wurden, wo sie umgestürzt sind. Sie vermitteln ein Bild von der Großartigkeit der Anlage, aber auch von ihrem Niedergang. Die Bedeutung der Fundstätte ergibt sich aus der Tatsache, dass der Tempel dieselbe Größe hatte wie der Parthenon in Athen und dass er ungefähr zur selben Zeit gebaut wurde.

Der Tempel enthielt eine riesige Zeus-Statue, die in den Gebäuden vor dem Tempel auf der dem Stadion abgewandten Seite hergestellt wurde. Eines dieser Gebäude, von denen nur noch die Grundmauern erhalten geblieben sind, war die **Werkstatt des Phidias**, des Bildhauers, der die Statue schuf. Auf der anderen Wegseite stehen die Überreste des **Leonidaion**, des Hauses für besonders geschätzte Gäste.

Hinter dem Leonidaion stand einst das **Bouleuterion**, das Gebäude, in dem das antike Äquivalent zum heutigen Internationalen Olympischen Komitee tagte. Hier legten die Athleten vor einer weiteren Zeus-Statue den olympischen Eid ab. Von hier aus marschierten sie ins Stadion, vorbei an Statuen der Sportler, die gegen die Regeln verstoßen hatten. An den Statuen, finanziert mit den Bußgeldern, die solchen Sportlern auferlegt wurden, waren nicht nur deren Namen verzeichnet, sondern auch die ihres Vaters und ihrer Heimatstadt. Betrug war kein Kavaliersdelikt.

Natürlich gab es auch einen Bereich, in dem die Helden vergangener Spiele geehrt wurden. In der Nähe des heutigen Eingangs gibt es noch ein interessantes Gebäude: den **Hera-Tempel**, deutlich kleiner als der des Zeus, aus dem 7. Jahrhundert v. Chr. Er wurde im 6. Jahrhundert erneuert und ist damit fast so alt wie die Spiele selbst.

Das Archäologische Museum

Gegenüber der Anlage liegt das moderne Museum, in dem Fundstücke aus Olympia ausgestellt sind. Die Sammlung gehört zu den besten Griechenlands und steht den Museen in Athen und Delphi nicht nach. Die Skulpturen und Friese aus dem Zeus-Tempel nehmen den Ehrenplatz in der großen Halle ein. Die Werkzeuge des Phidias sind in einem anderen Raum ausgestellt, zusammen mit dem Becher, der seinen Namen trägt und der half, den genauen Standort der Werkstatt zu ermitteln. Zu den Exponaten mit engerem Bezug zu den Spielen gehören Disken, ein Teil eines Startblocks und Gewichtebersteine.

Eines der schönsten Fundstücke ist die *Nike* des Bildhauers Paionios, eine Marmorstatue aus dem 5. Jahrhundert v. Chr. Die Siegesgöttin stand ursprünglich an einer Ecke des Zeus-Tempels.

Ebenfalls einen Besuch wert ist das **Museum der Geschichte der antiken Olympischen Spiele (auch Altes Archäologisches Museum** genannt), das sich in einem inzwischen renovierten neoklassizistischen Gebäude am Ende der Hauptstraße befindet. Gleich dahinter liegt das **Museum der Olympischen Spiele der Neuzeit**, das Medaillen, Fackeln, Poster, Veranstaltungsorte und mehr aus der neueren Zeit zeigt. ■

Archäologisches Museum

☏ 26 24 02 27 42
$ €€

Museum der Geschichte der antiken Olympischen Spiele

☏ 26 24 02 91 19
$ €€

Antikes Olympia

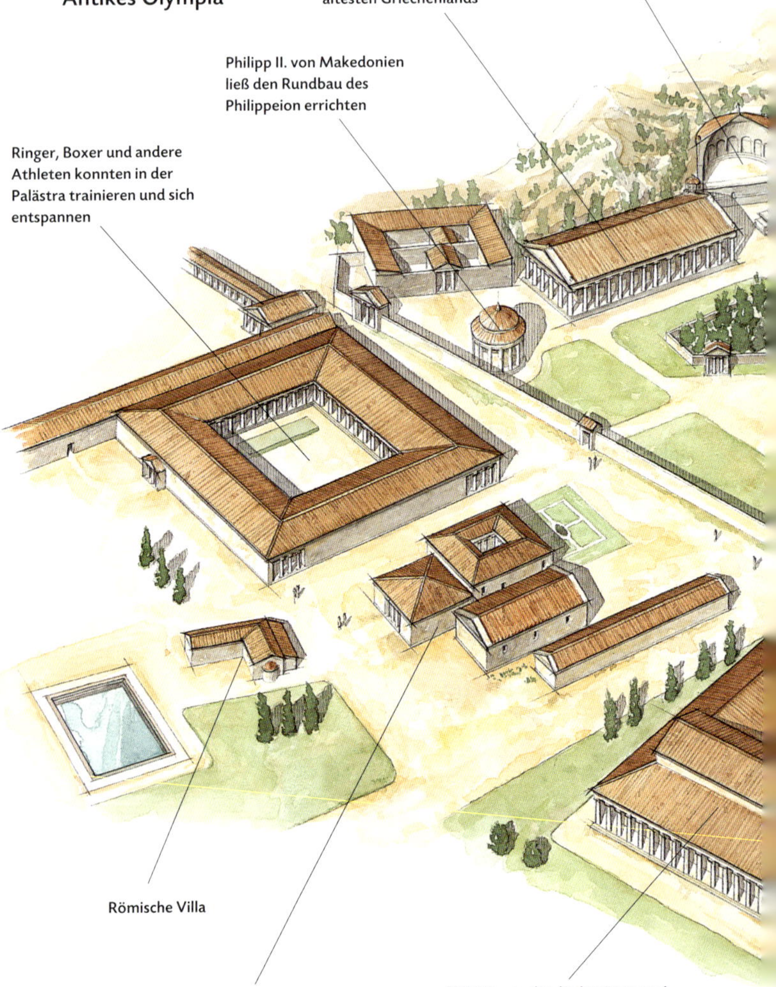

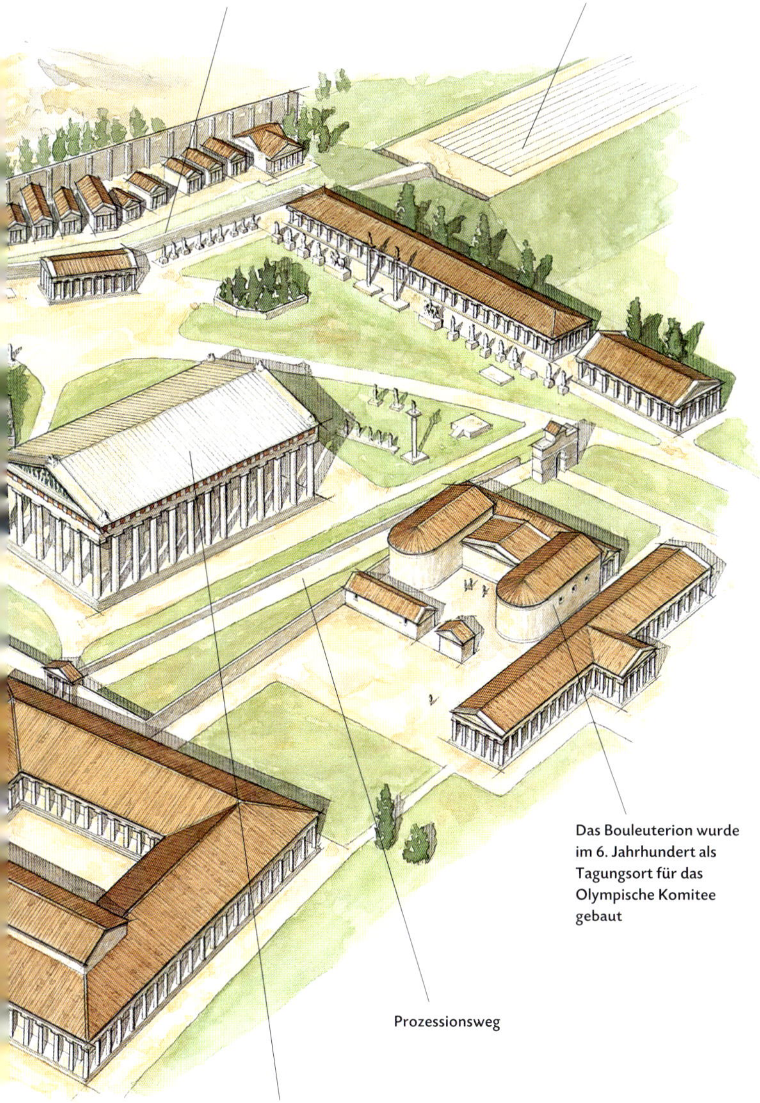
Auf der Terrasse der Schatzhäuser stehen Zeus-Statuen, die mit Geldbußen der Athleten bezahlt wurden
Auf Holztribünen sahen sich die Zuschauer im Stadion die Wettkämpfe an
Das Bouleuterion wurde im 6. Jahrhundert als Tagungsort für das Olympische Komitee gebaut
Prozessionsweg
1100 Jahre nach seiner Fertigstellung im 5. Jahrhundert v. Chr. zerstörte ein Erdbeben den Zeus-Tempel

Patras

Patras (Patrai), die größte Stadt der Peloponnes und die drittgrößte Griechenlands, besticht vor allem durch seinen Hafen, von dem aus verschiedene andere Regionen zu erreichen sind. Der Hafen ist nach Piräus der zweitgrößte und bietet Verbindungen nach Italien und zu mehreren Ionischen Inseln an.

In der Agios Andreas, die dem heiligen Andreas geweiht ist, ruht der Schädel des Heiligen

Patras

Karte S. 105

Besucher-information

Amalias 6

26 10 46 17 40

Etwas außerhalb von Patras, in Rion, legt im großen Hafen die Fähre ab, mit der Sie bequem über den Golf von Korinth in den Norden und Westen Griechenlands fahren können.

Das Geschäftsviertel befindet sich an der **Plateia Psila Alonia**, wo Straßencafés zum Verweilen einladen. Am Südende des Hafens steht die moderne, 1979 im byzantinischen Stil erbaute Kirche **Agios Andreas** an der Stelle, wo der heilige Andreas den Märtyrertod gestorben sein soll. Es wird Sie vielleicht erstaunen, dass im Innern der Kirche der Kopf des Heiligen verwahrt wird, der 1964 von Rom an Patras zurückgegeben wurde.

Der attraktivste Teil von Patras ist die **Oberstadt** an den Hängen der antiken Akropolis, wo heute die Burg steht. Die **Burg** ist überwiegend byzantinisch, doch sind im Lauf der Jahre diverse Anbauten vorgenommen worden. Die Ruinen im Park lohnen den Aufstieg. Von hier haben Sie nach Norden einen herrlichen Blick auf den Golf von Korinth, nach Süden über die Berge der Peloponnes und über das Ionische Meer und die Inseln Zakynthos und Kephallonia. Südlich der Burg liegt das römische **Odeon** (Theater). ■

Weitere Sehenswürdigkeiten

Kalavrita

Das 32 Kilometer von Patras entfernte Kalavrita ist für Griechen ein Pilgerziel. Im Jahr 1821 hisste der Erzbischof von Patras im **Kloster Agia Lavra**, sechs Kilometer außerhalb von Kalavrita, den Türken zum Trotz die griechische Fahne – der Beginn des Unabhängigkeitskrieges gegen das Osmanische Reich. In dem Bergstädtchen wimmelt es das ganze Jahr über von griechischen Touristen, am 21. März, dem Jahrestag jenes Ereignisses, ist Kalavrita komplett überlaufen.

Das Kloster musste nach dem Zweiten Weltkrieg neu aufgebaut werden. Als schreckliche Vergeltungsmaßnahme tötete die deutsche Besatzungsmacht während des Krieges die gesamte männliche Bevölkerung von Kalavrita – 1436 Männer und Jungen – und brannte danach die Stadt und auch das Kloster nieder, von dem 1821 der Aufstand ausgegangen war. Ein Wandgemälde in der wieder aufgebauten Stadt erinnert an das Ereignis und eine der Uhren an den Türmen der größten Kirche zeigt für immer auf 14 Uhr 34, den Beginn des Massakers.

Eine **Zahnradbahn** fährt von der Küstenstadt Diakofto am Golf von Korinth entlang und klettert dann langsam rund 22 Kilometer bergauf, vorbei an Schluchten und Klippen, durch Berge und 14 Tunnel, an Flüssen entlang und über Brücken, bis sie nach ihrer Fahrt durch die atemberaubende Landschaft das 756 Meter hoch gelegene Kalavrita erreicht.

Karte S. 105 ☎ 21 05 13 16 01 für die Fahrplanauskunft $ €

Kithira

Kithira (Kythera), eine Insel südöstlich von Kap Tänaron, ist schwer zu erreichen. Von Athen aus verkehren im Sommer mehrere Fähren und Tragflächenboote pro Woche. Doch außerhalb der kurzen Saison von Juni bis September wird der Fährverkehr stark eingeschränkt und oft ganz eingestellt.

Die raue See war auch der Grund dafür, dass es mit Kithira stetig bergab ging. Die Probleme, die das Befahren der Wasserstraße mit sich brachte, gaben im späten 19. Jahrhundert den Ausschlag für den Bau des Kanals von Korinth (siehe S. 106). Zuvor kamen regelmäßig Boote nach Kithira und brachten Waren und damit Kapital. Nach der Eröffnung des Kanals kam dieser Handel fast völlig zum Erliegen. Seither ist die Inselbevölkerung auf etwa 3000 geschrumpft. Trotz vieler Attraktionen kommen wenige Besucher.

Chora ist die Hauptstadt. Weiß gestrichene Häuser drängen sich auf dem Hügel über dem Hafen zusammen, überragt von den Mauern einer riesigen **Festung**, die fast so groß zu sein scheint wie die ganze Stadt. Mit dem Bau der Burg begannen die Venezianer im 13. Jahrhundert, und im späten 15. Jahrhundert wurde weitergebaut, wie an der eingravierten Jahreszahl 1503 ersichtlich. Innerhalb der Burgmauern steht die Kirche Panagia Myrtidiotissa; dahinter fällt der Burgberg steil zum Meer ab und gewährt einen Blick auf das Inselchen Augo, einen der Orte, der von sich behauptet, Geburtsort der Aphrodite zu sein. Im Innern der Burg befindet sich ein kleines **Archäologisches Museum** (*Kastro, Chora, Tel. 27 35 03 17 39, geschl. Mo*).

Unterhalb von Chora liegt der Hafen von **Kapsali**. Öffentliche Verkehrsmittel gibt es wegen des mangelnden Touristenzustroms kaum; deshalb sollten Sie ein Auto mieten oder mit dem Taxi fahren. Die Strände von Diakofti an der Ostküste, Limiona im Westen und Plateia Ammos im äußersten Norden sind ausgezeichnet.

Um nach Plateia Ammos zu gelangen, müssen Sie durch das hübsche Bergdorf **Karavas** fahren, von dem aus eine Straße

nach **Agia Pelagia** hinabführt, dem wichtigsten Hafen der Insel. Hier gibt es mehrere Hotels. Weiter im Süden liegen die Überreste der einstigen Inselhauptstadt **Palaiochora**. Die Ruinen 200 Meter über dem Meer sind überaus sehenswert. Die blühende byzantinische Stadt Palaiochora mit einst 72 Kirchen war seit 1248 Hauptstadt. Heute steht nur noch ein halbes Dutzend Kirchen inmitten der Ruinen.
Karte S. 105

Pilos

Pilos an der Westküste der Peloponnes lohnt einen Aufenthalt. In den Restaurants an der Uferpromenade serviert man fangfrischen Fisch, und der Hafen wird von der Burg überragt, die 1572 von den Türken erbaut und danach von den Venezianern und Franzosen erweitert wurde. Teile des Bauwerks sind in schlechtem Zustand, doch die Burg mit der Kirche Agios Sotiros in ihren Mauern lohnt auf jeden Fall einen Besuch.

Pilos kontrolliert die südliche Einfahrt in die Bucht von Navarino (Ormos Navarinou), die durch die Insel Sphakteria fast vollständig vom Rest des Ionischen Meers abgeschnitten ist. In dieser Bucht fand eine der bedeutendsten Seeschlachten Griechenlands statt. Am 20. Oktober 1827 segelte eine Flotte von 26 griechischen und alliierten Schiffen auf die Bucht zu, in der 82 türkische und ägyptische Schiffe vor Anker lagen. Nicht weniger als 51 türkische Schiffe wurden versenkt, während die Griechen und ihre Alliierten kein einziges verloren. Die in dieser Schlacht errungene Seeherrschaft trug 1828 entscheidend zur Unabhängigkeit Griechenlands von der Türkei bei.
Karte S. 105

ERLEBNIS:

Freiwilligenarbeit mit Raubvögeln

Die kleine Insel Andikithira, zwischen Kithira und Kreta gelegen, ist ein wichtiger Ausgangspunkt für Wandervögel. Die Beobachtung und Aufzeichnung der Vögel ist nur eines von verschiedenen Projekten der Hellenischen Ornithologischen Gesellschaft, für die immer Freiwillige gesucht werden. Naturliebhaber können so griechische Raubvögel aus der Nähe erleben und durch Bereitstellung von Statistiken der griechischen Vogelwelt helfen.

Freiwillige für dieses spezielle Projekt werden vor allem von März bis Mai benötigt oder von Ende August bis Oktober. Mitzubringen sind ein Schlafsack, obwohl Unterbringung in einem kürzlich renovierten Gästehaus vorgesehen ist, sowie Grundnahrungsmittel. Das Gästehaus hat Mehrbettzimmer und Sie müssen bereit sein, beim Kochen zu helfen. 15 Tage sind der Mindestaufenthalt und täglich sieben bis acht Stunden Arbeitszeit sind vorgesehen, obwohl das von der Zahl der Helfer abhängt.

Für das Raubvogelprogramm verbringen Sie täglich viele Stunden auf dem Beobachterposten. Obwohl es hilfreich ist, wenn Sie sich mit europäischen Greifvögeln auskennen, gibt es auch Kurse für Anfänger ohne Vorkenntnisse.

Die Kosten betragen 30 € für Nichtmitglieder der Hellenischen Ornithologischen Gesellschaft ohne organisierte Anreise. Für weitere Informationen kontaktieren Sie die Gesellschaft *(Themistokleous 80, GR-10681, Athen, Tel./Fax. 21 08 22 79 37, 21 08 22 87 04, E-Mail: info@ornithologiki.gr, www.ornithologiki.gr;* oder unter *Komninon 23, GR-54624, Thessaloniki, Tel./Fax: 23 10 24 42 45, E-Mail: thess@ornithologiki.gr).*

Von den Bergen im Norden bis zum Golf von Korinth, vom blauen Ionischen Meer im Westen bis Makedonien im Osten erstreckt sich diese Region des griechischen Festlands: die abwechslungsreichste Gegend ganz Griechenlands

Mittelgriechenland, Thessalien & Epirus

Erster Überblick 138–139
Golf von Korinth 140–141
Osios Lukas 142–143
Delphi 144–147
Erlebnis: Feiern Sie mit! 145
Parnass-Gebirge 148–149
Erlebnis: Skifahren 149
Volos & die Halbinsel Pilion 150–151
Meteora 152
Metsovo 153
Pindos-Gebirge 154–155
Special: Griechenlands Nomaden 156–157
Erlebnis: Pilze sammeln im Pindosgebirge 157
Dörfer der Zagoria & Vikos-Schlucht 158–159
Erlebnis: Die alten Pfade von Zagoria 159
Ioannina 160–161
Zu Fuß durch Ali Paschas Ioannina 162–163

Eine moderne Ikone steht zum Verkauf

Weitere Reiseziele in Mittelgriechenland 164–166
Hotels & Restaurants 356–359

Mittelgriechenland, Thessalien & Epirus

Müsste man sich eine Gegend in Griechenland aussuchen, in der es alles gibt, was das Land zu bieten hat, dann wäre das sicher diese Region. Moderne Ferienorte am Meer, bedeutende historische Stätten wie Dodona. Außerdem kann Delphi mit der wichtigsten Ausgrabungsstätte außerhalb Athens aufwarten.

Die Lage von Ioannina (siehe S. 160) am Pamvotis-See vor der dramatischen Bergkulisse ist atemberaubend schön.

Zu dieser Bergregion gehören das Pindos-Gebirge und weiter südlich der Parnass; beide werden von begeisterten Wanderern aufgesucht. Zum Pindos gehört die Zagoria, eine wildromantische Gegend: Die Häuser in den Dörfern sind aus Stein, die Dächer mit Schiefer gedeckt und Jahrhunderte alte Wege verbinden die Ortschaften miteinander.

In dieser Region liegt auch die Vikos-Schlucht, die zweitlängste Europas nach der Samaria-Schlucht auf Kreta (siehe S. 296f) – allerdings weniger besucht. Weiter östlich kann man in das Pindos-Gebirge hinauffahren. Im Winter sind dort die Straßen wegen Schnee gesperrt, im Sommer lohnt es sich jedoch, die malerischen Bergdörfer zu erkunden, darunter Metsovo, wo die letzten Nomaden Griechenlands zu Hause sind (siehe S. 156f).

Auf der anderen Seite des Gebirges gelangt man in der Ebene von Thessalien zu einem Fleckchen Erde, das seinesgleichen sucht: Meteora. Alte Klöster klammern sich an Felsen, die aus der Ebene aufragen.

Gen Osten findet man sich an der Küste in einer Bilderbuchidylle wieder: Sandstrände, fangfrischer Fisch und unglaublich freundliche Menschen. Das alles gibt es auf der Halbinsel Pilion, wo schon die griechischen Götter Ferien machten. ■

NICHT VERSÄUMEN:

Das Kloster Osiou Louka **142–143**

Das Orakel von Delphi **144–147**

Ein Spaziergang auf der Halbinsel Pilion **150–151**

Aufenthalt in einem renovierten Herrenhaus auf Pilion **150–151**

Besuch der Meteora-Klöster **152**

Bergkäse aus Metsovo **153**

Wanderung durch die Vikos-Schlucht **158**

Die einzigartigen Dörfer der Zagoria **158–159**

Silberarbeiten aus Ioannina **160–161**

Fisch essen auf der Insel Nissi im Pamvotis-See **161**

Die Strände von Parga **165**

Golf von Korinth

Die Autofahrt entlang der Nordküste des Golfs von Korinth (Korinthiakos Kolpos) mit Blick übers Meer auf die Berge der Peloponnes gehört zum Besten, was Griechenland zu bieten hat. Weiter im Norden ragt der Parnass auf. Unterhalb von Delphi erreicht die Straße dann das Meer, biegt nach Westen ab und führt zu einer Reihe von Küstenorten, die alle zu einem erholsamen Aufenthalt einladen.

Der Golf von Korinth unter der Nachmittagssonne

Golf von Korinth
Karte S. 139

Galaxidi
Karte S. 139

Museum für Archäologie & Nautik
Mouseio 4
22 65 04 17 95
€€

Nafpaktos
Karte S. 139

Der erste dieser Orte ist **Galaxidi** mit in Weiß und in Pastelltönen getünchten Häusern. Schon von weitem sieht man die Kirche, die Agios Nikolaos geweiht ist, dem Schutzpatron der Schiffer. Die stattlichen Anwesen aus dem 19. Jahrhundert, die sich – mit guten Tavernen – an der Küste entlangziehen, zeigen, wie bedeutend die Seefahrt hier einst war. Wer mehr über die Geschichte der kleinen Ortschaft erfahren möchte, kann sich im kleinen, aber interessanten **Museum für Archäologie und Nautik** kundig machen.

Die nächste Stadt am Meer in Richtung Westen ist **Nafpaktos**, überragt von einem **venezianischen Kastell** aus dem 15. Jahrhundert. Die Mauern der Festung reichen bis ans Meer und umgeben auch den Hafen; ein altes Tor führt zum Stadtstrand.

Im Mittelalter hieß Nafpaktos bei den Venezianern Lepanto; hier fand 1571 die alles entscheidende Seeschlacht statt, bei der die Türken, die Griechenland damals besetzt hatten, der Heiligen Liga unterlagen. Die Türken verloren die Schlacht, behielten aber Griechenland. Unter den Verwundeten befand sich damals auch Miguel de Cervantes Saavedra (1547–1616), der Autor des „Don Quixote“: Er verlor bei den Kämpfen die linke Hand.

Von Nafpaktos aus gelangt man nach **Andirrio**. Hier legen die Fähren nach Patras auf der anderen Seite des Golfs von Korinth ab. Seit August 2004 gibt es eine Autobrücke. Mit einer Länge von 2883 Metern ist sie die zweitlängste Schrägseilbrücke der Welt. Hauptgrund für einen Abstecher nach Andirrio sind die Ruinen von **Kastro Roumelis**, einer Festung, die über die Kleinen Dardanellen wacht.

Unterhalb von Andirrio macht die Straße einen Bogen ins Inland und führt durch eine etwas flachere Landschaft zu den Marschen und Salzpfannen rund um **Mesolongi**. Dort starb Lord Byron an Fieber. Im **Heroon** wurde 1881 ein Denkmal zu seinen Ehren errichtet; am Fuß des Monuments ist das Herz des Dichters begraben.

Nicht weit von diesem Ehrenhain enternt befindet sich das **Tor des Exodus**, durch das Sie vermutlich nach Mesolongi fahren. Im Jahr 1826, zwei Jahre nach Byrons Tod, wurde die Stadt von türkischen Truppen belagert. In einem verzweifelten Versuch, die Freiheit zu erlangen, brachen 9000 Männer, Frauen und Kinder durch das Tor aus; einige Bewohner blieben zurück, um die Stadt zu zerstören, damit sie nicht in die Hände der Türken fiel. Die Aufständischen flohen in die Berge, wurden jedoch gefangen und umgebracht. Die Leichen der in der Stadt umgekommenen Menschen sind ebenfalls im Heroon bestattet.

An der Odos Levidou dokumentiert ein kleines **Museum** den Freiheitskampf der Griechen. Ausgestellt ist u.a. das Original des Gedichts von Solomos, das später zur Nationalhymne Griechenlands werden sollte: die *Hymne an die Freiheit*. ■

Mesolongi

Karte S. 139

Besucherinformation

Touristenpolizei
29, Sp. Trikoupi Str.

26 31 02 72 20

Lord Byron in Griechenland

«Verrückt, verrucht und gefährlich», so in etwa charakterisierte Lady Caroline Lamb, eine seiner Geliebten, den britischen Dichter Lord Byron (1788–1824). Der sechste Baron Byron unterhielt auch eine denkwürdige Liebesbeziehung mit Griechenland; so schrieb er hier eines seiner berühmtesten Werke, Ritter Harolds Pilgerfahrt. Seine Gefühle für das Land waren so stark, dass er sich im Januar 1824 den griechischen Freiheitskämpfern anschloss, um im Unabhängigkeitskrieg gegen die Türken zu kämpfen. Nach drei Monaten starb er an einem Fieber, das er sich im Sumpfgebiet von Mesolongi zugezogen hatte. Eine Statue in der Stadt erinnert an den Dichter. Und es gibt in Griechenland kaum einen Ort ohne eine Byron-Straße.

Osios Lukas

An einem Berghang hoch über einem Tal, das mit Olivenbäumen übersät ist, liegt abgeschieden das Kloster Osios Lukas (Osiou Louka; „Seliger Lukas"). Der Heilige, dem das Kloster geweiht ist, war ein griechischer Eremit – nicht der wesentlich bekanntere Evangelist. Er starb 953 und liegt in der Krypta des Klosters begraben.

Im Osios-Lukas-Kloster: Die leuchtenden Mosaiken mit den düsteren Heiligen stammen aus dem 11. Jahrhundert

Osios Lukas

Karte S. 139
22 67 02 22 28
€

Die Kapellen zählen zu den herausragenden Beispielen byzantinischer Architektur in Griechenland, verziert mit den schönsten Mosaiken und Fresken des Landes.

Der heilige Lukas wurde vermutlich 896 in Delphi geboren; seine Eltern waren vor den Sarazenen aus Ägina geflohen. Schon als Kind spirituell veranlagt, verließ der junge Lukas sein Elternhaus, um sich in die Einsamkeit zurückzuziehen. Bald wurde er als Wunderheiler bekannt. Vermutlich ließ er sich in Stiri nieder, wo von 941 bis 944 die erste Kirche auf dem Gelände des heutigen Klosters gebaut und der heiligen Barbara geweiht wurde.

Zu diesem Zeitpunkt hatte Lukas auch prophetische Fähigkeiten entwickelt. So prophezeite er u.a., dass Kreta von einem Kaiser namens Romanos befreit würde. Acht Jahre nach seinem Tod im Jahr 961 sollten die Byzantiner dann unter Kaiser Romanos Kreta tatsächlich den Arabern entreißen. Eingedenk der Vorhersage Lukas' ließ Romanos – der Legende nach – neben St. Barbara eine größere Kirche errichten.

Über dem Eingangstor des Klosters begrüßt den Besucher ein goldenes Mosaik, das den Heiligen darstellt. An Stelle der Kirche des Kaisers Romanos wurde 1020 eine neue erbaut, das **Katholikon**. Man fühlt sich zutiefst berührt, wenn man den großen Raum mit den weißen Marmorwänden betritt und das Licht aus den hohen Fenstern über die alten Fresken strömt, von denen einige noch aus der Zeit der alten Kirche stammen, dem beginnenden 11. Jahrhundert. Nach dem Erdbeben von 1659 mussten viele Fresken allerdings restauriert werden.

Das wohl schönste Mosaik ist – dank seiner leuchtenden Farben und dem überaus menschlichen Gesichtsausdruck der Apostel – die Fußwaschung in der Vorhalle am Westportal.

Das Katholikon ist auch architektonisch interessant. Der Bau ist ein schönes Beispiel einer Kreuzkuppelkirche. Die mächtige Kuppel ruht auf acht Stützen und überspannt Mittel- und Seitenschiffe. Unter dem Katholikon befindet sich die Krypta mit dem Leichnam des heiligen Lukas. Ihre Wandbilder, zum Großteil aus dem 11. Jahrhundert, sind indes nicht gut zu erkennen, da das Licht gedämpft ist – aus Ehrfurcht vor den sterblichen Überresten des Heiligen und zum Erhalt der Fresken.

Die kleinere **Theotokou-Kirche** ist mit der Hauptkirche durch einen Gang verbunden. Wahrscheinlich wurde sie 997 bis 1011 erbaut und ist somit älter als das Katholikon. Es handelt sich ebenfalls um eine Kreuzkuppelkirche. Die hohe Hauptkuppel wird von vier Granitsäulen getragen, die reich verzierte Blattkapitelle auf weisen. Man kann die Mosaiken besser sehen, da sich viele auf dem Boden befinden. Beachtenswert ist auch das Mauerwerk der Kirche. Zum Kloster gehören noch weitere Gebäude, ein Museum mit Funden aus der Umgebung sowie Devotionalienläden, die der Beliebtheit des Pilgerziels Rechnung tragen. Die Terrasse des Klosters sollte man auf jeden Fall aufsuchen: Der Blick über die Landschaft mit Olivenhainen und Mandelbäumen bis hinüber zum Elikonas-Gebirge ist einfach herrlich.

Heute leben im Kloster nur wenige Mönche, deren Tagesablauf von den Touristen unterbrochen wird. ■

Ikonen

Der Begriff „Ikone" geht in seiner ursprünglichen Bedeutung auf das griechische *eikon* zurück, was so viel wie Bildnis einer Person heißt. In manchen Kirchen handelt es sich exakt darum: das Porträt oder die Darstellung eines Heiligen. In der Ostkirche, der russisch- und der griechisch-orthodoxen, ist allerdings schon das Bild selbst heilig. Die Gläubigen knien vor der Ikone nieder oder küssen das Bild. Sie kommunizieren dann direkt mit der dargestellten Person.

Die Ikonenmalerei geht in Griechenland bis in die frühen Tage des Christentums zurück und hat sich bis heute erhalten. Große Ikonen kaufen die Griechen für die Wohnung, kleine fürs Auto.

Delphi

Die alten Griechen betrachteten Delphi als den „Nabel der Welt". Und für den modernen Griechenland-Reisenden, der mehr als nur Athen sehen will, ist es einer der wichtigsten Orte überhaupt. Die Ausgrabungsstätte liegt an den Hängen des Parnass mit Blick über ein weites Tal, das von Olivenbäumen übersät ist und sich zum Meer hin verliert.

Der Rundtempel (griechisch *tholos*) im Heiligtum der Athene stammt aus dem 4. Jahrhundert v. Chr.

Delphi

Karte S. 139

22 65 08 23 13 (Fundstätte & Museum)

€€

Besucher-information

Verkehrsamt, Rathaus

22 65 08 29 00

Delphi ist zu keiner Jahreszeit menschenleer. Wer die Möglichkeit hat, auf eigene Faust herzukommen, sollte zumindest eine Nacht im modernen Delphi oder im Dorf **Arachova** gleich in der Nähe verbringen. So kann man die Ausgrabungen gleich am Morgen besichtigen oder spät am Nachmittag und alles in relativer Ruhe auf sich wirken lassen.

Wer Delphi besucht, stellt sich in eine Tradition, die 3000 Jahre zurückreicht. Im 12. Jahrhundert v. Chr. kamen nämlich die ersten Pilger hierher, um die Pythia, das berühmteste Orakel der alten Welt, um Rat zu fragen. Der Zustrom hielt bis ins 4. Jahrhundert an. Als günstigster Zeitpunkt für einen Besuch galt der siebte Tag eines Monats. Aus Steintafeln und ähnlichen Funden, die man hier und bei anderen Orakeln entdeckt hat, lässt sich schließen, dass sich die Sorgen der Menschen heute wie damals wenig geändert haben: Die Ratsuchenden wollten wissen, ob ihnen ihr Partner treu ist, ob sie einem Freund vertrauen können oder ob sie eine bestimmte Arbeit annehmen sollen.

Das Orakel war eine Frau, der Apollon die Gabe der Prophezeiung verliehen hatte. Priester dienten der Pythia, indem sie ihre Weissagungen deuteten. Vermutlich setzte sie sich durch Drogen in Ekstase, wenn sie angerufen wurde: Die Auslegung ihrer dunklen Orakelsprüche durch Priester war somit unumgänglich.

Der **Felsen der Sibylle** steht an der Stelle, wo die Pythia ursprünglich befragt wurde. Er grenzt an die **Heilige Straße**, die zum **Apollon-Tempel** aus dem 4. Jahrhundert v. Chr. führt; bereits im 6. Jahrhundert v. Chr. soll es hier einen Tempel gegeben haben. Das Apollon-Heiligtum wurde 1892 von französischen Archäologen entdeckt. Sechs der umgestürzten dorischen Säulen hat man seitdem aufgestellt, um ein Gefühl für die Größe des Monuments zu vermitteln.

Oberhalb des Tempels befindet sich das gut erhaltene **Theater** aus dem 4. Jahrhundert v. Chr. Es bot 5000 Zuschauern Platz. Unterhalb davon liegt das **Stadion**. Es handelt sich dabei um eines

ERLEBNIS: Feiern Sie mit!

Der griechische Kalender ist voll von Festtagen, meist Heiligengedenktage, was nicht heißt, dass es dann ernst und feierlich zugeht. Die Griechen verstehen es, zu feiern und falls Sie von einem lokalen Ereignis während Ihres Aufenthalts hören, sollten Sie daran teilnehmen.

Diese Feste finden nur einmal im Jahr statt. Je ländlicher ein Ort ist – die kleinen Inseln, die Bergdörfer –, desto mehr Spaß werden Sie haben. Zum Beispiel feiert das Dorf Arachova nahe Delphi den St.-Georg-Tag in besonderer Weise. In anderen Teilen der Welt vor allem als Drachentöter bekannt, ist der heilige Georg auch Patron der Hirten und daher eine bedeutende Figur in dieser ländlichen Gemeinschaft. Der Tag erinnert außerdem an den Sieg über die Türken im Unabhängigkeitskrieg 1826. Das Ereignis dauert drei Tage und beginnt am 22. April mit einem Gottesdienst mit Trompetenklängen und Kanonendonner, um die Befreiung Griechenlands zu feiern. Gebete und Gottesdienste wechseln sich die nächsten drei Tage ab. Draußen gibt es Sportwettkämpfe, beginnend mit einem „Wettlauf der Alten" (Männer über 70) auf den Hügel, auf dem der Kampf gegen die Ottomanen stattfand.

Außerdem gibt es Ringkämpfe, Weitsprung, Kugelstoßen und traditionelle Musik und Tanz. Jeder, der Grund hat, dem heiligen Georg zu danken, opfert ein Lamm, das vom Priester gesegnet und dann geschlachtet wird; mit dem Blut malt man Kreuzzeichen auf die Stirn der Kinder. Es ist eine Mahnung an die neue Generation, nie ihre Wurzeln und ihr Dorf, die Opfer der früheren Generationen für die Freiheit und den Platz der Kirche in ihrem Leben zu vergessen.

Delphi

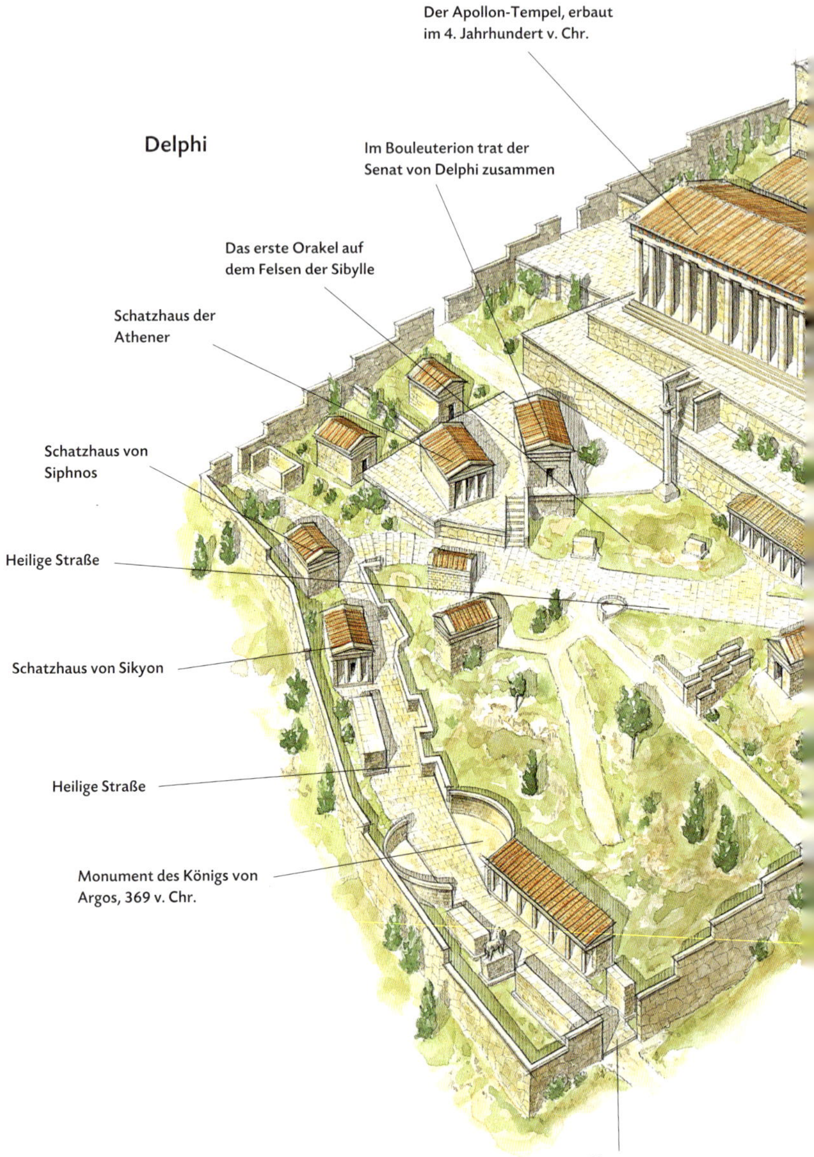
Der Apollon-Tempel, erbaut im 4. Jahrhundert v. Chr.
Im Bouleuterion trat der Senat von Delphi zusammen
Das erste Orakel auf dem Felsen der Sibylle
Schatzhaus der Athener
Schatzhaus von Siphnos
Heilige Straße
Schatzhaus von Sikyon
Heilige Straße
Monument des Königs von Argos, 369 v. Chr.
Eingang

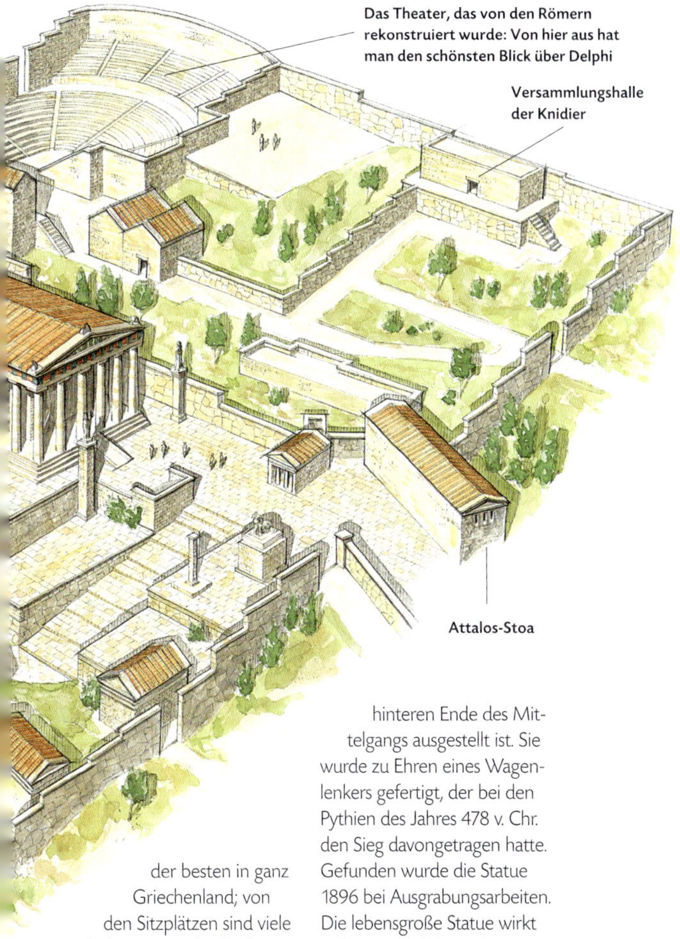

der besten in ganz Griechenland; von den Sitzplätzen sind viele erhalten, sogar die der Berühmtheiten. Insgesamt fasste das Stadion 7000 Menschen und wurde alle vier Jahre für die Pythien genutzt, die den Olympischen Spielen ähnelten.

Die Schätze des **Museums** von Delphi stehen denen der Athener Akropolis nicht nach. Zu den berühmtesten Funden zählt der Wagenlenker, eine Bronzestatue, die effektvoll am hinteren Ende des Mittelgangs ausgestellt ist. Sie wurde zu Ehren eines Wagenlenkers gefertigt, der bei den Pythien des Jahres 478 v. Chr. den Sieg davongetragen hatte. Gefunden wurde die Statue 1896 bei Ausgrabungsarbeiten. Die lebensgroße Statue wirkt außergewöhnlich wuchtig, was aber auf einem perspektivischen Trick des Bildhauers beruht: Sie sollte oben auf einer Kutsche stehen, sodass man sie immer nur von unten sah.

Berühmt ist auch die Statue der „Drei tanzenden Mädchen", die vermutlich einen Dreifuß stützen sollte, auf dem die Pythia saß und ihre Orakelsprüche verkündete. ■

Parnass-Gebirge

Hinter Delphi ragt die dramatische Kulisse des Parnass-Gebirges auf. Höchster Punkt ist mit 2457 Metern der Liakoura, der Wolfsberg. Dass man dort Wölfe sieht, ist allerdings nicht besonders wahrscheinlich. Der Gerontovrachos gleich in der Nähe bringt es immerhin auch noch auf 2435 Meter.

Der Parnass und seine Gipfel sind leicht über eine Straße zu erreichen – tolle Aussicht inklusive

Parnass-Nationalpark
Karte S. 139

Die Region steht größtenteils unter Naturschutz: Der **Parnass-Nationalpark** wurde 1938 als einer der ersten Europas ins Leben gerufen – zusammen mit dem Nationalpark um den Olymp. Über die Hänge ziehen sich Griechische Tannen. Zwischen den Bäumen breiten sich Wiesen aus, im Frühling gesprenkelt mit bunten Alpenblumen. Nur gelegentlich lässt sich hier ein Wolf blicken. Aber es gibt Füchse, Fledermäuse, Eichhörnchen und sogar Wildschweine. Im Parnass-Gebirge sind verschiedene Geier- und Adlerarten heimisch, darunter der Steinadler. An einem heißen Tag kann man Adler und Geier hoch oben in den Aufwinden kreisen sehen.

INSIDERTIPP:
***Formaela* (Käse aus Arachova) schmeckt am besten mit etwas Zitronensaft gegrillt.**

PENNY DACKIS
National Geographic-Herausgeberin

Arachova

Obwohl das hübsche Bergdorf unmittelbar an der Straße Athen–Delphi liegt und auch nur 12 Kilometer von Delphi entfernt ist, konnte ihm der Tourismus bislang nicht viel anhaben.

Abseits der Hauptstraße gibt es in schmalen Gassen traditionelle Häuser zu sehen und in den Tavernen kommt herzhaftes Essen aus der Bergregion auf den Tisch. Bekannt ist die Gegend vor allem für ihren Käse und den kräftigen Wein. In den Geschäften werden rustikale Wollteppiche angeboten, so genannte Flokati.

Von Arachova kann man mühelos die unteren Berghänge des Parnass erkunden – mit einem Führer oder einer guten Landkarte. Wie bei jeder Bergtour sollte man dabei immer das Wetter im Auge behalten, da ein plötzlicher Umsturz nichts Besonderes ist. Jemand im Hotel sollte wissen, wohin man will und wann man wieder zurück sein möchte.

Delphi

Das moderne Dorf Delphi eignet sich gut als Ausgangsbasis, und zwar nicht nur zur Besichtigung der Ausgrabungsstätte (siehe S. 144f) gleich in Gehweite, sondern auch für Streifzüge durch die Berge.

Wer sich in Delphi einquartiert hat, kann die beliebte Wanderung zur **Korykischen Grotte** unternehmen, wo früher ausschweifende Orgien zu Ehren von Pan stattfanden, dem Gott der Lustbarkeiten und der Fruchtbarkeit. Man braucht eine Taschenlampe, um die Tropfsteine in der Höhle zu sehen und die Inschriften, die in die Wände geritzt sind, zu entziffern. Vor dem Aufbrechen sollte man sich nach dem Wetter erkundigen. Von November bis April ist die Höhle geschlossen.

Zu dieser Zeit ist die Skisaison in vollem Gang. Zentrum ist **Fterolakkas**, 24 Kilometer von Arachova entfernt. ■

ERLEBNIS: Skifahren

Griechenland gilt nicht gerade als Skifahrernation und auch wenn die Bedingungen hier nicht den Alpen entsprechen, kann die Szenerie mancher Landschaften mit jeder in Europa mithalten. Die Unterkünfte selbst haben einen eher heimeligen Charme, vor allem, weil sie nicht so bekannt und luxuriös ausgestattet – oder teuer – sind wie ihre Pendants in den Alpen.

Die Saison dauert in Griechenland von Januar bis April, natürlich abhängig von den Schneeverhältnissen. Mit 17 Abfahrten ist das Parnassos-Skigebiet das bekannteste, ca. 180 km nordwestlich von Athen, nahe Delphi. Weil es so nahe bei Athen liegt, ist es eines der lebhafteren Resorts. Mount Vermio *(Tel. 033 27 12 34)* nahe Veroia, ca. 100 km von Thessaloniki, bietet nur 8 Abfahrten. Es gibt verschiedene weitere Skigebiete in Mazedonien, Thessalien und Zentralgriechenland und zwei kleine Resorts im Peloponnes. Detailinformationen bekommen Sie beim Griechischen Skiverband *(Karagiorgi Servias 7, 10563 Athens, Tel. 21 03 23 01 82)*. Es gibt außerdem ein englischsprachiges Informationsblatt, Mountain Refuges and Ski Centres, das in griechischen Fremdenverkehrsbüros erhältlich ist.

Volos & die Halbinsel Pilion

Der Sage nach erholten sich die griechischen Götter auf der Halbinsel Pilion bei Speis und Trank. Zu den Höhepunkten der Gegend zählen schöne Strände, ursprüngliche Bergdörfer, Wälder, die zu Spaziergängen einladen, und Obstgärten; dass hier Obst und Gemüse in Hülle und Fülle wächst, macht die regionale Küche zu etwas wirklich Besonderem.

Makrinitsa an den Hängen des Pilion

Volos

Karte S. 139

Besucher-information

Thessaly Region H.Q., Plateia Riga Fereou, Volos

22 41 02 35 00

In der griechischen Mythologie war der Pilion die Heimat der Zentauren, Wesen mit dem Kopf eines Menschen und dem Körper eines Pferds, bekannt für ihre Trinkfreudigkeit. Eine Ausnahme stellte der kluge Zentaur Chiron dar, der Lehrer Jasons. In seinem späteren Leben machte sich Jason auf die Suche nach dem Goldenen Vlies, um sein rechtmäßiges Königreich wieder zu erlangen. Mit den Argonauten zog er von Volos los, dem Tor zur Halbinsel Pilion.

Volos ist heute eine Industriestadt mit einem wichtigen Hafen. Hauptgrund für einen Aufenthalt hier ist das **Archäologische Museum** mit beeindruckenden Funden von den nahe gelegenen Grabungsstätten Dimini und Sesklo. Das Museum wurde 1909 gegründet und ist in einem klassizistischem Gebäude untergebracht.

Fährt man von Volos aus auf die dicht bewaldete Halbinsel Pilion, ist der erste Halt – je nach der Route, die man gewählt hat – **Makrinitsa**. Das Bergdorf wurde im 13. Jahrhundert von Flüchtlingen aus Konstantinopel gegründet. Manche der alten Häuser wurden restauriert, manche sind heute Hotels. Es gibt auch alte Kirchen und ein Kloster zu erkunden – und zu all dem den herrlichen Blick über Volos und die Bucht.

Vizitsa ist ein ähnliches Dorf weiter im Süden, das man keinesfalls verpassen sollte. Auch hier wurden herrschaftliche Häuser zu Hotels und Restaurants umgebaut. Untertags ist in Vizitsa oft viel los, doch abends liegt es so friedlich da wie eh und je.

Um nach Vizitsa zu gelangen, biegt man bei dem größeren Dorf **Mileai** ab. Zu sehen gibt es hier mehrere schöne alte Anwesen, Kirchen und ein kleines **Folklore-Museum**. Dieses stellt u.a. Gemälde des Künstlers Theophilos (1873–1934) aus, eines der bekanntesten Vertreter naiver Malerei in Griechenland. Im Sommer lässt sich das Dorf an Wochenenden von Volos aus auch mit der Dampfeisenbahn erreichen und die malerische Landschaft des Pilion genießen.

Wer auf der Suche nach einem schönen Strand ist, wird in **Agios Ioannis** fündig, einem kleinen Ferienort am Ende einer steilen Serpentinenstraße. Es gibt hier einen angenehmen Badestrand mit Wassersportmöglichkeiten und mehreren Restaurants, wo man abends am Meer die regionale Küche kosten kann.

Südlich von Agios Ioannis liegt im Landesinnern **Tsangarada**, das sich weitgehend seinen Dorfcharakter bewahrt hat. Bekannt ist es wegen der größten und ältesten Platane Griechenlands: Sie soll tausend Jahre alt sein und ihr Stamm hat einen Umfang von 18 Metern. In der ganzen Gegend wachsen stattliche Platanen und Eichen, außerdem Apfel- und Kirschbäume in Obstplantagen.

Um die Terrassen der strahlend weiß getünchten Häuser ranken sich Weinreben.

Weiter südlich hat die Halbinsel eine kleine Ausbuchtung: **Trikerion**. Hier ist es viel ruhiger als sonst auf dem Pilion. Das Fischerdorf **Agia Kiriaki** ist einfach traumhaft. Noch immer werden in der alten Werft traditionelle Boote gebaut. Auch wenn es keinen Strand gibt, nur ein paar Zimmer zum Übernachten und auch kaum ein Lokal, kann man in diesem malerischen Nest ein paar Tage verbringen. Über eine Straße und Fußwege gelangt man von hier hinauf zum Bergdorf Trikkeri. Im Sommer fahren regelmäßig Boote zu den Sporaden – falls es Sie überhaupt noch in die Ägäis zieht. ■

Das Wunder von Portugal

Am 4. Juli 2004 überraschte die bis dahin recht erfolglose griechische Nationalmannschaft die Welt mit ihrem 1:0-Sieg über Gastland Portugal im Finale der Europameisterschaft 2004. Die Wettquoten auf ihren Sieg lagen bei 80:1. Beeindruckenderweise schlug das von Otto Rehhagel trainierte Team Portugal auch in der Eröffnungsrunde – der erste Doppelsieg überhaupt. (Das letzte Mal, als sich die Griechen 1980 für die EM qualifizierten, gewannen sie kein einziges Spiel.) Angelos Charisteas schoss das Siegertor und Kapitän Theodoros Zagorakis wurde zum besten Spieler des Turniers gewählt.

Archäologisches Museum
- ✉ Athanasaki 1. Volos
- ☎ 22 41 02 52 85
- 🕒 Geschl. Mo
- $ €

Mileai
- Karte S. 139

Mileai Folklore-Museum
- ✉ Mileai
- ☎ 24 23 08 66 02
- 🕒 Geschl. Mo–Di & Nov.–März
- $ €

Meteora

Meteora bedeutet „schwebende Felsen", eine ebenso einfache wie exakte Beschreibung: Aus der Thessalischen Ebene ragen Sandsteinfelsen auf wie Lehmklumpen auf einer Töpferscheibe. Sie bildeten sich vor dreißig Millionen Jahren unter dem Meer. Die bizarren Formen entstanden, weil Wellen ständig ans Gestein schlugen, und als der Meeresspiegel sank, blieben die Steinsäulen zurück.

Ein simpler Sessellift ist eine gute Alternative, wenn man nicht Hunderte von Stufen hinaufsteigen will

Meteora
- Karte S. 139
- 24 32 02 26 49
- Unterschiedliche je nach Kloster & Jahreszeit
- €€

Wie die Steinsäulen in den Himmel ragen, ist es kein Wunder, dass man sie als spirituelle Enklaven betrachtete, und ihre Unzugänglichkeit tat ein Übriges, dass sich dort Eremiten niederließen. Der erste hieß Barnabas; er zog 985 in eine der Höhlen. Eine Ansiedlung von Eremiten ist eigentlich ein Widerspruch, doch rund um Meteora entwickelte sich aus solch einer Ansiedlung 1336 ein Kloster.

Das erste Kloster war das **Große Meteoron**, gegründet von dem Mönch Athanasios auf einem 534 Meter hohen Felsen. Athanasios war vom Athos (siehe S. 186) gekommen, seine Eremitenhöhle kann man vor der Klosterpforte noch sehen. Andere Mönche und Klöster folgten, bis es schließlich 24 waren. 13 sind noch erhalten, sechs davon können besichtigt werden.

Doch wie konnten die Mönche diese Klöster oben in dem blanken Fels überhaupt bauen? Schließlich wurden erst vor einiger Zeit Wege in den Fels gehauen, um einen besseren Zugang zu ermöglichen. Im **Varlaam-Kloster** kann man noch die Winde sehen, mit der früher Lebensmittel und Besucher in einem Korb an einem Seil hinaufgezogen wurden.

Einer Theorie zufolge ließ man Drachen über die Felsen steigen, an denen dünne Seile festgebunden waren, die wiederum dazu dienten, stärkere Seile hinaufzuziehen. So entstanden die ersten Strickleitern bis zum Gipfel hinauf.

Am einfachsten erreicht man die Klöster mit dem Auto. Von Kalambaka kann man in gut einer halben Stunde zum ersten Kloster, **Agia Triada**, gehen. Es besteht auch die Möglichkeit, einen Bus zu dem am weitesten entfernten Kloster, **Metamorfosis**, zu nehmen und dann zurück zu wandern. ■

Metsovo

Über den höchsten Pass Griechenlands, den Katara-Pass (1707 Meter), gelangt man in die Region Epirus. In der Nähe liegt die Stadt Metsovo: Dort ist viel vom Geist der Unabhängigkeit zu spüren, der für Menschen, die hoch in den Bergen leben, charakteristisch ist. Viele von ihnen sind Vlachen, Angehörige eines Nomadenvolks (siehe S. 156f); manche von ihnen haben ihre traditionelle Lebensweise beibehalten.

In Metsovo hat sich eine herzhafte Küche entwickelt – mit kräftigem Schafskäse, Wild und robustem Rotwein. Das alles kann man in Lokalen kosten oder in den Läden als Mitbringsel kaufen. Weitere Andenken sind Spitzen, Silber- und Schnitzarbeiten – z.B. Hirtenstöcke –, denn in dieser Region steht die Handwerkskunst hoch im Kurs. Ältere Männer tragen bis heute ihre dunkelblaue oder schwarze Tracht, die an die Fustanella, den kurzen Faltenrock der griechischen Evzonen (Gardesoldaten in Athen) erinnert, dazu Schuhe mit Quasten. Metsovo blüht und gedeiht seit langem dank den Steuervorteilen, die unter türkischer Herrschaft wegen der Lage des Ortes am Katara-Pass gewährt wurden. Die Kaufleute gelangten bei derart günstigen Bedingungen zu Wohlstand, und einige der stattlichen Kaufmannshäuser können sogar besichtigt werden, darunter das **Anwesen der Familie Tositsa**, die in ganz Griechenland bekannt war. Ihr Familiensitz Archontiko ist heute ein Museum, das interessante Einblicke in die Lebensweise einer reichen Kaufmannsfamilie bietet. Über drei Stockwerke gibt es edles Mobiliar, Teppiche, Silber, Schmuck und Trachten zu bewundern.

Eine einflussreiche Familie waren auch die Averoffs. Die **Averoff-Galerie** präsentiert Kunst aus dem 19. und 20. Jahrhundert: die Sammlung des Schriftstellers und Politikers Evangelou Averoff (1910–90). Diese besteht aus über 250 Werken der bedeutendsten griechischen Künstler der letzten zwei Jahrhunderte. In fünf großen Ausstellungsräumen lässt sich sehr schön die Entwicklung der griechischen Malerei während dieser Zeit ablesen. ■

INSIDERTIPP:

In den Bergen kann es kalt und windig werden, besonders nachts. Wenn Sie wandern oder campen, nehmen Sie eine wasserfeste Jacke, eine Taschenlampe, Karte und einen Kompass mit.

NICHOLAS TURLAND
National Geographic-Mitarbeiter

Metsovo
Karte S. 138

Tositsa Mansion
Tositsa
26 56 04 10 84
Geschl. Do
€

Evangelos Averoff-Galerie
Beim Hauptplatz
21 06 77 82 44
€

Pindos-Gebirge

Der Pindos ist einer der imposantesten Gebirgszüge Griechenlands. Er erstreckt sich von der Nordgrenze des Landes nach Westen zum Ionischen Meer, in Richtung Süden nach Metsovo und nach Osten bis Makedonien. Zwei Nationalparks liegen in seinem Gebiet, die zweitlängste Schlucht Europas und hohe Gipfel.

Der Berg Smolikas – eine der ursprünglichsten Regionen Europas

Pindos-Gebirge
Karte S. 138

Der **Vikos-Aoos Nationalpark** wurde 1973 gegründet und erstreckt sich rund um die Vikos-Schlucht. Der größere **Pindos-Nationalpark** stammt aus dem Jahr 1966 und soll die Balkan- und Schwarztannen schützen, die seit Jahrtausenden die Berghänge bedecken. Hier leben die letzten Wölfe und Bären Griechenlands (siehe S. 155), dazu Hirsche, Wildschweine, Wildkatzen und Gämsen. Auch Schlangen sind hier heimisch, beispielsweise die Sandviper. Man sollte also in abgelegenen Gegenden aufpassen. Wenn Sie nicht gerade die Tierwelt am Boden erkunden, blicken Sie einmal hinauf in den Himmel: Vielleicht sehen Sie dort die Greifvögel und Geier kreisen, die im Pindos überlebt haben, den Habicht, den Schmutzgeier, den Steinadler, den Kaiseradler und den weißköpfigen Gänsegeier.

Die Berge sind schroff und an manchen Stellen gefährlich. Wer keine Wandererfahrung hat, sollte lieber nicht ohne Führer losziehen. Von Oktober bis Mai liegt auf den Gipfeln Schnee; während der Schneeschmelze verwandeln sich Bäche in tosende Flüsse. Dann werden einfache Wanderwege plötzlich gefährlich.

Eine Herausforderung auch für Geübte ist der **Smolikas**, mit 2637 Metern der zweithöchste Berg Griechenlands nach dem Olymp. Man braucht mehrere Tage bis zum Gipfel, gute Vorbereitung und eine Campingausrüstung, es sei denn, man übernachtet in einer der Berghütten (Reservierung notwendig).

Bären & Wölfe

In den Bergen Nordgriechenlands leben bis heute einige Großsäuger – obwohl die Bauern allem den Garaus machen, was ihren Lebensunterhalt bedrohen könnte. Die schönsten – und seltensten – dieser Wildtiere sind der Braunbär (*Ursus arctos*) und der Wolf (*Canis lupus*).

Es ist allerdings nicht sehr wahrscheinlich, dass man einen von beiden zu Gesicht bekommt.

Das Umweltbewusstsein hat in Griechenland zugenommen und so besteht Hoffnung, dass die Tiere nicht aussterben. Es soll nicht einmal mehr hundert Bären geben und vielleicht gerade noch ein paar hundert Wölfe, die in den Nationalparks Nordgriechenlands leben: im Vikos-Aoos, Pindos und Prespa.

Konitsa
Karte S. 138

Die kleine Stadt **Konitsa** liegt nur ein paar Kilometer von der Grenze zu Albanien entfernt und ist ein beliebter Ausgangspunkt für Wanderungen und Kajakfahrten. Konitsa liegt wunderschön: Es wird vom Trapezitsa überragt; vom Ort hat man einen weiten Blick über den Aoos, der von einer imposanten Brücke aus dem Jahr 1870 überspannt wird.

Konitsa wurde 1996 von einem Erdbeben schwer getroffen, viele alte Häuser wurden zerstört. Der alte Basar blieb jedoch erhalten, auch das kleine türkische Viertel – und beide geben dem Städtchen zusätzliches Flair.

Von Konitsa kann man Richtung Süden auf den **Gamila** (2497 m) steigen. Von hier aus bietet sich eine herrliche Aussicht auf das Pindos-Gebirge im Osten mit seinen zum Teil auch im Sommer schneebedeckten Gipfeln. Bei klarem Wetter reicht der Blick bis zum Olymp.

Die Straße, die von Konitsa nach Nordwesten verläuft, führt zur albanischen Grenze und war bis vor ein paar Jahren für Touristen unpassierbar. Wegen des Balkankonflikts sind auch jetzt noch Passkontrollen an der Tagesordnung. Wer dieses Abenteuer auf sich nimmt, wird jedoch mit dem Dorf **Molyvdoskepastos** belohnt, von dem aus man einen Blick nach Albanien werfen kann. Hier ist man wirklich im abgelegensten Winkel Griechenlands. ■

Griechenlands Nomaden

Nur wenige Besucher, die in der Ägäis am Strand liegen oder in einem Fünf-Sterne-Hotel in Athen ihr Essen genießen, wissen, dass in Griechenland bis heute Nomaden leben, deren Wurzeln Tausende von Jahre zurückreichen. Viele sind nicht mehr übrig – diese Lebensweise stirbt generell aus –, aber einige findet man dann doch in den entlegenen Gegenden von Epirus, in Metsovo und tief im Pindos-Gebirge.

Die hochbeinigen Bergschafe werden wegen ihrer Milch, aber auch wegen des Fleisches und der Wolle geschätzt. Überall auf dem Land hört man die Schafglocken läuten

Die größte Gruppe stellen die Vlachen dar, deren Name sich von der rumänischen Region Walachei ableitet. Als Nomaden zogen die Schäfer einst durch Mittel- und Osteuropa und bis zum Balkan hinunter, auf der Suche nach den besten Weiden für ihre Schafe.

Metsovo war immer die „Hauptstadt" der Vlachen (siehe S. 155). Viele von ihnen haben heute feste Wohnsitze. Nur wenige halten an ihrem althergebrachten Lebensart fest und bringen ihre Schafe im Winter in wärmere Gegenden und im Sommer hinauf ins kühlere Pindos-Gebirge. Diese Schäfer sind zwar ursprünglich Nomaden, leben aber in festen Häusern und ziehen nur im Lauf des Jahres von einem Quartier zum andern – im Gegensatz zu den Sarakantsani (siehe unten), die immer ihre Zelte mit sich nehmen. Früher hatte ein wohlhabender Vlache etwa 10 000 Tiere, heute wechseln nur noch kleine Herden im Sommer und Winter die Weide.

Woher die Vlachen stammen, kann niemand mit Sicherheit sagen. Einer Theorie zufolge sind sie Nachfahren römischer Legionäre, die in Mitteleuropa stationiert waren. Eine andere Theorie geht davon aus, dass ihre nomadisierende Lebensweise auf die Besetzung ihres Landes durch die Römer zurückgeht: Die Römer hätten die Bergbewohner dazu gezwungen, als Schäfer oder als Wächter an der Via Egnatia zu arbeiten. Diese Straße verband Rom mit entfernteren Regionen des Imperiums; sie führte durch den Pindos, durch Meteora und weiter zur Hafenstadt Thessaloniki und nach Konstantinopel (Istanbul). Als die Römer schließlich abzogen, behielten die Vlachen ihr Leben als Nomaden bei. Sprachwissenschaftler allerdings gehen davon aus, dass diese Hirtennomaden, die sie Aromunen nennen, ein Rest der Daker sind. Die Daker waren direkte Vorfahren der Rumänen.

Die Römer haben auch einige Eigentümlichkeiten ihrer Sprache hinterlassen. Die Vlachen sprechen ein Idiom, das wie Rumänisch eine romanisierte Sprache ist. Im Zweiten Weltkrieg, als die Italiener die Bergregion besetzten, wurden Vlachen oft als Übersetzer angestellt.

Alte Leute wie dieser Schäfer erinnern sich noch an die Zeit, als die Vlachen nicht sesshaft waren

ERLEBNIS:
Pilze sammeln im Pindos-Gebirge

Frankreich und Italien sind für ihre Pilze bekannt, aber griechische Pilze sind ebenfalls von hoher Qualität. Die wilden Pilze aus dem Pindos-Gebirge sind besonders begehrt. Sie sind nahrhaft und man sagt ihnen heilende Kräfte und ein einmaliges Aroma nach, weil sie frei von Pestiziden, Dünger und Hormonen sind. Sie können das selbst herausfinden, indem Sie an einer Pilzwanderung am Fuß der Berge teilnehmen, nicht weit von Meteora. Dieses dreitägige Abenteuer von Kavi Club *(www.kavi.gr/Packages/Outdoor_Activities_en)* findet im Aspropotamos-Tal statt, vier bis fünf Stunden von Athen entfernt. Nach einem Einleitungsgespräch am ersten Abend verbringen Sie den zweiten Tag draußen im Wald mit einem örtlichen Pilzkenner, um die verschiedenen Arten zu bestimmen und zu sammeln. Dann geht es zurück in das traditionelle Turmhotel tief im Wald für eine Pilzsuppe, Pilzkuchen und Kalb mit Pilzen. Am letzten Tag steht es Ihnen frei, Meteora zu besuchen oder die Gegend auf einer Wanderung zu erkunden.

Die zweite wichtige Gruppe von Nomaden sind die Sarakatsani, ebenfalls Schäfer. Sie lebten in Makedonien und Thrakien. Von ihnen leben nur noch wenige. Die Sarakatsani sind ethnische Griechen und sprechen Griechisch. Einige ziehen mit ihren Herden heute noch zwischen der Thrakischen Ebene im Winter und dem Pindos-Gebirge im Sommer umher. Wer mehr über dieses Volk wissen will und ihre Zelte und Trachten kennen lernen möchte, sollte in Thessaloniki das Ethnologische Museum (siehe S. 181) besuchen oder in Athen das Museum für Griechische Volkskunst (siehe S. 69).

Dörfer der Zagoria & Vikos-Schlucht

Nördlich von Ioannina, in Richtung albanische Grenze, gelangt man in die Zagoria, eine der faszinierendsten Gegenden Nordgriechenlands. Ein Geflecht von Pfaden verbindet die 46 Dörfer miteinander, von denen jedes seine charakteristische Architektur und Kultur hat. Die Wege eignen sich vortrefflich zum Wandern.

Eine Schlucht im Vikos-Aoos-Nationalpark: In der Talsohle verläuft ein markierter Weg

Eine der Naturschönheiten ist die **Vikos-Schlucht**, mit 12 Kilometern Länge nur drei Kilometer kürzer als die Samaria-Schlucht auf Kreta (siehe S. 296f). An manchen Stellen ragen die Wände steil bis zu 950 Meter auf, andernorts erstrecken sich bunte Blumenwiesen, und man kann im Voidhomatis schwimmen. Wer halbwegs fit ist und Transport und Unterkunft geplant hat, schafft es, die Schlucht an einem Tag zu durchwandern.

Ein bisschen aufpassen muss man allerdings schon, viel los ist hier nämlich nicht. Selbst zur besten Jahrszeit – im Früh- oder Spätsommer – sieht man nur eine Hand voll Wanderer – unter diesen Umständen kann ein verstauchter Knöchel zu einem Problem werden. Im Winter ist die Schlucht oft nicht passierbar, im April und Mai auch nicht, dann werden aus Bächen wegen der Schneeschmelze nämlich reißende Wasserfälle. Erkundigen Sie sich vorher nach dem Wetter.

Die Dörfer der Zagoria sind faszinierend, Geschichte und Landschaft eng miteinander verwoben. Die reiche Kultur ist das Ergebnis einstiger Armut. Die raue Landschaft machte es den Menschen schwer, sich ihren Lebensunterhalt zu verdienen, und so sahen sich viele gezwungen, ins Ausland zu gehen und an die Familie Geld nach Hause zu schicken. Die Türken regierten das Land von Ioannina aus und garantierten der Zagoria Autonomie, sodass der Wohlstand dank der Unterstützung durch die Auswanderer ständig zunahm und im 18. und 19. Jahrhundert dazu genutzt werden konnte, *archontika* zu bauen, relativ bescheidene Häuser, die im Vergleich zu den Behausungen in den Bergen jedoch sehr komfortabel waren.

Einige sind heute malerisch verfallen, andere werden noch bewohnt, in manchen sind Pensionen untergebracht. Da diese Ecke des Pindos nicht so dicht bewaldet ist, baute man die Häuser aus Kalkstein und deckte sie mit Schindeln. Oft ist im Erdgeschoss Platz für die Tiere und der Hof ist mit einer Mauer umgeben. Diese Häuser verleihen den Dörfern der Zagoria ihr charakteristisches Gepräge.

Einige der Dörfer sind heute so gut wie verlassen und die paar Familien dort halten sich mit Landwirtschaft über Wasser. Andere wiederum leben inzwischen ganz gut vom Tourismus. Schließlich ist die Gegend bei Bergsteigern, Wanderern und Abenteuerlustigen beliebt. Als Ausgangsbasis für Unternehmungen aller Art eignen sich vor allem die Dörfer **Monodendri, Tsepelovo, Megalo** und **Mikro Papingo**. Hier findet man Pensionen, Restaurants, Geschäfte und Führer. Man kann von Ioannina aus mit dem Bus anreisen. ■

Vikos-Schlucht
Karte S. 138

ERLEBNIS: Die alten Pfade von Zagoria

Besucher übersehen oft die Möglichkeit, die Wege zwischen den idyllischen Dörfern von Zagoria zu Fuß zu gehen. Vor allem während des Frühlings sind die Pfade, die normalerweise nur dünne Kiesbetten sind, mit Wildblumen übersäht.

Die Wege sind eng und die Brücken extra mit Glöckchen ausgestattet, die bei starkem Wind vor Überquerung warnen. Die Stege sind alt – gebaut von Händlern, die die Gegend während der Schneeschmelze durchqueren mussten, wenn Hochwasser herrschte. Diese Steinhaufen sehen nicht aus, als würden sie einen Windstoß überleben, geschweige denn die Erosionen der Jahrhunderte. Am besten erhalten ist die dreibogige Kalogeriko-Brücke nahe Kipi.

Die beste Wanderzeit ist zwischen April und Oktober. Im Spätsommer blühen die Alpenblumen noch und der Herbst zeigt sich mit kühlen Brisen und sanften Farben.

Die Pfade sind oft steinig. Wanderschuhe oder zumindest gute Laufschuhe sind ein Muss. Es gibt viele verschiedene Routen, am besten geht man aber mit Führer. Die Ausschilderung ist spärlich.

Auf den meisten Strecken beschränken sich die Unterkunftsmöglichkeiten auf kleine Pensionen oder B & Bs. In jedem Dorf gibt es einige Restaurants, meist familiengeführt. Sherpa Expeditions *(www.sherpa-walking-holidays.co.uk, englischsprachige Seite)* bietet diverse Touren in der Region an, sowohl auf eigene Faust als auch mit Führer. Ein weiterer Anbieter ist Trekking Hellas *(www.trekking.gr)*, mit Touren rund um Zagoria, die Vikos-Schlucht und dem Pindosgebirge.

Ioannina

Die schlanken Minarette der Ali-Pascha-Zitadelle lugen am Seeufer durch die Bäume und sind das Wahrzeichen dieser wunderschönen Provinzhauptstadt. Malerisch liegt sie am Pamvotis-See mit der Insel Nisi in der Mitte, vor der herrlichen Kulisse des Pindos-Gebirges. Hier lässt es sich gut ein paar Tage wohl sein.

Kunstgegenstände in einem Souvenirladen in Ioannina weisen türkische Einflüsse auf

Ioannina
Karte S. 138

Besucherinformation

Epiros Region H.Q., Dodonis 39

26 51 04 18 68

Man tut als Ausländer gut daran, nicht zu viele Worte über Ali Pascha zu verlieren, den mörderischen Tyrannen, der von 1788 bis zu seinem Tod auf Nisi 1822 über die Stadt herrschte. Die Gefühle der Einheimischen kochen noch heute hoch. Ioannina war fast 500 Jahre lang unter türkischem Joch, die dunkelste Zeit in der griechischen Geschichte. Der türkische Einfluss hat sich hier indes länger erhalten als anderswo. Und der Name Ali Pascha ist mit der Stadt unauflöslich verbunden, ob es den Bewohnern nun passt oder nicht.

Unter den Türken blühte Ioannina als Zentrum der Kunst und des Handwerks, vor allem der Silberschmiede. In Hinterhöfen kann man den Handwerkern immer noch bei ihrer Arbeit zusehen. Die besten Beispiele ihrer Kunstfertigkeit sind im **Byzantinischen Museum** zu bewundern, das sich in der Zitadelle befindet. Die **Silberwarenhalle** gleich in der Nähe zeigt ebenfalls herausragende Stücke, dazu eine restaurierte Silberschmiede.

Nicht weit vom Byzantinischen Museum ragt die **Fethiye-Moschee** auf (*nicht zugänglich*). Davor befindet sich das Grab Ali Paschas.

Innerhalb der Zitadelle und in der Aslan-Pascha-Moschee ist das **Museum für Volkskunst** untergebracht. Allein schon der Blick in die Moschee, die 1619 errichtet wurde, lohnt den Besuch. Zu sehen gibt es Trachten, Schmuck und anderes Kunsthandwerk aus Ioannina.

In der Stadt selbst sollte man unbedingt ins **Archäologische Museum** gehen, wenn man vorhat, Dodona (siehe S. 164f) zu besichtigen, da viele Funde von dort hier ausgestellt sind.

INSIDERTIPP:

Tauchen Sie ein ins griechische Leben und verbringen Sie einen Abend in einer Taverne. Griechen sitzen hier für Stunden – essend und plauschend.

JAMES V. BULLARD
NATIONAL GEOGRAPHIC-Expeditions

Ein weitere Attraktion in Ioaninna ist Nisi, die idyllische Binneninsel im Norden des Sees. Die Fährboote legen bei der Zitadelle ab. Der Name **Nisi** bedeutet im Griechischen einfach nur Insel. Auf dem Eiland befindet sich ein kleines Dorf, dessen Bewohner vom Fischfang und vom Tourismus leben.

Um die ganze Insel führt ein schöner Spazierweg. Da Nisi noch nicht von Touristen überflutet ist, bekommt man noch alle möglichen Tiere zu sehen wie Nachtigallen, Ammern, Turmfalken, Spechte und vielerlei Wasservögel. Schilder verweisen auf die historische Attraktion der Insel, das **Ali-Pascha-Museum** (*geschl. Okt.-April, €*) im Kloster Pantelimonas. Es wurde im 16. Jahrhundert errichtet, das heutige Gebäude ist jedoch eine moderne Rekonstruktion, da das ursprüngliche durch einen umstürzenden Baum zerstört wurde. Hier wurde Ali Pascha ermordet, und zwar nicht von Griechen, sondern von Türken aus Istanbul. Die Herrscher dort hatten von seinem Reichtum erfahren und auch von seinen Ambitionen, ein eigenes Reich zu gründen. Sie belagerten seine Zitadelle, doch es gelang Ali, auf die Insel zu fliehen und Zuflucht im Kloster zu finden. Einheimische, die ihm nicht wohl gesonnen waren, verrieten ihn und die Türken erschossen ihn durch die Holzdecke des Zimmers im Stockwerk darunter. Die Einschusslöcher sind heute noch zu sehen. Ali wurde geköpft, sein Haupt an den Sultan in Istanbul geschickt, als Beweis, dass der Auftrag erfolgreich ausgeführt worden war – eine blutige Episode aus der Vergangenheit, die in herbem Kontrast zur idyllischen Landschaft der Insel steht. ■

Byzantinisches Museum/ Silberwarenhalle

- ✉ In der Zitadelle
- ☎ 26 51 02 59 89 oder 26 51 03 95 80
- $ €

Museum für Volkskunst

- ✉ In der Zitadelle
- ☎ 26 51 07 80 62
- 🕒 Geschl. Sa–So
- $ €

Archäologisches Museum

- ✉ Plateia 25 Martiou
- ☎ 26 51 00 10 50, oder 26 51 00 10 89
- 🕒 Geschl. Mo
- $ €

Zu Fuß durch Ali Paschas Ioannina

Der ausländische Besucher, der durch Ioannina streift, glaubt sich bisweilen in eine türkische Stadt versetzt. Schließlich haben 500 Jahre türkische Herrschaft ihre Spuren hinterlassen und keiner hatte einen größeren Einfluss auf diese Stadt als Ali Pascha. Unser Spaziergang führt zu einigen Reminiszenzstätten; Ausgangspunkt ist die Zitadelle, wo Ali mit eiserner Faust regierte.

Eine kleine Fähre verbindet Nisi mit dem Festland

Der Spaziergang beginnt am Haupteingang der **Zitadelle** ❶, d.h. am zweiten Eingang in der Festungsmauer auf der rechten Seite, wenn Sie die Karamanli von der Plateia Neomart Yioryiou herunterkommen. In der Mauer neben dem Eingang befindet sich ein kleiner Schrein. Gehen Sie nun durch das Tor und biegen Sie links in die Ioustinianou ein. Rechter Hand steht die **Alte Synagoge** (*nicht zugänglich*) aus dem Jahr 1790.

Folgen Sie nun der Straße hinter der Synagoge bis zum Ende, wo sie nach rechts abbiegt und Sie direkt zur Aslan-Pascha-Moschee führt. Die Moschee beherbergt das **Museum für Volkskunst** ❷ (siehe S. 161). Die Räumlichkeiten um den Innenhof können nicht besichtigt werden. Hier verübte Ali Pascha eines seiner schrecklichsten Verbrechen. Er vergewaltigte die Geliebte seines ältesten Sohnes und warf sie mit 17 anderen Frauen in mit

NICHT VERSÄUMEN:

Museum für Volkskunst • Byzantinisches Museum Silberwarenhalle • Insel Nisi • Ali-Pascha-Museum

Gewichten beschwerten Säcken in den See, um die Untat zu vertuschen.

Verlassen Sie die Moschee durch den Eingang, durch den Sie hereingekommen sind, und gehen Sie links weiter. Gehen Sie geradeaus weiter, durch das Tor in das Innere der Zitadelle. Links befindet sich ein Café, das moderne Gebäude vor Ihnen ist das **Byzantinische Museum** ❸ (siehe S. 160) mit der **Fethiye-Moschee** zur Linken (*geschlossen*), davor das vermeintliche Grab Ali Paschas. Die **Silberwarenhalle** ❹, Ali Paschas ehemalige Schatzkammer, sehen Sie zu Ihrer Rechten.

Kehren Sie nun wieder zum Eingang zurück und gehen Sie von dort die Stufen zum See hinunter, weiter nach links zur Anlegestelle der Fährboote nach **Nisi** ❺ (siehe S. 161). Die Boote fahren alle 30 Minuten ab, im Winter nur stündlich (8–23 Uhr). Der Pamvotis-See, in dem die idyllische Insel liegt, wird von Bächen gespeist, die vom Mitsikeli herabstürzen. Das Gewässer, das etwa elf Kilometer lang und im Durchschnitt drei Kilometer breit ist, hat keinen Abfluss, sondern versickert in Karstlöchern.

Auf Nisi halten Sie sich links, immer dem Schild nach durch enge Gassen zum **Ali-Pascha-Museum** ❻ (siehe S. 161). Hier gibt es interessante Gegenstände aus Ali Paschas Privatbesitz zu sehen, auch die besagten Einschusslöcher der Kugeln, die ihm den Garaus machten. Vom Museum aus können Sie die restliche Insel umrunden. Schön ist der Blick zum Pindos hinüber und auf Ioannina. An manch verschwiegener Stelle vergisst man ganz, dass es diese betriebsame Stadt überhaupt gibt. Folgen Sie dem Pfad am Seeufer entlang, bis Sie zur Fähre kommen, die Sie nach Ioannina zurückbringt.

- Siehe Karte S. 138
- Haupteingang zur Zitadelle
- 2 km
- 2 Stunden
- Nisi

Weitere Reiseziele in Mittelgriechenland

Dodona

Das Orakel von Delphi ist zwar weltberühmt, doch dafür ist das Zeus-Orakel in Dodona erheblich älter. Schon um 2000 v. Chr. fanden in Dodona religiöse Feiern statt. Das Heiligtum liegt malerisch auf 630 Metern Höhe in einem Tal unterhalb eines Gebirgszugs, 22 Kilometer südwestlich von Ioannina.

Vor oder nach der Besichtigung der Grabungsstätte sollten Sie das **Archäologische Museum** in Ioannina (siehe S. 161) besuchen, wo die Funde von Dodona ausgestellt sind. Am interessantesten sind wie in Delphi die Tafeln, auf denen die Fragen an das Orakel stehen, darunter so zeitlose wie: «Bin ich der Vater von ihren Kindern?»

Architektonisch beeindruckt vor allem das **Theater** aus dem 3. Jahrhundert v. Chr., eines der größten Griechenlands, das 17 000 Zuschauer fasst. Ende des 19. Jahrhunderts und in den 60er Jahren wurde es restauriert und in den Sommermonaten finden dort Aufführungen statt. Dicke Mauern beschützen die Besucher. Nicht zu übersehen sind die Wasserkanäle, die die Römer bauten, als das Theater für Gladiatorenkämpfe genutzt wurde. Man sieht auch noch die Gehege, wo Löwen, Tiger und Stiere warten mussten, bis sie in die Arena gelassen wurden.

Direkt neben dem Theater befand sich das Zeus-Heiligtum mit dem Orakel. Man hat inzwischen recht gute Kenntnisse darüber, wie das Orakel befragt wurde. Kessel

Ein Ausflugsboot bei Parga, einem Ferienort mit wechselhafter Geschichte

auf Dreifüßen, die einander berührten, umgaben eine heilige Eiche. Die Fragen des Ratsuchenden wurden auf einer Bleitafel niedergeschrieben, die man dem Priester reichte. Der las sie dem Orakel laut vor. Die Antwort des Orakels entnahm er dem Geraschel der Eichenblätter und dem Geräusch in den Kesseln.
Karte S. 138 ☎ 26 51 08 22 87 $ €

Parga

Der Ferienort Parga ist einer der beliebtesten und schönsten an der Ionischen Küste. Es gibt in der Stadt und in ihrer Umgebung mehrere gute Strände und hervorragende Fischlokale. Zudem eignet sich Parga als Ausgangspunkt für Ausflüge nach Dodona, Ioannina und sogar zu den Dörfern der Zagoria und in die Vikos-Schlucht (siehe S. 158). Sie brauchen dazu allerdings einen Wagen. Mit der Fähre können Sie auch nach Paxí fahren und von dort weiter bis nach Korfu. Vom internationalen Flughafen in Preveza ist es nicht weit nach Parga, auch nicht von Ioannina, wo Inlandsflüge starten.

Auf den ersten Blick wirkt Parga wie ein schlichter Ferienort, doch hat es eine bewegte Geschichte. Am Hafen steht ein **venezianisches Fort** aus dem Jahr 1624. In die Mauer des Burggrabens ist der Löwe des heiligen Markus gemeißelt, das Wahrzeichen Venedigs. Parga wurde von den Türken erobert, fiel aber an Venedig, als das Osmanische Reich den größten Teil Griechenlands in Besitz hatte. Danach nahmen die Briten Parga den Venezianern ab und verkauften es 1819 an die Türken, sodass die Stadt unter die Herrschaft Ali Paschas geriet. Seine Tyrannei ließ viele Einheimische nach Korfu auswandern; 1913, als Parga wieder zu Griechenland gehörte, kehrten etliche wieder zurück. Unterhalb der Landspitze liegt einer der schönsten Sandstrände der Stadt, weitere befinden sich im Süden und Norden.

Die Touristenpolizei

Die Touristenpolizei ist eine spezielle Abteilung für die Belange der Touristen. Zu ihren Aufgaben gehört die Inspektion der Restaurants und Hotels, Kontrolle von Unterkunft und Preisen, um sicherzustellen, dass die Besucher nicht übervorteilt werden. Falls Sie vor Ort Probleme mit Hotels oder Taxis haben, wenden Sie sich an die Touristenpolizei, die sich darum kümmert. In kleineren Ortschaften ohne Reisebüro oder Touristeninformation vermittelt sie auch Unterkünfte. Sie sind leicht von der normalen Polizei zu unterscheiden, da sie ein weißes Band an ihrer Mütze und die Worte *tourist police* auf ihren Hemden oder Schulterabzeichen tragen. Es gibt in jeder Stadt eine örtliche Telefonnummer, die in jedem Kapitel dieses Buches erwähnt wird, wenn es keine Touristeninformation am Ort gibt. Wenn Sie keine lokale Nummer finden, wählen Sie 171 und Sie werden mit einem mehrsprachigen Assistenten verbunden, der sich um Ihre Anfrage kümmert.

Schön sind auch die Häuser in der Stadt, deren weiß getünchte Wände und Balkone die Farben der Bougainvilleen, Hibisken und Purpurwinden zum Leuchten bringen. In der Stadt finden sich auch all die kleinen Hotels, Restaurants und Andenkenläden, die einen Touristenort ausmachen. Wer nicht gerade in der Hauptsaison (*Juni–Aug.*) reist, entdeckt viel Postkartenidylle.
Karte S. 138 ✉ Alexandrou Paga 18
☎ 26 84 36 03 00, info@dimospargas.gr

Ephyra

Rund 22 Kilometer südöstlich von Parga liegt am Ortsrand von Mesopotamos eine der kleinsten, aber feinsten Ausgrabungsstätten Griechenlands. Auf einer Landzunge – einst eine Insel, als der Wasserstand des Ionischen Meeres noch erheblich höher war – stehen ein paar unscheinbare Gebäude: das **Nekromanteion** von Ephyra. Hier, so glaubten die Griechen, war die Quelle des Flusses Styx und der Eingang zur Unterwelt. Deshalb befand sich hier auch das Totenorakel, wo die Menschen versuchten, mit den Verstorbenen Kontakt aufzunehmen, unter Vermittlung von Priestern, die das Orakel befragten. Den Ratsuchenden wurden halluzinogene Drogen verabreicht, dann führte man sie durch mehrere Gänge in das unterirdische Heiligtum.

Die Ruinen des Nekromanteion sind beeindruckend vollständig. Zu erkennen ist ein architektonisch ungewöhnliches Gebäude mit labyrinthförmig angelegten Gängen und fensterlosen Räumen. Interessant sind die Überreste einer bronzenen Winde. Diese lassen vermuten, dass mechanische Tricks angewendet wurden, um die Wirkung auf die Ratsuchenden durch Sinnestäuschungen zu verstärken.
Karte S. 138 €

Kassope

Das alte Kassope liegt 27 Kilometer südöstlich von Ephyra auf einem Hügel über dem Dorf Kamarina. Durch Kiefernwälder führt der Weg zur Grabungsstätte, dem Zentrum der einstigen Polis. Von der Stadt selbst ist nicht mehr viel erhalten; die Bürger zogen 31 v. Chr. nach Nikopolis, ein paar Kilometer weiter südlich. Aber mit etwas Phantasie und der Karte am Eingang kann man sich vorstellen, wie Kassope einmal ausgesehen hat. Am schönsten ist indes die Lage, die allein den Abstecher lohnt.
Karte S. 138 Geschl. Mo €

Nikopolis

Die alte Stadt Nikopolis liegt sieben Kilometer nördlich von Preveza. Auf den ersten Blick ist nicht viel zu sehen, doch wer die überwucherte Anlage genau betrachtet, kann zumindest die Form der einst so wichtigen Stadt erkennen.

Ihr Name bedeutet Stadt des Sieges, da sie dort erbaut wurde, wo 31 v. Chr. die römische Armee unter Oktavian vor der Schlacht von Aktium ihr Lager aufgeschlagen hatte. Sie schlug die vereinten Streitkräfte von Antonius und Kleopatra, ein Sieg, der Oktavian unter dem Namen Augustus zum ersten römischen Kaiser machte und ihn dazu bewog, Nikopolis zu gründen.

Ein Teil der verbliebenen Mauer vermittelt einen Eindruck von der gigantischen Dimension des Palasts; daneben gibt es noch ein Theater, Reste von Bädern und ein kleines Museum. Als Heerlager mag der Ort günstig gewesen sein, für die Stadt war er es nicht: zu entlegen und ohne ausreichende Trinkwasserversorgung. Nikopolis hatte trotzdem knapp tausend Jahre Bestand, ehe es 1040 verlassen wurde.
Karte S. 138 Geschl. Mo €
Preveza–Arta Bus

Perama-Höhlen

Eines der beeindruckendsten Höhlensysteme befindet sich am Stadtrand von Ioannina. Die Höhlen wurden im Zweiten Weltkrieg entdeckt, als ein Schäfer einen Unterschlupf vor den Bomben suchte. Allein der erforschte Teil der Höhlen erstreckt sich über mehrere Kilometer: Man geht davon aus, dass es sich insgesamt um das weitläufigste Höhlensystem in ganz Griechenland handelt. Teile davon sind im Rahmen einer Führung zu besichtigen. Dabei beleuchten die Führer einige der besonders auffallenden Stalagmiten und Stalaktiten; Felsformationen erinnern an die Freiheitsstatue, den Schiefen Turm von Pisa und die Sphinx von Giseh. Zurzeit sind 1700 Meter des Höhlensystems zur Besichtigung freigegeben.
Karte S. 138 26 51 08 16 50 und 26 51 08 15 21 €€ Busse 8 und 16 ab Glockenturm in Ioannina

Vom Pindos bis an die türkische Grenze erstrecken sich Makedonien und Thrakien, ein großes Gebiet im Norden und Osten Griechenlands, das durch geographische, historische und kulturelle Vielfalt besticht

Makedonien & Thrakien

Erster Überblick 168–169

Der Olymp & Dion 170–171

Special: Die Götter der Griechen 172–173

Kastoria 174–175

Die Prespaseen 176–177

Vergina 178

Pella 179

Thessaloniki 180–183

Chalkidike 184–185

Erlebnis: Shopping in Griechenland 185

Der Athos 186–187

Erlebnis: Mönchsleben auf dem Berg Athos 187

Mit dem Schiff um den Berg Athos 188–189

Das Nestostal 190

Philippi 191

Erlebnis: Ausflug nach Bulgarien 191

Von Kavala nach Alexandroupolis 192–197

Erlebnis: Karneval in Xanthi 194

Special: Griechenlands Vogelwelt 198–199

Erlebnis: Abseits des Rummels in Makedonien 199

Bodenmosaik, Dion

Das Evrosdelta & der Dadiaforst 200–201

Erlebnis: Übernachten im Dadiaforst 201

Weitere Sehenswürdigkeiten 202

Hotels & Restaurants 361–63

Makedonien & Thrakien

Makedonien (Makedonija) ist der größte Verwaltungsbezirk Griechenlands und hat dem Besucher viel zu bieten, darunter Thessaloniki, die zweitgrößte Stadt des Landes mit zahlreichen historischen Denkmälern. Östlich von Makedonien liegt Thrakien (Thraki), ein langer, schmaler Bezirk, in dem türkische Einflüsse umso stärker werden, je mehr man sich der Grenze nähert.

Der vom Pindos begrenzte Westen von Makedonien ist eine abgelegene und zerklüftete Region, in deren Wäldern noch heute Wölfe und Bären leben. Hier finden sich auch die schönen, von schneebedeckten Bergen umgebenen Prespaseen. Der Olymp, Sitz der Götter, bietet erfahrenen Wanderern die Gelegenheit, den höchsten Berg des Landes zu besteigen.

Geschichte erleben kann man in Pella, das berühmt ist für seine Mosaiken, sowie in Vergina, wo einst die Paläste der makedonischen Könige standen und einige der interessantesten Funde von ganz Griechenland gemacht wurden.

Zur Orientierung

Kaum ins 21. Jahrhundert scheint die Mönchsrepublik auf dem Berg Athos zu gehören – hier hat sich seit tausend Jahren nichts geändert. Ein größerer Gegensatz als der zwischen dem beschaulichen Leben in den Athosklöstern und dem

fröhlichen Strand- und Nachtleben auf den benachbarten Halbinseln der Chalkidike ist kaum denkbar.

Obwohl sich die Beziehungen zur Türkei in den letzten Jahren verbessert haben, ist die Grenzregion immer noch ein heikles Gebiet, in dem es sich nicht empfiehlt, eigene Wege zu gehen. Doch die Versuchung, es zu tun, ist groß, denn Thrakien ist nicht nur landschaftlich reizvoll, sondern weithin unberührt und einsam wie kaum eine Region in Griechenland.

Im Norden von Thrakien trennt das Rhodopegebirge Griechenland von Bulgarien. Ganz im Osten liegen das Evrosdelta und der Dadiaforst, ein Tierparadies. Hier gibt es zwar keine Wölfe und Bären mehr, dafür aber majestätische Adler, und man spürt, dass man sich an der äußersten Grenze des Landes befindet. ■

NICHT VERSÄUMEN:

Der Olymp **170**

Die Stadt Kastoria am See **174–175**

Die Königsgräber von Vergina **178**

Die Mosaiken von Pella **179**

Thessaloniki, Griechenlands zweitgrößte Stadt **180–183**

Eine Bootsfahrt um den Berg Athos **188–189**

Eine Fahrt durch das Nestos-Tal **190**

Das thrakische Gefühl auf Xanthi **194–195**

Die Tierwelt im Dadiaforst **201**

Der Olymp & Dion

Der höchste Berg Griechenlands ist zugleich der auffälligste, weil der Gebirgsstock, zu dem er gehört, unvermittelt aus einer flachen Ebene emporragt. Die Entfernung vom Gipfel des Olymp (Olympos) bis zum Ägäischen Meer beträgt nur knapp 20 Kilometer. Die Hauptstraße von Athen nach Thessaloniki führt durch die Ebene zwischen Berg und Meer.

Der Sitz der Götter wurde 1937 der erste Nationalpark Griechenlands

Olymp
Karte S. 168

Der Gebirgsstock ist nur etwa 20 Kilometer lang. Sein höchster Gipfel wird Olymp oder Mitikas genannt und ist 2917 Meter hoch. Von einem Sterblichen wurde er erstmals 1913 bestiegen.

Vor den Menschen waren natürlich die griechischen Götter hier zu Hause. Der Sage zufolge fand auf dem Olymp die entscheidende Schlacht zwischen den Titanen und zwölf von Zeus angeführten Göttern statt: Sie endete mit dem Sieg der Götter. So wurden die wilden Naturkräfte gezähmt, deren Verkörperung die Titanen waren.

Heute kann jeder, der in guter körperlicher Verfassung ist und seinen Aufstieg gut geplant hat, auf den Gipfel des Bergs gelangen. Aber der Aufstieg dauert sechs Stunden, sodass man mindestens eine Nacht auf dem Berg verbringen muss, im Zelt oder nach vorheriger Anmeldung in einer der beiden Hütten. Unerfahrene Bergsteiger sollten sich auf keinen Fall auf eigene Faust an den Aufstieg machen, sondern einen ortskundigen Führer mitnehmen.

Ausgangspunkt der Besteigung und der Erkundung des Parks ist das Dorf **Litochoron**,

INSIDERTIPP:

Verbringen Sie mindestens eine Nacht in der herben Bergwildnis mit dem Luxus warmer Mahlzeiten und netter Gesellschaft. Wandern Sie den halben Weg zum Olymp bis zur Spileos-Agapitos-Hütte des Wandervereins.

NICHOLAS TURLAND
NATIONAL GEOGRAPHIC-Mitarbeiter

wo es mehrere Hotels und Restaurants gibt und wo Karten und alle erforderlichen Ausrüstungsgegenstände erhältlich sind.

Dion

14 Kilometer von Litochoron entfernt liegt das Dorf Dion, dessen Name von *dios* („von Zeus") abgeleitet ist. Es hat ein hervorragendes kleines **Archäologisches Museum** mit Funden aus dem **antiken Dion**, das am Rand des heutigen Dorfs entdeckt wurde. Wenn Sie zuerst das Museum und dann die Grabungsstätte besuchen, verstehen Sie besser, wie dort gearbeitet wird. Videos zeigen Details der Grabungen und erläutern deren Bedeutung. Die dazugehörige Broschüre ist erstklassig und der Vorführraum im Erdgeschoss ein Muss.

Zu den besten Exponaten gehören Statuen, die sehr gut erhalten sind, weil die antike Stadt bei einem Erdbeben unter Schlamm begraben wurde. Im 4. Jahrhundert v. Chr. lebten hier 15 000 Menschen; damals war Dion eine heilige Stadt. Die Überreste, die man heute betrachten kann, stammen überwiegend aus spätrömischer Zeit: darunter ein römisches Badehaus, ein Theater und ein Stadion. An anderer Stelle stehen die Ruinen herrschaftlicher und bescheidener Häuser, und in einem ehemaligen Bankettsaal ist ein prachtvolles Mosaik zu bewundern.

Auch das Heiligtum der ägyptischen Göttin Isis, gegenüber dem Hauptgrabungsgelände auf der anderen Straßenseite, ist einen Besuch wert. Kopien der Originalstatuen heben sich vor dem üppigen Grün ab, das einen kleinen Teich umgibt. ■

Namensstreit

Der Zerfall Jugoslawiens verursachte große Unruhe unter seinen Nachbarn auf dem Balkan. Nirgends war das mehr zu spüren als in Griechenland, besonders als eine der ehemaligen jugoslawischen Republiken sich zum unabhängigen Mazedonien erklärte, der Name der benachbarten griechischen Provinz. Man schloss einen Kompromiss und der neue Staat nennt sich jetzt Ehemalige Jugoslawische Republik Mazedonien (EJRM).

Dion
Karte S. 168

Antikes Dion
Karte S. 168
Tägl. geöffnet
€

Archäologisches Museum
Dion
23 51 05 32 06
Geschl. Mo
€

Hellenic Federation of Mountaineering & Climbing (Griechischer Bergsteigerverein)
Milioni
106 73 Athens
21 03 64 59 04

Die Götter der Griechen

Der Olymp, der höchste Berg Griechenlands, ragt majestätisch aus einer Ebene in unmittelbarer Nähe der Ägäis auf. Da er oft nebelverhangen ist, kann man sich gut vorstellen, weshalb die alten Griechen ihn für den Sitz der Götter hielten. Eine vollständige Geschichte der griechischen Götter würde ein ganzes Buch füllen; aber ein paar Hinweise sind immerhin hilfreich, die Geschichten zu verstehen.

Der Olymp, Thron des Zeus

Sie wurden anfangs mündlich überliefert und wie die „Ilias" und die „Odyssee" Homers einem faszinierten Publikum erzählt. Niedergeschrieben wurden sie erst im 6. Jahrhundert v. Chr. Heute spielen die antiken Götter in der Religion des Landes keine Rolle mehr (97 Prozent der Griechen sind Christen), aber die alten Sagen und Mythen sind immer noch lebendig.

Wie die Geschichten entstanden, ist unklar, aber sie stammen höchstwahrscheinlich aus verschiedenen Quellen. Eine davon ist der griechische Dichter Hesiod, der im 8. Jahrhundert v. Chr. – also zur Zeit Homers – seine „Theogonie" verfasste, ein poetisches Werk über den Ursprung der Götter. In dieses Werk dürften sowohl Mythen aus den Kulturen des Nahen Ostens eingeflossen sein als auch die Sagenwelt der mykenischen Kultur, die im Griechenland des 2. Jahrtausends v. Chr. vorherrschend war.

Vom Olymp aus herrschte Zeus über die anderen Götter. Er war der jüngste Sohn der Titanen Kronos und Rhea, der Kinder

Athene nimmt Tribute entgegen. Die Götter erwarteten Opfergaben, widrigenfalls erzürnte man sie

des Himmels und der Erde. Zeus bemächtigte sich des Universums und wurde zum Himmels- und Regengott und zum Vater aller späteren Götter und Sterblichen.

Poseidon, ein Bruder von Zeus, war der Gott des Meeres und der Vater des geflügelten Rosses Pegasus sowie zahlreicher Kinder, die er mit Wassernymphen zeugte. Hades, ein weiterer Bruder, wurde der Gott der Unterwelt. Zeus' Sohn Apollon, der Gott der Musik, der Landwirtschaft, der Heilkunst und der Prophezeiung, war der Inbegriff der Zivilisation. Zeus' liebstes Kind war jedoch seine Tochter Athene, die Göttin der Weisheit, des Krieges und der Künste. Sie gab Athen ihren Namen.

Aphrodite, die Göttin der Liebe, entstieg den Wellen des Meeres und wurde die Mutter von Eros (Cupido). Eine Mittelstellung zwischen Göttern und Menschen nahmen die Heroen, Helden der Vorzeit, ein.

ERLEBNIS: Sagen auf der Spur

Die gesamte griechische Kultur ist durch die Mythologie geprägt. Es ist Zeitverschwendung, das Land ohne deren Grundkenntnisse zu besuchen. Bereits Athen bietet erste Ansatzpunkte für die Welt der griechischen Sagen.

Das Athinais-Kulturzentrum *(Kastorias 34-36, Votanikos, Athens 104-47, Tel. 21 03 48 00 00, www.athinais.com.gr/polixoros/en/entrance.html)* beschäftigt sich mit dem Einfluss der Antike auf die Moderne. Die Ausstellungen und Vorlesungen in der Galerie, dem Vorlesungssaal und dem Theater helfen Ihnen, die Facetten griechischer Kultur zu begreifen.

Wünschen Sie strukturiertere Einblicke, buchen Sie einen der vielen angebotenen Mythologie-Kurse. Das Programm des The Greek House *(Dragoumi 7, 145 61 Kifissia, Athens, Tel. 21 08 08 51 85, www.greekhouse.gr)* mischt Sprach- und Kulturunterricht für ein breites Verständnis der hellenischen Welt. Es gibt einen Einstufungstest für die Kurse, aber wenn Sie intensiv die kulturellen Gepflogenheiten kennenlernen wollen, sind Sie hier richtig.

Kastoria

Wer schon auf den griechischen Inseln war und auch die berühmten Orte auf dem Festland gesehen hat, meint oft, die schönsten Flecken Griechenlands zu kennen. Abenteuerlustige Reisende, die Städte wie Kastoria für sich entdecken, werden da anderer Meinung sein.

Das Immanouil-Haus gehört zu den schönsten Herrschaftshäusern Kastorias

Kastoria
Karte S. 168

Byzantinisches Museum
Plateia Dexamenis
24 67 02 67 81
Geschl. Mo

In Kastoria gibt es 54 **byzantinischen Kirchen**. Einige von ihnen sind über tausend Jahre alt, wie etwa die Taxiarkhestis Mitropoleos aus dem 9. Jahrhundert mit ihren herrlichen Fresken aus verschiedenen Jahrhunderten. In der Kirche Agios Stefanos aus dem 10. Jahrhundert gibt es – höchst ungewöhnlich – eine Frauen-Empore. Die meisten dieser Kirchen sind zugeschlossen – um sie besichtigen zu können, muss man das Glück haben, dass man eintrifft, wenn gerade ein Gottesdienst stattfindet oder die Kirche gereinigt wird. Man kann sich aber auch im Byzantinischen Museum die Schlüssel ausleihen.

Das **Byzantinische Museum** ist zwar klein, aber wegen der herrlichen Ikonen aus den Kirchen von Kastoria unbedingt einen Besuch wert. Das Museum liegt am oberen Ende der Stadt in der Nähe der Plateia Dexamenis. Wenn Sie sich nach dem Weg erkundigen, sollten Sie daran denken, dass die meisten Einheimischen es das „Archäologische Museum" nennen.

Der Name der Stadt stammt von dem griechischen Wort *kastoria*, das Biber bedeutet. Den Bibern verdankt die Stadt ihre Position als Zentrum des

Pelzhandels, die sie seit dem 17. Jahrhundert innehat. Nach dem Aussterben der einheimischen Biber im 19. Jahrhundert wurden Pelze importiert. Sie werden zu Mänteln, Handschuhen, Hüten und anderen Modeartikeln verarbeitet.

Kastoria hat auch ein **Volkskundemuseum**, das einen ausgiebigen Besuch verdient, nicht zuletzt wegen des Gebäudes, in dem es untergebracht ist, dem Alvazi-Haus aus dem 17. Jahrhundert. Es war bis 1972 bewohnt und wurde dann in ein sehr interessantes Museum mit Haushaltsgegenständen, Kleidungsstücken, landwirtschaftlichen Geräten, einer restaurierten Küche und einem Weinkeller umgewandelt.

Der Reichtum, den der Pelzhandel der Stadt bescherte, fand seinen Ausdruck in einigen sehr schönen **Herrschaftshäusern**, von denen man allerdings nur das Alvazi-Haus von innen besichtigen kann. Mehrere dieser beeindruckenden Gebäude stehen in der Nähe des Museums. Halten Sie Ausschau nach dem Skoutari-, dem Natzi-, dem Basara- und dem Immanouil-Haus. Typisch für diese Häuser sind ein aus Stein erbautes Erdgeschoss und prächtige Obergeschosse mit hölzernen Balkonen, Fresken und gelegentlich auch Buntglasfenstern. Die Wohnungen liegen in den oberen Stockwerken, während das Erdgeschoss als Lager benutzt wurde, wie Sie im Volkskundemuseum sehen können.

Ein Spaziergang am Ufer des Sees ist im Frühjahr und Herbst besonders reizvoll, weil sich dann die vielen Bäume von ihrer besten Seite zeigen. Interessant sind auch die ungewöhnlich geformten Boote, die dort liegen.

Eine Wanderung um die Halbinsel bringt Sie zu einer weiteren Sehenswürdigkeit, dem **Kloster Panagia Mawrotissa**. Hier stehen zwei Kirchen aus dem 11. und 14. Jahrhundert mit sehr gut erhaltenen Fresken. ■

Volkskundemuseum

- Kapetan Lazou
- 24 67 02 86 03
- Geschl. täglich 12–15 Uhr
- €

Bärenreservat Arcturos

Die Wälder und Berge Nordgriechenlands markieren die südlichste Grenze in Europa für die gefährdeten Braunbären. Die Chance, ein Exemplar zu Gesicht zu bekommen, ist gering, aber ein kleines Rudel wurde im Arcturos-Bärenreservat angesiedelt. Die meisten Bären wurden aus Gefangenschaft gerettet, einige waren „Haustiere" und andere wurden vor der grausamen Existenz als Tanzbär bewahrt. Letzteren werden als Jungtiere bei Tamburinklängen die Tatzen verbrannt, sodass sie später zu tanzen beginnen, sobald ein Tamburin ertönt. Das Reservat wurde 1992 durch den Winzer Yianni Boutari nahe seiner Heimatstadt Nympheon in der Nähe von Florina errichtet und bietet ein Refugium für die Bären. Ein Wolfsgehege wurde ebenfalls gebaut; viel Aufklärungs- und Umweltarbeit wird hier verrichtet. Kontaktieren Sie das Arcturos-Reservat *(Victor Hugo 3, Thessaloniki, 54625 Griechenland, Tel. 23 10 55 59 20, www.arcturos.gr)* oder das Arcturos-Umweltzentrum *(Aetos Florinas 53075 Griechenland, Tel. 23 86 04 15 00, Mi. geschlossen)*.

Die Prespaseen

Im Wasser des Großen Prespasees (Megali Prespa) stoßen die Grenzen von Albanien, Griechenland und der serbischen Republik Makedonien zusammen. Der Kleine Prespasee (Mikra Prespa) gehört zu Albanien und Griechenland. Diese Grenzregion im äußersten Nordwesten Griechenlands wirkt völlig unberührt von der modernen Welt und ist ein Tier- und Pflanzenparadies.

Ausgedehnte Schilfflächen an den Ufern der Prespaseen bieten vielen Tieren einen Lebensraum

Prespaseen Informationszentrum (Society for the Protection of Prespa)
Karte S. 168
Agios Germanos
23 85 05 12 11

In den 70er Jahren durfte die Region wegen politischer Konflikte mit Albanien nur nach vorheriger Erlaubnis und in Begleitung eines Soldaten besucht werden.

Touristen mag der Zugang verwehrt worden sein, doch das galt nie für die Tiere. Der **Prespa-Nationalpark** ist ein wichtiges Brutrevier für viele Vögel, die auf Störungen sehr empfindlich reagieren. Daher empfiehlt es sich, als Erstes das **Informationszentrum** in dem kleinen Dorf Agios Germanos aufzusuchen, wo Sie Broschüren in mehreren Sprachen und Wanderkarten sowie Produkte aus Landwirtschaft und Kunsthandwerk der Region kaufen können. Auch geführte Wanderungen durch den Park können hier gebucht werden.

Es ist möglich, die Seen an einem Tag z.B. von Kastoria aus zu besuchen, aber wenn Sie übernachten wollen, sollten Sie (vor allem an Ostern und im August) im Voraus buchen, weil die Unterkunftsmöglichkeiten begrenzt sind.

Im Nationalpark leben die seltenen Krauskopfpelikane, von denen es weltweit nur noch etwa 1000 Paare gibt. In der Umgebung der Prespaseen nisten gewöhnlich bis zu 150 Paare, die allerdings auch nach Süden auf die Insel Korfu ausweichen können, wenn der Winter hier im Gebirge besonders streng und lang ist. Weitere Vogelarten, die hier leben, sind Reiher, Kormorane, Gänse, Taucher und Gänsesäger. Hinzu kommen zahlreiche Greifvögel, darunter Stein-, Schlangen- und Zwergadler sowie Lanner- und Wanderfalken.

Zu den hier heimischen Amphibien gehören mehrere Arten von Fröschen, Kröten und Molchen und der Feuersalamander. Die Reptilien sind mit rund 20 Arten vertreten, darunter auch Schlangen, weshalb beim Wandern Vorsicht geboten ist. Die Tierwelt und die mehr als 1300 Pflanzenarten machen den Park zu einem grandiosen Naturparadies.

INSIDERTIPP:
Löschen Sie Ihren Durst an einer der vielen kalten klaren Quellen. Sie liegen oft am Wegesrand und sind durch verzierte steinerne Bögen gekennzeichnet. Das Wasser ist absolut trinkbar.

NICHOLAS TURLAND
National Geographic-Mitarbeiter

Auch kulturell hat die Region einiges zu bieten. Im Dorf **Agios Germanos** steht eine Kirche gleichen Namens aus dem 11. Jahrhundert mit zum Teil noch originalen Fresken. Auch die Kirche **Agios Athanasios** im gleichen Dorf lohnt einen Besuch. Um einige der ungewöhnlicheren Kirchen der Region zu sehen, müssen Sie sich in Psarades ein Boot mieten und auf den Kleinen Prespasee hinausfahren.

Die Ruinen der byzantinischen Kirche **Agios Akhillios** stehen auf der gleichnamigen Insel. Dort wird man Ihnen auch die Ruinen eines Klosters zeigen und vielleicht lernen Sie ein paar der wenigen Familien kennen, die hier mit Fischfang und Landwirtschaft ein karges Leben fristen.

Sie können auch eine Bootsfahrt auf dem Großen Prespasee unternehmen. Hier ist die Hauptattraktion die aus dem 15. Jahrhundert stammende und in den Fels hineingebaute Kirche **Panagia Elousas**.

Gleichfalls nur vom Wasser aus zu sehen ist eine auf den Fels gemalte Ikone der Jungfrau Maria. Aber die Bootsfahrt an sich ist schon ein Erlebnis. Sie bringt Sie ins Zentrum eines großen, von Bergen umgebenen und von unsichtbaren Grenzen durchzogenen Gewässers. Der Prespasee ist mit 290 Quadratkilometern der größte der Dessaretischen Seen und entwässert unterirdisch zum Ohridsee. ■

Vergina

Einer der aufsehenerregendsten Funde in Griechenland wurde 1977 bei der Ausgrabung der Königsgräber von Vergina gemacht, 12 Kilometer von der Stadt Veria entfernt. Damit war bewiesen, dass Vergina die alte, später zu Gunsten von Pella (siehe S. 179) aufgegebene makedonische Hauptstadt Aigai war.

Vergina
- Karte S. 168
- 23 31 09 23 47
- Geschl. Mo. Vormittag
- €€

Man vermutet, dass es sich bei dem Fund von Professor Manolis Andronikos (1919–92) um die Grabstätte des Königs Philipp II. von Makedonien (4. Jahrhundert v. Chr.) handelt, des Vaters Alexanders des Großen. Das Skelett des Herrschers war gut erhalten und lag in einem goldenen Sarg mit der 16-strahligen Sonne, dem Emblem Makedoniens.

In der Nähe wurden zwei weitere Königsgräber mit steinernen Friesen und Grabbeigaben entdeckt. Das erste Grab war schon früh geplündert worden, aber das zweite enthielt einzigartige Schätze. Bis dahin hatte man geglaubt, die makedonischen Könige seien in Edessa (siehe S. 181) begraben worden. Die Grabfunde befinden sich heute im Archäologischen Museum in Thessaloniki (siehe S. 181).

In Vergina selbst wurde ein erstklassiges Museum gebaut, in dem die Besucher die Grabstätten durch eine Glaswand hindurch betrachten können.

Neben den Grabstätten befinden sich die Überreste des **Palatitsia-Palastes**, der wahrscheinlich im 3. Jahrhundert v. Chr. als Sommerpalast für den damaligen König Antigonos Gonatos errichtet wurde. Das Ausmaß der Anlage ist beeindruckend. Das Theater in unmittelbarer Nähe ist noch wesentlich älter; man vermutet, dass dort Philipp II. im Jahr 336 v. Chr. ermordet wurde – vielleicht sogar auf Betreiben seines eigenen Sohnes Alexander (siehe S. 30). ■

Rätsel um Gebeine

Seit einer Untersuchung im Jahr 1984 gilt als sicher, dass es sich bei den in dem Grabmal in Vergina gefundenen Knochen um die Gebeine König Philipps II. handelt. Zu den Beweisen gehören eine Kopfwunde über der rechten Augenhöhle, was mit den Berichten über den Tod des Makedonierkönigs übereinstimmt. Im Jahr 2000 behauptete jedoch der griechische Historiker Dr. Antonis Bartsiokas, die Gebeine stammten in Wirklichkeit von Alexanders Halbbruder, der nach Alexanders Tod als Philipp III. den Thron bestieg. Bartsiokas erklärte, es gäbe keinen Hinweis auf eine Kopfverletzung und einige der in dem Grab gefundenen Artefakte stammten aus der Zeit nach dem Tod Philipps II. Das Museum bleibt vorerst bei der ursprünglichen Annahme.

Pella

Der wenig beeindruckend erscheinende Ausgrabungsort Pella liegt etwa 45 Kilometer von Thessaloniki entfernt. Auf den ersten Blick kann man sich kaum vorstellen, welche Bedeutung dieser Ort einst hatte – man könnte in ihm die erste Hauptstadt eines Staates sehen, der in etwa dem modernen Griechenland entsprach.

Im Museum von Pella kann man das berühmte Kieselstein-Mosaik *Die Löwenjagd* bewundern

Pella war unter Philipp II. die Hauptstadt von Makedonien. Nachdem Philipp 338 v. Chr. die Griechen geschlagen hatte (siehe S. 30), konnte er unter seinem Banner etliche zuvor feindselig gesinnte Stadtstaaten vereinen. Dadurch entstand ein Staatenbund, der einen Großteil des heutigen Griechenland umfasste.

Pella wurde gegen Ende des 5. Jahrhunderts v. Chr. von König Archelaos I. (413–399 v. Chr.) gegründet, und sowohl Philipp II. als auch Alexander wurden hier geboren. Im 2. Jahrhundert v. Chr. wurde die Stadt von den Römern zerstört, und wer heute Pella besucht, tut es nur der prachtvollen **Mosaiken** wegen. Einige von ihnen befinden sich noch an dem Ort, an dem sie geschaffen wurden – größtenteils um 300 v. Chr., nicht lange nach dem Tod Alexanders. Die Mosaiken sind eindrucksvolle Kunstwerke. Sie zeigen Jagdszenen, darunter nackte Jäger, die einen Löwen mit Keulen und Schwertern angreifen, einen Hirsch, der von einem Greif attackiert wird, und den Gott Dionysos auf einem Panther reitend.

Viele der Mosaiken befinden sich im **Haus der Löwenjagd**, das vermutlich eine Art offizielles Gebäude war. Es bestand aus einem Dutzend, um drei offene Innenhöfe angeordneten Räumen und war 90 Meter lang und 50 Meter breit. ■

Pella

Karte S. 168
23 82 03 11 60
Geschl Mo. Vormittag
€

Thessaloniki

Thessaloniki, direkt am Ägäischen Meer gelegen, ist die Hauptstadt Makedoniens – geschichtsträchtig und dennoch eine moderne Stadt. Hier leben viele Studenten, und ein abendlicher Spaziergang am Strand führt vorbei an Lokalen und Cafés voller junger Griechen.

Ein auffälliger Kontrast an der Kaipromenade – moderne Wohnblocks und der alte Weiße Turm

Thessaloniki

Karte S. 168 & 182

Besucherinformation

Tsimiski 136

23 10 25 21 70

Am einen Ende des Strands steht ein Reiterstandbild von Alexander dem Großen, dessen Halbschwester der Stadt ihren Namen gab. Sie war mit König Kassandros verheiratet, der die Stadt 315 v. Chr. durch Zusammenschluss von 25 Orten mit der bereits vorhandenen Stadt Therme gründete. Nachdem die Römer Griechenland erobert hatten, machten sie die Stadt 146 v. Chr. zur Hauptstadt ihrer Provinz Macedonia prima.

Thessaloniki lag an der Via Egnatia, einer großen Heerstraße, die Rom mit Konstantinopel verband. Die Hauptstraße der Stadt heißt noch heute Egnatia. Nicht weit von ihr entfernt, am Ostende des Stadtzentrums, steht der **Triumphbogen des Galerius**, den Kaiser Galerius (gest. 313 n. Chr.) im Jahr 303 zur Erinnerung an seinen Sieg über die Perser sechs Jahre zuvor erbauen ließ und der seine Taten in zahlreichen Reliefs verherrlicht. Dicht daneben befindet sich die Rotonda, möglicherweise als Mausoleum für Galerius gebaut, aber nie als solches benutzt. Die **Rotonda** war zeitweilig Kirche oder Moschee; heute finden in ihr gelegentlich Kunstausstellungen statt.

Ganz in der Nähe steht das berühmteste Wahrzeichen der Stadt, der auf vielen Postkarten abgebildete **Weiße Turm.** Früher wurde er Blutturm genannt, weil er als Gefängnis und Hinrichtungsstätte diente. Vom Dach aus hat man einen herrlichen Blick über die Uferpromenade der Stadt.

Sehenswert ist auch das **Byzantinische Museum**, das eine Fülle byzantinischer Kunstgegenstände enthält, darunter Schmuckstücke, Mosaiken und Ikonen.

Eine bedeutende touristische Attraktion ist das nicht weit entfernte **Archäologische Museum,** es erzählt die Geschichte der Region Mazedoniens und Thessalonikis. Einige der Ausstellungsstücke stammen aus römischer Zeit, als die Stadt florierte und wohlhabend war, wie die vielen römischen Relikte beweisen. Die besten Beispiele sind Bodenmosaiken, Juwelen und andere Dekorationsstücke und Haushaltsgegenstände wie Vasen und Teller.

Eines der Hauptexponate ist der Krater von Derveni, der bis ins 4. Jahrhundert v. Chr. zurückgeht. Es ist eine ein Meter hohe, ornamental verzierte Bronzevase, die benutzt wurde, um Wein zu mischen. Derveni ist eine bedeutende archäologische Stätte nördlich von Thessaloniki.

Mehrere kleinere Museen sind gleichfalls einen Besuch wert. Das **Volkskunde- und Ethnologische Museum** ist in einem Herrschaftshaus aus dem 19. Jahrhundert östlich der Innenstadt untergebracht. Hier finden Sie u.a. eine umfangreiche Sammlung historischer Gewänder und ein großes Fotoarchiv. Im Stadtzentrum, nicht weit vom Ufer entfernt, steht das **Museum des makedonischen Kampfes**. Das Museum informiert den Besucher über den Kampf um die Vorherrschaft in

Edessa

Kein Grieche, der in den Bergen im Westen Makedoniens Urlaub macht, lässt sich die Wasserfälle von Edessa entgehen. Beim größten von ihnen stürzt das Wasser von einem Felsvorsprung 25 Meter tief hinunter. Ein Plankenpfad führt hinter einen der Fälle und in eine kleine Höhle.

Aber der Reiz der Gegend beruht nicht nur auf den Wasserfällen, sondern auch auf ihrer Umgebung, die in einen öffentlichen Park mit zahlreichen Bäumen und Blumenrabatten, Cafés und einem Restaurant umgewandelt wurde. Edessa selbst ist ein beliebter Urlaubsort am Rand eines Steilabbruchs mit Blick über die weite Ebene.

Byzantinisches Museum
- ✉ Leoforos Stratou 2
- ☏ 23 13 30 64 00
- ◷ im Sommer montagvormittags geschlossen

Archäologisches Museum
- ✉ Manoli Andronikos/ Leoforos Stratou
- ☏ 23 10 83 05 38
- $ €€

Volkskunde & Ethnologisches Museum
- ✉ Vasilissis Olggas 68
- ☏ 23 10 83 05 91 oder 23 10 88 98 40
- ◷ Geschl. Do
- $ €

Museum des makedonischen Kampfes
- ✉ Proxenou Koromila 23
- ☏ 23 10 22 97 78
- ◷ Geschl. So und Mo

dieser Region, mit Exponaten, zu denen anschauliche Dioramen ebenso gehören wie die Waffen, die von den Freiheitskämpfern benutzt wurden.

Kirchen

In Thessaloniki gibt es viele schöne Kirchen. Die im 8. Jahrhundert erbaute **Agia Sofia** ist ein Wahrzeichen der Innenstadt und leicht zu erkennen, weil sie der Hagia Sophia in Istanbul ähnelt; auch sie wurde von 1585 bis 1912 als Moschee benutzt. In einer Ecke der Kirche ist die Basis eines Minaretts erhalten geblieben. Sehenswert sind die Fresken und Mosaiken aus dem 9. und 10. Jahrhundert.

In Thessaloniki steht auch die größte Kirche Griechenlands, **Agios Dimitrios**, die dem Schutzheiligen der Stadt geweiht ist. Der Bau ist relativ modern; er wurde 1917 errichtet, nachdem ein großer Brand die Stadt verwüstet hatte. Er befindet sich an der Stelle, wo der heilige Dimitrios 305 n. Chr. von den Römern ermordet wurde, nachdem er sich geweigert hatte, seinem Glauben abzuschwören. Der Ort des Geschehens, die Krypta, ist erhalten geblieben – ein gespenstischer Raum unter dem Hauptaltar. Der Tag des heiligen Dimitrios ist der 26. Oktober; er wird mit Prozessionen und anderen Festlichkeiten gefeiert.

INSIDERTIPP:

Nehmen Sie ein Taxi und fahren Sie nach Ano Poli, ein malerischer Nachbarort mit erhaltener Architektur im Balkanstil.

DIMITRA KESSENIDES
NATIONAL GEOGRAPHIC-Mitarbieiter

Das Gegenstück zur größten Kirche Griechenlands ist die winzige, aus dem 5. Jahrhundert stammende Kapelle **Osios David** in einer kleinen Straße der Oberstadt. Ihr Prunkstück befindet sich hinter dem Altar, die *Vision des Hesekiel*. Selbst wer sich nicht sonderlich für Kirchen oder Mosaiken interessiert, wird die unvergleichliche Schönheit dieses Werks und die Frische der Farben bewundern. Ungewöhnlich ist auch, dass Christus bartlos dargestellt ist.

Der Kettenturm

In der Oberstadt sollten Sie nach dem Kettenturm Ausschau halten, von dem aus man einen herrlichen Blick über die Stadt hat. Er gehörte zu der byzantinischen Stadtmauer, von der in dieser Gegend noch Reste erhalten geblieben sind. Ein Abschnitt wird Eptagyrgiou („Sieben Türme") genannt.

Wenn Sie von hier aus in Richtung Meer spazieren gehen, kommen Sie am Geburtshaus von Mustafa Kemal Atatürk (1881–1938) vorbei, des ersten Präsidenten der modernen Türkei. Darin befindet sich ein kleines Museum. Der Rest des Hauses wurde so belassen, wie es aussah, als Kemals Familie hier lebte. Wenn Sie es besichtigen wollen, müssen Sie beim nahe gelegenen Türkischen Konsulat eine Erlaubnis einholen. Da die Beziehungen zwischen Griechenland und der Türkei angespannt sind und die Griechen Kemal Atatürk für die Vertreibung der Griechen aus Kleinasien (1923) verantwortlich machen, sind die türkischen Beamten sehr vorsichtig, wen sie in dieses Haus lassen, das schon häufig bedroht wurde. ■

Alexander der Große in Heldenpose

Chalkidike

Wenn von der Chalkidike die Rede ist, denken die meisten Leute an die drei Halbinseln, die sich wie Finger ins Ägäische Meer erstrecken. Aber es gibt noch einen vierten Teil, den Festlandsrumpf im Norden. Die bergige, bewaldete Region scheint Welten entfernt vom fröhlichen Strandleben auf den beiden westlichen Halbinseln.

Ein Fischer in Nea Skione, Kassandra, sortiert seine Netze

Die östlichste Halbinsel ist Agion Oros, der Berg Athos, in aller Welt bekannt als der Ort, den kein weibliches Wesen, ob Mensch oder Tier, betreten darf – mit Ausnahme der Jungfrau Maria (siehe S. 186f).

Ganz anders auf **Kassandra**, der westlichsten Halbinsel: Hier gibt es an den gut besuchten Stränden viele Frauen. Kassandra ist ein lohnenswertes Urlaubsziel, wenn Ihnen der Sinn nach Strand und Nachtleben steht. Im Nordwesten gehen die Küstenorte ineinander über und verschmelzen schließlich zu den Vororten von Thessaloniki.

Am schmalen oberen Ende der Halbinsel liegt **Nea Moudania**. Die Stadt ist weniger reizvoll als die Badeorte weiter südlich, hat aber dennoch einiges zu bieten. Von hier legen die Schiffe zu den Sporaden und zur Halbinsel Pilion ab. Kassandra kann man in relativ kurzer Zeit umrunden. Die Badeorte an der Ost- und der Westküste sind einander sehr ähnlich; die Ostküste hat den Vorteil, dass sie einen sehr schönen Blick auf die benachbarte Halbinsel Sithonia bietet.

Sithonia ist ruhiger und reizvoller; mit grünen Hügeln, die für den Norden der Chalkidike typisch sind. Auch hier bietet die Ostküste den Vorteil einer Aussicht: in diesem Fall auf den Berg Athos. Wer die Athosklöster aus größerer Nähe sehen will, kann in Ouranopolis am oberen Ende von Agion Oros oder in Ormos Panagias, der größten Stadt an der Ostküste Sithonias, ein Boot besteigen (siehe S. 188f).

Die schönsten Strände gibt es am Südende Sithonias in kleinen Orten wie Toroni und Aretes. Wer Wert auf den Komfort einer großen Ferienanlage legt, findet sie in **Porto Carras**, dem größten Hotelkomplex in Griechenland, der sich zehn Kilometer lang am Strand erstreckt.

Im **Norden der Chalkidike** gibt es viel zu erkunden, darunter herrliche bewaldete Hügel mit Dörfern, die kaum vom Tourismus berührt sind. Eine Hauptattraktion ist die Höhle in der Nähe von Petralona, die manchmal **Petralona-Höhle** genannt wird, aber Kokkines Petres (Rotsteinhöhle) heißt. Hier wurde in den 60er Jahren der älteste archäologische Fund Griechenlands gemacht: der vermutlich 70 000 Jahre alte Schädel eines Neandertalers. Den historischen Aspekt der Höhle erläutern vorgeschichtliche Szenen, die in ihrer natürlichen Umgebung sehr beeindruckend sind.

Durch die landschaftlich schönste Gegend im Norden der Chalkidike führt eine Straße: Sie verläuft durch das Städtchen **Arnea**, das wegen einiger hübscher Häuser und der dort angebotenen Teppiche und kunsthandwerklichen Arbeiten einen Zwischenaufenthalt lohnt. Nicht weit davon entfernt liegt **Stagira**, der Geburtsort des Philosophen Aristoteles (348–322 v. Chr.), an den eine Marmorstatue am Ortsrand erinnert. ■

Chalkidike

Karte S. 168

Petralona-Höhle

Karte S. 168

55 Kilometer südöstlich von Thessaloniki

€€

ERLEBNIS: Shopping in Griechenland

Einige Gegenden Griechenlands sind spezialisiert auf bestimmte Handwerke. Wenn Sie Keramik suchen, finden Sie die besten Stücke auf Rhodos, Sifnos und Skiros, obwohl man gute Arbeiten im ganzen Land kaufen kann.

Schmuck kaufen Sie am besten in Ioannina in Epirus, dem traditionellen Zentrum für Silberschmiedewerk. Rhodos und Athen sind gute Orte für Gold, aber teurer. Hochwertige Lederarbeiten findet man in ganz Griechenland, die schönsten Stücke bietet Kreta, besonders in Chania.

Schnitzereien und Stickereien sind besonders exquisit in Metsovo, Qualitätsstickereien findet man auf den Ionischen Inseln, besonders auf Kefalonia und Zakinthos. Kreta ist seit minoischer Zeit ein Zentrum für Stickerei und Weberei und Sie finden schöne Exemplare in den größeren Dörfern der Lasithi-Hochebene.

Handgewebte Teppiche sind überall erhältlich, auf alten Webstühlen aus traditionellem Material nach überlieferten Techniken gewebt. Flokati, die handgewebten Wollteppiche, werden vor allem im nördlichen Gebirge und Thrakien hergestellt.

Viele Geschäfte im Dodekanes verkaufen Schwämme, zumindest die Souvenirläden haben immer welche ausgestellt. Verschiedene Typen stehen zur Auswahl. Beachten Sie: Naturgefärbte braune Schwämme sind haltbarer als künstlich gefärbte gelbe, die besseren Schwämme haben kleine Löcher und geschnittene Stücke halten nicht so lange wie ganze Schwämme.

Der Athos

Um die Klöster auf der Halbinsel Agion Oros (dem „Heiligen Berg") zu besuchen, braucht man eine spezielle Genehmigung, nicht aber für die Besichtigung vom Schiff aus (siehe S. 188f). Einige der Klöster liegen an derart steilen Berghängen, dass man sich fragt, wie sie gebaut werden konnten.

Nur sehr wenige Pilger dürfen am Klosterleben auf dem Athos teilhaben

Athos
Karte S. 169

Am Südende der Halbinsel liegt der eigentliche Berg Athos, mit 2033 Metern der höchste Berg der Chalkidike.

Das erste Kloster, Moni Lawra, wurde vom heiligen Athanasius im Jahr 963 n. Chr. gegründet. Bereits damals galt die Halbinsel als heilige Stätte. Hier führten Eremiten ein weltabgeschiedenes Leben. Dieses erste Kloster wurde auf einem Felsvorsprung am Südende der Halbinsel gebaut, so weit wie möglich von der Zivilisation entfernt. Im 10. und 11. Jahrhundert kamen weitere Klöster hinzu. Zeitweise gab es hier 40 Klöster, und in jedem von ihnen lebten bis zu 1000 Mönche.

Inzwischen haben sich die Verhältnisse geändert. In letzter Zeit lebten nicht einmal mehr 2000 Mönche in den noch bewohnten 20 Klöstern. Aber kürzlich ist ihre Zahl wieder gestiegen, weil sich junge Menschen unter dem Einfluss des Jahrtausendwechsels und auch als Reaktion auf die zunehmende Vergnügungssucht für das Klosterleben entschieden haben.

Bekanntermaßen darf keine Frau die Halbinsel betreten.

Diese Regel gilt seit dem Jahr 1060, in dem Kaiser Konstantin IX. Monomachos in Konstantinopel (dem heutigen Istanbul) ein Edikt erließ, das alle Frauen vom Athos, der ausschließlich der Jungfrau Maria vorbehalten war, verbannte. Sogar weibliche Tiere haben keinen Zutritt. Der einzigartige Status der Halbinsel wurde durch einen Regierungserlass im Jahr 1926 bestätigt: Die Mönchsrepublik auf dem Athos wurde für unabhängig, aber gleichzeitig zu einem Teil des griechischen Staats erklärt. Zwar wurden Vorschläge zur Änderung dieses Zustands gemacht, aber fürs Erste bleibt auf dem Athos alles beim Alten.

Wenn Sie ein Mann sind und den Athos besuchen möchten, statt ihn nur vom Schiff aus zu betrachten, müssen Sie sich an ein strenges Verfahren halten.

Wurden Ihre Besuchsgründe anerkannt, setzt man Sie auf eine Warteliste, weil das Ministerium nicht mehr als zehn Erlaubnisscheine pro Tag ausstellt, damit der Frieden der Klöster nicht allzu sehr gestört wird und die Mönche ihre Ruhe haben.

Falls Sie es auf den Athos schaffen, lernen Sie die strengen Regeln kennen, nach denen die Mönche leben. Der erste Gottesdienst findet am frühen Morgen, um 3 oder 4 Uhr statt. Durch das Anschlagen eines nahe dem Eingang zur Kirche aufgehängten Holzstücks, *simandro* genannt, werden die Mönche zum Gebet gerufen. Pro Tag sind nur zwei Mahlzeiten erlaubt, und es gibt viele Fastentage mit nur kargem Mahl. Wenn die Mönche nicht beten, arbeiten sie. ■

ERLEBNIS: Mönchsleben auf dem Berg Athos

Für ein einzigartiges Griechenlanderlebnis können Sie im Kloster bei den Mönchen von Athos bleiben – sofern Sie männlich sind. Um den Mönchen die nötige Ruhe zu lassen, ist die Teilnehmerzahl auf 10 pro Tag begrenzt für Besucher, die nicht griechisch-orthodox sind, und 120 für Gläubige.

Eine Erlaubnis zu erhalten ist nicht einfach. Sie benötigen ein Empfehlungsschreiben des griechischen Konsulats Ihres Heimatlandes, in dem bestätigt wird, dass Sie triftige wissenschaftliche, religiöse oder kulturelle Gründe für den Besuch haben. Den Brief senden Sie an die Abtei des Heiligen Berges Athos *(Pilgrims' Bureau, Egnatia 109, Thessaloniki 54635, Tel. 23 10 25 25 78, E-Mail: pilgrimsbureau@c-lab.gr)*, die die Genehmigungen ausstellt. Ohne Erlaubnisschein wird Sie kein Boot übersetzen. Sie können sich fünf Monate vor dem geplanten Aufenthalt bewerben, aber wegen der Vorgaben gibt es keine Garantie, dass Sie den Wunschtermin erhalten, also seien Sie zeitlich flexibel. Die Aufenthaltsgenehmigungen sind nicht teuer (etwa 30 €) und gelten für vier Tage (drei Nächte) auf dem Berg Athos, einschließlich Unterkunft und Verpflegung. In einigen Klöstern muss man die Unterkunft reservieren, wenn man ein bestimmtes besuchen möchte. Wenn Sie auf Athos sind, können Sie den Aufenthalt auch um zwei Nächte verlängern, wenn Sie einen stichhaltigen Grund haben, länger zu bleiben.

Mit dem Schiff um den Berg Athos

Nur wenige Männer dürfen den „heiligen Berg“ Athos betreten. Die meisten, insbesondere alle Frauen, müssen sich mit einem Schiffsausflug an der Küste der Halbinsel entlang und mit dem Anblick der zahlreichen, an den Fels gelehnten Klöster begnügen.

Der byzantinische Phosphori-Turm am Strand von Ouranopolis

Manche Schiffe umrunden die gesamte Halbinsel, damit die Besucher auch die Klöster an der Ostseite sehen können, aber die meisten legen in **Ouranopolis** ❶ im Nordosten der Halbinsel ab und beschränken sich auf die sehenswertere Westküste des Athos. Ouranopolis hat nicht viel zu bieten – die meisten Besucher kommen von der Chalkidike oder aus Thessaloniki.

Die Schiffe müssen zur Küste einen Abstand von 500 Metern wahren. Ein Fernglas und, wenn Sie Nahaufnahmen machen möchten, eine Kamera mit einem Teleobjektiv sind also sicher von Vorteil.

NICHT VERSÄUMEN:

Dochiariou • Agiou Pandeleimonos • Simonopetra • Agiou Dionisiou

Die Fahrt dauert mindestens vier Stunden. Informationen werden auf Griechisch, Englisch und Deutsch gegeben, auf manchen Schiffen ist allerdings die Lautsprecheranlage nicht sehr gut. Die Karte hilft Ihnen bei der Identifizierung der Klöster.

Die ersten Klöster, die Sie passieren, liegen im Innern der Insel – zuerst **Zographou** und etwas weiter südlich Kastamonitou. Zographou wurde im 10. Jahrhundert gegründet, aber wie die meisten Klöster im 18. oder 19. Jahrhundert erneuert. Heute lebt dort eine kleine Gemeinde von bulgarischen Mönchen. **Kastamonitou** stammt aus dem 11. Jahrhundert und ist gleichfalls noch bewohnt.

Das erste Kloster, auf das Sie bei Ihrer Fahrt einen Blick werfen können, ist **Dochiariou** ❷, eine Ansammlung interessanter Gebäude auf einer Anhöhe über einem Anleger. Dieses noch heute bewohnte Kloster wurde im 10. Jahrhundert gegründet und besitzt, neben einigen Fresken aus jener Zeit in seinen Kirchen, angeblich ein Stück vom Kreuz Christi. Das nächste in der Reihe ist **Xenophontos** ❸, im 10. Jahrhundert vom heiligen Xenophontos gegründet und gleichfalls noch bewohnt, aber wie viele Klöster im Lauf der Zeit mehrfach durch Brände beschädigt und in einer Mischung verschiedener Stile wieder aufgebaut.

Das nächste Küstenkloster ist der überaus beeindruckende **Agios Pandeleimonos** 4 aus dem 12. Jahrhundert mit Anbauten russischer Mönche aus dem 19. Jahrhundert. Sie können die Zwiebeltürme der Kirchen sehen, die die roten Dächer der Gebäude überragen. Ein Stück weiter passieren Sie die Hafenstadt **Dafni** 5. Hier gehen Pilger an Land und eine kleine Einwohnerschaft kümmert sich um praktischen Bedürfnisse der Mönche und ihrer Besucher. Ein Stück weiter landeinwärts liegt das Kloster **Xerapotamou**, das gleichfalls mehrmals abgebrannt ist und in verschiedenen Stilen wieder aufgebaut wurde.

Einen der beeindruckendsten Anblicke bietet auf einem Felsvorsprung das im 14. Jahrhundert gegründete Kloster **Simonos Petra** 6. Aus der gleichen Zeit stammt **Gregoriou**, gleichfalls auf einem Felsen erbaut, aber weniger spektakulär. **Agios Dionysios** mit seinen rosafarbenen und weißen Balkonen liegt ungefähr 80 Meter über dem Meeresspiegel. **Agios Pavlos** 7 liegt sogar noch höher und direkt unterhalb des Berggipfels. An dieser Stelle kehren die meisten Schiffe um. ■

Siehe Karte S. 169
Ouranopolis
Etwa 80 km
4–6 Stunden
Ouranopolis

Das Nestostal

Der Nestos entspringt im Rhodopegebirge (an der Grenze zu Bulgarien) und fließt 130 Kilometer durch Griechenland, bevor er sich teilt und ins Ägäische Meer mündet. Sein Verlauf markiert die Grenze zwischen den Verwaltungsbezirken Makedonien und Thrakien und seine Umgebung wurde von vielen Kulturen beeinflusst.

Das üppig grüne Nestostal

Nestostal
Karte S. 169

Stavroupolis
Karte S. 169

Das Delta des Nestos ist ein wichtiges Feuchtgebiet, in dem Reptilien, Amphibien, rund 250 Vogelarten und sogar Schakale leben.

Folgen Sie dem Lauf des Flusses von Xanthi in Thrakien bis nach Drama in Makedonien. Es ist eine wundervolle Fahrt, weil dies ein von Bulgarien und der Türkei beeinflusster Teil Griechenlands ist. Nur wenige Besucher erkunden die Region, aber diejenigen, die es tun, erwartet ein herzliches Willkommen und eine besondere Erfahrung. Vorsicht ist allerdings im Winter geboten, weil dann die Straßen verschneit sein können. Außerdem sollten Sie für einen vollen Tank sorgen, weil es nur wenige Tankstellen gibt.

Die Straße windet sich durch dichten Buchenwald und verläuft unterhalb der Berggipfel, die mehrere Monate im Jahr mit Schnee bedeckt sind. In den kleinen, idyllischen Dörfern entlang der Straße lohnt es sich anzuhalten, um einen Eindruck vom Leben in diesem Teil Griechenlands zu gewinnen, der Lichtjahre von Athen entfernt zu sein scheint. In **Stavroupolis** können Sie essen und tanken, aber nicht übernachten. Wenn Sie etwas Zeit in der Gegend verbringen möchten, ist **Xanthi** (siehe S. 194f) daher die weitaus bessere Ausgangsbasis. ■

Philippi

Die beeindruckenden Überreste der antiken Stadt Philippi (15 Kilometer nordwestlich von Kavala) liegen beiderseits der Hauptstraße von Kavala nach Drama. Die Stadt wurde nach Philipp II., dem Vater Alexanders des Großen (siehe S. 30f) benannt, der sie 356 v. Chr. von den Thrakern eroberte.

Der berühmteste Teil der Anlage ist das **Gefängnis**, in das angeblich der heilige Paulus gesperrt wurde, als er 49 n. Chr. auf seiner ersten Reise in den Westen hier eintraf.

In der Antike wurde die Stadt durch die Schlacht von Philippi im Jahre 42 v. Chr. berühmt. Brutus und Cassius, die Mörder Caesars, begingen hier angesichts des unausweichlichen Sieges der Heere von Marcus Antonius und Octavian Selbstmord.

Das große **Theater** aus der Zeit Philipps II. wurde in römischer Zeit zum Amphitheater umgebaut. Auf derselben Seite der Straße – einem Teil der Via Egnatia, die Rom mit Konstantinopel verband – gibt es auch ein **Museum**.

Die meisten Überreste der Stadt finden Sie auf der anderen Straßenseite, darunter die zweier sehr unterschiedlicher Bauten: die Fundamente einer riesigen Kirche, die **Basilica B** genannt wird, und die Überreste einer **öffentlichen Latrine**, die wegen des vorzüglichen Erhaltungszustands ihrer 50 Marmorsitze nicht weniger beeindruckend ist! Nicht weit davon entfernt befinden sich die Ruinen römischer Bäder, die 250 n. Chr. erbaut, aber kurz darauf durch einen Brand zerstört wurden. ■

Philippi
- Karte S. 169
- ☎ 25 10 51 62 51
- €

ERLEBNIS: Ausflug nach Bulgarien

Bulgarien, der ehemalige Sowjetstaat gegenüber den Rhodopen, hat seit dem Sturz des Kommunismus eine Renaissance erlebt. Wenn Sie Zeit haben, nehmen Sie sich einige Tage, um dieses faszinierende Land zu entdecken. Es gibt verschiedene Wege, um von Griechenland nach Bulgarien zu kommen. Die einfachste und schnellste Möglichkeit ist der Zug. Rail Europe *(www.raileurope.com)* bietet einen Balkan-Flexipass – einen internationalen Pass, der Ihnen gestattet, zwischen 5 und 15 Tage innerhalb eines Monats durch die Balkanregion zu fahren. Die Zugfahrt nördlich von Griechenland durch die Berge ist spektakulär.

Sie können sich auch mit dem Bus auf den Weg nach Bulgarien machen. Prüfen Sie die Verbindungen auf *www.eurolines.com*. Die Zollkontrollen an der Grenze sind recht lasch. EU-Bürger benötigen kein Visum für einen Besuch von weniger als 90 Tagen. Nicht-EU-Bürger müssen sich bei der Polizei registrieren lassen. Ihr Reisebüro oder Hotel kann das eventuell für Sie übernehmen, aber Nichtbeachtung kann eine Geldbuße von 2000 Leva (1500 €) kosten.

Innerhalb Bulgariens reist man am besten per Bus. Das kostet etwas mehr als der Zug, dafür ist es schneller und bequemer.

Von Kavala nach Alexandroupolis

Die Stadt Kavala ist eindeutig griechisch und könnte mit ihrem Hafen, ihrer Festung und ihren Strandrestaurants in fast jedem Teil des Landes liegen. Aber das ändert sich, je weiter Sie nach Osten vordringen, und in Städten wie Xanthi und Komotini ist nicht mehr zu übersehen, dass Sie sich einer Scheidelinie nähern. Und Alexandroupolis ist die letzte Stadt vor der Grenze zur Türkei.

Blick auf Kavala von der Zitadelle aus

Kavala

Karte S. 169

Besucherinformation

2, Ionos Dragoumi Str.

25 10 23 16 53, 25 10 22 74 09

Kavala

Im 7. Jahrhundert v. Chr. von Bewohnern der Insel Paros gegründet, entwickelte sich Kavala bereits in der Antike zu einer Hafenstadt. Der heilige Paulus ging 49 n. Chr. hier an Land, bevor er nach Philippi weiterzog (siehe S. 191). Die Stadt wurde im Lauf der Geschichte häufig besetzt und während der beiden Weltkriege von Bulgaren.

Die türkische Besetzung (1371–1912) hat viele Spuren hinterlassen. Zu ihnen gehört der **Aquädukt**, der nicht, wie man vermuten könnte, aus römischer Zeit stammt, sondern aus dem 16. Jahrhundert. Der Ostrand des Hafens wird von einer **Zitadelle** beherrscht. Ihre imposanten Mauern wurden im 10. und im 16. Jahrhundert errichtet und sind abends angestrahlt. Hinter den Mauern liegt der Stadtteil Pa-

INSIDERTIPP:

Der Komplex des Imaret war früher die Moschee-Schule, errichtet von Mehmet Ali Pascha von Ägypten, geboren in Kavala. Er wurde restauriert und in ein Hotel verwandelt.

DIMITRA KESSENIDES
NATIONAL GEOGRAPHIC-Autor

nagia, in dessen Straßengewirr man sich leicht verirren kann. Zu den Häusern aus dem 18. und 19. Jahrhundert gehört das **Geburtshaus von Mehmet Ali** (1769–1849), der Statthalter von Ägypten wurde. Zu erkennen ist es an dessen Reiterstandbild. Sie können das Haus besichtigen, aber die Tür ist nicht immer offen. Klopfen Sie einfach und warten Sie, bis der Hausmeister erscheint und Ihnen den Garten und das Haus mit seinen prächtigen Räumen – Harem inklusive – zeigt.

Das bemerkenswerte **Imaret**, der größte islamische Bau Europas, überragt den Hafen; wenn Sie die Zitadelle betreten, steht es auf der rechten Seite in einer der Hauptstraßen. Erbaut von Mehmet Ali, war das Gebäude einst ein theologisches Seminar.

Im **Hafen** von Kavala herrscht reger Betrieb, und seine Märkte vermitteln die Atmosphäre eines orientalischen Basars. In den vielen Restaurants am Hafen bekommen Sie leckere Fischgerichte. Wenn Ihnen der Sinn nach Türkischem steht, werden Sie abends in der Panagia fündig.

An der gegenüberliegenden Hafenseite befindet sich das hervorragende **Archäologische Museum** mit Exponaten von mehreren antiken Fundstellen, wie etwa Philippi (siehe S. 191) und Abdera (siehe S. 195), darunter ein herrliches Delphinmosaik und ein riesiger Sarkophag, dessen Bemalung erhalten geblieben ist. Auch Funde aus dem westlich der Stadt gelegenen Amphipolis sind ausgestellt. Besonders sehenswert sind einige Lorbeerkränze aus purem Gold. Sie stammen aus dem 3. Jahrhundert v. Chr. und wirken derart zerbrechlich, dass man kaum glauben kann, dass sie 2000 Jahre überdauert haben. Außerdem besitzt das Museum große Sammlungen von Keramiken, Schmuckstücken, Münzen und Statuen.

Das **Museum für Volkskunst und moderne Kunst**, auch Städtisches Museum genannt, veranschaulicht nicht nur die Vergangenheit, sondern bietet auch der modernen griechischen Kunst viel Raum. Sehenswert sind vor allem die Plastiken des Künstlers Polygnotos Vagis (1894–1965) von der Insel Thasos. In anderen Räumen befinden sich Kollektionen von Volkstrachten, Haushaltsgegenständen und landwirtschaftlichen Geräten, aber so gut präsentiert, dass sich ein Rundgang von ein oder zwei Stunden lohnt.

Archäologisches Museum
- ✉ Erythrou Stavrou 17
- ☎ 25 10 22 23 35
- 🕒 Geschl. Mo
- $ €

Museum für Volkskunst & moderne Kunst
- ✉ Filippou 4
- ☎ 25 10 22 27 06
- 🕒 Geschl. So

Imaret
- ✉ 6 Th. Poulidou St.

Xanthi
Karte S. 169

Volkskundemuseum
Antika 7, Xanthi
25 41 02 54 21
Mo geschl.
€

Xanthi

Xanthi ist eine faszinierende Stadt, die mehr als nur einen kurzen Rundgang verdient und außerdem ein idealer Ausgangspunkt für Ausflüge ist. Ihre orientalische Atmosphäre ist geprägt von der Lebensfreude der Studenten der Universität von Thrakien. Xanthi ist eine Stadt der Restaurants, Bistros und Kunstgalerien. Der beliebteste Treffpunkt ist der größte Platz der Stadt mit Springbrunnen in der Mitte und zahlreichen Restaurants und Cafés.

In Xanthi findet einer der besten **Märkte** der Region statt, und wenn Sie an einem Samstagmorgen in der Stadt sind, können Sie erleben, wie eine bunte Mischung aus Griechen, Türken und Pomaken dorthin strömt. Die Pomaken sind eine kleine Volksgruppe, Muslime nicht griechischer, sondern slawischer Abstammung. Es gibt ungefähr 40000 von ihnen. Sie leben nördlich von Xanthi und ihre Sprache ist eine Mischung aus Bulgarisch, Griechisch und Türkisch. Die Griechen machen den Pomaken das Leben schwer. Sie brauchen Reisegenehmigungen und um eines ihrer Dörfer zu besichtigen, müssen auch Besucher eine Erlaubnis einholen.

Xanthi wurde wohlhabend durch die großen Tabakpflanzungen in der Region. Die meist im 19. Jahrhundert erbauten Anwesen der Tabakhändler stehen fast alle in der Altstadt, einem Gewirr aus engen Straßen und Gassen. In einem der stattlichen Häuser ist heute das **Volkskundemuseum** der Stadt untergebracht, mit Anschauungsmaterial über die Tabakindustrie, lokale Trachten und Schmuckstücke. Außerdem bietet es die Möglichkeit, eines der Anwesen, in seiner einstigen Pracht restauriert, von innen zu sehen.

ERLEBNIS: Karneval in Xanthi

Für viele ist der Karneval, der Ende Februar beginnt, ein Grund, Xanthi zu besuchen. Seit 1966 ist der Karneval in Xanthi das Volksfest, das Einheimische und Touristen gleichermaßen anzieht.

Während der beiden Festwochen sind die Straßen der Altstadt ein einziger Festplatz, vollgestopft mit Feiernden jeder Altersgruppe. Was dem Xanthi-Karneval an Größe fehlt, macht er durch Intensität wieder wett.

Musiker und Artisten sorgen für Unterhaltung. Höhepunkt aber ist der Karnevalsumzug, bei dem wirklich nahezu jeder in der Stadt in Kostüm durch die gepflasterten Straßen marschiert. Während ältere Bewohner und Kinder meist in traditioneller thrakischer Tracht kommen, organisieren sich Studenten und Jugendliche in verschiedenen Karnevalclubs und verkleiden sich in den unterschiedlichsten Kostümen – vom amerikanischen Footballteam bis zu Charakteren aus aktuellen Videospielen.

Falls Sie Xanthi während der Karnevalszeit besuchen wollen, müssen Sie Ihre Unterkunft einige Monate im Voraus buchen.

Studenten beim Karneval in Xanthi

Abdera

Das heutige Abdera liegt ein paar Kilometer von der Küste entfernt. Der gleichnamige, aber sehr weit abgelegene Strand zieht im Sommer viele Griechen an. Der nahe Vistonissee ist von Sumpfgebieten umgeben, das vielen Tieren, vor allem Watvögeln und seltenen Greifvögeln wie dem Seeadler, Lebensraum bietet. Vogelliebhaber können die Tiere von Türmen aus beobachten.

Nicht weit von der Küste entfernt stand einst das **antike Abdera**; die besten Funde befinden sich heute in den Archäologischen Museen von Komotini und Kavala. Die Grabungsstätte ist ziemlich überwuchert und deshalb nicht leicht zu erkunden. Sie liegt auf einem kleinen, von Resten der Akropolis-Mauer umgebenen Landvorsprung. Dort befinden sich Überreste eines Theaters, eines römischen Badehauses und die Fundamente römischer Häuser. Auch das von zwei Türmen flankierte Stadttor ist noch erkennbar.

Die Stadt wurde 656 v. Chr. von Flüchtlingen aus Klazomenai in Kleinasien gegründet und ein zweites Mal um 500 v. Chr. von weiteren Flüchtlingen aus Persien. Abdera wurde zu einem wichtigen Mitglied des Attisch-Delischen Seebundes, der im 5. Jahrhundert zur Bekämpfung der Perser gebildet wurde, und war bis ins 9. Jahrhundert n. Chr. eine relativ große Stadt und Bischofssitz. Die Ausgrabungen, die 1950 begannen, förderten wertvolle Stücke zu Tage, darunter 2000 kleine Votivgefäße.

Weil der Ausgrabungsort kaum besonders spektakulär ist, wimmelt es nicht von Touristen, und Sie können die Überreste der alten Stadt in Ruhe erkunden – ein beeindruckendes Erlebnis und vielleicht lohnender, als bekanntere Orte in Gesellschaft Hunderter von Besuchern zu besichtigen.

Abdera

Karte S. 169

Komotini
Karte S. 169
Besucherinformation
28 Octobriou 1940
253 10 70 99 56

Archäologisches Museum
Symeonidi 4, Komotini
25 31 02 24 11

Komotini

Wie in Xanthi (siehe S. 194f) sind auch in Komotini die unterschiedlichsten Einflüsse erkennbar. Komotini wirkt sogar noch türkischer – es ist nur etwa 100 Kilometer von der Grenze zur Türkei im Osten und 22 Kilometer von der zu Bulgarien im Norden entfernt.

Der Leuchtturm von Alexandroupolis: Sein Bau im Jahr 1880 war ein Meilenstein in der Geschichte der Stadt

Museum für Volkskunde & Geschichte
Agios Yeoryios 13, Komotini
Geschl. So

Der türkische Einfluss ist am offensichtlichsten an den Minaretten und den Kuppelbauten der Moscheen zu erkennen, von denen 14 noch benutzt werden. Komotini hatte seit 1363 zum Osmanischen Reich gehört und war bis zur Änderung des Grenzverlaufs im Jahr 1920 türkisch. Da ist es kein Wunder, dass die Stadt ebenso türkisch wie griechisch wirkt; allerdings empfiehlt es sich nicht, diese Ansicht den Einwohnern gegenüber zu äußern, bevor man weiß, wem ihre Loyalität gilt. Die griechisch-türkischen Beziehungen sind immer noch ein heikles Thema und ungefähr die Hälfte der Einwohnerschaft, zu der auch eine Reihe von Pomaken gehört (siehe S. 194), ist türkischer Herkunft.

Die Stadt Komotini wurde im 4. Jahrhundert n. Chr. gegründet, seine Frühgeschichte wird im **Archäologischen Museum** erzählt. Hier sind auch einige der besten Fundstücke aus Abdera (siehe S. 96) und Maronia (siehe S. 202) ausgestellt, dazu Goldschmuck aus Gräbern, Beispiele bemalter Sarkophage, Grabsteine, Statuen und Keramiken sowie eine reiche Münzsammlung.

Heute ist Komotini mit seinen gut 50 000 Einwohnern eine quirlige Stadt mit multikultureller Atmosphäre. Seit 1973 ist es außerdem Sitz einer Universität und so bevölkern vor allem abends viele junge Menschen die Straßen.

Das wundervoll altmodische **Museum für Volkskunde und Geschichte** ist in den Räumen eines Herrschaftshauses aus dem 18. Jahrhundert untergebracht. Es lohnt sich, durch dieses Museum zu gehen: Es besitzt eine reichhaltige Kollektion von Volkstrachten, Haushaltsgegenständen und vor allem Stickereien, für die diese Gegend bekannt ist.

Wie in Anbetracht des türkischen Einflusses zu erwarten, gibt es einen **Basar**, in dem sich Geschäfte gleicher Art zusammendrängen, etwa in Form aneinander gereihter Schuhläden. Alles Mögliche wird feilgeboten, von wertvollen Antiquitäten bis hin zum Fischfang des Tages und den besten Tabakblättern der Region.

Alexandroupolis

Die Stadt am Ostende der thrakischen Küste wird gelegentlich als bloße Militärbasis abgetan, ist aber in Wirklichkeit ein angenehmer Badeort mit einem Sandstrand und einer langen Strandpromenade. Hinter der Promenade liegt die Altstadt, eine reizvolle Mischung aus Werkstätten, Trödelläden, Lebensmittel- und Andenkenläden, kleinen Lokalen und etlichen guten Restaurants und Cafés.

Abends füllt sich die Promenade mit griechischen Familien, die dort vor dem Essen spazieren gehen. Hier kann man Großväter mit ihren Enkelkindern beobachten und Gruppen von jungen Leuten, die sich gegenseitig taxierende Blicke zuwerfen.

Auch die interessanteste Sehenswürdigkeit steht an der Promenade – der 1880 erbaute und abends angestrahlte Leuchtturm. Alexandroupolis ist eine wichtige Hafenstadt; hier legen die Fähren zu den nordöstlichen Ägäischen Inseln sowie nach Rhodos und Kos im Dodekanes ab. Außerdem ist Alexandroupolis in dieser Region der Grenze zur Türkei am nächsten (deshalb die Militärbasis) und es gibt Eisenbahnverbindungen nach Istanbul (Türkei), Sofia (Bulgarien) und Athen (über Thessaloniki).

Trotzdem ist die Stadt nicht so multikulturell wie Komotini oder Xanthi. Ihr Aufstieg begann erst 1878 im Russisch-Türkischen Krieg, in dem die Russen ein bis dahin unbedeutendes Fischerdorf in eine moderne Stadt umwandelten, die bis 1920 Dedeagac hieß und dann nach dem griechischen König Alexander umbenannt wurde. Natürlich sieht man auf den Straßen viele Soldaten, aber die Stadt ist trotzdem reizvoller, als deren Präsenz vermuten lässt. ■

Türkische Einflüsse

Durch die nahen Grenzen sind kulturelle Einflüsse häufig. In den 1980er Jahren dokumentierte ein türkischer Kunsthistoriker 3370 Fälle von türkischer Architektur in Griechenland. Aufgrund der geographischen Lage tauchen die meisten im östlichen Teil des Landes auf. Achten Sie auf gemusterte Designs und Moscheekuppeln. Es gibt 2336 Moscheen in Griechenland, ihre Kuppeln bilden ein organisches Element an den Fassaden und kreieren im Inneren durch die Vermeidung von Ecken die Illusion von Raum.

Alexandroupolis

Karte S. 169

Besucherinformation

Touristenpolizei

25 51 03 74 11

Griechenlands Vogelwelt

Wie die Touristen strömen auch die Vögel nach Griechenland. Für Zugvögel ist es ein idealer Zwischenlandeplatz, vor allem für diejenigen, die auf ihrem Weg von Mittel- und Osteuropa nach Nordafrika das östliche Mittelmeer überqueren.

Im Norden und Osten Griechenlands kann man auf Dächern große Storchennester sehen

Wegen der idealen Lage zwischen Griechenland und Nordafrika machen besonders viele Zugvögel auf **Kreta** Station, im Frühjahr und Herbst kann man hier sogar Schwarzstörche beobachten. Die Insel ist ein Mikrokosmos dessen, was das Festland zu bieten hat. Hier finden die Vögel eine Vielzahl von Lebensräumen vor – Feuchtgebiete im Süden, die Stelzenläufer und andere Watvögel anlocken; Salzpfannen im Osten, die Säbelschnäblern zusagen, und offenes Gelände, in dem sich Arten wie der Wiedehopf wohl fühlen.

In Griechenland gibt es wichtige Brutplätze auch für gefährdete Arten. So sind die **Prespaseen** an der Grenze zu Albanien einer der letzten europäischen Brutplätze des Krauskopfpelikans, der vom International Council for Bird Preservation als gefährdet eingestuft wird. Weltweit gibt es nicht einmal mehr 1000 Paare. Etwa ein Fünftel von ihnen nistet an den Prespaseen, die auch der einzige griechische Nistplatz des weniger seltenen Rosapelikans sind. Außerdem brüten hier die Zwergscharbe, der Gänsesäger und Greifvögel wie Stein-, Schlangen- und Zwergadler.

Im **Evrosdelta** östlich von Alexandroupolis an der Grenze zur Türkei überwintern Tausende von Enten und Gänsen. Mehr als 75 Prozent der insgesamt 408 Vogelarten Griechenlands wurden hier gesichtet, darunter Zwergscharben, Kormorane, Rosapelikane, Reiher, Störche, zahlreiche Watvögel sowie Adler.

Die meisten Greifvögel kann man im **Dadiaforst** nördlich des Evrosdeltas beobachten. Hier wurden 36 der 39 Greifvogelarten Europas gesichtet, von denen 26 in den Kiefernwäldern an den Hängen des Evrosgebirges leben und nisten. Dazu zählen Gänsegeier, Schmutzgeier, Steinadler und Sperber sowie Seeadler und die besonders seltenen Mönchsgeier.

An der Westküste des Festlands gehören die Feuchtgebiete bei **Missolunghi** (Mesalongion) zu den ökologisch wichtigsten Regionen Griechenlands. Die von den Bergen herabkommenden Flüsse Acheloos und Evinos haben eine ausgedehnte Schwemmlandschaft mit Lagunen, Sumpfland und Schilfgürteln geschaffen. Fast 300 Vogelarten wurden beobachtet, und im Winter leben hier Unmengen von Blässhühnern (schätzungsweise 30000) und Enten (mehr als 20000). Missolunghi ist ein wichtiger Zwischenstopp für den Dünnschnabel-Brachvogel, der in Russland, wo er nistet, äußerst gefährdet ist. Er pausiert hier auf dem Zug zu seinem Winterquartier in Nordafrika.

Der Habicht ist einer der am weitesten verbreiteten Greifvögel Griechenlands

Für Vogelbeobachter besonders interessant sind die Inseln im Osten der Ägäis. Hier sind Arten anzutreffen, die normalerweise in Asien leben; so ist z.B. der in der Türkei beheimatete Türkenkleiber auf der Insel **Lesbos** (siehe S. 232ff) nicht selten, und die Kalonisbucht inmitten dieser Insel wird von Zugvögeln wie Enten, Stelzenläufern und Säbelschnäblern aufgesucht. Auch der seltene Eleonorenfalke macht hier Station.

ERLEBNIS: Abseits des Rummels in Makedonien

Kormorane, Fliegenschnäpper und Blesshühner sind einige der interessanten Vogelarten, die Sie auf einer geführten Tour durch das abgelegene Makedonien erspähen können, das eine gänzlich neue Landschaftsform bietet. Besonders lohnenswert ist ein Ausflug, wenn die Vögel auf dem Weg in ihr Sommer- oder Winterquartier in der Gegend hat machen.

Viele faszinierende Plätze in Thrakien und dem östlichen Makedonien liegen abseits der üblichen Touristenrouten. Gute Vogelbeobachtungsgebiete bieten Ostmakedonien, von Thessaloniki bis zum See Kirkini (Limni Kerkinis) und die umliegenden Feuchtbiotope nahe der Grenze zu Bulgarien. Eine Kanufahrt auf dem See bietet die nötige Ruhe zur Beobachtung der hiesigen Tierwelt, die viele bedrohte Arten enthält. In der Nähe erlebt man den für Griechenland ungewöhnlichen Anblick einer Herde Wasserbüffel.

Die Gegend bietet zudem Möglichkeiten zu Ausflügen zu Wasserfällen und Höhlen oder zum Rafting auf dem Aggitis-Fluss. Der geschützte Urwald von Fraktos ist einer der wenigen Plätze Griechenlands mit frei lebenden Bären. Allerdings ist die Chance einen Bären zu erblicken sehr gering.

Das Evrosdelta & der Dadiaforst

Ganz im Osten Griechenlands liegen zwei Regionen, die zu den Tier- und Pflanzenparadiesen des Landes gehören: das Evrosdelta und den Dadiaforst. Der Evros entspringt (als Maritza) in Bulgarien und bildet die Grenze zwischen Griechenland und der Türkei. Deshalb ist sein Delta nicht nur ökologisch, sondern auch politisch heikel.

Nur Wenige erkunden das Delta

Im Städtchen **Loutros Traianopolis** am Rand des Deltas gibt es ein paar einfache Übernachtungsmöglichkeiten. Von hier aus können Sie zu Fuß losziehen, denn zahlreiche Pfade führen in das Delta hinein; dabei ist jedoch Vorsicht geboten, weil man sich leicht verirren kann.

In der Region gibt es mehrere Giftschlangen. Zu den Arten, die hier leben, gehören Kreuzotter, Sandviper, Katzen-, Ringel-, Würfel- und Leopardnatter, dazu zahlreiche weitere Reptilien wie etwa Schildkröten und Echsen. Auch Amphibien sind reichlich vorhanden, darunter Kammmolch, Gelbbauchunke, Moorfrosch und Feuersalamander.

Ein inzwischen sehr selten gewordenes Säugetier, nach dem Sie Ausschau halten sollten, ist der Fischotter. Ein Beweis dafür, dass das Delta nicht nur aus Schwemmland besteht, ist das Vorhandensein von Wölfen, Schakalen und Iltissen.

Wenn Sie Glück haben, bietet sich Ihnen der prächtige Anblick eines herabstoßenden See- oder Fischadlers, der seine Beute aus dem Wasser holt. Da die Winter in Griechenland erstaunlich mild sein können, sind auch gewaltige Mengen von Wildgänsen und -enten zu sehen.

Wenn Sie vom Delta aus nach Norden fahren, gelangen Sie in die kleine Stadt **Feres**, die eine gute Basis zur Erkundung des 32 500 Hektar großen **Dadiaforsts** ist. Auch dieses Landschaftsschutzgebiet, im Evrostal gelegen und vom Evrosgebirge überragt, besticht durch seine Schönheit und lockt vor allem Tier- und Pflanzenliebaber an.

Das **Informationszentrum** liegt in der Nähe des Dorfes Likofos. Hier erfahren Sie alles Wissenswerte über Flora und Fauna des Schutzgebiets, das vor allem für seine seltenen Greifvögel (siehe S. 201) berühmt ist. Sie bekommen auch Ratschläge für Erkundungen auf eigene Faust oder in einer geführten Gruppe, und zwar zu Fuß, weil Fahrzeuge nicht erlaubt sind.

Die beiden Hauptpfade sind gut beschildert. Der eine führt zum höchsten Punkt des Forstes (620 Meter), der andere zu einer Stelle, von der aus man einen Blick über die Mavrorema-Schlucht hat: ein idealer Ort, um Greifvögel zu beobachten, die sich von den Aufwinden aus der Schlucht emportragen lassen.

Außer nach Adlern und Geiern sollten Sie Ausschau halten nach Lannerfalken, Schwarzmilanen, Sperbern und Wespenbussarden. Wenn Sie sehr viel Glück haben, sehen Sie einen Schwarzstorch, der aber äußerst selten ist und von dem nur noch sehr wenige Exemplare hier leben. ■

Dadiaforst Informationszentrum
Karte S. 169
25 54 03 22 09

ERLEBNIS: Übernachten im Dadiaforst

Reisen in komfortabler Umgebung und guten Hotels ist immer am bequemsten. In Griechenland ist es noch einfacher, denn es gibt ein dichtes Netzwerk an günstigen Hotels, die auch für Reisende mit kleinem Budget die Grundbedürfnisse befriedigen. Manchmal ist ein wenig Abenteuer aber von Vorteil.

In einem von Griechenlands schönsten Naturreservaten, dem Dadiaforst, bietet das Ökotourismuszentrum, gegenüber vom Besucherzentrum, 20 beheizte Zimmer mit Bad und Telefon, die um einiges komfortabler sind als die Basisunterkünfte, die man sonst in abgelegenen Plätzen findet. Sie sind preiswert und das Frühstück ist inbegriffen. Es gibt außerdem ein Café und ein Restaurant mit Vollpension, wenn Sie möchten.

Der größte Vorteil dieser Unterkunftsmöglichkeit liegt natürlich darin, dass die Zimmer direkt im Reservat liegen und man so gleich vor Ort ist. Der optimale Beobachtungszeitpunkt für die Greifvögel, für die das Reservat bekannt ist (36 der 39 europäischen Arten wurden hier gefunden), ist frühmorgens und dann wieder gegen Abend, es gibt also keine bessere Möglichkeit, als hier zu übernachten. Außerdem befinden Sie sich in der Gesellschaft enthusiastischer griechischer Naturliebhaber und werden eine unvergessliche Reise erleben.

Für weitere Informationen kontaktieren Sie das Dadia Ecotourism Center *(Dadia, 684 00 Soufli, Tel. 25 54 03 22 63, www.ecoclub.com/dadia, Einzelzimmer € 30 pro Nacht, Doppelzimmer € 43).*

Weitere Sehenswürdigkeiten

Florina

Florina liegt sehr nah an der Grenze zur serbischen Republik Makedonien. Zu seinen Attraktionen gehört die Altstadt mit pittoresken türkischen Wohngebäuden und klassizistischen Herrschaftshäusern. Außerdem gibt es hier ein kleines, aber gutes **Archäologisches Museum** (*Tel. 23 85 02 82 06, geschl. Mo im Winter, €*) und Hotels und Restaurants.

Karte S. 168 Zug von Thessaloniki

Maronia

Das antike Maronia ist eine der Grabungsstätten, die etwas abseits liegen, aber dennoch einen Besuch wert sind. Die Straße dorthin führt durch die Baumwoll- und Tabakfelder Thrakiens, vorbei an Bauernhäusern und Wäldern und durch das heutige Maronia. Wegen mehrerer alter Herrenhäuser, deren Balkone in die engen Straßen hineinragen, lohnt es sich, hier Station zu machen.

Hinter Maronia steht ein Wegweiser nach Agios Haralambos. Er bringt Sie auf einen holprigen Küstenpfad, an dem Sie bald auf die überwucherten Ruinen des **antiken Maronia** stoßen. Hauptsehenswürdigkeit ist ein kleines Theater, das wie eine Miniaturausgabe der großen Theater von Epidaurus und Athen (siehe S. 108 und 58) aussieht. Es wurde restauriert und wird heute für Aufführungen und Konzerte benutzt. Außerdem stehen hier die Überreste eines Tempels, der vermutlich Dionysos geweiht war, dem Gott des Weins und der Trunkenheit, den die Römer Bacchus nannten. Dionysos war der Vater von Maron, nach dem die Stadt benannt wurde.

Die Ruinen, die wir heute sehen, haben wenig mit der antiken Stadt zu tun, die vom 8. Jahrhundert v. Chr. bis etwa 1400 n. Chr. existierte. Ihre Mauern waren rund zehn Kilometer lang – ein Hinweis auf die Größe der Stadt, der weitaus bedeutendsten in der Region.

Wenn Sie nach **Agios Haralambos** weiterfahren, kommen Sie in ein hübsches Hafenstädtchen. Der ideale Ort für jeden, der eine Zeit lang der Zivilisation und dem Touristenrummel entfliehen will.

Karte S. 168

Saitista

Wie das 70 Kilometer weiter nördlich gelegene Städtchen Kastoria war auch Siatista ein wichtiges Pelzhandelszentrum. Heute ist der Handel beinahe zum Erliegen gekommen.

In Siatista stehen sehr schöne Häuser aus dem 18. Jahrhundert, von denen einige besichtigt werden können. Die meisten sind noch gut erhalten und bewohnt.

Agia Paraskewi, die Hauptkirche der Stadt, enthält sehenswerte Fresken aus dem 17. Jahrhundert.

Karte S. 168

Griechischer Joghurt

Griechenland ist bekannt für seinen markanten, dicken und cremigen Joghurt, eine Hauptzutat für Tsatsiki, herzhafte Gerichte und Desserts. Er unterscheidet sich deutlich vom westeuropäischen Joghurt: Griechischer Joghurt wird aus Schafsmilch hergestellt (industrielle Molkereien gehen aber zu Kuhmilch über), die Milch hat einen viel höheren Fettgehalt als regulärer Joghurt (5–9 Prozent gegenüber 3,5) und der Anteil aktiver Joghurtkulturen ist ebenfalls höher. Zusätzlich wird der griechische Joghurt gepresst, um die Molke zu entfernen und erhält so eine eher käsige Textur. Was auch immer die kleinen Unterschiede sind, Joghurt ist zu Recht ein wichtiger Bestandteil der griechischen Ernährung.

Euböa ist nach Kreta die zweitgrößte Insel Griechenlands und vom Festland nur durch eine Meerenge getrennt. Sie wartet mit großer Vielfalt auf – von der Hauptstadt Chalkis bis hin zu abgelegenen Bergdörfern

Euböa

Erster Überblick 204–205

Chalkis 206–207

Mit dem Auto durch Nordeuböa 208–209

Auf Euböa unterwegs 210–213

Erlebnis: Tauchen lernen im griechischen Meer 212

Weitere Sehenswürdigkeiten 214

Hotels & Restaurants 361–362

Gorgonenhaupt aus Eretria

Euböa

Für die Griechen ist die Schönheit Euböas (Ewwia) eine bekannte Tatsache, aber nur wenige Touristen besuchen die Insel. Euböa ist zwar eine Insel, aber durch eine Brücke mit dem Festland verbunden.

Nach Kreta ist Euböa die zweitgrößte Insel Griechenlands, und wie Kreta hat sie eine ganz eigene Atmosphäre, die sie vom Rest des Landes unterscheidet. Im Süden wurde sie von Albanien beeinflusst, im Norden von der Türkei. Hier gibt es nur wenige gute Sandstrände, wohl der Hauptgrund dafür, dass Urlauber, die gern am Strand liegen, die südlicher gelegenen Inseln vorziehen.

Wie Kreta ist Euböa eine lang gestreckte, schmale und gebirgige Insel. Sie ist 175 Kilometer lang, und der höchste Berg, der Dirfis, ist 1749 Meter hoch. Der Boden ist überaus fruchtbar und wird nicht nur als Weideland genutzt, sondern auch für den Anbau von Obst, Oliven und Wein. Der beste Retsina Griechenlands soll von hier kommen. An der Küste gibt es neben schroffen Klippen auch Strände und malerische, von der Außenwelt unberührt gebliebene Fischerdörfer.

NICHT VERSÄUMEN:

Frischer Fisch an der Strandpromenade von Chalkis **207**

Eine Fahrt durch das Kleisouratal in Nordeuböa **208**

Die weiß verputzten Häuser von Mandoudion **208**

Das historische Eretria **210–211**

Die atemberaubende Aussicht vom Berg Dirfis **212**

Die Kirche Agios Ioannis o Rosos in Prokopion **212**

Eine Übernachtung im Fischerdorf Limni **213**

Eine Wanderung zum Kloster Moni Galataki **213**

Obwohl relativ groß, hat Euböa verhältnismäßig wenige historische Stätten zu bieten. Eine von ihnen, die weithin bekannt ist und bei einem Besuch der Insel keinesfalls ausgelassen werden sollte, ist das antike Eretria (siehe S. 210). Zu den weniger bedeutenden Denkmälern gehören zahlreiche Festungen aus byzantinischer Zeit.

Der Sage zufolge wurde Euböa zur Insel, als der Gott Poseidon die Meerenge, die sie vom Festland trennt, schuf, indem er seinen Dreizack niedersausen ließ. Danach war sie seine Lieblingsinsel, auf der er in einem Unterwasserpalast lebte. Zu den späteren Bewohnern gehörten fast alle Völker, die je in Griechenland eindrangen, darunter Makedonier, Römer, Byzantiner, Venezianer und zuletzt die Türken, die die Insel 1830 an Griechenland zurückgaben.

Diese vielen, sehr unterschiedlichen Kulturen haben Spuren auf Euböa hinterlassen, aber heute spielen ausländische Besucher hier eine wesentlich geringere Rolle als auf den anderen griechischen Inseln. Wenn Sie einige Zeit hier verbringen wollen, sollten Sie einen Sprachführer im Gepäck haben und das neugriechische Alphabet beherrschen, zumal wenn Sie die hübschen Dörfer im Landesinnern besuchen wollen, wo so gut wie niemand eine Fremdsprache beherrscht. ■

Zur Orientierung

Chalkis

Die Hafenstadt Chalkis ist die Hauptstadt des Verwaltungsbezirks Euböa und das Erste, was Sie von der Insel sehen, wenn Sie den nur 40 Meter breiten Euripos überquert haben, die engste Stelle des Golfs von Euböa. Er ist berüchtigt für seine rätselhaften Strömungen – bis heute ist ungeklärt, warum sie an manchen Tagen mehr als ein Dutzend Mal die Richtung ändern, an anderen nur einmal.

Die altehrwürdige Moschee im Kastro-Viertel

Chalkis
Karte S. 204

Besucher-information
Touristenpolizei
22 21 07 77 77

Der Legende zufolge stürzte sich der Philosoph Aristoteles aus Verzweiflung darüber, dass er dieses Phänomen nicht erklären konnte, ins Wasser und ertrank. Aristoteles ist zwar in Chalkis gestorben, aber ob auf diese Weise, ist fraglich.

Chalkis war bis zu seiner Eroberung durch die Athener im Jahr 506 v. Chr. ein unabhängiger Stadtstaat. Wie der Rest der Insel wurde Chalkis später von verschiedenen Völkerschaften regiert – Makedonen, Türken, Kreuzfahrern, Venezianern.

Der Name Chalkis soll von *chalkos*, dem griechischen Wort für Kupfer abgeleitet sein, weil dieses Metall eine der Hauptquellen des Reichtums der Stadt war. Sie gab ihren Namen auch der Halbinsel Chalkidike (siehe S. 184), über die sie einst herrschte.

Lange Zeit kämpften Chalkis und Eretria um die Herrschaft über Euböa, besonders um die fruchtbare Lelantinische Ebene. Erst im 7. Jahrhundert v. Chr. gewann Chalkis die Oberhand und wurde zur Hauptstadt von Euböa.

INSIDERTIPP:

Wenn Sie eine einspurige Autobahn mit Seitenstreifen befahren und jemand nähert sich von hinten, fahren Sie auf den Streifen und lassen ihn vorbei.

MIKE GERRARD
NATIONAL GEOGRAPHIC-Autor

Die **Uferpromenade** liegt von der Brücke aus gesehen vor allem auf der linken Seite; hier gibt es Restaurants, Cafés, Bars und Hotels und Sie haben beim Kaffeetrinken oder Essen einen herrlichen Blick über den Euripos aufs Festland. Der gute Ruf der Fischrestaurants reicht sogar bis nach Athen. Auf dem Markt verkaufen die Insel-Bauern ihre Erzeugnisse, vor allem samstags herrscht dort reger Betrieb.

Wenn Sie von der Brücke nach rechts landeinwärts abbiegen, gelangen Sie in das **Kastro-Viertel**, wo viele alte Häuser an die Zeit der Türken und die der Venezianer erinnern. Muslime aus dem weiter östlich gelegenen Thrakien verleihen dem Viertel ein orientalisches Flair, das durch eine imposante Moschee aus dem 15. Jahrhundert, einen Aquädukt und die Überreste einer Festung aus dem 17. Jahrhundert unterstrichen wird. Über den Aquädukt wurde einst Wasser von Quellen im Dirfis-Gebirge (25 Kilometer nordöstlich der Stadt) nach Chalkis geleitet.

Das Christentum wird durch die etwas bizarre Kirche **Agia Paraskewi** (nicht weit von der Brücke entfernt) repräsentiert, einen Bau aus dem 13. Jahrhundert. Im 14. Jahrhundert wandelten Kreuzfahrer das Äußere des riesigen Baus in eine gotische Kathedrale mit einer Fensterrose um, das Innere indes spiegelt nach wie vor sämtliche historische Einflüsse auf die Insel wider. Besonders sehenswert sind die reich verzierte Holzkanzel und die Holzdecke.

Im **Volkskundemuseum** von Chalkis, nicht weit von der Agia Paraskewi entfernt, finden Sie die übliche Kollektion von Trachten und Gebrauchsgegenständen des Alltags.

Das **Archäologische Museum** im modernen Teil von Chalkis ist besser. Hier befinden sich Statuen vom Apollon-Tempel aus dem antiken Eretria und Funde von weniger bekannten Grabungsstätten wie Karistos.

Das Museumsgebäude ist fast 100 Jahre alt, doch viele der Exponate sind natürlich noch wesentlich älter. Keramiken und Statuetten aus dem 3. Jahrhundert v. Chr. wurden in der antiken Stadt Manika nördlich von Chalkis gefunden.

An der Grabungsstätte selbst ist wenig zu sehen, aber die Arbeiten dauern an und werden vielleicht noch weitere Schätze zu Tage fördern. Das Museum besitzt auch Fundstücke aus Agios Stephanos und Tries Kamares. ■

Volkskunde-museum

- ✉ Skalkota 4
- ☎ 22 21 02 18 17
- 🕒 Geschl. Mo–Di

Archäologisches Museum

- ✉ Venizelou 13
- ☎ 22 21 02 51 31
- 🕒 Geschl. Mo
- $ €

Mit dem Auto durch Nordeuböa

Die Fahrt geht von der geschäftigen Küstenstadt Chalkis zunächst an der Küste entlang und dann hinauf in die Berge, wo Sie einen ersten Eindruck vom Leben im einsamen und wunderschönen Norden der Insel gewinnen.

Wenn Sie über die Brücke vom Festland nach **Chalkis** ❶ (siehe S. 206) kommen, folgen Sie der Hauptstraße durchs Stadtzentrum, biegen dann nach links auf die Straße 44 und danach auf die Straße 77 (nach Mandoudion ausgeschildert) ab. Außerhalb der Stadt sind die meisten Straßenschilder in griechischen Buchstaben geschrieben; deshalb sollten Sie ein griechisches Alphabet bei sich haben, um sie zu entziffern.

Nördlich von Chalkis führt die Straße durch Salzmarschen an der Küste entlang. Nach ungefähr zwölf Kilometern gabelt sich die Straße und die rechte Abzweigung bringt Sie ins nur zwei Kilometer entfernte **Psachna** ❷ In dem hübschen Marktstädtchen sollten Sie sich in der Hauptkirche die Fresken aus dem 13. Jahrhundert ansehen.

Von Psachna aus folgen Sie der Ausschilderung nach Prokopion, die Sie auf die 77 zurückbringt. Die Fahrt zum 30 Kilometer entfernten Prokopion führt durch Olivenhaine und dann durch Kiefernwälder in einer Landschaft, die immer gebirgiger wird.

Eine Zeit lang verläuft die Straße an einem Fluss entlang durch die tiefe, enge und dicht bewaldete Schlucht des **Kleisoura-Tals**. Hier wachsen Walnussbäume, Platanen und Pappeln.

In **Prokopion** ❸ (siehe S. 212) sollten Sie unbedingt Station machen. Hier siedelten sich Flüchtlinge an, die nach dem Friedensschluss von 1923 von den Türken aus Kleinasien vertrieben wurden. In der Kirche **Agios Ioannis o Rosos** (des heiligen Johannes von Russland) wird der mumifizierte Leichnam des aus der Türkei mitgebrachten Heiligen aufbewahrt. In Prokopion, auf dem einstigen Landsitz des Engländers Edward Noel, befindet sich auch das **Kandili-Center**, in dem Kunst-Ferienkurse abgehalten werden. Benannt wurde es nach dem Berg südlich davon. Ein Besuch lohnt sich schon wegen des schönen Herrenhauses und des großartigen Parks.

NICHT VERSÄUMEN:

**Chalkis • Psachna • Prokopion
Mandoudion • Limni**

Von Prokopion fahren Sie acht Kilometer weiter auf der 77, wobei Sie der Ausschilderung nach Limni und Mandoudion folgen. **Mandoudion** ❹ ist ein hübsches Dorf mit weiß gekalkten Häusern, knapp einen Kilometer rechts der Hauptstraße gelegen. Machen Sie den kleinen Abstecher, um sich auf dem hübschen Platz in der Mitte des Ortes etwas zu entspannen.

Kehren Sie auf die 77 zurück und folgen Sie der Ausschilderung nach Strofylia und Limni. Die Straße führt vorbei an Reihen von Weinstöcken.

In Strofylia gabelt sich die Straße. Folgen Sie der linken Abzweigung, die Sie durch weitere Bergdörfer hinab ins Küstenstädtchen **Limni** ❺ (siehe S. 213) bringen wird.

Wenn die Zeit reicht, lohnt sich ein Spaziergang zum überaus sehenswerten **Moni Galataki** (siehe S. 213). Es gibt keine festen Öffnungszeiten, aber jeder, der vormittags oder am frühen Nachmittag kommt, darf sich im Kloster umsehen, sofern er angemessen, also dezent gekleidet ist.

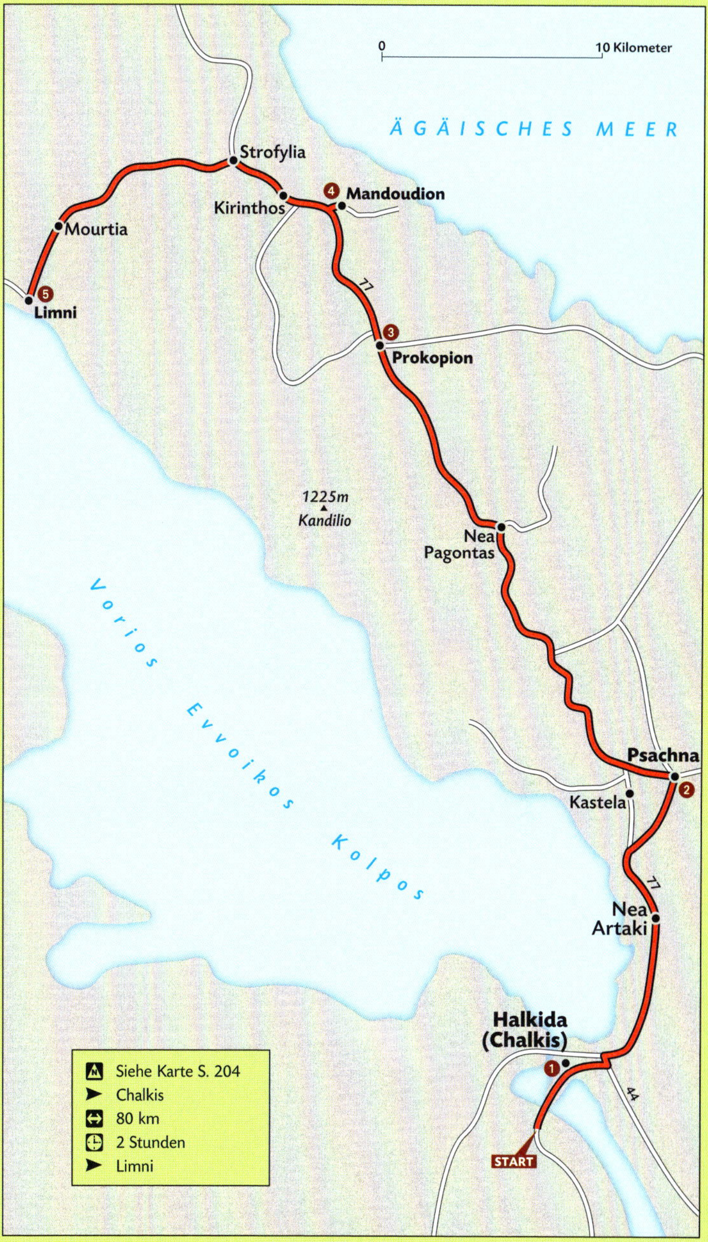
0
10 Kilometer
ÄGÄISCHES MEER
Strofylia
Kirinthos
4 Mandoudion
Mourtia
5 Limni
77
3 Prokopion
1225m
Kandilio
Nea Pagontas
Vorios Evvoikos Kolpos
Psachna
2
Kastela
77
Nea Artaki
Halkida (Chalkis)
1
44
START
Siehe Karte S. 204
Chalkis
80 km
2 Stunden
Limni

Auf Euböa unterwegs

Jenseits der Hauptstadt erwartet die große und faszinierende Insel Euböa entdeckungsfreudige Reisende. Sie hat jedem etwas zu bieten – antike Stätten ebenso wie moderne Badeorte, Ebenen und Gebirge.

Karistos, durch Berge vom Rest der Insel abgeschnitten, liegt an einer geschwungenen Bucht

Eretria
Karte S. 204

Archäologisches Museum
Leoforos Archeou Theatrou, Eretria
22 29 06 22 06
€

Eretria

Das antike Eretria ist einer der wichtigsten Ausgrabungsorte auf Euböa. Eine Zeit kämpften Eretria und Chalkis um die Vorherrschaft auf der Insel, bis Chalkis im 7. Jahrhundert v. Chr. die Oberhand gewann. 198 v. Chr. wurde Eretria von den Römern zerstört.

Zum Unglück der Archäologen wurde die moderne Stadt über den Ruinen der alten erbaut. Trotzdem gibt es vieles zu sehen, Antikes wie Modernes. Die besten Fundstücke zeigt das Archäologische Museum in Chalkis (siehe S. 207).

Eretria besitzt ein eigenes **Archäologisches Museum**; zu seinen Exponaten gehört unter anderem ein bedrohlich aussehendes Gorgonenhaupt aus dem 4. Jahrhundert v. Chr. Nahebei befindet sich das **Haus der Mosaiken**, die Nachbildung eines Hauses aus dem 4. Jahrhundert mit gut erhaltenen Bodenmosaiken. Zu den antiken Überresten im Nordwesten der Stadt gehört auch ein **Theater** mit einem Gang unter der Bühne. Er führte zu der Stelle, an der ein Deus ex Machina auftauchen konnte. Neben dem

Theater sind Überreste einer Sportarena und eines Palastes vorhanden.

Oberhalb des Theaters liegt die Akropolis, von der einige Mauer- und Turmreste erhalten sind und von der aus man einen schönen Blick über die Lelantinische Ebene hat, um die Eretria und Chalkis in der Antike einander bekämpften.

Im Stadtzentrum sollten Sie nach den Überresten des **Apollon-Tempels** Ausschau halten und nach der Stelle, an der sich einst die Agora befand. Das moderne Eretria zieht sich an der Küste entlang und ist einer der Hauptbadeorte der Insel, obwohl es wesentlich hübschere gibt.

Karistos

Das am Südende der Insel gelegene Karistos ist eine relativ junge Stadt. Sie wurde erst nach dem Unabhängigkeitskrieg (1821–29) erbaut. Otto, der erste König des modernen Griechenland, liebte den Ort so sehr, dass er ihn nach sich selbst in Othonoupolis umbenannte, zur Hauptstadt Griechenlands machte und den Architekten Leo von Klenze beauftragte, einen grandiosen Plan mit langen, breiten, von Prachtbauten gesäumten Straßen zu entwerfen. Kurz nachdem das erste Stadium dieses Plans verwirklicht worden war, dankte König Otto ab. Karistos behielt seinen Namen und seine Straßen. Heute legen hier die Fähren aus Rafina (siehe S. 95) an, und im Sommer herrscht reger Betrieb.

Das die Stadt beherrschende **Castello Rosso** ist eine mächtige mittelalterliche Festung an der Stelle, wo einst die Akropolis stand. Im Innern der Festung, die nach ihren rostroten Mauern benannt wurde, ist nicht viel erhalten geblieben, aber von hier aus hat man einen schönen Blick über die Stadt und auf den landeinwärts gelegenen Berg Ochi.

INSIDERTIPP:

Romantische Ferien erleben Sie auf den kleineren Inseln. Diese bieten eine intimere Umgebung und geben Raum für Ihr eigenes griechisches Abenteuer.

WILLIAM BARR
National Geographic-Autor

Kimi

Etwa in der Mitte der Nordküste Euböas, zwischen Weinbergen und Obstplantagen, liegt Kimi. Sein hervorragendes **Volkskundemuseum** verfügt über eine interessante Sammlung alter Fotos, die zeigen, wie es im 20. Jahrhundert in dieser stillen, ländlichen Gegend zuging. Das verschlafene Städtchen und seine Abgeschiedenheit täuschen über seine reiche Vergangenheit hinweg, auf die stattliche Herrschaftshäuser

Karistos
Karte S. 205

Kimi
Karte S. 205

Volkskundemuseum
Kimi
22 29 02 20 11
€

Steni Dirfios
Karte S. 204

Prokopion
Karte S. 204

aus dem 19. Jahrhundert hinweisen. Der Wohlstand der Gegend beruhte auf der Herstellung von Seidenstoffen und internationalem Seehandel.

In Kimi gibt es auch eine interessante, der **Panagia Koimisis** geweihte Kirche mit einer Madonnenikone aus dem 7. Jahrhundert. Nördlich der Stadt liegt das Felsenkloster **Moni Sotira**, im 17. Jahrhundert erbaut und noch heute von Nonnen bewohnt. Männern ist der Zutritt verboten.

ERLEBNIS:

Tauchen lernen im griechischen Meer

In Griechenland findet man Altertümer sowohl auf dem Land als auch im Meer, daher sind die Regeln für Taucher sehr streng. Tauchen ist nur an bestimmten Plätzen erlaubt, wenn Sie während Ihres Griechenlandurlaubs abtauchen möchten, geht das nur mit einer namhaften Firma. Der griechische Fremdenverkehrsverein (www.visitgreece.gr) hilft Ihnen dabei, die richtigen Plätze und akkreditierte Tauchschulen zu finden.

Verzweifeln Sie nicht an den Vorschriften – sie haben ihren Sinn: Sie schützen die Antiquitäten, die in gesunkenen Schiffen auf dem Meeresboden liegen. Solange Sie die Regeln respektieren, wird Tauchen im kristallklaren Wasser Griechenlands zum Erlebnis. Auch für Tauchanfänger ist das Land gut geeignet, Sie finden eine gute Schule über das Aegean Dive Centre in Athen *(Zamanou 53, Glyfada, 16674 Athen, Tel. 21 08 94 54 09, www.adc.gr)*. Hier erhalten Sie eine Liste genehmigter Tauchplätze, außerdem organisiert das Zentrum Tauchkurse, Tauchausflüge und Nachttauchen für Anfänger und Fortgeschrittene.

Steni Dirfios

Seiner Lage am Fuß des **Dirfis**, des höchsten Berges von Euböa, hat das Bergdorf Steni Dirfios zu verdanken, dass es sich zu einem beliebten Touristenzentrum entwickelt hat. Vom Gipfel des Dirfis aus hat man einen herrlichen Blick über die Insel, die Ägäis und das Festland. Der Berg ist relativ leicht zu besteigen. Für den etwa vierstündigen Aufstieg können Sie sich mit einem Picknick auf dem Gipfel belohnen.

Prokopion

Auch Prokopion ist ein Bergdorf. Es liegt am Fuß des Kandilio, der mit 1246 Metern der höchste Berg im Norden der Insel ist. Die auf S. 208f beschriebene Fahrt führt durch Prokopion, das einen kurzen Aufenthalt lohnt.

Viele Pilger besuchen die Kirche **Agios Ioannis o Rosos**, in der die Überreste des heiligen Johannes von Russland ruhen. Johannes war ein Ukrainer, der im Heer des Zaren diente, von den Türken gefangen genommen, versklavt und schließlich in der Stadt Prokopion in der Zentraltürkei getötet wurde. Bei der Umsiedlung 1923 nahmen Anhänger seine Gebeine mit nach Griechenland. Sie nannten ihre neue Siedlung ebenfalls Prokopion und bauten eine Kirche für die Reliquie. Hierher kommen auch Besucher, die der Russisch-Orthodoxen Kirche angehören, von der Johannes 1962 heilig gesprochen wurde.

Loutra Gialtra & Loutra Aidipsou

Am Nordwestende Euböas erwartet Sie eine erfreuliche Überraschung – eine weite, von bewaldeten Hängen umsäumte Bucht mit einem Kurort an jedem Ende. Der kleinere von ihnen, **Loutra Gialtra**, ist ein hübsches Hafenstädtchen mit einer alten Windmühle und einem annehmbaren Strand; von hier aus gelangen Sie auch zu den besseren Stränden an der Nordwestspitze der Insel.

Loutra Aidipsou am gegenüberliegenden Ende der Bucht ist der größte Kurort Griechenlands und berühmt für seine Schwefelquellen. Die Aussicht, dort durch ein Bad wieder jung und schön zu werden, lockt jeden Sommer Massen von Besuchern an. In dieser Zeit sollten Sie unbedingt im Voraus ein Zimmer buchen. Allerdings hat der Zustrom von Sommergästen bewirkt, dass in den anderen Jahreszeiten reichlich Unterkunft vorhanden ist (viele Hotels haben ihre eigenen heißen Quellen). Genießen Sie den Strand und den Fischerhafen und machen Sie Tagesausflüge zu den Sporaden (siehe S. 224ff).

Limni

Im Vergleich zu Loutra Aidipsou ist das 45 Kilometer entfernte Limni ein stilles Fischerdorf, das gerade erst anfängt, sich auf Touristen einzustellen. Hier gibt es keinen so schönen Strand wie in Loutra Gialtra, Loutra Aidipsou und verschiedenen anderen Orten auf Euböa. Deshalb ist Limni noch ein idyllisches Dorf mit weiß getünchten und rot gedeckten Häusern, mit im Hafen schaukelnden Booten und ein paar Villen aus dem 19. Jahrhundert.

Unternehmungslustige Besucher machen sich auf den acht Kilometer langen Weg zum **Moni Galataki**. Es ist das älteste Kloster auf Euböa mit Überresten aus dem 13. Jahrhundert; die meisten Gebäude stammen aus dem 16. Jahrhundert. Die Fresken in der Kirche, gleichfalls aus dem 16. Jahrhundert, sind sehr gut erhalten, darunter ein Jüngstes Gericht, ganz dazu angetan, jeden Besucher auf den Pfad der Rechtschaffenheit zu führen. Das Kloster stand lange Zeit leer, wird aber seit den 1940er Jahren wieder von Nonnen bewohnt und kann besichtigt werden. ■

Loutra Gialtra
Karte S. 204

Loutra Aidipsou
Karte S. 204

Limni
Karte S. 204

Das Castello Rosso, von den Venezianern erbaut, beherrscht Karistos

Weitere Sehenswürdigkeiten

Kap Artemision

Die Nordspitze der Insel bildet das reizvolle Kap Artemision, an dessen Sandstränden im Sommer viele Griechen Urlaub machen. Oberhalb der Bucht liegt das hübsche Dorf **Agrivotanon**. Im Wasser vor dem Kap fanden Fischer 1928 eine Statue des Poseidon, die sich heute im Archäologischen Museum in Athen (siehe S. 82ff) befindet.

Karte S. 204 Bus von Chalkis

Der Ochi

Der 1398 Meter hohe Ochi ist der höchste Berg im Süden Euböas mit pittoresken Dörfern. Vom Bergdorf **Mili** aus hat man einen guten Blick auf Kalistos und das Castello Rosso (siehe S. 213); es ist zugleich Ausgangspunkt für alle, die den Berg besteigen möchten. Der Aufstieg ist sehr anstrengend und sollte nur von geübten Bergwanderern mit einer guten Karte oder einem Bergführer unternommen werden.

Vom Gipfel aus sieht man auch eines der **Drachenhäuser** Euböas – so genannt, weil man glaubte, nur Drachen seien dazu fähig gewesen, die Steinquader zu den hoch gelegenen Orten zu befördern. (In Wirklichkeit wurden die Blöcke wahrscheinlich von Sklaven hinauf gebracht.) Welchen Zweck die Häuser hatten, ist unklar; man vermutet, dass sie im 6. Jahrhundert v. Chr. als Poseidontempel dienten.

Karte S. 205

Ochthonia

Das Bergdorf Ochthonia ist ein bezaubernder Ort mit einer reichen Vergangenheit, auf die klassizistische Herrschaftshäuser und verfallene Türme sowie die Überreste einer Kreuzfahrerburg hinweisen. Unten an der Küste gibt es drei lange, weiße Sandstrände: ideal für jeden, der in Ruhe sonnenbaden oder erste Versuche im Schnorcheltauchen unternehmen will.

Karte S. 205 Bus von Chalkis

Stira

Das Hafenstädtchen Nea Stira an der Westküste ist durch eine Fähre mit Rafina auf dem Festland verbunden. Es hat sich zu einem besonders bei Athenern beliebten kleinen Badeort entwickelt.

Nea Stira hat einen wundervollen Sandstrand und ist ein günstiger Ausgangspunkt für Ausflüge in die Berge.

Das eigentliche Stira ist ein fünf Kilometer weiter landeinwärts gelegenes Bergdorf, ein stiller Ort, bekannt für die mysteriösen **Drachenhäuser** (siehe links) direkt außerhalb des Ortes.

Karte S. 205 Bus von Chalkis

Gyros

Es gibt wohl kein griechischeres Gericht als Gyros (außer vielleicht Olivenöl). Gyros – vom griechischen Wort gyros, drehen – gibt es an jedem Imbiss im Land. Die Zubereitung lässt einigen das Wasser im Mund zusammenlaufen und andere die Stirn runzeln: Schichten von fettreichem Fleisch (Lamm, Rind oder Huhn) garen auf einem langsam rotierenden Drehspieß, von dem mit dem Elektromesser Portionen abgeschnitten werden – der Geschmack ist nur so gut wie die Summe der Einzelteile. Das Fleisch wird auf einem gegrillten Stück Pita serviert, mit Zwiebeln, Tomaten, Tsatsiki und regionalen Ergänzungen wie Chili oder Knoblauchsauce. Größe, Preis und Zutaten können stark variieren.

Zu den abwechslungsreichen Ägäischen Inseln gehören winzige, unbewohnte Felsen im Meer ebenso wie Zentren des Massentourismus, in denen die Sonnenhungrigen über Kilometer hinweg dicht an dicht nebeneinander liegen. Doch zwischen diesen Extremen gibt es Orte, die den neugierigen Reisenden in ihren Bann ziehen

Ägäische Inseln

Erster Überblick 216–217

Saronische Inseln 218–223

Erlebnis: Insel-Nachtleben 223

Sporaden 224–227

Nordostägäische Inseln 228–239

Special: Große griechische Dichter 234–235

Erlebnis: Lebendige Poesie vor Ort 235

Erlebnis: Fischfang mit Einheimischen 238

Kykladen 240–255

Erlebnis: Bildhauerkurse auf Tinos 243

Erlebnis: Die einfachen Freuden von Naxos 247

Erlebnis: Mit den kykladischen Winden um Paros surfen 250

Dodekanes 256–272

Erlebnis: Griechische Weingüter besuchen 259

Zu Fuß durch die Alststadt von Rhodos 262–263

Erlebnis: Wohnen bei einer Familie 268

Weitere Reiseziele im Dodekanes 272

Stickerei von Skyros

Hotels & Restaurants 362–371

Ägäische Inseln

Die Vielfalt der ägäischen Inselwelt lockt viele Reisende an. Wie viele Inseln Sie auch erforscht haben mögen – dicht hinter dem Horizont wartet schon die nächste. Andere Besucher zieht es jedes Jahr auf dieselbe Insel, wo sie von „ihren" Insulanern willkommen geheißen werden.

Suchen Sie Entspannung und authentisches Inselleben, dann vermeiden Sie die überlaufenen großen Inseln wie Rhodos und Kos und auch die Partyinseln Mykonos und Ios. Andererseits sollten Sie außerhalb der Saison die kleinen Inseln meiden, denn dann sind die Hotels und Gaststätten geschlossen.

Wenn Sie genug Zeit haben, wählen Sie eine Inselgruppe aus, etwa die Kykladen oder den Dodekanes, und reisen Sie umher. Vom Frühjahr bis zum Herbst ist das Herumreisen zwischen den Inseln kein Problem; die einzige Ausnahme sind die Inseln im Nordosten der Ägäis, die weiter verstreut liegen.

Die Inseln im Saronischen Golf sind sehr leicht zu erreichen, denn sie liegen nahe bei Athen. Leider sind sie im Sommer mit Ausflüglern, ausländischen Reisegruppen und den Gästen der Kreuzfahrtschiffe überfüllt.

Die weiter nördlich gelegenen Sporaden sind grüner und kosmopolitischer. Skiathos hat schöne Strände, ist aber sehr überlaufen, Alonisos ist relativ ruhig und Skopelos liegt irgendwo dazwischen – auch geographisch. Im Norden und Osten der Ägäis gibt es große Inseln wie Lesbos und Chios, die sowohl Ferienanlagen und unverfälschte Inseldörfer bieten. Samothrake gehört zu den am wenigsten erschlossenen Inseln. Der Dodekanes und die Kykladen bieten mit ihren weiß gekalkten Häusern das für die griechischen Inseln typische Bild. Irgendwo inmitten dieser Inselgruppen finden sicher auch Sie die Insel Ihrer Träume. ■

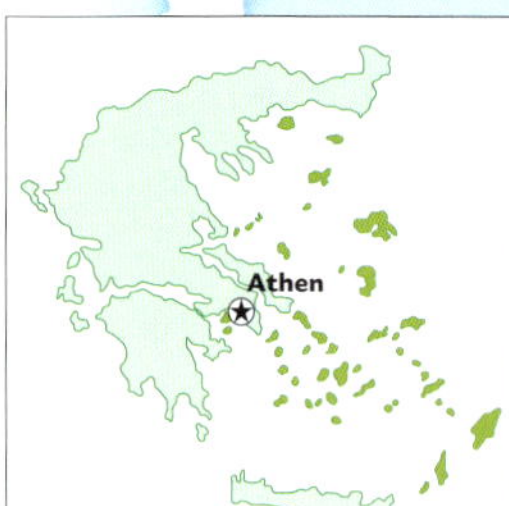

Zur Orientierung

NICHT VERSÄUMEN:

Das Archäologische Museum von Vathi auf Samos **239**

Abendessen und Übernachtung auf Mykonos **246**

Die heilige Insel Delos **247**

Die Schönheit Santorins **253–255**

Die Akropolis von Lindos **260**

Altstadt von Rhodos **262–263**

Beten im Kloster des heiligen Johannes auf Patmos **264–265**

Nächtlicher Segeltörn in den Hafen von Symi **269**

Das „wahre Griechenland" auf der Insel Karpathos **270–271**

Die Hitze des Vulkankraters auf Nisyros spüren **272**

Saronische Inseln

Dieser Archipel im Saronischen Golf vor der Küste der Argolis ist von Athen aus leicht zu erreichen – und deshalb von Einheimischen überlaufen, die der Sommerhitze zu entfliehen suchen. Trotzdem hat keine der Inseln ihre Identität verloren – weder die modisch-eleganten noch die eher ländlich geprägten.

Geduldig wartet ein Esel im Hafen von Idra auf die nächste Last

Auf Ägina, der größten Insel, leben Pendler, die täglich nach Athen übersetzen. Dafür strömen dann am Wochenende Scharen von Athenern auf die Insel, auf der es wunderschöne Herrschaftshäuser und einen der beeindruckendsten Tempel Griechenlands gibt. Es empfiehlt sich, die Inseln dieser Gruppe im Frühjahr oder Herbst zu besuchen, denn im Sommer ist der Touristenandrang einfach zu groß.

Das weiter südlich gelegene Poros ist mit seiner sanft hügeligen Landschaft ein Paradies für Wanderer. Im Sommer kommen aber auch die Freunde des Nachtlebens nicht zu kurz. Die Nähe zur Peloponnes macht die Erkundung der Argolischen Inseln besonders leicht (im Sommer verkehrt die Autofähre alle 20 Minuten).

In den 1950er Jahren wurde Idra von Künstlern entdeckt und ist bei ihnen noch heute absolut „in". Es ist zu rau, als dass man es verbauen könnte, und der schicke Hafenbereich kontrastiert mit dem felsigen Innern der Insel und den einsamen Klöstern an der Küste.

Auf Spetses, das am weitesten von Athen entfernt liegt, gibt es großartige Architektur zu bewundern. Seine Kiefernwälder machen es trotz gelegentlicher Waldbrände zur grünsten Insel dieser Gruppe.

Mit dem Tragflächenboot fährt man von diesen Inseln ein bis zwei Stunden bis nach Athen. Wer nicht in Athen unterkommen möchte, kann auf einer der Inseln wohnen und zur Besichtigungstour in die Stadt fahren. Die Saronischen Inseln sind das ideale Ziel für jeden, der das Reisen von Insel zu Insel ausprobiert. Sie liegen so dicht beieinander, dass man leicht von einer zur anderen kommt, und sind doch alle verschieden.

Dieses „Inselhüpfen" bietet sich vor allem für die Reisenden an, die an keinen festen Plan gebunden sind. Wenn Sie nicht gerade zu Ostern oder im August unterwegs sind, dürfte auch die Quartiersuche kein Problem darstellen.

Ägina
Karte S. 219
Besucherinformation
Touristenpolizei, Leonardou Lada, Ägina-Stadt
22 97 02 77 77

Aphaia-Tempel
Ägina
22 97 03 23 98
Geschl. Mo
€

Ägina

Ägina bedeutet „Taubeninsel", ein Name, den ihr frühe phönizische Siedler gaben. Heute ist Ägina sehr elegant. Herrschaftshäuser aus dem 19. Jahrhundert geben Zeugnis davon, dass Ägina einst ein florierender Handelshafen war. In der Antike rivalisierte die Stadt Ägina mit Athen. Außerdem war es die erste Stadt Europas, die eigene Silbermünzen prägte, eine Währung, die später in ganz Griechenland Verbreitung fand. 1828 war Ägina für kurze Zeit die Hauptstadt Griechenlands – kaum vorstellbar, wenn man es mit dem heutigen Athen vergleicht. Heute beruht die Wirtschaft der Insel auf Pistazienanbau und Tourismus.

In Ägina sind viele Kirchen und historische Gebäude zu besichtigen. Die Überreste der antiken Stadt liegen verstreut auf einem Hügel. Von der Akropolis ist noch eine Säule des Apollon-Tempels erhalten.

Berühmt ist die Insel jedoch für ihren **Aphaia-Tempel**. Der Tempel ist ein Glanzstück dorischer Architektur, erbaut auf einem Hügel, der seit mindestens dem 13. Jahrhundert v. Chr. eine Kultstätte war.

Der erhalten gebliebene Tempel wurde um 490 v. Chr. erbaut und ist somit 60 Jahre älter als der Parthenon, der Marmortempel auf der Akropolis von Athen. Wie beim Parthenon, befinden sich auch bei diesem Tempel die Giebelfiguren nicht mehr an ihrer ursprünglichen Stelle.

Aphaia-Tempel

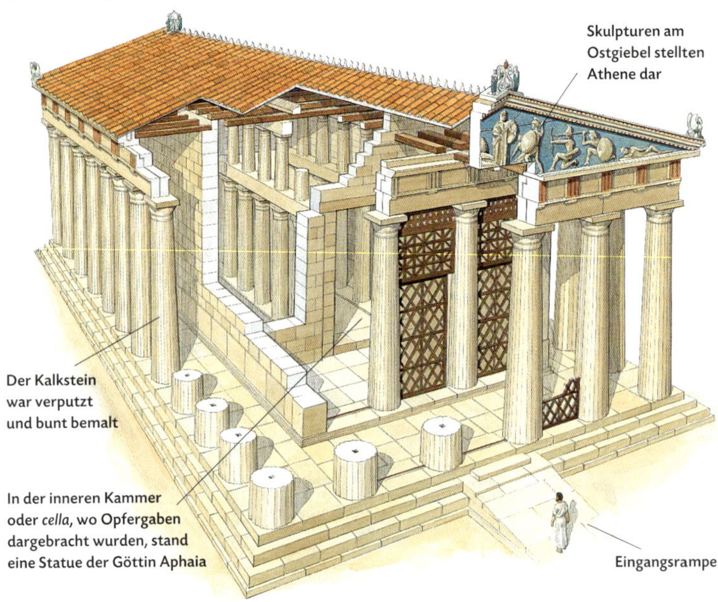

Poros

Poros ist fast ein Teil des Peloponnes, denn die Insel ist durch einen Kanal vom Festland getrennt, der an seiner schmalsten Stelle nur 350 Meter breit ist. Dieser Kanal gibt der Insel ihren Namen (*poros* bedeutet Passage). Den ganzen Tag befördern kleine Boote Passagiere zwischen Poros und dem auf dem Festland gelegenen Galatas hin und her. In Galatas fahren die Busse nach Epidaurus und Nauplia ab.

Poros bietet zwei Inseln zum Preis von einer. **Sferia**, auf der die Stadt Poros errichtet wurde, ist durch eine kleine Straße vom wesentlich größeren Kalavria getrennt. Obwohl es in der **Stadt Poros** keine schönen Strände gibt, ist sie ein beliebtes Urlaubsziel für Einheimische und Ausländer gleichermaßen. Die Stadt ist mit ihren weißen und pastellfarbenen Häusern oberhalb des Hafens sehr hübsch. Die Fülle von Restaurants und Bars am Wasser verspricht interessante Abende bis spät in die Nacht hinein.

Wer es ruhiger liebt, kann auf der einzigen Hauptstraße, die um die Hauptinsel **Kalavria** herumführt, wandern oder Rad fahren. Sehenswürdigkeiten auf dieser Strecke sind das verlassene kleine Kloster **Zoodochos Pigi** aus dem 18. Jahrhundert direkt am Meer und die höher gelegenen spärlichen Überreste eines **Poseidon-Tempels** aus dem 6. Jahrhundert v. Chr., die kostenlos besichtigt werden können.

Segelschiffe im malerischen Hafen der Stadt Poros

Wenn Sie in Poros alles gesehen haben, sollten Sie sich zu dem Städtchen **Galatas** übersetzen lassen. Gehen Sie vom Hafen aus nach links, bis Sie die Limonenplantagen in Limonodassos erreichen. Hier stehen Zehntausende von Limonenbäumen, zwischen denen Sie spazieren gehen und dabei deren Duft genießen können.

Idra

Idra ist eine kleine, sehr felsige, aber dennoch faszinierende Insel. Der größte Ort liegt am Hafen. Idra kam in Mode, als sich Maler und Dichter – unter ihnen der kanadische Liedermacher und Poet Leonard Cohen – in den 1950er und 1960er Jahren auf der Insel niederließen.

Wie andere Inseln dieser Region verfügt auch Idra über elegante Herrschaftshäuser aus dem 18. und 19. Jahrhundert, die erahnen lassen, was für ein wichtiger und reicher Handelsort es einst war. Dem

Poros

Karte S. 219

Besucherinformation

Touristenpolizei, Uferstraße

22 98 02 22 56

Idra

Karte S. 219

Besucherinformation

Touristenpolizei, Odos Votsi

22 98 05 22 05

Spetses

Karte S. 219

kleinen Hafen sieht man es nicht mehr an, dass hier einst mehr als hundert Schiffe beheimatet waren, die über den Atlantik bis nach Nordamerika fuhren. Ebenso schwer vorstellbar ist, dass einst 40 000 Menschen auf dieser Insel lebten – heute sind es nur noch knapp 3000.

Idra ist kein Ort zum Sonnenbaden, denn es hat nur einen Sandstrand, der zum Hotel Miramare zwei Kilometer außerhalb des Ortes gehört. Sonst umgeben Kiesstrände die Insel, die so groß ist, dass man auf Spaziergängen dem Touristenandrang im Hafenbereich entfliehen kann. Besonders Felsklettern bietet sich an.

Spetses

Wie Idra gelangte auch Spetses zu Zeiten des Schiffbaus und Seehandels im 18. und 19. Jahrhundert zu Wohlstand. Noch heute dokumentieren stolze Herrschaftshäuser im Städtchen Spetses den einstigen Wohlstand der Reeder. Viele von ihnen sind jetzt das Wochenenddomizil reicher Athener. Spetses ist vornehmer als das ausgelassene kleine Poros, doch ihm fehlt das künstlerisch angehauchte Flair von Idra.

Die Inselbewohner sind stolz auf ihr maritimes Erbe und vor allem auf ihre berühmteste Tochter, Laskarina Bouboulina (1771–1825), deren Statue

Eine Vielzahl kleiner Boote im Hafen von Idra

ERLEBNIS: Insel-Nachtleben

Für Nachtschwärmer sind folgende Hotspots interessant:

Ägina: Der Zustrom der Athener in Ägina-Stadt treibt die Preise am Hafen in die Höhe, versuchen Sie es lieber in den Nebengassen. Ein angesagter Clubs ist Yes! *(Dimokratias, Tel. 22 97 02 83 06)*. Die Bar Avli *(Pan Irioti 17, Tel. 22 97 02 64 38)* ist viel ruhiger.

Poros: Diese Insel ist ruhiger, bietet aber zahlreiche Tavernen wie das beliebte Orion *(Tel. 69 40 70 08 23 oder 69 77 55 61 11)* und Poseidonio *(Tel. 22 98 02 23 61)*, der erste Club der Insel.

Idra: Obwohl es als Zufluchtsort von der Alltagshektik angepriesen wird, hat Idra vor allem im Sommer ein pulsierendes Nachtleben. Die Jugend amüsiert sich in der Spilia Beach Café und Bar *(Tel. 22 98 05 41 66)* und Nautilus Bar, während die Traditionsbewussteren in die Douskos Taverna Xeri Elia *(Tel. 22 98 05 28 86)* gehen.

Spetses: An der schönen Uferpromenade ist besonders die Balconi Wine Bar *(Tel. 22 98 07 25 94)* zu empfehlen und vor allem die Bar Spetses *(Tel. 22 98 07 37 00)*, eine einheimische Bar mit viel Charakter.

den Hafen schmückt. Bouboulina war Admiral zur See und spielte bei der Bekämpfung der Türken im Unabhängigkeitskrieg in den 1820er Jahren eine wichtige Rolle.

Ihr Sarg und ihre sterblichen Überreste sind im **Chatzi-Giannis-Mexis-Museum** *(Spetses-Stadt, Tel. 22 98 07 29 94, geschl. Mo)* zu sehen, das den Namen der früheren Besitzer des Gebäudes trägt und in dem Exponate zur Lokalgeschichte ausgestellt sind. In Hafennähe steht **Bouboulinas Haus** *(nahe Plateia Ntapia, Tel. 22 98 07 24 16, geschl. Okt.–April)*, ein weiteres Museum, das noch heute Bouboulinas Nachkommen gehört. Führungen in griechischer und englischer Sprache finden halbstündlich statt.

Ein weiterer berühmter Bewohner von Spetses war der britische Schriftsteller John Fowles (geb. 1926), dessen Roman „Der Magus" (1966), der auch verfilmt wurde, in den 1960er Jahren zum Kultklassiker der Jugend wurde.

Überreste historischer Bauwerke gibt es auf Spetses nicht, dafür aber sehr schöne Strände wie den von Agii Anargiri und beschauliche Dörfer.

INSIDERTIPP:

Der Höhepunkt der Blüte in den Tälern des südlichen Griechenlands und der Inseln einschließlich Kreta ist im April.

NICHOLAS TURLAND
National Geographic-Mitarbeiter

Am besten, Sie erkunden die Insel zu Fuß oder mieten sich ein Fahrrad oder Motorrad. Lange Zeit waren Autos auf Spetses verboten; jetzt dürfen die Einheimischen welche mitbringen, doch die Altstadt soll weiterhin autofrei bleiben. ■

Sporaden

Diese kleine Gruppe von vier Hauptinseln erhielt ihren Namen nach dem griechischen Wort für „verstreut". Ihre Beliebtheit als Reiseziel steht im umgekehrten Verhältnis zu ihrer Größe. Die kleinste, Skiathos, ist die beliebteste und die größte, Skyros, konnte sich viel von ihrem ursprünglichen Charme bewahren.

Der idyllische gelegene Strand von Mourtia lädt zum Verweilen auf Alonisos ein

Einst waren die Inseln Ausläufer der Halbinsel Pilion (siehe S. 150f) und sind wie diese stark bewaldet.

Wenn Sie die schönen Strände von Skiathos für sich haben wollen, sollten Sie im Frühjahr oder Herbst reisen. Oder Sie setzen mit der Fähre auf die Nachbarinsel Skopelos über, die landschaftlich reizvoller ist und ebenfalls über schöne Strände verfügt.

Alonisos, die nächste Sporadeninsel, ist lang und schmal und hat nur wenige Straßen. Alonisos ist von mehreren kleinen Inseln umgeben, auf denen Europas am stärksten gefährdetes Säugetier lebt, die Mittelmeer-Mönchsrobbe. Diese einfarbige braune Robbe, einziger Repräsentant der Phocidae im Mittelmeer, braucht abgelegene Sandstrände. Zum Schutz der Robben und zur Förderung des Ökotourismus auf Alonisos richtete die griechische Regierung hier 1992 das erste Meeresschutzgebiet ein.

Auf Skyros sind die alten Gebräuche und die traditionelle Kleidung erhalten geblieben.

Skiathos

Sie möchten erleben, was Touristenströme aus einer Insel machen können? Dann besuchen Sie Skiathos im Hochsommer, wenn seine wundervollen Strände fest in der Hand sonnenhungriger Urlauber sind. An der Süd- und Ostküste reihen sich endlos Hotels, Restaurants und Bars aneinander und berauben damit Teile der 62 Quadratkilometer großen Insel ihrer Individualität.

INSIDERTIPP:

Die besten Strände liegen meist am Ende grässlicher Straßen oder scheinbarer Sackgassen. Sie sollten auf Entdeckungen vorbereitet sein.

EVA VALSAMI-JONES
NATIONAL GEOGRAPHIC-Mitarbeiterin

Das Innere von Skiathos ist zerklüftet und bewaldet, ein Paradies für Wanderer.

Die Klöster auf dieser Insel sind noch heute bewohnt. Das Kloster Evangelistria aus dem 18. Jahrhundert ist von der Stadt Skiathos aus zu Fuß in einer Stunde zu erreichen. Nehmen Sie die Straße zum Flughafen und achten Sie auf die Abzweigung nach links, die Sie zu den wunderschön gelegenen friedvollen Gebäuden führt.

Der Großteil der Insulaner lebt in der **Stadt Skiathos**, ci nem Ort mit zwei Häfen und zwei Gesichtern. Der eine Hafen ist den Yachten vorbehalten, der andere den Fischerbooten. Die stillen Gassen des Ortes sind typisch griechisch

Skiathos

Karte S. 225

Besucher-information

Touristenpolizei
24 27 02 31 72

Skyros
Karte S. 225
Besucher-information
Touristenpolizei
22 22 09 12 74

Archäologisches Museum
Plateia Brooke, Skiros
22 22 09 13 27
€

Alonissos
Karte S. 225

Skyros

Eine Besonderheit von Skyros sind die wild lebenden kleinen Pferde, von denen einige gezähmt wurden. Während der Festivitäten am 15. August reiten Kinder am Strand von Magazia auf diesen Ponys um die Wette.

Mit ihrem Gewirr aus weißen Häusern unterhalb des Hügels mit der venezianischen Festung würde die **Stadt Skyros** besser in den Dodekanes oder die Kykladen passen. Von der Festung, die dort erbaut wurde, wo sich einst die Akropolis befand, ist nicht mehr viel übrig. Die Ruine ist durch einen Tunnel zu erreichen und bietet einen schönen Blick über die Stadt.

Die Museen des Ortes informieren über die Geschichte der Insel: das **Stadtmuseum,** das **Archäologische Museum** *(geschl. Nov.–März)* und das **Faltauïts Museum** *(Palaiopyrgos, Tel. 22 22 09 12 32, geschl. Nov.–März)*, ein in einem Herrschaftshaus untergebrachtes Museum für Volkskunst.

In der Nähe von Treis Mpoukes, dem Tiefwasserhafen an der Südspitze von Skyros, liegt das schlichte Grab des britischen Dichters Rupert Brooke (1887–1915), der im Ersten Weltkrieg auf einem Lazarettschiff auf dem Weg nach Gallipoli an Blutvergiftung starb. Bekannt war er für seine patriotischen Worte, in denen er im Schwulst der damaligen Zeit seine Vaterlandsliebe beschrieb.

Ziegentanz

Etwas weiter von den anderen Inseln der Gruppe entfernt hat Skyros seine Individualität und seinen Charakter bewahrt. Ein bemerkenswertes Beispiel dafür ist der Ziegentanz, eine Tradition aus heidnischer Zeit, die noch während des Karnevals ausgeübt wird. Maskierte durchstreifen die Straßen der Stadt und die Hauptfigur ist ein furchteinflößender geros, ein alter Mann mit einer Ziegenledermaske und Glöckchen am Rücken. Einzigartig auf Skyros sind auch die Wildpferde, von denen einige gezähmt wurden. Während des Festivals am 15. August gibt es ein Kinderwettreiten bei Magazia außerhalb der Stadt Skyros.

Alonissos

Das hügelige und bewaldete Alonissos ist nicht die schönste der Sporadeninseln – was den Vorteil hat, dass sie weniger überlaufen ist. 1965 richtete ein Erdbeben großen Schaden in der Stadt Patitiri an und 1950 vernichtete eine Krankheit die Weinstöcke und Grapefruitplantagen der Insel.

Die Einrichtung eines **Nationalparks** vor der Küste hat der Insel 1992 neuen Aufschwung gebracht. Der Park ist ein Schutzgebiet für die gefährdeten Mönchsrobben, von denen es weltweit nur noch etwa 800 gibt; 30 davon leben auf den winzigen Inseln rund um Alonissos. In bestimmten Gebieten ist das Fischen verboten, weil – dank den Fischern, die mit Sprengstoff das Meer verwüsteten – die Fischbestände schwinden. Wenn jemand Sie zu den Robben bringen möchte, lehnen Sie es ab – Mönchsrobben sind scheue Tiere, die sehr empfindlich auf Störungen reagieren. Der Nationalpark kommt auch anderen Tieren zugute, z. B. Zugvögeln und Delphinen.

Der Park hat das Interesse vieler neuer Touristen geweckt. Heute gehen vor Alonissos viel mehr Jachten vor Anker als früher, denn viele der Inseln außerhalb der Schutzzone bieten gute Häfen, einsame Strände und ideale Bedingungen zum Schwimmen.

Alonissos besteht aus dem kleinen Hafenort **Patitiri**, der hoch über ihm gelegenen restaurierten Altstadt von **Palaia Alonisos** und einigen anderen Dörfern, von denen keines touristisch erschlossen ist. Das macht die Insel besonders reizvoll für Reisende, die sich abseits vom Touristenrummel erholen wollen

Skopelos

Skopelos besitzt einen der schönsten Häfen Griechenlands. Darüber hinaus ist es dicht bewaldet und die Kiefernwälder reichen bis in die einsamen Buchten. Im Innern der Insel herrschen Pflaumen- und Mandelplantagen vor.

Bevor Sie die Stadt Skopelos verlassen, sollten Sie sich einige der 123 Kirchen ansehen, darunter **Agios Athanasios**, die im 9. Jahrhundert erbaut und im 16. Jahrhundert mit Fresken geschmückt wurde. Die Kirche liegt innerhalb der Mauern der **Venezianischen Festung**, die oberhalb des Hafens an der Stelle errichtet wurde, wo einst ein Athene-Tempel stand.

Die Tradition ist sehr wichtig auf Skyros; manche der alten Männer tragen noch heute die altmodischen sackartigen Hosen

Außerhalb der Stadt gibt es nur eine Straße, doch viele Wege führen zu anderen Badeorten und Dörfern. Einer dieser Wege windet sich auf den höchsten Punkt der Insel, den 680 Meter hohen **Delphi**.

In den Hügeln östlich der Stadt liegen fünf Mönchs- und Nonnenklöster, von denen drei zugänglich sind. Die Nonnen von **Evangelistria** verkaufen eigene Handarbeiten in einem kleinen Andenkenladen. Das Mönchskloster **Metamorphosis** ist nicht weit. Vom Nonnenkloster **Prodromos** hat man einen herrlichen Blick über die Ägäis auf Alonissos. ■

Skopelos

Karte S. 225

Besucher-information

am Hafen

24 24 02 32 31

Nordostägäische Inseln

Die kleinen und großen Inseln in diesem Teil der Ägäis bilden weder politisch noch geographisch eine Einheit. Thassos ist die nördlichste dieser Inseln – die auch als Nördliche Sporaden bezeichnet werden – und liegt vor der makedonischen Küste.

Typisch für die Schönheit der griechischen Inseln: eine Bucht auf Thassos

Teile von Thassos, Samos und Lesbos sind im Hochsommer genauso überlaufen wie andere Regionen im Mittelmeer – doch wenn Sie Samothrake oder Limnos besuchen, wird man Sie dort als seltenen, aber gern gesehenen Gast begrüßen.

Lesbos ist Griechenlands drittgrößte Insel und bietet viel Sehenswertes, obwohl man sie bequem in wenigen Stunden durchfahren kann. Auch auf Chios und Samos lohnt sich ein mehrtägiger Aufenthalt.

Alle drei sind von der Türkei aus mit der Fähre zu erreichen. Nach Samothrake fährt im Sommer ein Tragflächenboot vom griechischen Festland (Alexandroupolis) aus, doch die Insel hat keinen natürlichen Hafen, und bei Sturm kann das Boot nicht anlegen. Daran sollten Sie denken, wenn sie vorhaben, in Athen ein Flugzeug zu erreichen.

In dieser Region gibt es noch eine Reihe kleinerer Inseln, wie etwa Ikaria nahe Samos, benannt nach Ikarus, der

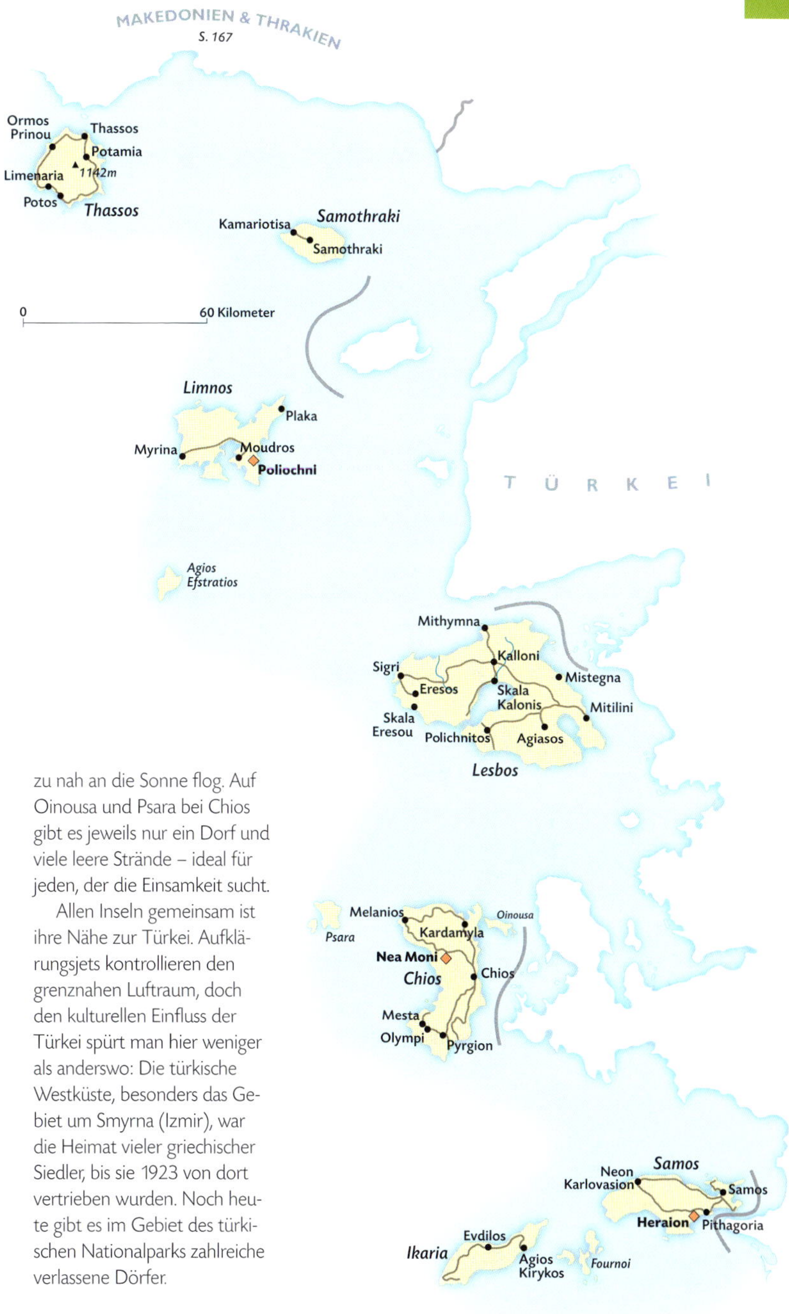

zu nah an die Sonne flog. Auf Oinousa und Psara bei Chios gibt es jeweils nur ein Dorf und viele leere Strände – ideal für jeden, der die Einsamkeit sucht.

Allen Inseln gemeinsam ist ihre Nähe zur Türkei. Aufklärungsjets kontrollieren den grenznahen Luftraum, doch den kulturellen Einfluss der Türkei spürt man hier weniger als anderswo: Die türkische Westküste, besonders das Gebiet um Smyrna (Izmir), war die Heimat vieler griechischer Siedler, bis sie 1923 von dort vertrieben wurden. Noch heute gibt es im Gebiet des türkischen Nationalparks zahlreiche verlassene Dörfer.

Thassos
Karte S. 229

Besucherinformation
Touristenpolizei, Uferpromenade
25 93 02 31 11

Thassos

Die Kiefernwälder, Berge, Strände und Ruinen locken schon seit langem griechische Urlauber nach Thassos. Wanderer lieben vor allem die einsame Nordküste.

Verwirrenderweise wird die Stadt **Thassos** auch Limin oder Limenas genannt, ein Umstand, den Sie kennen müssen, wenn Sie mit Bus oder Fähre anreisen. Erschwerend kommt hinzu, dass die auf der Südseite gelegene zweite Stadt der Insel Limenaria heißt. Fähren verbinden Thassos mit dem makedonischen Hafen Kavalla. Die meisten legen in Ormos Prinou an, das 11 Kilometer westlich der Stadt Thassos liegt.

Da Thassos nur 12 Kilometer vom Festland entfernt liegt, ist die Insel mindestens seit der Steinzeit bewohnt. In der Antike war die Insel wegen ihrer Bodenschätze, darunter Gold, Silber und weißer Marmor, heftig umkämpft. In römischer Zeit besaß Thassos einen wichtigen Hafen.

Die **Agora** ist die größte Ansammlung römischer Gebäude. Mit etwas Phantasie und einer guten Karte, die Sie auf der Insel bekommen, werden Sie die Überreste der Geschäfte, Tempel und anderer Gebäude ausmachen können. Die Ruinen eines Tempels der Athene Poliouchos („Schutzpatronin der Stadt") aus dem frühen 5. Jahrhundert v. Chr. liegen direkt unterhalb der ehemaligen **Akropolis**, und jenseits davon befindet sich eines der Tore in der ursprünglichen Stadtmauer, das **Tor von Parmenon**, das nach dem Steinmetz benannt ist, der es geschaffen hat. Verzichten Sie nicht auf einen Besuch des **Theaters** – nicht um der Rui-

Thassos liegt nahe am Festland und ist eine beliebte Urlaubsinsel

ne willen, sondern wegen des atemberaubenden Ausblicks über die Ägäis.

Eine weitere Sehenswürdigkeit der Insel ist die **Festung**, die aus dem 13. bis 15. Jahrhundert stammt, in die aber auch Teile eines Apollon-Tempels integriert sind, der zuvor an dieser Stelle stand. Die besten Fundstücke sind im **Archäologischen Museum** der Stadt Thassos zu besichtigen.

Die Umgebung: Das Innere der Insel ist hügelig. Leider ist ein Großteil des Kiefernwaldes vor einigen Jahren ausgedehnten Waldbränden zum Opfer gefallen. Eine Küstenstraße führt um die fast kreisrunde Insel, die sich bequem an einem Tag umfahren lässt, entweder mit dem Auto oder dem Bus. Von der Küstenstraße zweigen mehrere Straßen ins Innere ab, die zu abgelegeneren Dörfern und Klöstern führen.

Limenaria an der Südküste ist ein hübsches Städtchen, Badeort und Geschäftszentrum in einem. Dort gibt es schöne alte Häuser, aber keinen nennenswerten Strand. Gute Strände sind aber nicht weit entfernt, einer von ihnen liegt bei **Potos**, drei Kilometer östlich von Limenaria.

Wenn Sie Ruhe suchen, gehen Sie ins Innere der Insel. Zu den meisten Ferienanlagen an der Küste gehören Dörfer im Innern, wo die Bewohner einst Zuflucht vor Piraten suchten. In diesen Dörfern können Sie einfache Zimmer mieten und in einer Taverne essen. **Potamia** ist eines der größten Dörfer und von dort führt auch ein Wanderweg auf den höchsten Berg der Insel, den 1142 Meter hohen **Ipsarion**. Der dreieinhalbstündige Aufstieg ist schwierig und ohne Führer oder zumindest eine gute, am Ort erhältliche Karte nicht zu empfehlen.

Weiter im Innern liegt das alte Dorf **Theologo**s, das im 16. Jahrhundert von Flüchtlingen aus Konstantinopel (heute Istanbul) gegründet wurde und eine Zeit lang die Hauptstadt der Insel war.

Sicher baden

Das Baden ist in Griechenland meist sicher, auch wenn Sie sich einiger Gefahren bewusst sein sollten. Seeigel gibt es fast überall, die Einheimischen können Ihnen sagen, welche Plätze Sie meiden sollen. Die Tiere sammeln sich oft rund um Felsen. Wenn Sie auf einen Seeigel treten, holen Sie medizinische Hilfe! Weniger vorhersehbar sind Quallen, ab und an tauchen Schwärme im warmen Wasser der Ägäis auf. Glücklicherweise verschwinden sie meist genauso schnell. Berührungen sind schmerzhaft, aber nicht lebensbedrohend; rezeptfreie Medikamente helfen. Es gibt auch Stachelrochen und giftige Aale und Fische in griechischen Gewässern, glücklicherweise aber nur selten.

Archäologisches Museum

✉ Limenas Thasou in Nähe der römischen Agora, Thassos-Stadt
☎ 25 93 02 21 80
🕒 Geschl. Mo
$ €

Der Sandstrand von Aktamarina auf Limnos

Limnos

Karte S. 229

Besucher-information

Rathaus

22 54 02 29 96

Lesbos

Karte S. 229

Besucher-information

Aristarchou 6, 811 00 Mitilini

22 51 04 25 11 oder 22 51 04 25 12

Geschl. Sa–So

Limnos

Auf Limnos (Lemnos) wird neben anderen Weinen hervorragender Retsina hergestellt. Die Weinberge liegen in der westlichen, vulkanischeren Inselhälfte. Die tiefe Modros-Bucht, einer der schönsten Naturhäfen der Ägäis, teilt Limnos nahezu in zwei Hälften.

Ganz anders als der felsige Westen ist der Osten eher flach und wird landwirtschaftlich genutzt – mit Ausnahme einiger Sumpfgebiete. Die Strände sind sehr schön, doch eine touristische Infrastruktur gibt es kaum. Der wichtigste Ort ist **Mirina** an der Westküste; von dort fahren auch die Fähren zu den anderen Inseln und zum Festland.

Mirina ist idyllisch gelegen und verfügt über gute Strände und einen pittoresken Fischerhafen. Wo einst die Akropolis stand, befinden sich heute die Ruinen einer **Byzantinischen Burg**, von der aus man einen großartigen Blick über die Stadt und die gesamte Westküste hat. In der Altstadt sind die Straßen zwischen den Häusern aus türkischer Zeit mit Kopfsteinen gepflastert. Das **Archäologische Museum** *(Romaikos Gialos, Mirina, Tel. 22 54 02 29 00 geschl. Mo, €)*, in einer Villa aus dem 19. Jahrhundert, ist nicht sehr groß, aber mit viel Liebe eingerichtet. Auf Limnos gibt es mehrere antike Stätten, darunter die befestigte Stadt Poliochni (aus der Zeit um 3000 v. Chr.), die einstmals bedeutende Stadt Hephaistia und das Heiligtum von Kabireio.

Lesbos

Lesbos ist die größte Insel im Nordosten der Ägäis. Die Dichterin Sappho (siehe S. 234) wurde im 7. Jahrhundert v. Chr. in dem Ort Eresos geboren. Für die Griechen unserer Zeit ist die Insel ein beliebter Ferienort, an dem es zudem den besten Ouzo im ganzen Land gibt.

Ihre Größe macht die Insel so vielfältig, sie ist 2142 Quadratkilometer groß und bildet einen eigenen Bezirk: von der belebten Haupt- und Hafenstadt Mytilene zu stillen Bergdörfern und von überfüllten Stränden zu den stillen Plätzen an der Kalonisbucht, die vor allem Vogelliebhaber zu schätzen wissen. Lesbos ist mit seinen großartigen Stränden, dichten Wäldern und majestätischen Bergen schon seit der Römerzeit ein beliebter Urlaubsort. Auf der Insel gibt es zwei Berge: den 967 Meter hohen Olympos im Süden und den exakt ebenso hohen Lepetimnos im Norden.

Der Name der Hauptstadt von Lesbos, **Mytilene**, wird manchmal für die gesamte Insel benutzt, eine verbreitete griechische Angewohnheit, die für Außenstehende etwas verwirrend ist. Die geschäftige, moderne Hafenstadt ist einen Tag der Erkundung wert, auch wenn die anderen Städte und Dörfer der Insel reizvoller sind. Auf neugriechisch heißt die 30 000-Einwohner-Stadt übrigens **Mitilini**.

Wie fast jeder Hafen in dieser Region hat natürlich auch Mytilene eine **Festung** *(Kastro, Ermou 201, Tel. 22 51 02 79 70, geschl. Mo, €)*. Die ausgedehnten Ruinen stammen überwiegend aus dem 14. Jahrhundert, doch die Burg, die ursprünglich an dieser Stelle stand, wurde im 6. Jahrhundert von Kaiser Justinian (527–565) erbaut. Das **Byzantinische Museum** *(Agios Therapon, Tel. 22 51 02 89 16, geschl. So, €)* hat eine ansehnliche Ikonensammlung aus dem 13. bis 18. Jahrhundert, die aber nur Fachleute interessieren dürfte.

Das **Achäologische Museum** *(Argyris Eftaliotis, Tel. 22 51 02 80 32, geschl. Mo im Winter, €)* ist in einem der vielen Herrschaftshäuser der Stadt untergebracht. Zu den Exponaten gehören exzellente römische und griechische Mosaiken sowie prähistorische Funde aus

(weiter auf S. 236)

Griechisch-türkische Beziehung

Die Beziehung zwischen Griechen und Türken als turbulent zu bezeichnen wäre die Untertreibung schlechthin. Es ist ein sensibles Gesprächsthema und wird am besten vermieden, es sei denn, Sie sind so gut mit jemand befreundet, dass Sie frei reden können. In den letzten Jahren hat sich das Verhältnis zwischen den Griechen und ihren östlichen Nachbarn verbessert, wegen der Entspannung bezüglich des geteilten Zyperns, aber das kann sich jederzeit ändern. Es genügt zu wissen, dass die Griechen sehr patriotisch sind und viele eine Aversion gegen alles Türkische haben; Sympathiebezeugungen gegenüber türkischen Standpunkten kommen meist nicht gut an.

Theophilos-Museum

- ✉ Mikras Asias, Varia
- ☎ 22 51 04 16 44
- 🕒 Geschl. Mo
- $ €

Große griechische Dichter

Gemessen an seiner geringen Größe hat Griechenland eine erstaunliche Zahl herausragender Dichter hervorgebracht, unter ihnen zwei Träger des Literatur-Nobelpreises. Fast überall auf der Welt kennt man Namen wie Homer, Sappho und Konstantin Kavafis.

Links: Homer, der blind gewesen sein soll, trug seine Epen in Versform vor
Rechts: Sappho wurde auf ihrer Heimatinsel Lesbos ein Denkmal gesetzt

Homer (siehe S. 326f) wird mit Recht als Vater der Dichtkunst betrachtet. Dennoch ist er keineswegs der einzige bedeutende Grieche in der Welt der Poesie.

Zu ihnen zählt beispielsweise auch Sappho (um 610–580 v. Chr.), die auf Lesbos geboren wurde. Dafür, dass sie Beziehungen zu Frauen hatte, gibt es keine Beweise – ganz im Gegenteil. Sie soll die Geliebte des Dichters Alkaios (um 620–580 v. Chr.) gewesen sein, dann geheiratet, ein Kind von einem anderen Mann bekommen und sich schließlich wegen der unerfüllten Liebe zu einem Seemann von einer Klippe gestürzt haben. Die Ansicht, dass sie lesbisch war, stammt von Anakreon (um 582–485 v. Chr.), einem anderen Dichter, der behauptete, dass Sappho Beziehungen zu den Frauen hatte, die sie in der Dichtkunst unterwies.

Von ihren neun Büchern sind nur Fragmente erhalten geblieben, doch sie genoss weit über ihren Tod hinaus hohes Ansehen. Der Philosoph Plato (um 428–347 v. Chr.) nannte sie die zehnte Muse.

Einer der größten modernen Dichter ist Konstantin Kavafis (1863–1933). Obwohl er im ägyptischen Alexandria geboren wurde und auch einen Großteil seines Lebens dort verbrachte, war er Grieche und verarbeitete viele griechische Mythen und Sagen in seinem leider nicht sehr umfangreichen Werk, zu dem Gedichte wie „Ithaka" gehören.

Der Dichter und Diplomat Giorgios Seferis (1900–71) war ein großer Bewunderer von Kavafis. 1963 bekam er als erster Grieche den Literatur-Nobelpreis. Auch wenn kein griechischer Autor die faszinierende Geschichte seines Landes ignorieren kann, verlegte er sich mehr darauf, über das Leben im modernen Griechenland und die Entfremdung der Menschen voneinander zu schreiben. Er selbst wurde in Smyrna (heute das türkische Izmir) geboren, als es noch zu Griechenland gehörte. Er studierte in Athen und an der Sorbonne und widmete sich neben seiner eigenen Arbeit auch der Aufgabe, T.S. Eliots „The Waste Land" (deutsch „Das wüste Land") ins Griechische zu übersetzen.

1979 wurde Odysseas Elytis (1911–96) als zweitem Griechen der Nobelpreis zugesprochen. Elytis wurde auf Kreta geboren und studierte wie Seferis in Athen und Paris. Er kämpfte im Zweiten Weltkrieg gegen die Italiener, die in Griechenland einmarschiert waren, und schrieb seine Erfahrungen nieder, womit er an die Tradition der Kriegsberichterstattung anknüpfte, die sich bis zu den griechischen Dichtern zurückführen lässt, die über den Trojanischen Krieg erzählten. Elytis begann 1929 mit dem Schreiben, zu einer Zeit, als er jeden Sommer auf die griechischen Inseln fuhr. Seine Gedichte aus den 1930er Jahren sind Lobpreisungen auf die Inseln, enthalten aber auch Hinweise auf den bevorstehenden Krieg. Fünfzig Jahre später war er noch immer produktiv und seine Beliebtheit stieg, nachdem Mikis Theodorakis einige seiner Gedichte vertont hatte.

ERLEBNIS: Lebendige Poesie vor Ort

Da das Leben der antiken griechischen Dichter und Dramatiker ähnlich rätselhaft ist wie ihre Werke, würde eine auf ihren Biographien basierende Reise enttäuschend sein. Besuchen Sie lieber die Stätten, über die Homer, Sappho und Euripides schrieben. Auch wenn die Orte meist nur vage mit den Dichtungen verbunden sind, bleibt es ein spannendes Experiment, das zu suchen, was Alfred Lord Tennyson als „wiederhallende Ebenen des windigen Troja" beschreibt.

Gehen Sie einen Tag in Eresos auf der Insel Lesbos spazieren, dem Geburtsort Sapphos. Die Stadt und der angrenzende Strand befinden sich im südwestlichen Teil der Insel, ca. 90 Kilometer von Mytilini. Die Region ist auch für den ausgezeichneten Ouzo bekannt sowie für Heerscharen von Frauen, die sich vom Geist der Dichterin inspirieren lassen.

Oder fahren Sie zu den Ruinen des antiken Korinth, wo Euripides' Medea, von ihrem Gatten Jason verstoßen, König Kreon, dessen Tochter Glauke (die neue Gemahlin Jasons) und ihre beiden Söhne tötete.

Homer-Anhänger können eine „Journey of Odysseus" auf dem kleinen Kreuzfahrtschiff *Corinthian II* buchen, das den Stationen der langen Heimreise des Helden folgt. Die Kreuzfahrt ist um einiges kürzer als das ereignisreiche Jahrzehnt, das Odysseus von Troja bis in die offenen Arme seiner Penelope brauchte. Die Tour beginnt in Athen, geht dann nach Troja, über die karge Insel Delos weiter nach Pilos, wo einst König Nestor regierte und dann zur Kalypso-Insel von Malta. Danach hält die Corinthian II vor Trapani, Sizilien, wo die furchterregenden menschenfressenden Lästrygonen lebten, danach in Neapel, Heimat des Zyklopen Polyphem. Nach einem Halt in Helios fährt das Schiff nach Ithaka, bevor es zurück nach Athen kehrt.

In vielen Städten finden Sie zudem Anbieter, die geführte Touren im Programm haben und sich auf die Spuren großer griechischer Denker begeben.

Chios
Karte S. 229 & 237
Beuscher-information
Kanari 18, Chios-Stadt
22 71 04 43 89

Thermi, einer Grabungsstätte nördlich der Stadt.

Das interessanteste Museum liegt drei Kilometer südlich des Stadtzentrums in Vareia. Hier lebte der griechische Maler Theophilos Chatzimichalis (1873–1934). Seine anschaulichen Bilder (siehe S. 44) sind in einem ehemaligen Schulhaus, dem **Theophilos-Museum**, ausgestellt.

Die Umgebung: Die Hauptattraktion im Süden ist der malerisch in den Hügeln gelegene Ort **Agiasos** mit seinen alten Häusern, dem Kopfsteinpflaster und der Kirche Panagia Vrefokratoussa, zu der die Menschen pilgern, um eine Ikone zu bestaunen, die angeblich vom heiligen Lukas gemalt wurde.

Wie ein Labyrinth winden sich in Mithymna die Straßen vom Hafen hinauf zur Burg

Der Strand von Eresos zählt zu den besten der Insel. Noch weiter westlich liegt das Fischerdorf **Sigri**, in dem Touristen eine Seltenheit sind.

Skala Kalonis an der Kalonisbucht in der Mitte der Insel ist im Hochsommer bei den Urlaubern besonders beliebt. Im Frühjahr indes kommen hier ganz andere Gäste: Tausende von Zugvögeln, die von den Salzsümpfen angezogen und von Hunderten von Vogelfreunden beobachtet werden. Schreit- und Watvögel sind die verbreitetsten Gruppen.

Zu jeder Reise nach Lesbos gehört auch ein Besuch in **Mithymna** (auch bekannt als Molyvos) an der Nordküste. In diesem Ort drängen sich die rot gedeckten Häuser oberhalb des malerischen Hafens um eine Genueser Burg, und die kopfsteingepflasterten Straßen sind an vielen Stellen von Kletterpflanzen überschattet. Südlich von Mithymna liegt der stetig wachsende Küstenort **Petra**, der für seine Sonnenuntergänge berühmt ist.

Noch hübscher ist der Hafen von **Skala Sikaminias**. Die Kapelle auf den Felsen am Ende der Mole ist der Meerjungfrau Gorgona gewidmet.

Chios

Trotz seiner fruchtbaren grünen Täler und des bergigen Nordens – der Pelinaion Oros ist 1297 Meter hoch – verirren sich erstaunlich wenige Besucher nach Chios (Hios).

Die von Norden nach Süden 47 Kilometer lange Insel ist auch als Mastix-Insel bekannt, weil ein Großteil ihres Wohlstandes auf dem Harz beruht, das die Mastixbäume absondern. Diese klebrige Masse

diente einst als Grundlage für Farben, Lacke, Kosmetika und Medikamente und wird heute in geringerem Maße auch für die Herstellung von Kaugummi und sogar Likör verwendet. Auf Chios gibt es aber auch Zitronen- und Orangenplantagen. In früherer Zeit florierte der Seehandel und so stehen in der Stadt Chios noch heute prächtige Herrschaftshäuser, wenn auch die meisten von ihnen dem verheerenden Erdbeben von 1881 zum Opfer gefallen sind.

Eine der Hautptattraktionen der Insel sind die **Mastix-Dörfer** im Süden – etwa 20 Dörfer, die einst im Mittelpunkt des Mastixhandels standen. Sie sind einzigartig in Griechenland, denn hier stehen die Häuser auf engstem Raum und sind von einem äußeren Häuserring umgeben, der auch dem Schutz vor Piratenüberfällen diente. In der Zeit, in der Chios von den Genuesern beherrscht wurde (1304–1566) galt es als die reichste Insel im Mittelmeer

ERLEBNIS: Fischfang mit Einheimischen

Fischen ist Lebensunterhalt für viele griechische Familien. Das ist schon seit Jahrtausenden so und wenn die Touristen einmal ausbleiben sollten, werden die Fischer zweifelsohne wieder ausfahren, um ihre Familien zu ernähren und die lokalen Restaurants zu versorgen.

Die meisten Menschen sehen vom Fischerdasein nur die Netze der flickenden Fischer am Hafen, die oft leuchtend gelb sind und daher auf vielen Ferienfotos erscheinen. Aber das Leben des Fischers bietet mehr, als neben dem Boot in der Sonne zu sitzen und gemütlich die Netze nach Löchern abzusuchen. Meist hat er die Nacht mit Fischen verbracht – das ist viel unromantischer als es klingt. Es kann gefährlich sein und dank der sinkenden Fischbestände in den letzten Jahren oft frustrierend.

Um die Wahrheit über das Fischerleben herauszufinden, sprechen Sie einen an, der freundlich lächelt und ein wenig Englisch spricht und fragen Sie ihn, ob Sie mit hinausfahren dürfen. Die meisten werden das gern erlauben, froh um einen kleinen Nebenverdienst, da sie oft auf eigene Rechnung arbeiten. Auch wenn sie die Einsamkeit lieben, ist etwas Abwechslung stets willkommen. Nach diesem Erlebnis werden Sie sich niemals mehr über hohe Fischpreise im Restaurant beschweren.

Justiniana-Museum
- Plateia Frourio, Chios-Stadt
- 22 71 02 28 19
- Geschl. Mo
- €

Byzantinisches Museum
- Plateia Vounakiou, Chios-Stadt
- 22 71 02 68 66
- Geschl. Mo

Kloster Nea Moni
- Chios
- Karte S. 237
- 22 71 07 93 70

Samos
- Karte S. 217 & 229

und war deshalb ein natürliches Angriffsziel für Piraten. **Pyrgion** ist berühmt für seine schwarzweiß gemusterten Häuser, in **Olympi** steht immer noch der alte Verteidigungsturm in der Mitte des Dorfes, und in **Mesta** sind sogar die äußeren Türme erhalten geblieben, die früher an den Ecken aller Dörfer standen.

In der **Stadt Chios**, einer typischen griechischen Insel-Hafenstadt, leben 25 000 Einwohner. Beherrscht wird die Stadt von der **Festung**, von der Teile aus byzantinischer Zeit stammen, die jedoch umgebaut und erweitert wurde, nachdem die Genueser Chios erobert hatten. Innerhalb der Festungsmauern befinden sich eine türkische Moschee mit einem Friedhof, die Überreste eines Badehauses und jahrhundertealte Gebäude. Am Eingang steht das **Justiniana-Museum** mit einer Sammlung religiöser Kunst, darunter Ikonen, Fresken, Mosaiken und Holzschnitzereien. In Chios gibt es auch ein **Byzantinisches Museum**, das zugleich ein archäologisches Museum ist, und das **Philip-Argenti-Museum** *(Odos Korai 2, geschl. So, €)*, ein Museum für Volkskunst und Kunsthandwerk.

Die wichtigste Attraktion der Insel ist das **Kloster Nea Moni**, das in malerischer Landschaft 15 Kilometer westlich der Stadt liegt. Es ist berühmt für seine Mosaiken aus dem 11. Jahrhundert, die vielleicht schöner sind als die von Osios Lukas (siehe S. 142f).

Samos

Samos, eine der schönsten Inseln der Ägäis, ist fruchtbar und grün. Die sanften Hügel sind mit Kiefernwäldern bedeckt, in den Tälern werden

Wein und Oliven angebaut, und die Strände sind fantastisch. Sogar Antonius und Kleopatra haben sich hier entspannt.

Wenn im Frühjahr die Blumen blühen oder im Herbst, wenn die Traubenlese beginnt, wird Samos erst richtig zur Trauminsel. Hier wird ein Dessertwein hergestellt, so süß wie Honig. Erkundigen Sie sich bei den Winzergenossenschaften der Insel nach dem Samos Grand Cru oder dem Samos Anthemis.

Die **Stadt Samos**, auch Vathi genannt, ist die Hauptstadt, und ihre strahlend weißen Häuser breiten sich zwischen den grünen Hügeln und dem hufeisenförmigen Hafen aus.

Samos hat eine lange und faszinierende Geschichte, denn die Insel ist schon seit etwa 3000 v. Chr. bewohnt. Einen großen Teil dieser Geschichte erzählt das **Archäologische Museum** *(Kapetan Gymnasiarchou Katevani, Tel. 22 73 02 74 69, geschl. Mo, €)*. Es besitzt die größte Sammlung von Weihgeschenken in ganz Griechenland, die es der Beliebtheit des Heraions zu verdanken hat, dem Tempel der Göttin Hera. Das zweite herausragende Exponat des Museums ist ein fünf Meter hoher Kuros (die Marmorstatue eines Jünglings) aus dem 6. Jahrhundert v. Chr.

Das gewaltige **Heraion** liegt 22 Kilometer südwestlich von Vathi. Der erste, im 8. Jahrhundert v. Chr. erbaute Tempel wurde im 6. Jahrhundert v. Chr. durch einen neuen ersetzt, der aber schon bald einem Erdbeben zum Opfer fiel. Daraufhin begannen die Arbeiten an einem neuen Tempel, der zwar nie fertig, aber dennoch viel benutzt wurde. Selbst nach intensiver archäologischer Forschung bleibt die Stätte verwirrend, gibt aber dennoch Aufschluss über das antike Samos.

Das nahe gelegene **Pythagoreion**, die im 6. Jahrhundert v. Chr. erbaute ehemalige Hauptstadt, ist heute ein beliebter Touristenort. Zu seinen Attraktionen gehören die Überreste eines römischen Bades und der imposante Eupalinos-Tunnel, ein rund ein Kilometer langer Aquädukt aus der Zeit von 539 bis 524 v. Chr. Die Stadt Pythagoreion erhielt ihren Namen nach dem Philosophen und Mathematiker Pythagoras, der hier um 580 v. Chr. geboren wurde. ■

Aufgehängt wie Rosenkränze trocknen Tomaten in der Sonne

Heraion

☎ 22 73 06 28 11 oder 22 73 06 28 13

Geschl. Mo

€

Kykladen

Die meisten Fotos von den griechischen Inseln werden auf den Kykladen aufgenommen. Oftmals zeigen sie einen tiefblauen Himmel, ein Gewirr strahlend weißer Häuser auf einem Hügel und irgendwo auf dem Bild auch eine Kirche mit einer blauen Kuppel.

Für viele Menschen ist ein solches Bild der Inbegriff der griechischen Inseln, auf denen rote Mohnblumen auf weißem Fels wachsen, das Aroma der Wildkräuter die Luft erfüllt und idyllische Strände in der Sonne funkeln. Unzählige Geschäfte, erlesene Restaurants und belebte Bars erfüllen die malerischen Dorfstraßen vor allem abends mit Leben und machen den Sommerspaß auf den Kykladen komplett.

Der Name Kykladen ist von *kyklos* (Kreis) abgeleitet, und ein Blick auf die Karte zeigt, dass die Inseln die heilige Insel Delos (siehe S. 246) tatsächlich kreisförmig umgeben. Was ihre Geschichte angeht, sind die Kykladen wahrscheinlich die bedeutendste Inselgruppe Griechenlands. In der Zeit von 3000 bis 1000 v. Chr. blühte hier die so genannte Kykladenkultur; sie brachte außergewöhnliche Kunstwerke, die „Kykladenidole" hervor, die auch auf den Rest der Welt einen dauerhaften Einfluss hatten – übrigens die einzige Kultur, der ein ganzes Museum gewidmet ist: das Museum der Kykladenkunst in Athen.

Verwaltungssitz der Kykladen ist Syros, doch trotz dieses besonderen Status ist die Insel keine Touristenhochburg.

Naxos, die größte Insel, und ihr Nachbar Paros liegen geographisch exakter im Zentrum des Kreises als Delos und obwohl sie den Mittelpunkt der Fährverbindungen zu allen anderen Inseln bilden, sind sie vom Massentourismus und seinen Auswirkungen verschont geblieben. Das kann man von Ios und Mykonos leider nicht behaupten. Doch wenn Sie von Trubel und Menschenmassen genug haben, stehen Ihnen 24 bewohnte Inseln zur Auswahl und das Umherreisen in den Kykladen ist denkbar einfach. Insgesamt bestehen die Kykladen aus über 200 felsigen Eilanden.

Die meisten Reisenden, die nur eine Insel besuchen wollen, wählen Santorin, dessen Vulkankrater und schwarze Sandstrände ein ganz anderes Bild von den Kykladen abgeben.

Andros
Karte S. 240–241
Besucher-information
Gavrion, Andros-Stadt
22 82 02 51 62

Andros

Andros ist die nördlichste und zugleich die zweitgrößte Insel der Kykladen. Da sie von Rafina auf dem Festland so leicht zu erreichen ist, haben viele Athener hier eine zweite Heimat.

Moni Panachrantou: Ein großes Kloster, in dem nur noch wenige Mönche leben

Archäologisches Museum
Plateia Kairi, Andros-Stadt
22 82 02 36 64
Geschl. Mo
€

Museum der-modernen Kunst
Plateia Kairi, Andros-Stadt
22 82 02 24 44
Geschl. Di, (Nov.–März: Di–Fr)
€€

Mit mehr als 34 Kilometern Länge ist die Insel groß genug, eine Menge Touristen zu verkraften. Andros ist bergig: Der 994 Meter hohe **Petalo** trennt die raue und öde Nordhälfte der Insel von der grünen, fruchtbaren Südhälfte. Um 1000 v. Ch. ließen sich die Ionier auf der Insel nieder, nach ihnen kamen und gingen Römer, Venezianer und Türken.

Die vielen klassizistischen Herrschaftshäuser in der **Stadt Andros** (oder Chora) verraten den Einfluss der reichen Athener, die in den letzten 200 Jahren hier lebten. Die Stadt macht generell einen wohlhabenden Eindruck – so ist die Fußgängerzone in der Hauptstraße mit Marmorplatten belegt. Auf Andros wurden unzählige archäologische Funde gemacht, von denen viele im **Archäologischen Museum** zu bewundern sind. Das schönste Stück, die Marmorkopie einer Bronzestatue des Hermes von Andros, stammt aus dem 2. Jahrhundert v. Chr. Das großartige **Museum der modernen Kunst** ist in zwei Gebäuden untergebracht und besitzt nicht nur Werke von Picasso und Braque, sondern bietet auch Wanderausstellungen anderer zeitgenössischer Künstler und einen wunderschönen Skulpturengarten.

Unbedingt ansehen sollten Sie sich das Kloster **Panachrantou** in den Bergen südlich der Stadt Andros. Es wurde im Jahr 961 gegründet und ist noch heute sehr gut erhalten.

Tinos

Nur ein schmaler Wasserstreifen trennt Andros von Tinos. Tinos hat ungefähr dieselbe Form, auch hier trennt ein Berg die Insel in zwei Hälften. Wie Andros wurde auch Tinos zuerst von den Ioniern besiedelt, denen dann Römer, Venezianer und Türken folgten; auch hier ist die Landschaft wie auf Andros mit venezianischen Taubenhäusern übersät.

Die **Stadt Tinos** hat einen belebten Hafen und schmale Gassen, die sich im Zickzack zwischen den strahlend weiß gekalkten Häusern hindurchschlängeln. Das **Archäologische Museum** ist überra-

INSIDERTIPP:

Tinos mit seinen 8500 Einwohnern bietet das beste Essen, ruhige Strände, über 50 weiße Dörfer und etwa 600 dekorative Taubenschläge, ein Erbe der Venezianer.

RACHEL HOWARD
NATIONAL GEOGRAPHIC-Autorin

schend interessant. Die wichtigsten Ausgrabungsstätten auf Tinos sind die vier Kilometer nordwestlich der Stadt gelegenen Überreste des **Heiligtums des Poseidon und der Amphitrite** aus dem 4. Jahrhundert v. Chr.

Die Griechen kennen Tinos vor allem wegen seiner **Kirche Panagia Evangelistria** (Verkündigung). Am 15. August – Mariä Himmelfahrt, einem Nationalfeiertag in Griechenland – ist Tinos voller Pilger, die zu einer Wunder wirkenden Ikone beten. Viele von ihnen kriechen auf Knien die Hauptstraße zur Kirche hinauf, um sich der Jungfrau Maria zu Füßen zu werfen, und die Straßen sind mit Ständen gesäumt, an denen Kerzen, Ikonen und Votivgaben verkauft werden. Die Ikone wird in einer festlichen Prozession durch die Stadt getragen, ein Ereignis, das sich am 25. März wiederholt, wenn Mariä Verkündigung und der Unabhängigkeitstag gefeiert werden.

Die Pilgerfahrt begann 1822, nachdem eine Nonne aus dem Kloster Kechrovouniou oberhalb der Stadt Visionen der Jungfrau Maria hatte. Die Jungfrau sagte ihr, wo eine Ikone vergraben lag, und an der angegebenen Stelle wurde tatsächlich eine Ikone gefunden: die Verkündigung des Erzengels Gabriel. Die Ikone war 850 Jahre lang vergraben

Tinos

Karte S. 241

Besucher-information

Touristenpolizei, Plateia L. Sochou 5, Tinos-Stadt

22 83 02 36 70

Archäologisches Museum

Megalochori, Tinos-Stadt

22 83 02 90 63

Geschl. Mo

ERLEBNIS: Bildhauerkurse auf Tinos

Tinos gilt nicht nur als einer der heiligsten Plätze Griechenlands, sondern ist auch für die Qualität ihres Marmors berühmt. Dieser war im antiken Griechenland sehr teuer, da die besten Bildhauer nur mit Marmor aus Tinos arbeiten wollten. Das Bildhauerhandwerk lebte durch die Jahrhunderte fort und die Insel besitzt noch immer einige Steinbrüche und verschiedene Bildhauerschulen.

Über die **Dellatolas Marble Sculpture School** *(www.tinosmarble.com)* kann man einen Schnupperkurs buchen auf Tinos oder über **Trekking Hellas** *(www.trekking.gr)* in Athen. Wenn Sie in Athen wohnen, ist es ein dreitägiger Ausflug mit fünfstündigem Workshop. Sie können natürlich länger bleiben. Am ersten Tag fahren Sie zum Hafen Rafina außerhalb Athens und dann zwei Stunden mit der Fähre nach Tinos. Beim Workshop am zweiten Tag lernen Sie nicht nur, Marmor zu bearbeiten, sondern auch die Geologie des Marmors von Tinos kennen, wie er entstand, abgebaut wird und warum die Qualität so hoch ist. Dann erhalten Sie eine Einführung in die Werkzeuge und dürfen selbst eine kleine Marmorskulptur schaffen.

Syros

Karte S. 241

Besucher-information

Thimaton Sperxeiou 11

22 81 02 23 75

gewesen und trotzdem in gutem Zustand. Man schreibt ihr Wunderkraft zu und so wurde Tinos zum griechisch-orthodoxen Gegenstück von Lourdes.

Syros

Syros (Siros) ist Sitz der Kykladen-Regierung. Diesen Status verdankt die Insel ihrem guten Naturhafen in Hermoupolis, einst der wichtigste Griechenlands. Bis zum 19. Jahrhundert war er der bedeutendste Hafen der östlichen Ägäis, worauf noch heute die vielen schönen Herrschaftshäuser hindeuten. Hermoupolis ist wahrscheinlich die am besten erhaltene klassizistische Stadt des Landes, und mit 13 000 Einwohner auch die größte der Kykladen.

Syros ist zwar ein beliebter Urlaubsort, aber es ist nicht überlaufen. Als Regierungssitz und kulturelles Zentrum der Kykladen hat die Insel es nicht nötig, um Gäste zu werben. Trotzdem kommen ständig mehr Touristen, angelockt von kleinen Badeorten, Fischerdörfern und einigen schönen Stränden wie bei Armeos und Delfini.

Syros, das vermutlich zuerst von den Phöniziern besiedelt wurde, war vom Jahr 2800 v. Chr. an ein bedeutendes Zentrum der Kykladen-Kultur. Später wurde die Insel wie der Rest Griechenlands ein Teil des Römischen Reichs. Als die Römer abzogen, blieb Syros bis zur Übernahme durch die Venezianer im 13. Jahrhundert unbewohnt. Sie gründeten die Stadt **Ano Syros** auf einem der beiden Hügel, auf denen heute Hermoupolis liegt (der andere ist Vrondado). Wegen der venezianischen Herrschaft war Ano Syros ein römisch-katholischer Ort – sehr ungewöhnlich für Griechenland.

Die blau gekachelte Kuppel von Agios Nikolaos vor dem Hafen von Syros

Vrondado, eine griechisch-orthodoxe Gemeinde, wurde erst viel später gegründet.

Unterhalb und zwischen Ano Syros und Vrondado liegt die Unterstadt mit ihrem eindrucksvollen, marmorgepflasterten Marktplatz im Zentrum, der **Plateia Miaouli**. Dieser Bereich gilt als Kulturdenkmal und steht unter Schutz. Schöne Häuser und schattige Cafés umgeben den Platz, in dessen Mitte ein marmorner Musikpavillon steht. Das beeindruckende Rathaus an einer Seite des Platzes wurde 1876 von dem deutschen Architekten Ernst Ziller entworfen, von dem auch viele klassizistische Gebäude in Athen stammen, unter ihnen der Präsidentenpalast.

Das **Archäologische Museum** neben dem Rathaus ist einen kurzen Besuch wert. Ebenfalls in der Nähe liegt das 1864 erbaute **Apollon-Theater**, das erste Opernhaus Griechenlands. Es ist eine Kopie der Mailänder Scala und wurde in den 1990er Jahren aufwändig restauriert. Die aus dem 19. Jahrhundert stammende Kirche **Agios Nikolaos** besitzt eine herrliche marmorne Ikonostase (eine Bilderwand mit drei Türen und zahlreichen Ikonen, die es in vielen östlichen Kirchen gibt); vor der Kirche steht das weltweit erste, im späten 19. Jahrhundert errichtete Denkmal zu Ehren des unbekannten Soldaten. In Hermoupolis gibt es noch andere schöne Kirchen, darunter die Byzantinische Kirche der Anastasi auf dem Vrondado-Hügel und die barocke St.-Georgs-Kathedrale, die Ano Syros krönt.

Der Großteil der Inselbewohner lebt in Dörfern im Süden von Syros, die mit dem Auto oder dem Bus leicht zu erreichen sind. Das an einer malerischen Bucht gelegene **Kini** ist nicht nur Badeort, sondern vor allem ein Fischerdorf.

Ein paar Kilometer weiter südlich liegt **Galissas** am Ende einer langen Bucht. Der nahe gelegene Strand bei Armeos ist sehr schön.

Im Nordteil der Insel führen unbefestigte Straßen zu Dörfern wie Chalandriani und Syringa, in die sich nur wenige Besucher verirren – was abenteuerlustigen Reisenden dort natürlich ein besonders herzliches Willkommen beschert.

Nackte Tatsachen

In Griechenland ist Nacktbaden verboten, außer auf den wenigen ausgewiesenen Nacktbadestränden. Einer davon ist Filaki auf Kreta oder Banana Beach auf Skiathos (Schilder warnen Unachtsame). In der Praxis wird FKK an abgelegenen Stränden toleriert. Generell siegt der gesunde Menschenverstand. Entblößen Sie sich nicht an Familienstränden oder in Sichtweite von Restaurants. Oben ohne zu sonnen ist nicht illegal, sollte aber diskret gehandhabt werden.

Archäologisches Museum

- ✉ Plateia Miaouli, Ermoupoli
- ☎ 22 81 08-8487
- 🕒 Geschl. Mo
- $ €

Mykonos
Karte S. 241
Besucher-information
Uferpromenade, Mykonos-Stadt
22 89 02 39 90

Volkskunde-museum
Uferpromenade
22 89 02 55 91
Geschl. Okt.–April u. So

Mykonos

Das Innere der Insel ist relativ klein und öde und hat nicht viel zu bieten. Seine Beliebtheit verdankt Mykonos ohnehin seinen goldenen Sandstränden, von denen der größte bei Platys Gialos liegt. Diese Badeorte sind reine Touristenzentren mit vielen Diskos und Bars.

Der Ort **Mykonos** zählt zu den schönsten Städten der Kykladen. Es ist leicht, sich in dem Gewirr kleiner Gassen zu verlaufen, die zwischen den strahlend weißen Häusern hindurchführen und manchmal zu stillen Kirchen mit den typischen blauen Kuppeln führen, manchmal aber auch als Sackgasse enden.

Mykonos hat von allen Kykladeninseln die verwinkeltsten Gassen

Das **Volkskundemuseum** ist eines der besten seiner Art in ganz Griechenland. Mykonos war schon immer eine kultivierte und unabhängige Insel, auf der Kunst und Handwerk florierten. Das **Archäologische Museum** *(Am Strand, Tel. 22 89 02 23 25, geschl. Mo)* hat etliche interessante Fundstücke zu bieten, darunter viele von der nahe gelegenen heiligen Insel Delos (die von Mykonos aus zu erreichen ist, siehe unten).

Sehenswert sind auch das **Meeresmuseum** *(Enopion Dynameon, Tel. 22 89 02 27 00, geschl. Okt.–April)* und das **Städtische Kunstmuseum** *(Matogjianni, Tel. 228 98 02 71 90, geschl. Okt.–April)*. Die **Festung** wurde vom 15. bis 17. Jahrhundert erbaut und liegt oberhalb von **Klein Venedig**, dem Künstlerviertel, das seinen Namen den vielen hohen Gebäuden mit den eleganten Eisenbalkonen verdankt.

Delos

Die trockene, unbewohnte heilige Insel kann nur am Tag besucht werden. Sie liegt etwa zwei Kilometer südwestlich von Mykonos, und zum Schutz von einer der wertvollsten archäologischen Fundstätten Griechenlands ist das Übernachten auf Delos (Dilos) verboten. Um 1000 v. Chr. besiedelten Ionier die Insel, doch wahrscheinlich haben sich schon rund tausend Jahre zuvor Einwanderer aus Kleinasien auf Delos niedergelassen.

Die Ionier machten Delos zu ihrem religiösen Zentrum und widmeten es dem Gott Apollon. Zu seinen Ehren hielten sie jährlich ein Kunst- und Sportfest ab, und um 700 v. Chr. war Delos ein wichtiger Wallfahrtsort. Anfangs war der Hafen sehr erfolgreich, doch nach dem Abzug der Römer verkam er zu einem abgeschiedenen Schlupfloch für Piraten.

Die Ruinen von Delos erstrecken sich über eine große Fläche. Am bekanntesten ist die **Löwenstraße** oberhalb des **Heiligen Sees**, an dem Apollon geboren wurde. Im 7. Jahrhundert v. Chr. standen hier neun Löwen aus Marmor aus dem nahe gelegenen Naxos, doch nur fünf von ihnen sind erhalten geblieben. Die Originale stehen im Inselmuseum, und Repliken bewachen den mittlerweile ausgetrockneten See.

Andere Höhepunkte sind das **Theater** aus dem Jahr 300 v. Chr., wunderschöne **Mosaiken** in Häusern wie dem Haus der Delphine und dem Haus des Dionysos und das **Apollon-Heiligtum** mit den Überresten dreier nebeneinander stehender Tempel.

Die Boote nach Delos fahren früh Morgens von Mykonos ab und kehren am frühen Nachmittag zurück. Auf Delos gibt es nur ein kleines Café, dessen Angebot begrenzt ist; nehmen Sie also Proviant mit – vor allem Wasser.

Naxos

Die üppig grüne Insel Naxos, die vom Oliven- und Obstanbau lebt, ist die größte und fruchtbarste Kykladeninsel. Sie ist bergig – der Zas im Süden ist 1001 Meter hoch – und hat großartige Strände, von denen die meisten nahezu menschenleer sind. Trotz seiner Vorzüge ist Naxos noch nicht von Touristen überlaufen, noch heute kann man im Tragéa-Tal durch malerische Dörfer wandern. Viele byzantinische Kirchen liegen versteckt in der Landschaft.

Um 2800 v. Chr. hatte Naxos seine erste Blütezeit und war eines der Zentren der Ky-

ERLEBNIS:
Die einfachen Freuden von Naxos

Öko-Tourismus ist eine schnell wachsende Branche auf der grünen Insel Naxos. Da die Insel groß ist und von der Landwirtschaft lebt, sind viele Touristenunterkünfte eher ländlich. Oliven sind ein großes Geschäft hier: Es stehen mehr als 400 000 Olivenbäume auf Naxos, die meisten in der Tragaia. Beginnen Sie an der Bushaltestelle Damalas auf der Straße Naxos–Chalki und wandern Sie durch die Olivenhaine. In der Distillerie Vallindras *(Tel. 22 85 02 25 34)* in Khalki (gegr. 1896) können Sie die interessante Herstellung von Kitro erleben, einem Likör aus Zitronenbaumblättern. Wenn das Meer Sie anlacht, gehen Sie mit Blue Fin Divers *(Agios Prokopios, Tel. 22 85 04 26 29, www.bluefindivers.gr)* tauchen. Der Tauchbetrieb wurde 2006 eröffnet, unmittelbar nach der Aufhebung des Tauchverbots in Griechenland. Entdecken Sie gesunkene Schiffe, Flugzeugwracks oder einfach nur unberührte Natur.

Delos – Museum und archäologische Ausgrabungsstätte

Karte S. 241
22 89 02 22 59
Geschl. Mo
€€

Naxos

Karte S. 241 & 249

Besucherinformation

Uferpromenade, Naxos-Stadt
22 85 02 52 01

Die Portara bei Sonnenuntergang

Archäologisches Museum
- Sanoudo-Palast, Naxos-Stadt
- 22 85 02 27 25
- Geschl. Mo, nur von April bis Oktober geöffnet
- €

kladen-Kultur und zudem eine der ersten Inseln, auf der Marmor in Bildhauerei und Architektur verarbeitet wurde. Etliche der schönsten Kuros-Statuen sind aus Marmor von Naxos, darunter auch einige, die sich heute im Nationalen Archäologischen Museum in Athen befinden (siehe S. 82ff). Aus demselben Marmor wurden auch die Löwen von Delos gemeißelt (siehe S. 246). In der Vergangenheit wurde Naxos von den Venezianern und später von den Türken erobert. Beide Völker hinterließen kulturelle Spuren auf der Insel.

Der Ort **Naxos** ist eine belebte Hafenstadt mit Bars und Restaurants am Hafen und in dem Viertel, das zum ummauerten **venezianischen Kastro** (der Festung) hinaufführt. In dem darunter liegenden Viertel, dem Bourgos, steht die eindrucksvolle **Kathedrale Zoodochos Pigi**, errichtet aus den Steinen älterer Kirchen und eines noch älteren Tempels.

Eine der ältesten und schönsten Sehenswürdigkeiten von Naxos ist das marmorne Tor **Portara** auf dem Inselchen Palatia im Hafen, zu dem eine Straße hinüberführt. Das große Tor sollte der Eingang zu einem Apollon-Tempel sein, dessen Bau 530 v. Chr. begonnen, aber nie vollendet wurde. Heute ist es das Wahrzeichen der Stadt und der Insel.

INSIDERTIPP:

Eine besondere archäologische Erfahrung kann man beim Besuch der Portara (Reste eines antiken Tores) auf der Insel Naxos machen. Allein der Anblick bei Sonnenuntergang ist die Reise wert.

EVA VALSAMI-JONES
National Geographic-Mitarbeiterin

Das **Archäologische Museum** bietet eine umfangreiche Sammlung lokaler Artefakte, zu denen natürlich auch eine Reihe der berühmten Kykladenidole gehört Interessant ist auch das Museumsgebäude, ein 1627 erbauter Palast, in dem zeitweise die französische Schule untergebracht war. Einer ihrer Schüler war der kretische Schriftsteller Nikos Kazantzakis (siehe S. 278).

Naxos ist groß genug, um einen längeren Aufenthalt zu rechtfertigen. Zu den schönsten Flecken der Insel gehören das **Livadi-Tal**, wo der beste Marmor abgebaut wurde, und das **Melanes-Tal**, in dem einige der typisch venezianischen Wachtürme stehen. Das **Tragaia-Tal** mit seinen schönen Dörfern bietet sich zum Wandern an, vor allem im Frühjahr, wenn Blumen und Obstbäume blühen, und im Herbst, wenn das Obst reif ist. Eines der schönsten Dörfer ist **Halkio**, das vor allem durch seine malerischen alten Kirchen besticht. Wenn Sie dort bleiben und den Ort als Ausgangspunkt für Wanderungen benutzen wollen, müssen Sie wissen, dass Sie dort kein Hotel finden. Ihre einzige Chance ist, nach einer Privatunterkunft zu fragen – wenn es klappt, haben Sie die einmalige Gelegenheit, griechische Gastfreundschaft kennen zu lernen.

Von den Badeorten ist **Apollonas** im Nordosten der beliebteste, nicht nur wegen seiner ausgezeichneten Fischrestaurants: In den alten Marmorsteinbrüchen auf den Hügeln außerhalb des Dorfs liegt seit ungefähr 600 v. Chr. eine unfertige Statue, wahrscheinlich ein Apollon. Sie ist über zehn Meter lang und ein beeindruckender Anblick. Die besten Strände finden Sie bei **Ormos Abram** an der Nordküste und in **Moutsouna** im Osten. Versäumen Sie nicht heimische Produkte zu kaufen: Handwebstoffe, Stickereien, Honig und Käse.

Paros

Paros, die drittgrößte Kykladeninsel, ist noch berühmter für ihren Marmor als Naxos. Im klassischen Griechenland wurde er für Bildhauer und Architekten durchs ganze Land transportiert. Die aus dem 2. Jahrhundert v. Chr. stammende Venus von Milo (siehe S. 250) ist aus diesem Marmor gemeißelt, ebenso die berühmte Nike von Samothrake (um 200 v. Chr.), beide befinden sich heute im Louvre in Paris.

Paros

Karte S. 241

Besucher-information

Touristenpolizei, Plateia Mando Mavroyenous, Paroikia

22 84 02 16 73

Archäologisches Museum
Paroikia
22 84 02 12 31
Geschl. Mon.
€

Milos
Karte S. 240
Besucher-information
Hafen, Adamas
22 87 02 24 45

Christliche Katakomben
Trypiti, Paros
22 87 02 16 25
Geschl. Mo

Die Fruchtbarkeit der Insel hat dazu geführt, dass Paros wohlhabend war und sich nie so um den Tourismus bemühen musste. Hier ist die griechische Kultur noch ursprünglicher als auf Mykonos oder Ios.

Das bedeutet aber nicht, dass auf Paros nichts los wäre. Im Hochsommer, wenn ein starker Wind bläst, kommen Surfer aus aller Welt auf die Insel. Die besten Strände liegen im Norden bei Langeri.

Die Hauptstadt Parikia, in einem geschützten Hafen an der Westküste, ist ein Knotenpunkt für die Fährschifffahrt. Dort finden Sie Trubel, Bars und Restaurants. Dahinter liegen die typischen Inselstraßen und Häuser mit den blumengeschmückten Höfen.

ERLEBNIS: Mit den kykladischen Winden um Paros surfen

Wegen des warmen Sommerwindes Meltemi ist Paros besonders beliebt bei Windsurfern. Aus diesem Grund hat die Professional Windsurfers Association seit 1993 Paros zum Austragungsort der Weltmeisterschaft gewählt. Wenn Sie zur Meisterschaft im August am Strand New Golden Beach entlang gehen, sehen Sie vor lauter Segel das Wasser nicht mehr. Wer Windsurfen ausprobieren möchte, findet Ausrüstung und Kurse beim Sunwind Surf Club am Golden Beach *(Tel. 22 84 04 29 00, www.sunwind.gr)*. Ein weiterer bekannter Anbieter ist der Paros Surf Club *(Tel. 22 84 04 17 78, www.parosurf.gr)*. Die Preise sind bei beiden angemessen und der Unterricht empfehlenswert. Achtung: Es ist schwieriger, als es aussieht.

Ein besonders schönes Beispiel für ein Bauwerk aus einheimischem Marmor ist die byzantinische **Kathedrale Panagia Hekatontapyliani** aus dem 10. Jahrhundert. Direkt daneben liegt das **Archäologische Museum** mit weiteren Marmorarbeiten und einem einzigartigen Fragment der „Parischen Chronik". Das klingt nach Geschichtsbuch und es ist tatsächlich eine in Marmor gemeißelte Chronik der griechischen Historie von etwa 1600 bis 300 v. Chr.

Milos

Marmor aus Paros wurde verwendet, um eine der schönsten Figuren der Welt zu erschaffen, die Venus von Milo – eine Statue, die am 8. April 1820 auf Milos entdeckt wurde, als ein Bauer auf einem seiner Felder auf eine Höhle stieß. In ihrem Innern befand sich die Hälfte einer Statue. Auch die andere Hälfte wurde gefunden und das Kunstwerk als Geschenk für König Ludwig XVIII. (1755–1824) nach Frankreich verkauft.

Eine Tafel markiert die Stelle in der Nähe der **christlichen Katakomben** in Tripiti, wo die erste Hälfte der Statue gefunden wurde. Die Katakomben sind einzigartig in Griechenland; in den bisher entdeckten 291 Gräbern werden bis zu 8000 Tote vermutet.

Tripiti ist so etwas wie ein Vorort der Hauptstadt Plaka, wenn auch der Ausdruck Vorort irreführend ist, weil auf der

Wie Santorin ist auch Milos eine Vulkaninsel

ganzen Insel nur knapp 5000 Menschen leben. **Plaka** wurde auf der ehemaligen Akropolis aus der Zeit um 1100 bis 800 v. Chr. erbaut. Das **Volkskundemuseum** dokumentiert jüngere Inselgeschichte.

Auch auf Milos gibt es ein **Archäologisches Museum**, in dessen Eingangshalle eine Kopie der berühmten Venus steht. Zu den Exponaten gehören Artefakte von Filakopi, der wichtigsten Grabungsstätte. Sie liegt im Norden der Insel, doch ein Großteil von ihr ist im Meer versunken. Zwei der wichtigsten Fundstücke befinden sich im Nationalen Archäologischen Museum in Athen (siehe S. 82ff): die berühmte Poseidonstatue aus dem 4. Jahrhundert v. Chr. und ein Kuros (eine Jünglingsstatue) aus dem 6. Jahrhundert v. Chr.

Ios

Wenn man eine Kykladeninsel als Insel der Kontraste bezeichnen kann, dann das kleine Ios. Hier leben 2000 Menschen, doch im Sommer vervielfacht sich diese Zahl, denn das Nachtleben und die goldenen Strände locken vor allem junge Leute an.

Davon abgesehen ist der Ort sehr schön – die Häuser sind schneeweiß gekalkt, die Kirchen tragen die üblichen blauen Kuppeln, und oberhalb der Stadt stehen zwölf Windmühlen. Ursprünglich waren es noch ein paar mehr, und sie sind zum Teil in schlechtem Zustand, aber schön anzuse-

Volkskundemuseum

- ✉ Plaka, Paros
- ☎ 22 87 02 12 92
- 🕘 Geschl. Mo
- $ €

Archäologisches Museum

- ✉ Hauptplatz, Plaka, Paros
- ☎ 22 84 02 12 31
- 🕘 Geschl. Mo
- $ €

Ios

- Karte S. 241

Besucherinformation

- ✉ Ano Chora, Ios-Stadt
- ☎ 22 86 09 13 43 oder 22 86 09 10 02

Amorgos
Karte S. 241
Besucher-information
am Kai, Katapola

hen sind sie trotzdem. Oberhalb der Stadt befinden sich auch die Überreste einer venezianischen Festung, die um 1400 n. Chr. gebaut wurde.

Ios gilt als die letzte Ruhestätte von Homer (siehe S. 326f). Manche vermuten, dass Homers Mutter aus Ios stammt und dass der große Dichter zum Sterben heimkam. Andere gehen davon aus, dass er zum Zeitpunkt seines Todes an Bord eines Schiffes nach Athen war und zufällig vor Ios verstarb. Sein Grab ist in **Plakotos**, einem kleinen Ort im hügeligen Norden der Insel (heute ist nur noch der Felsen übrig, auf dem das Grabmal einst gestanden haben soll). Jedes Jahr am 15. Mai findet das Homer-Festival statt, zu dem eine Prozession gehört, bei der die Einwohner von Ios eine Fackel vom Hafen, wo Homer starb, zu seiner zehn Kilometer entfernten Grabstätte tragen.

Auf der Insel soll es 400 Kapellen geben. Außerdem locken die wundervollen Sandstrände. Ruhige Plätze sind bei Psathi und Kalamos; Sie können aber auch ins Innere der Insel wandern und die Klöster von Kalamos und Pyrgos besuchen.

Kaffeekunde

Griechischer Kaffee ist in anderen Ländern als türkischer Mokka bekannt. Er ist so stark wie Espresso und wird in einer kleinen Tasse serviert, mit einem Glas Wasser dazu. Es gibt ihn in drei Ausführungen, : *glyko* (süß), *metrio* (mittel) oder *pikro* (ohne Zucker). Selbst wenn Sie normalerweise keinen Zucker nehmen, greifen Sie lieber zum *metrio*. Wenn Sie eine größere Tasse normalen Kaffee wollen, fragen Sie nach *American Coffee* oder *Nescafé* (synonym mit dem löslichen Kaffee). Echter Filterkaffee ist kaum zu finden. Die Griechen bevorzugen einen Frappé, einen großen, kalten Kaffee mit oder ohne Milch und Zucker.

Amorgos

Die raue Berglandschaft von Amorgos unterscheidet die Insel von den anderen Kykladeninseln, und wegen des Mangels an Sandstränden ist Amorgos bisher vom Massentourismus verschont geblieben.

Amorgos ist eine lange, schmale Insel und so bergig, dass erst in den 90er-Jahren eine vernünftige Straße gebaut wurde, die den Nordosten mit dem Südwesten verbindet.

Die landschaftlichen Besonderheiten der Insel waren kein Hindernis für ihre kulturelle Entwicklung. Schon 3300 v. Chr. kamen die ersten Siedler und machten Amorgos zu einem der einflussreichsten Zentren der Kykladenkultur. Damals gab es drei Orte auf der Insel: Minoa, Arkesini und Egiali. Die Römer nutzten die Insel später als Verbannungsort, bis sie wie die anderen dieser Region erst an die Venezianer und dann an die Türken fiel. Zur Zeit der Militärherrschaft in Griechenland (siehe S. 34) war die Insel erneut ein Ort der Verbannung – diesmal für politische Häftlinge. Einen Aufschwung erlebte Amorgos erst durch den 1988 gedrehten Film Luc Bessons (geb. 1959) *Das große Blau*.

Der Ort **Amorgos** ist die Hauptstadt der Insel. Über den weißen Häusern erheben sich eine venezianische Burg aus dem 13. Jahrhundert, mehrere Windmühlen und mehr als 40 Kirchen und Kapellen. Unbedingt ansehen sollten Sie sich **Agios Fanourios**, die kleinste Kapelle Griechenlands, in der nur drei Personen Platz haben.

Katapola hat den größten Hafen und ist ein lebhafter, typisch griechischer Ort, der aber eigentlich aus drei kleinen Dörfern besteht. Dort gibt es viele gute Hotels und Restaurants und auch alles andere, was das Besucherherz begehrt. Die Strände sind anderswo besser, etwa in **Ormos Aigialis** im Norden, wo der einzige Sandstrand der Insel zu finden ist.

Santorin

Santorin (Thira) ist einzigartig, denn die heutige Insel ist der Rand eines Vulkankraters. Fähren durchqueren auf ihrem Weg zum Hafen von Skala Thira den vom Meer überfluteten Krater. Hoch über ihm liegt die Stadt Thira. Der Pfad vom Hafen zur Stadt ist steil und beschwerlich, doch Sie können einen Esel mieten, der Sie hoch trägt, oder mit einer Seilbahn hinauffahren.

In Griechenland ist die Insel bekannt unter dem Namen **Thira** und so heißt auch ihre Hauptstadt. Nach einem Erdbeben 1956 wurde sie wieder aufgebaut und ist jetzt Ziel unzähliger Touristen.

Aber auch auf Santorin gibt es ein paar ruhige Ecken, z.B. das Dorf **Oia**, das am Nordende der Insel oben auf dem Kraterrand thront. Am anderen Ende liegt **Akrotiri**, der erstaunlich gut erhaltene Rest

Santorin

Karte S. 241

Besucherinformation

Verkehrsamt, Thira

22 86 02 71 99

Akrotiri

Santorin Karte S. 241

Geschl. So–Mo

€€

Das bemerkenswerte Kloster Panagia Chosoviotissa, 1088 gegründet, wurde unterhalb der Stadt Amorgos in den Fels gebaut

Das leuchtende Blau und Weiß einer Kirche im Licht der untergehenden Sonne

Archäologisches Museum
Thira-Stadt, Santorin
22 86 02 22 17
Geschl. Mo
€

einer minoischen Stadt, die dem Vulkanausbruch in der Mitte des 2. Jahrtausends v. Chr. zum Opfer fiel. Dieser Ausbruch vernichtete die damalige Insel und formte das Santorin, das wir heute kennen. Wahrscheinlich hat die Eruption eine Flutwelle und einen Ascheregen ausgelöst, die möglicherweise der Grund für das Ende der minoischen Kultur auf Kreta waren. Im **Alten Archäologischen Museum** (gegenüber der Seilbahnstation) und im **Prähistorischen** bzw. **Neuen Archäologischen Museum** (gebenüber der

Busstation) von Thira gibt es Funde aus Akrotiri und berühmte Fresken der Insel zu sehen. An der Ostküste ragen Reste von **Arkhea Thira** (dem antiken Thera) auf.

Auf Santorin wird guter Wein produziert, obwohl man annehmen sollte, dass es hier zu windig, zu heiß und zu trocken ist. Die ältesten Rebstöcke sollen fast 200 Jahre alt sein, und sie werden niedrig gehalten, um Windschäden zu vermeiden. Felder, die aussehen wie Korb-Plantagen, sind Weinbaugebiete, in denen jeder Weinstock durch einen übergestülpten Korb geschützt wird. Die Weißweine von Santorin sind trocken bis süß.

In und um Santorins Krater liegen mehrere Inseln, die von Thira aus mit dem Boot zu erreichen sind. Die größte, **Thirasia**, war ein Teil der Hauptinsel, bis ein Erdbeben im Jahr 236 v. Chr. sie absprengte. Wie Santorin hat sie einen fruchtbaren vulkanischen Boden. **Manolas** ist ihr Hafen; dort gibt es Restaurants und ein paar Übernachtungsmöglichkeiten. Die zweitgrößte Insel **Nea Kameni** ist erst 1720 aufgetaucht und unbewohnt, weil dort immer noch Eruptionen stattfinden, die letzte 1950. ■

Prähistorisches Museum

- Thira-Stadt, Santorin
- 22 86 02 32 17
- Geschl. Mo
- €

Historisches Thira

- Santorin Karte S. 241
- Geschl. Mo

Windmühlen

Die hübschen kykladischen Mühlen verdanken ihre Entstehung den starken saisonalen Winden, die die Kykladen heimsuchen. Sie bieten eine günstige Energiequelle, denn obwohl die Inseln mit viel Wind gesegnet sind, sind ihre Böden zu karg für Landwirtschaft. So kam das Getreide vom Festland und die Müller mahlten es im Austausch gegen 10 Prozent des Mehles. Während des Zweiten Weltkriegs mahlten die Müller oft heimlich in der Nacht, um die Griechen mit Nahrung zu versorgen. Leider ist die frühere Geschäftigkeit der Mühlen heute fast vorbei. Die meisten sind bloße Ansichtskarten- oder Fotomotive, ihre Schönheit wird oft vor einem Sonnenuntergang eingefangen.

Die schönsten Windmühlen der Kykladen findet man auf **Mykonos**. Auf einem Felsen über der Stadt Mykonos (dem Ano Mili), in Reichweite des Hafens, an dem die Getreideschiffe anlegten, ragt eine Gruppe weißer Windmühlen in den strahlend blauen ägäischen Himmel. Fünf der ehemals zehn Windmühlen, die auch Kato Mili genannt werden, sind noch erhalten und bilden das Wahrzeichen nicht nur der Stadt sondern der ganzen Insel. Der lange Anstieg wird mit einem wunderbaren Ausblick belohnt.

Architektonisch betrachtet sind die kykladischen Windmühlen einfach gebaut. Sie sind starr montiert (im Gegensatz zu denen, bei denen der Oberbau rotiert), da die Windrichtung sich kaum ändert. Die tragende Struktur ist ein weißer Zylinder mit Strohdach, die Flügel sind dünne Stäbe aus Holz, die an die Zeiger einer Uhr erinnern.

Heute sind die meisten Mühlen baufällig, haben die Flügel verloren und eine neue Bestimmung als Wohnung oder B & B gefunden. Die schönen Windmühlen auf **Milos** bieten eine unvergessliche Art, den Urlaub zu verbringen. Die Unterkunft befindet sich im Bergdorf Trypiti und die Preise sind moderat *(Tel. 22 87 02 21 47, www.marketoswindmill.gr)*. Es gibt viele andere tolle Windmühlenhotels auf der Insel, da sie bei Touristen sehr begehrt sind.

Dodekanes

Dodekanes (Dodekanissa) bedeutet „zwölf Inseln" – eine typisch griechische Untertreibung, weil es in dieser Region tatsächlich 14 große, drei kleine und Dutzende unbewohnter Inseln gibt. Diese südlichste Inselgruppe ist wegen ihres warmen Klimas ein beliebtes Urlaubsziel.

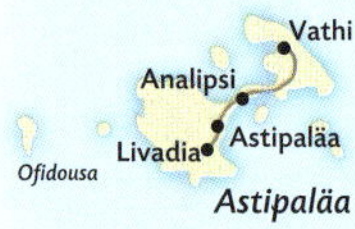

Die Windmühlen auf Karpathos mahlen Getreide, das dann in Steinöfen am Fuß des Hügels verbacken wird

Die beste Reisezeit ist das Frühjahr, wenn alles blüht. Im Sommer kann es zu Wasserknappheit kommen, und im Herbst sehen die Inseln ziemlich verdorrt aus.

Der Großteil der Inseln liegt vor der türkischen Küste; Kastellorizo ist nur knapp drei Kilometer von ihr entfernt. Auf Kastellorizo leben nur 300 Menschen, auf Rhodos dagegen sind es 100 000. Die deutlich kleinere Insel Kos ist fast genauso dicht besiedelt.

Zwischen ihnen liegen Inseln wie Tilos und Chalki, wo sich der Touristenstrom in Grenzen hält. Zu dieser Inselgruppe gehören auch Patmos, wo der heilige Johannes die Visionen der Apokalypse gehabt haben soll, und das kleine Nisyros, eine Vulkaninsel, deren Schwefelkrater leise vor sich hinbrodelt. Symi, von Rhodos aus mit der Fähre in zwei Stunden zu erreichen, ist das Juwel der Ägäis, mit einem Hafen, der fast zu schön ist, um wahr zu sein.

Trotz ihrer Nähe zur Türkei ist der türkische Einfluss auf diesen Inseln nicht stärker als auf den anderen Inselgruppen. Das Ambiente wirkt eher italienisch, weil die Inseln während des Zweiten Weltkriegs von Italien besetzt waren und erst 1948 an Griechenland zurück-

Agathonisi
Arkoi
Lipsoi
Farmakonision
Agia Marina
Leros
Xirokambo
TÜRKEI
Emborio
Kalymnos
Mirties
Telendos
Vathi
Pothia
Pserimos
Kos
Marmari
Asklepion
Mastichari
Asfendiou
Kos
Pylion
Kardamaeina
Kefalos
Giali
Nimos
Akra Krikellos
Emporeio
Simi
Simi
Pali
Mandraki
Nissiros
Panormitis
Nikia
Kloster Taxiarchis
Michaelis Panormitis
Seskli
DODEKANISSA
(DODEKANES)
Megalo Horio
Rodos (Rhodos)
Tilos
Kremasti
Paradeision
Ialyssos
Livadia
Faliraki
Syrna
Fundstätte Kamiros
Petaloudes
Afandou
Alimia
Kritinia
Salakos
Trianisia
Halki
Embonas
Halki
1215m
Archangelos
Monolithos
Akropolis
Johanniterfestung
Lardos
Lindos
Apolakkia
Gennadion
Kattavia
Rodos (Rhodos)
Astakida
Saria
Akra Prasonisi
Olympos
Diafani
Karpathos
Spoa
0
30 Kilometer
Lefkos
1215m
Aperi
Karpathos
Arkasa
Menetai
Armathia
Fri
Akra Kastellos
Kassos

Ein Hirsch und eine Hirschkuh bewachen den Mandraki-Hafen in Rhodos-Stadt

Rhodos
Karte S. 257 & 261

Besucherinformation
Plateia Raminis, Rhodos-Stadt
22 41 02 32 55
Makariou, Rhodos-Stadt
22 41 02 36 55

Großmeisterpalast
Odos Ippoton, Rhodos-Stadt
22 41 02 55 00
€€

gegeben wurden. Seit jener Zeit sind Touristen im Dodekanes willkommen, denn von Schiffbau, Fischerei und Schwammtauchen allein können die Insulaner nicht mehr leben.

Rhodos

Rhodos ist die größte Insel im Dodekanes und zugleich seine Hauptstadt. Ein Großteil der Nordküste ist fest in der Hand der Touristen. Dort gehen die Dörfer nahtlos ineinander über, verbunden durch Unmengen von Hotels, Tavernen und Souvenirläden. Dieser Teil der Insel hat grandiose Strände – wenn Sie also tagsüber in der Sonne liegen und danach das Nachtleben in Bars und Diskos genießen wollen, sind Sie hier richtig. Aber die Insel ist so groß, dass sich Ihnen auch andere Möglichkeiten bieten.

Die Stadt **Rhodos** ist eine Mischung aus sehr Altem und sehr Neuem. Die mittelalterliche, von einer Mauer umgebene Altstadt ist einzigartig und wurde 1988 zum Weltkulturerbe erklärt. Hier gehen viele Kreuzfahrtschiffe vor Anker, damit ihre Passagiere sich für ein paar Stunden die Altstadt ansehen und in den Geschäften der Neustadt einkaufen gehen können.

Die Altstadt lässt sich zurückverfolgen bis zum Eintreffen der Johanniter im Jahr 1306; allerdings hat dort schon seit 408 v. Chr. eine Stadt gestanden, und die Insel war bereits seit dem 5. Jahrhundert v. Chr. von historischer Bedeutung. Es waren jedoch die Ritter des Johanniterordens, die das Stadtbild durch den Bau der Altstadt prägten, die sie bis 1519 regierten. Die Festung auf dem Hügel, der **Großmeisterpalast**, und die kopfsteingepflasterte **Ritterstraße (Odos Ippoton)** sind Bauwerke, wie sie im Dodekanes kein zweites Mal zu finden sind. An der Ritterstraße, die im Lauf der Jahrhunderte immer wieder ausgebessert wurde, liegen die „Höfe", die Herbergen der Johanniter, einst Treffpunkte der verschiedenen Nationalitäten; so gibt es den Hof der Italiener, den Hof der Engländer und so fort. Dass sich die Altstadt auch in einen Touristenbasar verwandelt hat, war unvermeidlich, aber davon sind nur die wenigen Hauptstraßen betroffen. Biegen Sie auf Nebenstraßen ab, und Sie werden das authentische Leben in einer traditionellen griechischen Stadt erleben.

Nahe dem Haupteingang zur Altstadt steht das **Archäologische Museum**, einst das Hospital des Ordens, von 1440 bis 1481 erbaut. Rhodos ist reich an archäologischen Fundstücken, die Exponate stammen von Grabungsstätten wie Kamiros, Ialysos und Lindos. Prunkstück der Sammlung ist die Aphrodite von Rhodos, eine Marmorfigur aus dem 1. Jahrhundert v. Chr.

Ein weiteres bedeutendes Museum innerhalb der dicken Mauern der Altstadt ist das **Byzantinische Museum**, untergebracht in einer Kirche aus dem 13. Jahrhundert, die während der türkischen Besetzung die Enderum-Moschee war. Das **Museum für dekorative Volkskunst** bietet eine schöne Sammlung inseltypischer Arbeiten, darunter Schmuckkacheln aus Lindos und den Nachbau eines Hauses mit den traditionell erhöhten Schlaf-Plattformen und dem mit schwarzen und weißen

Archäologisches Museum
- ✉ Plateia Mouselou, Rhodos-Stadt
- ☎ 22 41 07 56 74 oder 22 41 03 47 19
- 🕒 Geschl. Mo
- $ €€

Byzantinisches Museum
- ✉ Apellou, Rhodos-Stadt
- 🕒 Geschl. Mo
- $ €

Museum für dekorative Volkskunst
- ✉ Plateia Argyrokastrou, Rhodos-Stadt
- ☎ 22 41 02 19 54
- 🕒 Geschl. Mo
- $ €

ERLEBNIS: Griechische Weingüter besuchen

In den letzten 10 bis 20 Jahren hat sich die griechische Weinproduktion sehr verändert. Eine neue Winzergeneration, die weiter reiste als ihre Vorgänger, konnte die besten Weine der Welt probieren und studieren. Sie brachte die neuesten Techniken nach Griechenland mit dem Ehrgeiz, Weine in der gleichen Qualität zu produzieren wie andere Mittelmeerländer, indem sie das in Frankreich, Spanien und Italien gelernte Wissen auf die griechischen Rebsorten anwenden. Obwohl es in einigen Regionen des Landes vereinzelte Versuche zu einem organisierten Weinhandel gab, ist der allgemeine Ansatz typisch griechisch: sehr locker. Viele Winzer öffnen ihre Tore für Besucher, aber nur wenige haben geeignete Einrichtungen wie einen Raum zur Verkostung. Aber genau das macht eine Tour durch die griechischen Weingüter so spannend. Sie müssen nehmen, was kommt. Wenn der Winzer beschäftigt ist, kann Ihr Besuch sehr kurz ausfallen. Wenn es jedoch ruhig zugeht und der Winzer in Gastgeberlaune ist, erhalten Sie eine Verkostung und Führung wie nirgends sonst. Am besten recherchieren Sie vorab ein wenig, zum Glück gibt es zahlreiche Webseiten zum Thema. Auf *http://greekwinemakers.com* finden Sie reichlich Informationen über alle Weingüter in den großen Anbaugebieten Mazedonien, Thessalien, Thrakien, Epirus, dem Peloponnes, Zentralgriechenland, den Ägäischen und Ionischen Inseln. Andere informative Webseiten sind *www.greekwine.gr*, *www.thegreekwine.com* und *www.allaboutgreekwine.com*.

Lindos
Karte S. 261

Akropolis
Lindos
22 41 07 56 74 oder 22 41 03 10 48
Im Winter Mo. geschl. & Mo. Vormittag im Sommer
€€

Petaloudes
Karte S. 261

Kieseln ausgelegten Innenhof. Im Zentrum der Altstadt liegt das Marktgebäude **Nea Agora**. Es ist nicht groß, aber wegen seiner einfachen und dennoch guten Cafés und Restaurants immer gut besucht.

Lindos: Südlich von Rhodos, an der Ostseite der Insel, gehen die Badeorte zunächst nahtlos ineinander über, bis sie schließlich wieder an Individualität gewinnen. Lindos ist der individuellste von ihnen. Obwohl der Ort wegen seines schönen Strandes sehr beliebt ist, haben sich die Nebenstraßen mit ihren weißen Häusern ihre Schönheit bewahren können. Hoch über dem Strand erhebt sich die eindrucksvolle Akropolis auf einem felsigen Kap.

Lindos ist schon seit etwa 3000 v. Chr. bewohnt, und die Überreste der 116 Meter hoch gelegenen Akropolis mit dem **Athena Lindia-Tempel** stammen aus dem 4. Jahrhundert v. Chr. Er war einer der heiligsten Tempel von ganz Griechenland, zu dem sogar Alexander der Große pilgerte. Heute stehen davon nur noch ein paar Säulen, doch auch sie sind ein beeindruckender Anblick. Auf dem Gelände der Akropolis steht auch die Kirche Agios Ioannis aus dem 13. Jahrhundert. Die Festungsmauer der Akropolis wurde im 13. Jahrhundert von den Johannitern erbaut.

Das Städtchen **Akra Lindos** bezaubert auf den ersten Blick und dieser Eindruck wird noch verstärkt, weil hier keine Autos fahren. Natürlich gibt es auch hier Souvenirläden und oft auch viel zu viele Menschen, aber mit etwas Glück können Sie ungestört durch die Gassen streifen und die Herrschaftshäuser bewundern. Die meisten wurden von Seekapitänen gebaut, die in der Zeit vom 15. bis zum 18. Jahrhundert sehr wohlhabend waren – anfangs dank den Johannitern, die Rhodos zu einem wichtigen Stützpunkt machten.

INSIDERTIPP:

Fahren Sie mit einem Boot zum malerischen Kastellorizo nahe der türkischen Grenze und besuchen Sie die blaue Grotte, um das Licht zu bewundern. Bummeln Sie am Hafen entlang und speisen Sie in einem der Hafenrestaurants.

JAY PASACHOFF
NATIONAL GEOGRAPHIC-Mitarbeiter

Jenseits der Akropolis von Lindos liegt die **Bucht des heiligen Paulus**, wo der Apostel im Jahr 43 n. Chr. landete, um die Bewohner zum Christentum zu bekehren. Ihm ist eine kleine weiße Kapelle gewidmet.

Die Umgebung von Rhodos: Der beliebteste Ausflugsort an der Westseite von Rhodos liegt am Ende einer Nebenstraße, die kurz hinter dem Flughafen von der großen

Küstenstraße abzweigt. Sie führt nach **Petaloudes**, ins Tal der Schmetterlinge. Zwischen Juni und September leben hier Millionen Englischer Bären (eine Bärenspinnerart), angezogen von den seltenen Storaxbäumen, deren Harz nach Vanille duftet und bei der Herstellung von Weihrauch verwendet wird. Leider ermuntern die Führer, die täglich Busladungen voll Touristen in das Tal begleiten, die Besucher dazu, in die Hände zu klatschen, damit die Nachtfalter auffliegen. Dies hat dazu geführt, dass der Bestand kontinuierlich zurückgegangen ist.

Weiter südlich liegt die faszinierende Fundstätte von **Kamiros**. Hier stehen die am besten erhaltenen Überreste einer antiken griechischen Stadt, deren Bedeutung mit der von Pompeji verglichen wurde. Viele der Überreste stammen aus dem 6. Jahrhundert v. Chr., darunter eine Zisterne, die 400 Familien und den Athene-Tempel mit Wasser versorgte. Kamiros wurde 142 v. Chr. von einem Erdbeben zerstört und erst 1859 wieder entdeckt. Bauern stießen auf ein paar Gräber, woraufhin die Grabungen begannen und eine ganze Stadt zu Tage gefördert wurde.

(weiter auf S. 264)

Fundstätte Kamiros

Karte S. 261

22 41 04 00 37

Geschl. Mo

Zu Fuß durch die Altstadt von Rhodos

Die Altstadt von Rhodos mag zwar ein Weltkulturerbe sein, doch viele Besucher sehen nur die paar Hauptstraßen mit den Souvenirläden, die genauso aussehen wie überall in Griechenland. Dabei gibt es hier so viele interessante Bauwerke und stille Gassen, ganz zu schweigen von der eindrucksvollen Festung. Der folgende kurze Spaziergang führt Sie dorthin.

Beginnen Sie auf einer Seite des **Mandraki-Hafens** ❶, an dem schmalen Kanal, wo einst der Koloss von Rhodos, eines der sieben Weltwunder der Antike, mit einem Fuß auf jeder Seite, gestanden hat.

Beeindruckende Torbögen durchbrechen die um 1330 erbauten Stadtmauern von Rhodos

NICHT VERSÄUMEN:

Eleftherias-Tor • Ritterstraße • Großmeisterpalast • Stadtmauer

Gehen Sie am Hafen entlang, die Stadt zu Ihrer Rechten. Überqueren Sie die Straße an der ersten Ampel und gehen Sie bis zum **Eleftherias-Tor** ❷. Der Name bedeutet „Freiheit" und erinnert an die Befreiung Griechenlands von der türkischen Herrschaft. Gehen Sie durch das Tor in der bis zu 12 Meter dicken Mauer.

Folgen Sie der Apellou geradeaus. Links sehen Sie den Aphrodite-Tempel, rechts das **Museum der dekorativen Volkskunst** und gegenüber das **Byzantinische Museum** (siehe S. 259). Direkt hinter dem Volkskunst-Museum biegen Sie nach rechts auf den Ippoton ab, die **Ritterstraße** ❸. Die im 14. Jahrhundert erbaute Straße säumen die Höfe der Johanniter, die früher durchreisenden Ordensangehörigen Speise und Obdach boten. Details an den Fassaden geben Hinweise auf das jeweilige Land.

Am Ende der Straße liegt rechts der Eingang zum **Großmeisterpalast** ❹, von dem aus die 19 Großmeister der Johanniter den Orden leiteten. Der ursprüngliche Palast aus dem 14. Jahrhundert wurde 1856 durch eine Explosion zerstört. Was Sie heute sehen, ist eine detailgetreue Nachbildung, erbaut in den 1930er Jahren

INSIDERTIPP:

Spazieren Sie durch die Hauptstadt mit ihren Museen, Läden und dem Holocaust-Mahnmal.

JAY PASACHOFF
National Geographic-Mitarbeiter

von den Italienern: Der Bau war als Sommerresidenz für Benito Mussolini (1883–1945) gedacht, der jedoch niemals dort wohnte. Nutzen Sie die Gelegenheit, sich den schönen Innenhof und die wundervollen Bodenmosaiken anzusehen.

Gehen Sie am Palast vorbei bis zum Ende der Ritterstraße und biegen Sie nach links in den Orfeos ab. Wo die Straße nach links abknickt, sehen Sie die Suleiman-Moschee von 1523, gegenüber der Türkischen Bibliothek. Hinter der Bibliothek geht es nach links auf den Ippodamou. An seinem Ende folgen Sie der Straße nach links und biegen an der ersten Kreuzung wieder nach rechts ab. Hier verlassen Sie die Stadtmauern durch das **Agios-Athanasios-Tor** ❺, biegen nach links auf die Hauptstraße ab, und bei der nächsten Möglichkeit führt Ihr Weg Sie wieder nach links, durch das Koskinou, das **Tor des heiligen Johannes** ❻. Biegen Sie an der ersten T-Kreuzung nach links ab und folgen Sie der Pithagora, die Sie zur **Plateia Ippokratous** führt, wo es mehrere ausgezeichnete Cafés gibt.

Siehe Karte S. 257
Mandraki-Hafen
2 km
1 Stunde
Plateia Ippokratous

Patmos

Karte S. 256

Besucher-information

Dimou, Skala, Patmos-Stadt

22 47 03 16 66

Monolithos ist der größte Ort im Südwesten von Rhodos und es ist leicht zu erkennen, woher er seinen Namen hat: Ein gigantischer, 236 Meter hoher Monolith ragt hier aus dem Wald heraus und fällt zur Seeseite steil ab. Oben auf dem Felsen steht eine von Großmeister d' Aubusson im 15. Jahrhundert erbaute Burg, in deren Umfassungsmauern sich zwei ebenso alte Kapellen befinden. Ihre Originalfresken sind erhalten geblieben. Der Aufstieg auf den Felsen ist mühsam, dennoch wagen ihn viele, um den Sonnenuntergang zu sehen.

Patmos

Im Jahr 95 kam der heilige Johannes nach Patmos, dort hatte er in einer Felsgrotte die Visionen von der Apokalypse, die er einem Schüler diktierte und die als „Offenbarung des Johannes" einen Teil der Bibel bilden. Die Felsgrotte kann im Innern der Kirche Agia Anna besichtigt werden, die 1090 gebaut wurde, zwei Jahre nach der Gründung des Klosters der Apokalypse. Wegen des Klosters und der heiligen Grotte ist Patmos einer der wichtigsten Orte für die griechisch-orthodoxe Kirche. Das hat zur Folge, dass Touristen hier zwar willkommen sind, die Insel aber trotzdem ihren Charme und ihren inneren Frieden nicht verloren hat.

Patmos ist eine wunderschöne Insel mit hervorragenden Stränden, verstreut liegenden Bergdörfern und einer großartigen Berglandschaft, die zum Wandern einlädt. Der höchste Berg ist der 775 Meter hohe Prasino, der auf der Südspitze der Insel steil ins Ägäische Meer abfällt. Westlich davon, bei **Psili Ammos**, liegt der beste Strand, ein von Dünen gesäumter Sandstreifen, hinter dem sich die Berge erheben.

Der Ort Patmos ist in zwei Teile geteilt. Unten liegt **Skala**, der Hafen: Das Hafenviertel von Patmos hat entschieden mehr Stil, als man es von anderen Inseln kennt. Der Aufstieg zur **Chora**, dem höher gelegenen Teil der Stadt, ist mühsam, aber lohnend. In diesem Viertel erwarten Sie beeindruckende Herrschaftshäuser sowie rund 40 Kirchen, Kapellen und Klöster. Das **Johanneskloster** *(Tel. 22 47 03 12 23)* ist das bekannteste. Es wurde 1088 erbaut und seine befestigten Mauern sollten Schutz vor Piraten bieten. Das Kloster ist noch heute von Mönchen bewohnt, deshalb stehen Besuchern nur bestimmte Bereiche offen.

Das **Kloster der Apokalypse** *(Tel. 22 47 03 12 84)* liegt zwischen Skala und Chora. Hier sehen Sie Fresken und Ikonen, aber auch die heilige Grotte und den Spalt im Fels, aus dem Gott zu Johannes gesprochen haben soll.

Kalymnos

Kalymnos, in ganz Griechenland bekannt als die Insel der Schwammtaucher, kämpft um sein Überleben. Eine Pilzkrankheit zerstörte die besten Felder, andere wurden überfischt und wieder andere (wie die in Libyen) wurden aus politischen Gründen gesperrt. Trotz des Wandels fährt ein Teil der Schwammfischerflotte im späten Frühjahr noch für ein paar Monate hinaus.

In **Pothia** besteht kein Zweifel, dass Sie sich in einem Zentrum der Schwammfischerei befinden. In den Souvenirläden werden sie zu Hunderten angeboten, und die Verkäufer erklären Ihnen, woran Sie die beste Qualität erkennen, die sie natürlich alle im Sortiment haben. In der **Astor Schwamm-Manufaktur** können Sie miterleben, wie aus einer schwarzen, stinkenden Masse ein sauberer und angenehmer Schwamm wird, den wohl jeder gern in seiner Badewanne hätte.

Fern des belebten Hafens ist Pothia typisch griechisch – hier hat sich das Leben in den letzten Jahrhunderten kaum verändert. Besuchen Sie die Kathedrale **Agios Christos** aus dem 19. Jahrhundert, die durch ihre ungewöhnliche silberne Kuppel auffällt.

Die wichtigsten Touristenorte **Myrties** und **Masouri** liegen an der Nordwestküste. Von dort aus können Sie mit dem Boot auf die Insel **Telendos** übersetzen, wo es ein paar Übernachtungsmöglichkeiten und Restaurants gibt und die Strände ruhiger sind. Östlich von Pothia liegt **Vathi** am Fjord von Kalymnos. Die tiefe Meeresbucht führt in ein üppiges Tal mit mehreren traditionellen Dörfern und ist eines der schönsten Fleckchen auf der Insel.

Schwammfischerei

Malereien auf antiken Vasen beweisen, dass die Griechen schon seit Tausenden von Jahren Schwammfischerei betreiben. Das trifft vor allem auf die Inseln Kalymnos und Symi zu.

Die örtlichen Schwammbestände sind mit einer Krankheit infiziert und bringen nicht mehr die reichen Ernten früherer Zeiten. Außerdem verderben Kunstschwämme als Billigprodukte das Geschäft.

Wenn Sie Schwämme kaufen wollen, nehmen Sie die mit löchrigem Horngerüst – auch wenn es seltsam klingt, die mit weniger Löchern fallen leichter auseinander.

Kos

Kos ist nach Rhodos die zweitgrößte Insel im Dodekanes und auch im Massentourismus nimmt sie Platz Zwei ein. Mit 45 Kilometern Länge ist Kos jedoch so groß, dass Sie selbst im Hochsommer jederzeit dem schier unerträglichen Gedränge entfliehen können. Bis 1912 war die Insel als Istanköy türkisch, dann (bis 1947) als Coo italienisch.

Kalymnos

Karte S. 256

Besucherinformation

Plateia Charalampous, Pothia

22 45 02 93 10

Astor Schwamm-Manufaktur

Bei der Plateia Eleftherias, Pothia

Von dieser Taverne in Zia hat man eine phantastische Aussicht

Kos
Karte S. 257 & 267

Besucher-information
Verkehrsamt Akti Koundourioti 7
22 42 02 87 24, 22 42 02 44 60

Burg der Johanniter
Plateia Platanou, Kos-Stadt
Geschl. Mo
€

Archäologisches Museum
Plateia Eleftherias, Kos-Stadt
22 42 02 83 26
Geschl. Mo
€

Auf Kos werden Obst, Oliven und Wein angebaut. Sehr bergig ist die Insel nicht – höchster Punkt ist der 847 Meter hohe Dikäos im Südosten. Auf Kos gibt es wundervolle Strände, die ein Grund für die Beliebtheit der Insel sind. Der Ort **Kos** bietet eine interessante Mischung aus antiken Bauten und modernem Hedonismus.

Hippokrates (460–357 v. Chr.), der Vater der modernen Medizin, wurde auf Kos geboren. Eine Platane, die er gepflanzt und unter der er gelehrt haben soll, steht in Kos auf der Plateia Platanou. Allerdings ist der Baum ganz sicher keine 2000 Jahre alt und kann deshalb nicht der des Hippokrates sein. Ganz in der Nähe liegt das Wahrzeichen der Stadt, die mittelalterliche **Burg der Johanniter**, an der die Ritter vom 14. bis zum 16. Jahrhundert bauten. Der dabei verarbeitete Marmor stammt von der wichtigsten archäologischen Fundstätte der Insel, dem Asklepion (siehe unten).

Auf Kos finden sich sowohl griechische als auch römische Überbleibsel; die besten Stücke sind im **Archäologischen Museum** ausgestellt, darunter eine Marmorstatue von Hippokrates, datiert auf das 4. Jahrhundert v. Chr. In dem Städtchen Kos können Sie die beeindruckenden Überreste der **Casa Romana** *(Grigoriou, im Ort Kos)*, einer in den 1930er Jahren restaurierten römischen Villa mit wundervollen Mosaiken und bemalten Wänden besichtigen, in unmittelbarer Nähe die Reste einer Römerstraße. Die **römische Agora** befindet sich an derselben Stelle wie zuvor die griechische – eine Fundstätte, an der mehrere historische

Schichten übereinander liegen, darunter auch die Spuren eines Herakles-Tempels aus dem 3. Jahrhundert v. Chr.

Vier Kilometer nördlich der Stadt steht das im 4. Jahrhundert v. Chr. erbaute **Asklepion**. Das Heiligtum war Asklepios (Äskulap) geweiht, dem Gott der Heilkunst. Stätten wie diese gab es in ganz Griechenland, und zu den beeindruckenden Überresten auf Kos gehören auch Badehäuser und mehrere Tempel.

INSIDERTIPP:

Trinken Sie keine Flaschenweine: Fragen Sie nach *dopio krasi*, einem hellroten Landwein, sherryartig und sehr stark.

CHRISTOPHER SOMMERVILLE
NATIONAL GEOGRAPHIC-Autor

Der größte Badeort auf Kos ist **Kardamena** an der Südküste, einst ein reizvolles Fischerdorf, das wegen des enormen Ansturms junger Ballermänner nicht wieder zu erkennen ist. Die besten Strände, unter ihnen Paradise Beach, liegen im Westen des Ortes. Manche der Strände sind recht weit von den Touristenzentren entfernt, aber unberührt sind sie trotzdem nicht, weil viele Urlauber mit dem Boot kommen. Wenn Sie dem Gedränge entfliehen möchten, besuchen Sie die **Asfendiou-Dörfer** an den Hängen des Dikäos, obwohl Sie auch hier mit Busladungen voller Touristen rechnen müssen. Gehen Sie im Wald spazieren, bis der Ansturm vorüber ist und genießen Sie dann die Dörfer in aller Ruhe.

Asklepion

- Karte S. 267
- 22 41 02 19 54
- Geschl. Mo
- €

Astipaläa
Karte S. 256

Astipaläa

Astipaläa (Astipalaia), die westlichste Insel im Dodekanes, ist geformt wie ein Schmetterling. Mit ihren weißen Häusern unterhalb der venezianischen Burg und der Reihe von Windmühlen, die sich vor dem Himmel abzeichnen, könnte Astipaläa ebenso gut eine Kykladeninsel sein. Die Insel ist hügelig und hat viele gute Strände. Die Hauptstadt ist im Sommer überlaufen, doch das Hinterland ist ruhig.

Die antike Stadt Astipaläa wurde auf einem Hügel erbaut; wo sich einst die Akropolis befand, steht jetzt die Burg. Sie wurde im 13. Jahrhundert errichtet und ist erstaunlich gut erhalten. Auf ihrem Gelände stehen zwei Kirchen aus dem 14. Jahrhundert. In die Umfassungsmauern wurden zum Schutz vor Angreifern Häuser eingebaut und von der Burg aus hat man einen herrlichen Ausblick.

Die Ruine einer byzantinischen Burg steht an der Westküste bei **Agios Ioannis**, wo es auch einen sehr schönen Strand und – eine Seltenheit auf den griechischen Inseln – einen Wasserfall gibt. Auf diesem westlichen „Flügel" liegt der Haupt-Badeort **Livadia**, der weniger überlaufen ist als vergleichbare Orte auf anderen Inseln. Er ist von der Chora aus zu Fuß zu erreichen.

Die Straße, die nach Osten aus Astipaläa hinausführt, überquert die Engstelle, die die beiden Inselhälften verbindet. Hier kann man auf beiden Seiten das Meer sehen. Nicht weit dahinter liegt der beliebteste Badeort dieser Region, **Analipsi** (oder Maltezana). Im Norden der rechten „Flügelspitze" liegen die **Drakospilia-Höhlen**, die nur per Boot zu erreichen sind.

ERLEBNIS: Wohnen bei einer Familie

Obwohl es manche nervös macht, ohne Buchung anzureisen, ist es in Griechenland gang und gäbe und niemand musste bislang auf der Straße übernachten. Wenn Sie eine ganz neue Erfahrung suchen, probieren Sie es aus. Allerdings sollten Sie die besucherreichsten Zeiten meiden, also Mitte August und zu Ostern.

An den Anlegern der kleineren Fährboote warten oft Einheimische, die Ihre Unterkünfte anbieten. Das erscheint auf den ersten Blick etwas fragwürdig, aber die Menschen sind in der Regel vertrauenswürdig und haben Fotos der Zimmer oder Referenzen von früheren Gästen dabei. Manche Unterkünfte sind kleine Hotels oder Ferienhäuser, aber oft wird Ihnen auch angeboten, ein Zimmer im Haus der Familie zu mieten. Manchmal tritt man im Sommer für Zusatzeinkünfte einen Raum an Gäste ab.

Der Verbleib bei einer griechischen Familie ist in jedem Fall ein Erlebnis – oft ein sehr positives. Die meisten Griechen sind sehr gastfreundlich, und obwohl Sie nicht den Komfort und die Privatsphäre eines Hotelzimmers genießen, werden Sie vielleicht für eine Weile ein richtiges Familienmitglied sein, mit gemeinsamen Mahlzeiten und Ausflügen.

Symi

Wenn Sie, wie die meisten Besucher, mit der Fähre von Rhodos nach Symi (Simi) kommen, erscheint es Ihnen vielleicht kaum vorstellbar, dass diese winzige Insel mit nur einer Stadt und ein paar verstreuten Dörfern einst mehr Einwohner hatte als Rhodos. In ihrer Glanzzeit vom 17. bis zum 19. Jahrhundert, als Schwammfischerei und Schiffbau noch für Wohlstand sorgten, lebten hier bis zu 30 000 Menschen. Heute ist es nur noch ein Zehntel davon, wenn man die Sommergäste nicht mitzählt.

Nach Schwämmen wird indes kaum noch getaucht, obwohl sie im Hafen der Stadt **Symi** in Massen angeboten werden. Reste der Schiffbau-Tradition sind noch abseits des Hafens an der Straße zum kleinen, steinigen Stadtstrand zu bewundern. Wenn sie sich ein Bild davon machen wollen, wie reich die Stadt einst war, steigen Sie den steilen Weg vom **Gialos**, dem Hafenviertel, hinauf zur **Chora**, der Oberstadt. Beiderseits der Straße mit den 375 Stufen stehen die klassizistischen Herrschaftshäuser.

Kleine Dörfer liegen über die Insel verstreut. In der Panormitis-Bucht ganz im Süden steht das Kloster **Taxiarchis Michaelis Panormitis** *(geöffnet für Reisegesellschaften und andere große Gruppen)*. Die meisten Ausflugsboote von Rhodos bringen ihre Passagiere zuerst zum Kloster, manche Fähren legen in dem angrenzenden kleinen Ort an. Das Kloster ist nicht sehr alt – es stammt aus dem 18. Jahrhundert – und wurde nachträglich erweitert. Es gibt dort ein kleines Museum und eine Kirche. Hauptattraktion ist eine Ikone des Erzengels Michael, des Schutzheiligen von Symi und der Seeleute. Griechische Seefahrer sind hierher gepilgert, um dem heiligen Michael für eine glückliche Überfahrt zu danken.

Symi
Karte S. 257

Blick von der Oberstadt auf das wunderschöne Hafenviertel Gialos

Das Dorf Olympos, das so lange von der Außenwelt abgeschnitten war, hat seine Traditionen bewahrt

Karpathos
Karte S. 257

Karpathos

Karpathos, die drittgrößte Insel im Dodekanes, hat sich ihre Traditionen bewahrt, obwohl sich der Zustrom der Touristen seit der Eröffnung des Inselflughafens drastisch erhöht hat. Vorher mussten Besucher die lange Anfahrt mit der Fähre von Rhodos auf sich nehmen, um die zerklüftete Insel mit der hohen Bergkette in der Mitte zu erreichen. Der höchste Punkt ist der 1120 Meter hohe Kalimni, der fast genau im Zentrum der Insel steht. Karpathos ist rund 301 Quadratkilometer groß und noch recht wild.

Die Hauptstadt **Karpathos** (auch Pigadia genannt) liegt im Süden am Ende einer geschützten Bucht mit einem drei Kilometer langen Sandstrand. Der Fischereihafen ist wundervoll altmodisch – hier flicken die Fischer noch ihre

Netze, statt die Liegeplätze an Jachtbesitzer zu vermieten. Wenn Sie fangfrischen Fisch kaufen wollen, sind Sie hier richtig.

Auf Karpathos sollten Sie unbedingt einen Ausflug in eines der alten Bergdörfer machen, am besten nach **Olympos** im Norden der Insel. Das Dorf wurde 1420 gegründet und war fast die ganze Zeit über buchstäblich vom Rest der Insel abgeschnitten. Um nach Olympos zu gelangen, musste man in das Küstendorf Diafani segeln und dann noch den steilen Anstieg zum 600 Meter hoch gelegenen Dorf bewältigen.

Wegen seiner Abgelegenheit sind die alten Bräuche in Olympos nach wie vor lebendig. Viele Einwohner tragen noch die althergebrachte Tracht. Von der Stadt Karpathos aus können sie einen Tagesausflug nach Olympos unternehmen.

Andere Bergdörfer liegen näher an der Stadt und jedes von ihnen hat seine eigenen Sehenswürdigkeiten. Auch **Menetes** liegt in den Bergen, mit 350 Metern über dem Meeresspiegel aber nicht so hoch wie Olympos. Viele der Straßen sind mit Weinranken überwuchert – was im Herbst, wenn die Trauben reif sind, besonders angenehm ist.

Auch **Aperi** in den Bergen nördlich der Stadt ist einen Besuch wert. Bis 1896 war es die Hauptstadt der Insel und gilt – pro Kopf gerechnet – als reichstes Dorf Griechenlands. Viele Einwohner haben in den USA ihr Glück gemacht und sind dann zurückgekehrt. Zu den Familien, die geblieben sind, gehört die des Film- und Fernsehstars Telly Savalas (1924–94).

In den Bergregionen von Karpathos leben verwilderte Ziegen, Gänsegeier und der seltene Bastgeier. ■

Kastellorizo

Der offizielle Name von Kastellorizo ist Megisti, „die Größte" – und das, obwohl sie die kleinste Insel im Dodekanes ist. Sie bekam diesen Namen, weil sie die größte einer Hand voll Inseln ist, die sich in dieser Region zusammendrängen. Sie liegt 118 Kilometer von ihrem nächsten Nachbarn Rhodos entfernt, aber nur knapp drei Kilometer von der türkischen Küste.

Die Insel war lange Zeit ein unbedeutendes Fleckchen Erde, von den Griechen nahezu vergessen, und ausländischen Besuchern erst seit 1987 ein Begriff, als der neue Flughafen den Kontakt zur Außenwelt ermöglichte. Heute leben rund 300 Menschen auf Kastellorizo – kein Vergleich mit den 15 000, die es früher waren, zu einer Zeit, als die nächsten türkischen Orte noch griechisch waren und der Seehandel blühte. Der Erfolg der Insel beruhte in erster Linie auf seinem großartigen Hafen, der als der schönste Naturhafen im östlichen Mittelmeer gilt.

Heute ist Kastellorizo noch immer ein friedvolles Inselchen, auf dem selbst im Hochsommer nur wenige Touristen umherstreifen. Kastellorizo hat keine Strände, die Unterkünfte sind schlicht und die Restaurants preiswert.

Weitere Reiseziele im Dodekanes

Chalki

Das nahe bei Rhodos gelegene kleine Chalki hat durch eine umweltschonende touristische Erschließung einen Aufschwung erlebt. Zu Beginn des 20. Jahrhunderts lebte man hier von der Schwammtaucherei – bis das Gewerbe zusammenbrach. Wenn Sie im Sommer nach Chalki reisen, buchen Sie ihre Unterkunft vorher. Karte S. 257

Nisyros

Diese Vulkaninsel ist das ideale Ziel, wenn Sie allem andern entfliehen wollen. Die meisten Leute unternehmen einen Tagesausflug von Kos aus, obwohl es auch auf Nisyros ein paar Hotels gibt. Der Vulkankrater mit seinen brodelnden Schwefeldämpfen, deren Hitze sich am Kraterrand staut, ist die Hauptattraktion der Insel. Karte S. 257

Pserimos

Pserimos ist kaum mehr als ein Fleck im Meer, mit nur einem Dorf und rund hundert Einwohnern, doch im Hochsommer überfluten Tagesausflügler von Kos und Kalymnos die Insel. Wenn sie aber abends wieder fort sind, kehrt im Dorf und am wunderschönen Strand wieder das normale Leben ein, und die wenigen Besucher sind wieder unter sich, genießen den Charme des Ortes, die einfachen Unterkünfte und die freundlichen Tavernen mit den Klängen der Busuki. Karte S. 257

Tilos

Tilos ist der perfekte Ort für Sie, wenn Sie die einfachen Dinge des Lebens lieben. Die Abgelegenheit der Insel – selbst mit dem schnellen Tragflächenboot dauert die Überfahrt von Rhodos zwei Stunden – macht sie als Reiseziel für Urlauber eher uninteressant.

Hafen- und Hauptstadt ist **Livadia**; hier gibt es ein paar Unterkünfte und mehrere sehr gute Restaurants. Livadia hat einen kleinen Kiesstrand und viele Pfade führen zu Buchten entlang der Küste. Ein Bus verbindet die Hauptstadt mit dem zweiten Ort der Insel, **Megalo Chorio** („Große Stadt"), der unterhalb einer venezianischen Burgruine liegt und trotz seines hochtrabenden Namens noch verschlafener ist als Livadia. Karte S. 257

Ein Mädchen aus Olympos in der traditionellen Tracht für das Osterfest

Kreta ist eher ein Land als eine Insel und seine Bewohner behaupten stolz, erst Kreter und dann Griechen zu sein. Ehrfurcht einflößend ist Kreta in seiner Schönheit: mit den hohen Bergketten und seinem wilden, unabhängigen Charakter

Kreta

Erster Überblick 274–275

Heraklion 276–279

Knossos 280–283

Erlebnis: Kreta zu Pferd entdecken 281

Special: Arthur Evans 284–285

Kastelli Pediados 286

Die Diktäische Grotte 287

Malia 288

Elouda 289

Agios Nikolaos 290–291

Gournia 292

Sitia & Ierapetra 293

Erlebnis: Griechenland zu Ostern 293

Phaistos 294–295

Zu Fuß durch die Samaria-Schlucht 296-297

Palaiochora & die Südküste 298–299

Die Westküste 300

Erlebnis: Kretische Kultur 300

Maleme 301

Komboloia – „Sorgenperlen“

Chania 302–303

Rethimnon 304–305

Erlebnis: Englisch unterrichten auf Kreta 305

Weitere Sehenswürdigkeiten 306

Hotels & Restaurants 371–373

Kreta

Kreta (Kriti) ist die größte Insel Griechenlands und die fünftgrößte im Mittelmeer (nach Sizilien, Sardinien, Zypern und Korsika). Sie ist 250 Kilometer lang, an ihrer schmalsten Stelle aber nur 12 Kilometer breit.

Auf Kreta gibt es nicht nur hohe Bergketten, die längste Schlucht Europas und großartige Strände, sondern auch die wichtigste antike Fundstätte Griechenlands: Knossos.

Knossos ist nur einer von unzähligen Ausgrabungsorten auf Kreta, aber die Insel hat jedem etwas zu bieten: dem Sonnenanbeter ebenso wie dem Historiker, dem Archäologen, dem Botaniker und dem Fotofreund. An der Nordküste sind große Bereiche fest in der Hand der Touristen und nicht mehr von vergleichbaren Ferienregionen andernorts zu unterscheiden, aber die zerklüftete Südküste ist schwerer zugänglich, was eine weitere Erschließung unmöglich macht. In den Bergdörfern im Innern der Insel hat sich in den letzten Jahrhunderten kaum etwas verändert. Hier können Sie die Großzügigkeit und Gastfreundschaft der Griechen erleben, denn immerhin ist Kreta die Insel von Alexis Sorbas und seinem Schöpfer, dem Schriftsteller Nikos Kazantzakis. Sorbas

verkörpert die stolze, heißblütige, lebenshungrige Seite des Kreters.

Heiß ist auch das Klima auf Kreta. Die vorgelagerte Insel Gawdos ist der südlichste Punkt Europas und Kreta liegt weiter südlich als Teile von Nordafrika, darunter Tunis und Algier. Im Sommer wird es bis 38 Grad heiß, sodass man im Frühjahr oder Herbst nach Kreta reisen sollte, wenn man die Hitze nicht verträgt. Im Sommer bleibt indes immer noch die Möglichkeit, in die kühleren Berge auszuweichen oder wie die Griechen nachmittags Siesta zu halten. Von Ende Mai bis Mitte September regnet es kaum. Im Winter ist es feuchter, aber trotzdem noch angenehm warm.

Kreta hinterlässt zu jeder Jahreszeit einen bleibenden Eindruck. Manche Orte wie etwa Agios Nikolaos verbinden gnadenlosen Kommerz mit großer Schönheit. Chania ist eine der hübschesten Städte der Ägäis. Die Hauptstadt Heraklion – für eine Inselstadt ausgesprochen groß und lärmend – ist auf den ersten Blick eher unsympathisch, doch auch hier kann der kretische Charme Wunder wirken, wenn es Ihnen gelingt, über diesen ersten Eindruck hinwegzusehen. Kreta ist eine Insel, die selbst erfahrene Globetrotter in ihren Bann zieht. ■

Nicht versäumen:

Der Palast in Knossos 280–283

Die Diktäische Grotte, Geburtsort des Zeus 287

Die Aussicht vom Palast des Phaestus 294–295

Die Samaria-Schlucht 296–297

Ein Tag am Strand von Elafonisos 300

Ein Besuch von Maleme, wo Kretas Geschichte lebendig wird 301

Abendessen am Hafen von Chania 302

Eine Fahrt zum Kloster Moni Arkadi 305

Das hübsche kleine Kata Zakro 306

Heraklion

Griechenlands fünftgrößte Stadt hat viel zu bieten. Im Zweiten Weltkrieg wurde die Stadt von Bomben schwer beschädigt – das erklärt die vielen hässlichen Betongebäude aus der Nachkriegszeit. Aber Heraklion ist trotzdem eine Stadt mit Charakter und einem großartigen Archäologischen Museum, in dem weltberühmte Schätze aufbewahrt werden.

Heraklion ist seit dem Neolithikum besiedelt. Seine Blütezeit hatte es als Hafen für das minoische Zentrum Knossos (siehe S. 280ff), fünf Kilometer südlich der Stadt. Im 13. Jahrhundert eroberten die Venezianer die Stadt. Eine Festung sollte den Hafen schützen. Die heutige **Festung** wurde im 16. Jahrhundert erbaut, nachdem die erste einem Erdbeben zum Opfer gefallen war. Sie war der Brennpunkt der Kampfhandlungen, als die Türken 1648 die Stadt umzingelten und bis 1669 belagerten. Erst dann gaben die Venezianer auf, und die Türken eroberten die Stadt. Während der Belagerung starben 30 000 Kreter und Venezianer und 118 000 Türken.

Heraklions massige Festung Rocco al Mare

Auf der Südseite steht ein weiteres venezianisches Bauwerk, das **Arsenal**, das im 16. Jahrhundert als Bau- und Reparaturwerft für die Schiffsflotte der Ägäis erbaut wurde. Heraklions mächtige **Stadtmauern** stammen aus derselben Zeit. Sie führen drei Kilometer um die Altstadt herum, und man kann an ihnen entlanggehen, vorbei an eindrucksvollen Toren wie der Porta Kornarou, wo die Mauer 18 Meter hoch und 40 Meter dick ist. Auf der Martinengo-Bastion in der südlichsten Ecke der Mauer liegt das Grab von Nikos

Kazantzakis (siehe S. 278), der darum gebeten hatte, hier beerdigt zu werden.

Das Archäologische Museum

Das Archäologische Museum ist eine der Attraktionen von Heraklion. Auf Kreta wurden bedeutende Funde gemacht, von denen die meisten hier ausgestellt sind. Die umfangreichen Sammlungen sind einen Besuch wert.

Im Oktober 2006 begannen Renovierungsarbeiten am Museum, in der Zwischenzeit ist der Besuch nur in kleinen Gruppen möglich. Rechnen Sie mit langen Wartezeiten.

Unter den rund 400 Kunstwerken, die während der Renovierung zu sehen sind, ist der „Lilienprinz" aus dem Königinnenzimmer – er gehört zur Halle der Fresken. Andere Fresken von Knossos aus der Zeit zwischen 1600–1400 v. Chr. wie der „Stierspringer", „Die Pariserin", die „Safransammler" und der „Blaue Vogel" sind ebenfalls zu sehen. Neolithische Werkzeuge, Keramik aus Vorpalastzeit und früher Palastzeit, Juwelen und Vasen sowie der Diskus von Phaistos können auch während der Renovierung besichtigt werden. Das berühmte „Stadtmosaik" geht auf die Periode der Altpalastzeit zurück (2000–1700 v. Chr.).

Das Museum liegt nahe an der **Plateia Eleftherias** (dem

Heraklion

Karte S. 275

Besucher-information

Kreta-Stadt

28 10 22 82 25

Archäologisches Museum

Plateia Eleftherias

28 10 27 90 00, 28 10 27 90 86, 28 10 27 90 87

Derzeit nur teilweise geöffnet wegen Renovierung, rufen Sie vorher an

€€

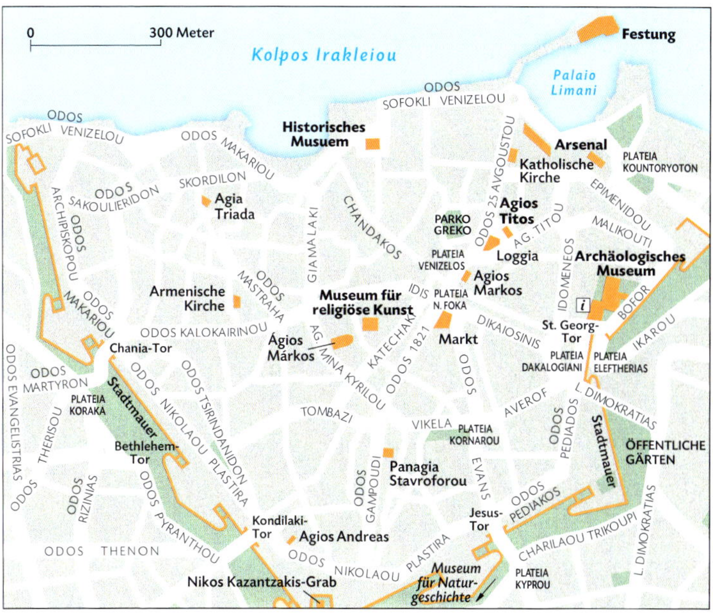

Platz der Freiheit), fast genau in der Stadtmitte. Er erwacht erst abends zum Leben, wenn die Bars und Restaurants öffnen und sich scheinbar die halbe Stadt hier zum Flanieren einfindet.

Von der Plateia Eleftherias ist es nicht weit zum zweiten öffentlichen Platz der Stadt, der **Plateia Venizelos**. Sein Springbrunnen wurde im 17. Jahrhundert vom venezianischen Gouverneur Francesco Morosini gebaut und erst vor kurzem restauriert.

Einen türkischen Springbrunnen finden Sie auf der nahe gelegenen Plateia Kallergon, wo auch die aus dem 17. Jahrhundert stammende **Loggia** steht, ursprünglich ein Treff-

Nikos Kazantzakis (1883–1957)

Wenn es eine literarische Figur gibt, die den überschwänglichen, gefühlsbetonten Griechen typisiert, dann ist es Sorbas, dargestellt von Anthony Quinn in dem Film *Alexis Sorbas* (1964). Der Film wurde nach dem gleichnamigen Roman von Nikos Kazantzakis gedreht, dem bedeutendsten Schriftsteller Griechenlands. Er wurde in Heraklion geboren und bereiste Europa, Afrika und Asien. Bekannt sind seine Romane „Freiheit oder Tod" und „Griechische Passion" (beide 1954); er schrieb aber auch Kurzgeschichten, Gedichte und Bühnenstücke. Mit der umstrittenen Verfilmung des Romans *Die letzte Versuchung* versuchte Martin Scorsese, die menschliche Seite Christi darzustellen.

Die Verfilmung von *Alexis Sorbas* (1964) machte Kazantzakis' Werk in der ganzen Welt bekannt

INSIDERTIPP:
Betrachten Sie im Archäologischen Museum von Heraklion die exquisiten minoischen Fresken von Knossos, vor allem „Die Pariserin" und „Der Lilienprinz". Sie geben einen Einblick in antike Hofkultur.

BARBARA A. NOE
National Geographic-Lektorin

punkt des kretischen Adels, heute das Rathaus. Wenn Sie im Schatten entspannen wollen, gehen Sie in den am Platz gelegenen **El-Greco-Park.**

Hinter der Loggia steht die Kirche **Agios Titos**. Sie stammt aus dem 10. Jahrhundert, ist dem heiligen Titus geweiht, dem Schutzpatron der Insel, der das Christentum nach Kreta brachte, und wurde 1878 restauriert. In dieser Kirche ruhen die Gebeine des Heiligen – für die Kreter ein heiliger Ort. Nehmen Sie darauf Rücksicht, wenn Sie die Kirche besuchen.

Das Historische Museum

Von der Plateia Venizelos führt der Chandakos in Richtung Meer und zum Historischen Museum. Es ist kleiner als das Archäologische Museum, gibt aber trotzdem einen guten Einblick in die Geschichte Kretas. Zu den Exponaten gehören venezianische und byzantinische Kunstwerke. Glanzstück der Sammlung ist das einzige Gemälde El Grecos (1541–1614), das auf der Insel seiner Geburt zu sehen ist: „Das Kloster der heiligen Katharina auf dem Berg Sinai", um 1570 entstanden, hängt in einem separaten Raum, in dem auch über Leben und Werk des Künstlers informiert wird.

Kein Geschichtsmuseum auf Kreta könnte die Ereignisse des Zweiten Weltkriegs ignorieren, vor allem nicht die blutige Schlacht um Kreta. Ein anderer Aspekt des kretischen Lebens spiegelt sich in dem rekonstruierten Arbeitszimmer von Nikos Kazantzakis wider– ein Beweis, wie hoch dieser Schriftsteller auf seiner Heimatinsel noch immer geschätzt wird.

Wenn Ihr Zeitplan es erlaubt, können Sie weiter gute Museen besuchen. **Das Ikonenmuseum** liegt neben der Kathedrale von Agios Minas aus dem 19. Jahrhundert und enthält eine Sammlung von byzantinischen Ikonen, Fresken und religiösen Handschriften. Das Museumsgebäude ist eine von den Venezianern zu Ehren der heiligen Katharina erbaute Kirche aus dem 16. Jahrhundert, die ursprünglich als Kloster und Schule für Ikonenmaler genutzt wurde. Hier studierte auch El Greco. Das **Museum für Naturgeschichte** informiert nicht nur über die Flora und Fauna von Kreta – die erstaunlich vielfältig ist –, sondern über die der gesamten Ägäis. ■

Historisches Museum
✉ Lysimachou Kalokairinou 7
☎ 28 10 28 87 08
🕒 Geschl. So
$ €

Ikonenmuseum
✉ Plateia Agias Aikaterinis
🕒 Geschl. Sa–So
$ €

Museum für Naturgeschichte
✉ Sofokli Venizelou Ave. Heraklion
☎ 28 10 28 27 40
$ €

Knossos

Die Überreste des riesigen minoischen Königspalasts von Knossos, fünf Kilometer südlich von Heraklion, sind die größte Touristenattraktion auf Kreta. Wenn Sie etwas vom Palast und dem dazugehörigen Ort sehen wollen, sollten Sie mindestens zwei Stunden einplanen. Im Sommer ist es ratsam, eine Flasche Wasser mitzunehmen.

Das perfekt rekonstruierte Lustral-Bad war ein Gemeinschaftsbad; es wurden jedoch auch viele tönerne Einzelbadewannen entdeckt

Knossos
- Karte S. 275
- 5 km südlich von Heraklion
- 28 10 23 19 40
- €€

Die Überreste in Knossos sind keineswegs die frühesten an diesem Ort, der schon im Neolithikum, 7000 Jahre v. Chr., besiedelt war. Der erste Palast an dieser Stelle ist auf 2000 v. Chr. datiert worden. Er fiel um 1700 v. Chr. einem Erdbeben zum Opfer. Der heutige Palast wurde danach erbaut und 1380 v. Chr. von einem Feuer zerstört. Mit rund 1300 Zimmern war der Palast riesig und man schätzt, dass zur Blütezeit der minoischen Kultur 12 000 Menschen im Palast lebten und etwa viermal so viele in der unmittelbaren Umgebung. Die Ausgrabungsstätte ist insgesamt 75 Hektar groß, doch der

Öffentlichkeit sind nur bestimmte Bereiche zugänglich.

Von hier stammt eine der bekanntesten Sagen Griechenlands: die vom Labyrinth und seinem schrecklichen Hüter, dem Minotaurus. Nachdem die Frau von König Minos eine Bestie geboren hatte, die den Kopf eines Stiers und den Körper eines Mannes hatte, sperrte der König den Minotaurus (der Name bedeutet „Stier von Minos") in ein Labyrinth unter dem Palast und fütterte ihn mit Menschenopfern. Der attische Held Theseus und Minos' Tochter Ariadne spürten den Stier auf und töteten ihn, was Athen von dem Tribut befreite, den es Minos bis dahin hatte zahlen müssen.

Lange Zeit glaubte man, dass auch König Minos nur eine Legende war, bis der britische Archäologe Arthur Evans (siehe S. 284f) den minoischen Palast in Knossos fand. Das Wort Labyrinth stammt von *labrys*, der Doppelaxt, einem minoischen Symbol, das überall im Palast zu sehen ist. Auch Stiere und Stiersymbole tauchen häufig auf.

Die Gebäude, die heute über das Gelände verteilt sind, sind Rekonstruktionen von Evans. Seine Arbeit mit modernen Materialien und Techniken ist noch heute umstritten, aber es ist auf jeden Fall faszinierend, einige der Gebäude wieder erstanden zu sehen. Beim Betreten der Anlage kommen Sie an einer **Büste** von Evans vorbei, hinter der drei große Gruben liegen, wahrscheinlich ehemalige Getreidespeicher. Ein Stück weiter sehen Sie rechts eines der berühmten Symbole von Knossos, die u-förmigen **Kulthörner**, die Hörner des heiligen Stiers. Sie sind restauriert worden und könnten ursprünglich oben auf dem Palast gestanden haben. Links des Hauptwegs, fast gegenüber den Hörnern, führen Stufen in den **Piano Nobile**, das Obergeschoss, in dem sich die Überreste einiger Schreine befinden und von dem aus man eine gute Aussicht hat.

Achten Sie auf den **Thronsaal**. Als Evans ihn entdeckte, war er verwüstet. In dem Raum steht eine Kopie des „Throns des Minos", der möglicherweise der älteste der Welt ist. Umgeben ist er von restaurierten Fresken, die Greife zeigen, heilige minoische Symbole.

ERLEBNIS: Kreta zu Pferd entdecken

Wenn Sie eine außergewöhnliche Möglichkeit suchen, Kreta ohne die üblichen Bustouren zu entdecken, schwingen Sie sich auf den Pferderücken. Mehrere Reitställe bieten Ausflüge an. An der Küste von Karteros nahe Knossos offeriert das Karteros Equestrian Center *(Tel. 28 10 38 02 44)* verschiedene Reitprogramme von einer Stunde bis zu einigen Tagen Dauer, von Strandausritten bis zu Erkundungstouren zu den minoischen archäologischen Stätten. Etwas weiter weg im Dorf Avdou bietet der Odysseia-Reitstall *(Tel. 28 97 05 10 80, www.horseriding.gr)* eine Lasithi-Tour an, ein 160 Kilometer langer Ritt entlang des Dikti-Gebirges zum Lybischen Meer. Die Tour kostet etwa 1000 €.

Auf dem Gelände finden sich noch viele weitere Fresken, Repliken der Originale, die im Archäologischen Museum in Heraklion ausgestellt sind (siehe S. 277). Ein Glanzstück ist zweifellos das berühmte Fresko eines Priesterkönigs direkt unter den Kulthörnern. Dargestellt ist ein Jüngling mit einem prächtigen Kopfschmuck; deshalb wird er gewöhnlich „Prinz mit der Federkrone" genannt.

Im Mittelpunkt der Anlage befindet sich ein großer offener Innenhof, in dem der Sport des Stierspringens ausgeübt wurde. Dabei ließen die Athleten einen Stier auf sich zurennen, packten ihn an den Hörnern und schleuderten sich mit einem Salto über das Tier hinweg. Hinter dem Innenhof liegt der Hauptpalast. Die Halle der Königin ist mit einer Replik des Delphin-Freskos geschmückt. ■

Knossos

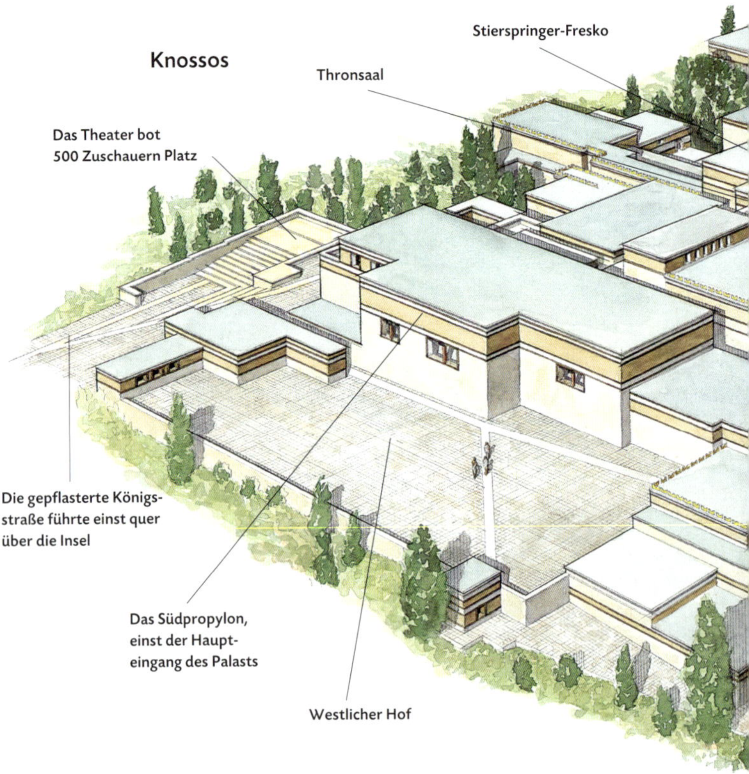

Stilisierte Fresken – hier die Wasserträger – sind am Fundort in den ursprünglichen Farben und Mustern kopiert worden

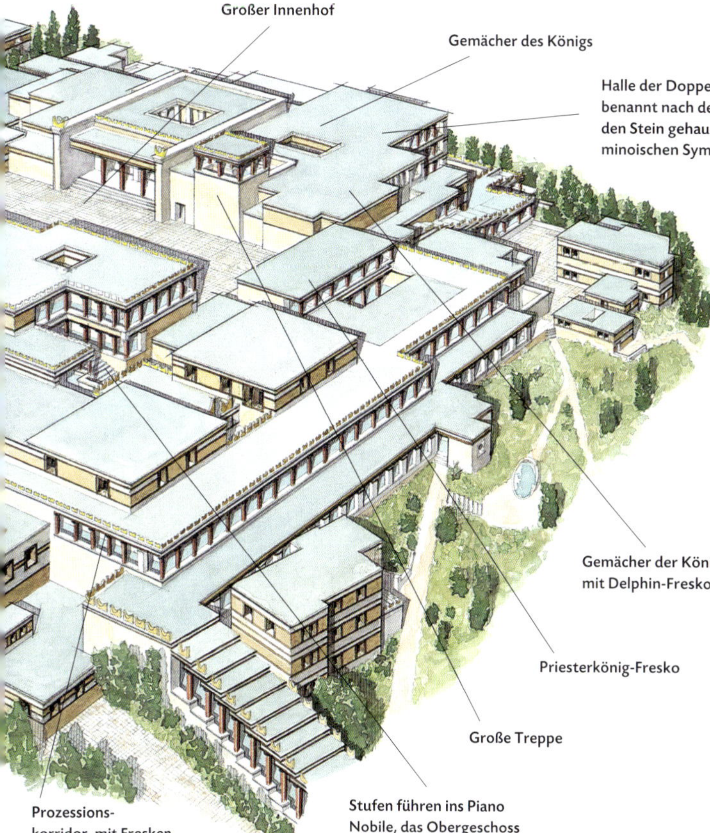

Arthur Evans

Es war der britische Archäologe Sir Arthur Evans (1851–1941), der das Augenmerk der Welt auf Knossos lenkte. Er wurde im englischen Nash Mills in der Grafschaft Hertfordshire geboren, ging in Harrow zur Schule und studierte am Brasenose College in Oxford und an der Universität Göttingen. Mit 33 Jahren wurde er Kurator des Ashmolean Museum in Oxford, eine Stellung, die er 24 Jahre lang innehatte.

Evans vor dem Wasserträger-Fresko; Portrait von Sir William Blake Richmond (1842–1921)

Während seiner Zeit am Museum begann Evans, sich für die Münzen und Siegel der griechischen Antike zu interessieren, vor allem aber für die merkwürdige, nicht entzifferbare Schrift auf den Stücken aus Kreta. Um mehr zu erfahren, besuchte er 1894 erstmals die Insel und widmete fast sein ganzes Leben der Enthüllung von Kretas Geheimnissen.

1899 entdeckte er bei Ausgrabungen in Knossos die Überreste einer Stadt aus der Bronzezeit und einen Königspalast, den er nach dem legendären kretischen König und Sohn des Zeus Minos nannte, weil ihn der Aufbau des Palasts an ein Labyrinth erinnerte. Die dazugehörige Kultur bezeichnete er als minoisch. Ihre Grundlage war der damals schon ausgedehnte Handel Kretas. Obwohl die wichtigsten Ausgrabungen schon in den ersten Jahren des 20. Jahrhunderts abgeschlossen waren, arbeitete Evans bis 1935 weiter – bis zu seinem 84. Lebensjahr.

Große Kontroversen hat seine Rekonstruktion des Königspalasts ausgelöst, womit er zeigen wollte, wie dieser vor rund 3500 Jahren ausgesehen hatte. Manche Archäologen empfanden das als Sakrileg, während es für andere der kühne Versuch war, den Palast zu neuem Leben zu erwecken und der Öffentlichkeit einen Eindruck von seiner Großartigkeit zu vermitteln. Jeder, der die von der American School of Archeology großartig rekonstruierte Stoa des Attalos in der antiken Agora in Athen (siehe S. 63) gesehen hat, wird diesen Standpunkt verstehen.

Eine weitere wichtige Entdeckung von Evans waren 3000 Tontafeln mit zwei unterschiedlichen Arten von Schriftzeichen. Eine von ihnen bekam den Namen Linear A und scheint in der Sprache der Minoer geschreiben zu sein. Sie ist bis heute nicht vollständig entziffert. Die andere Schrift, Linear B, erkannte man 1952 als frühe griechische Sprache aus der Zeit um 1500 bis 1400 v. Chr. Dies war ein wichtiger Schritt in der Erforschung der griechischen Antike: Man wusste nun, dass schon weitaus früher eine Schriftsprache existiert hatte, als bislang angenommen.

Vermutlich hat Evans nur deshalb so viele unversehrte Fundstücke entdecken können, weil das Palastgelände tabu war und Plünderer sich nicht hineinwagten. Einer Theorie zufolge waren die berühmten Stierspringer-Szenen keine Zurschaustellung von Kühnheit, sondern Vorspiel brutaler Opferungsrituale, bei denen kleine Kinder, Jünglinge und Jungfrauen ihr Leben lassen mussten. Demnach wurde der Palast nicht durch eine Naturkatastrophe zerstört, sondern durch seine eigenen Wächter, die die Ausschweifungen ihrer Herrn nicht länger ertragen konnten. Diese Aura des Bösen hat die Menschen später von Knossos fern gehalten.

Von solchen Theorien wollte Evans nichts hören. Was Kreta betraf, war er sehr besitzergreifend, und Theorien, die von seinen eigenen abwichen, ließ er nicht gelten. Er schreib mehrere Bücher, u. a. über seine Versuche, die beiden Schriften zu entziffern.

Das Stierspringer-Fresko weist auf den Zweck des großen Innenhofs hin

Arthur Evans, der Erforscher der kretisch-mykenischen Kultur, wurde 1911 zum Ritter geschlagen und starb 1941 im Alter von 90 Jahren in Oxford.

Kastelli Pediados

Kastelli Pediados – nicht zu verwechseln mit Kastelli Kissamos im Westen Kretas – ist der wichtigste Ort in Pediada, einer Region südöstlich von Heraklion. Hier finden Sie einfache Unterkünfte und Tavernen, und man wird Sie herzlich willkommen heißen, wenn Sie hier Station machen. Die meisten Urlauber kennen das Dorf nur von der Durchreise.

Raki, der kretische Schnaps, wird in Pediada noch heute in Kleinbetrieben gebrannt

Kastelli Pediados
Karte S. 275

In Pediada gibt es wunderschöne Dörfer und alte Kirchen wie die bei Sklaverochori, die Isodia Theotokon geweiht ist und aus dem 15. Jahrhundert stammt. **Agios Pandeleimon** nahe dem Dorf Pigi stammt überwiegend aus dem 13. Jahrhundert, doch in dem Gebäude finden sich auch Überreste einer Basilika aus dem 10. Jahrhundert.

Östlich von Kastelli führt die Straße auf den 2148 Meter hohen Dikti und zu den Dörfern und Windmühlen auf der **Lasithi-Hochebene**. Auf diesem fruchtbaren, von Bergen umgebenen Plateau stehen angeblich 10 000 Windmühlen. Die einfachen, eleganten Bauwerke mit den weißen Flügeln dienten früher dazu, Wasser auf die Felder zu pumpen.

Auf der Hochebene gibt es noch mehr zu erkunden, darunter auch die **Höhle von Trapeza**. Vergessen Sie dabei nicht, eine Taschenlampe mitzunehmen. Es ist wohl die älteste Höhle auf Kreta, die von Menschen bewohnt wurde – ihre Gräber wurden auf 7000 v. Chr. datiert. Ganz in der Nähe liegt die kleine Fundstätte **Karphi**, wo die minoische Kultur und Religion noch um 1000 v. Chr. lebendig war, mehrere hundert Jahre, nachdem sie andernorts schon erloschen war. ■

Die Diktäische Grotte

Kronos war vorausgesagt worden, dass ihn eines Tages einer seiner Söhne vom Thron stürzen würde, und um das zu verhindern, verschlang er all seine Kinder sofort nach ihrer Geburt. Daraufhin versteckte sich die Göttin Rhea mit ihrem Sohn Zeus in der Diktäischen Grotte und brachte Kronos mit einem Trick dazu, statt des Neugeborenen einen Stein zu verschlingen.

Zeus übernahm tatsächlich die Kontrolle über das Universum und wurde der Vater aller anderen Götter (siehe S. 172f). Es gibt jedoch Vermutungen, dass es sich bei dem Zeus, der hier geboren wurde, nicht um den Zeus handelte, der später auf dem Olymp residierte, sondern um einen kretischen Zeus, einen Gott der Fruchtbarkeit, der jedes Jahr wieder geboren wurde.

Wenn Sie noch nie eine Höhle besichtigt haben, werden die Größe und die ungewöhnlich geformten Stalaktiten und Stalagmiten Sie überwältigen. Aber auch wenn dies nicht Ihre erste Höhle ist, werden Sie nicht enttäuscht sein.

Um zur Höhle zu kommen, parken Sie im Dorf Psychro und folgen dem Wanderweg durch den Eichenwald; der Fußweg zur Höhle dauert etwa 15 Minuten. Sie können aber auch einen Esel mieten und sich hintragen lassen. Wie bei vielen Sehenswürdigkeiten in Griechenland ist es auch hier ratsam, entweder früh morgens oder am späten Nachmittag zu kommen, um dem größten Andrang zu entgehen. Im Sommer bilden sich vor dem Höhleneingang manchmal lange Schlangen.

Die **Hauptkammer** ist 70 Meter tief und sehr eindrucksvoll; von ihr zweigen mehrere kleinere Kammern ab. Am tiefsten Punkt ist ein kleiner Teich und in der Kammer links von ihm soll Zeus geboren worden sein. ■

Stolze Esel

Natürlich können Sie Dikteon Andron auch zu Fuß entdecken, aber warum nicht einmal das gleichmäßig sture Tempo eines Esels ausprobieren? Die Einheimischen helfen Ihnen gerne und der Esel bewältigt den steilen Aufstieg meist besser als Sie. Esel gibt es seit der Jungsteinzeit auf Kreta, sie werden schon lange als Lasttiere eingesetzt und die Kreter sind stolz auf sie. Sie sind klüger und widerstandsfähiger als Pferde und können Pfade begehen, die kein Auto schafft. Wenn Sie manche Wege auf Kreta sehen, verstehen Sie die Vorliebe der Griechen für die zwar etwas störrischen, aber trittsicheren Esel. Also mieten Sie einen – aber nur, wenn Sie damit leben können, dass er Sie führt.

Diktäische Grotte

Karte S. 275
Psychro
€

ein überaus beliebter Badeort. Darüber hinaus findet sich hier
ten, doch am wenigsten besuchten Zeugnisse der minoischen
este eines Palasts.

So sieht es im Sommer am Strand von Malia aus – Frühaufsteher bekommen hier die besten Plätze

Malia

Karte S. 275

Minoischer Palast

3 km östlich von Malia

28 97 03 15 97

Geschl. Mo, seit Ende 2009 geschl., Termin der Neueröffnung erfragen

€

Tagsüber trifft sich die Stadt am langen Sandstrand, der allerdings ziemlich überfüllt sein kann. Wenn Sie keine Lust haben, sich mühsam einen Liegeplatz zu suchen, können Sie auf den ebenso schönen Strand nahe der **Minoischen Fundstätte** ausweichen, der meistens leer ist, weil der Großteil der Urlauber den drei Kilometer weiten Anmarsch scheut.

Seit einiger Zeit arbeiten französische Archäologen an der Fundstätte, doch Sie können unbesorgt durch das Gelände streifen und sich alles ansehen. Informationstafeln erklären Ihnen, worum es sich im Einzelnen handelt. Zu der Anlage gehört auch eine Begräbnisstätte. Die Grabfunde sind im Archäologischen Museum in Heraklion zu sehen.

Wichtigster Teil ist der ehemalige **Palast**, der 1900 v. Chr. erbaut, 1700 v. Chr. zerstört, wieder aufgebaut und 1450 v. Chr. beim Zusammenbruch der minoischen Kultur auf Kreta erneut zerstört wurde. Wer schon in Knossos war, kann sich besser vorstellen, wie es in Malia einmal ausgesehen hat. Die Überreste von Speicherräumen und -gruben und ein großer Verwaltungsblock deuten darauf hin, dass hier viele Menschen gelebt haben und dass Vorratshaltung betrieben wurde wie in jeder modernen Stadt. ■

Griechen auf See

Seit der Antike sind die Griechen eine der größten und fähigsten Seefahrernationen der Welt. Mit über 2000 Inseln und 13 676 km Küste ist das auch nötig. So ist es kein Wunder, dass berühmte Seefahrerfamilien von hier stammen. In Griechenland segeln zu gehen ist die natürliche Folge. Während Ihres Aufenthalts gibt es genügend Gelegenheiten für Törns.

Elouda

Wie Malia ist auch Elouda eine Mischung aus Antike und Moderne. Die Stadt hat eine lange und bewegte Geschichte, doch heute ist sie vor allem als Badeort bekannt. Hier gibt es mehrere gute Hotels und einen hübschen Fischerhafen.

Elouda wurde dort erbaut, wo früher die griechisch-römische Stadt **Olous** stand. Wenn Sie von der Brücke schauen, die Elouda und die Insel Spinalonga verbindet, können Sie die Überreste direkt unter der Wasseroberfläche sehen. Olous war eine der wichtigsten Hafenstädte im Osten von Kreta, und es sind mindestens zwei Tempel erhalten geblieben. Man nimmt an, dass die Stadt im 2. Jahrhundert v. Chr. zerstört wurde, als bei großen Erdbewegungen Teile von Ostkreta versanken, während sich Teile des Westens hoben.

Auf der anderen Seite der Brücke liegen die Überreste der venezianischen Salzpfannen. Es waren die Venezianer, die 1579 die Hafenstadt Elouda gründeten. Auf der vorgelagerten Insel – fernab vom Massentourismus – steht eine Kirche, die zum antiken Olous gehörte und in der einige der Originalfresken erhalten geblieben sind. Wenn das Licht stimmt, können Sie von hier aus Teile des alten Hafens auf dem Meeresboden erkennen.

Spinalonga liegt schützend vor der Bucht und auf dieser Insel bauten die Venezianer eine Festung. Ihr Standort war so ideal gewählt, dass sie sich erst 1715 den Türken ergeben musste, 40 Jahre später als das übrige Kreta. Von 1903 bis 1957 war die Insel in ganz Griechenland als Leprakolonie bekannt, und es entstand eine Stadt, deren Ruinen noch heute zu sehen sind. Es ist ein bedrückender Ort ■

Elouda
Karte S. 275

Die Tavernen in Eloudas Hafenviertel sind besonders gut besucht

Agios Nikolaos

Der Hafen von Agios Nikolaos ist einer der schönsten und beliebtesten Orte auf Kreta. Malerisch am Golf von Mirabello gelegen, besticht der Hafenbereich mit hübschen alten Häusern und nicht nur einem, sondern zwei Hafenbecken: einem Fischerhafen und einem Binnenhafen mitten in der Stadt. Diese und viele andere Attraktionen machen sie im Sommer zu einem der belebtesten Orte auf der Insel.

Der malerische Binnenhafen von Agios Nikolaos, das „Bad der Athene"

Agios Nikolaos
Karte S. 275
Besucher-information
Marina
28 41 02 23 57

In der Antike war Agios Nikolaos eine blühende Hafenstadt für den landeinwärts gelegenen Stadtstaat Lato. Auch unter den Venezianern verlor der Hafen nicht an Bedeutung. Sie nannten die Stadt nach der gleichnamigen, im 10. und 11. Jahrhundert erbauten Kirche. Von den Venezianern stammt auch der Name Mirabello (italienisch „schöne Aussicht") für den Golf. Unter der Herrschaft der Türken, die die venezianische Festung zerstörten, verfiel die Stadt; doch im späten 19. Jahrhundert sorgten Reisende für einen erneuten Auf-

INSIDERTIPP:

Wenn Sie auf der Strecke zwischen Agios Nikolas und Sitia einen Imbiss suchen, halten Sie an der Bäckerei in Kavousi. Hier gibt es *kalitsouni* (süßer Käsekuchen).

DONALD HAGGIS
NATIONAL GEOGRAPHIC-Mitarbeiter

schwung. Agios Nikolaos ist heute wieder ein wichtiger Hafen – hier trocknen Fischer ihre Netze und regelmäßig legen Fähren vom Dodekanes, den Kykladen und aus Piräus an.

Im **Hafenviertel** reihen sich Bars, Geschäfte, Cafés und Tavernen aneinander, die für griechische Verhältnisse ausgesprochen teuer sind. Wenn Sie besseres Essen und eine typisch kretische Atmosphäre wünschen, verzichten Sie auf die schöne Aussicht am Hafenrand und folgen Sie Ihrer Nase in die Seitenstraßen.

Auf der Südseite der Stadt liegen ein kleiner Strand und ein Jachthafen. In der Nähe der Bushaltestelle am Ende des Yachthafens steht die Kirche **Panagia Vrefotrofou** aus dem 12. Jahrhundert.

Der Binnenhafen, eigentlich ein See mit Namen **Voulismeni**, gilt wegen seiner steil abfallenden Seiten als grundlos. Tatsächlich beträgt die Wassertiefe hier rund 65 Meter. Ein Kanal, 1867 bis 1871 erbaut, verbindet den See mit dem äußeren Hafen. Direkt am Kanal steht das **Volkskundemuseum**, besuchenswert wegen seiner Sammlung kretischer Trachten und landestypischer Produkte von Handwerk und Kunsthandwerk.

In Agios Nikolaos gibt es auch ein hervorragendes **Archäologisches Museum**, etwas nordwestlich der Altstadt. Hier sind Artefakte aus mehreren minoischen Stätten zu sehen. Eines der interessantesten Exponate ist die Vase der „Göttin von Myrtos" in Raum II, gefunden in Mochlos vor den Toren von Gournia (siehe S. 292). Die glockenförmige Vase ist aus Ton und stammt aus frühminoischer Zeit: Vermutlich war sie ein Symbol der Fruchtbarkeit; Kopf und Hals sind eindeutig phallisch, während dem Körper kleine Brüste aufgesetzt sind.

Das ungewöhnlichste Ausstellungsstück ist ein Schädel, wahrscheinlich der eines Athleten, mit dem goldenen Lorbeerkranz des Siegers und einer Silbermünze, die Toten beigegeben wurde, damit sie die Überfahrt über den Styx, den Fluss in die Unterwelt, bezahlen konnten. Der Schädel wurde nahe der Stadt Agios Nikolaos gefunden und lässt sich durch die Münze sicher auf das 1. Jahrhundert n. Chr. datieren.

Die Strände rund um die Stadt sind nicht besonders gut. Bessere Strände finden Sie in Elouda (siehe S. 289) und in **Ammoudara** und **Almyros** an der Straße nach Sitia. ■

Volkskundemuseum

- ✉ Palaiologou 2
- ☎ 28 41 02 50 93
- 🕒 Geschl. Sa, Mo, & Okt.–April
- $ €

Archäologisches Museum

- ✉ Palaiologou 68
- ☎ 28 41 02 49 43
- 🕒 Geschl. Mo
- $ €

Gournia

Nur 19 Kilometer südöstlich der modernen Stadt Agios Nikolaos liegt ein magischer Ort – eine der am besten erhaltenen minoischen Siedlungen von ganz Kreta. Gournia ist außerdem eine Stätte, die uns zeigt, was im Lauf eines langen Zeitraums aus einer blühenden Stadt werden kann. Das antike Gournia, einst ein lebendiger Ort, wurde vor rund 5000 Jahren erstmals besiedelt.

Die minoische Stadt Gournia wurde von 1904 an freigelegt

Gournia
Karte S. 275
28 41 02 24 62, 28 41 02 49 43, 28 41 02 23 82
€

Im Zentrum Gournias stehen die Überreste eines Palasts, der nur ein Zehntel so groß war wie der von Knossos. Doch es sind gerade die geringe Größe und der gute Zustand der Ruinen, die die Stadt im Auge des Betrachters wieder lebendig machen. Das Straßengewirr und die Fundamente einfacher Häuser mit nur einem Raum erinnern an die kleinen Gassen, die noch heute in älteren Städten Kretas zu finden sind. Die Pflasterung der Hauptstraße ist erhalten geblieben – Sie betreten also dasselbe Pflaster wie einst die Minoer 1550 bis 1450 v. Chr.

Die meisten Überreste stammen aus jener Zeit. Und wie andere minoische Stätten auf Kreta wurde auch Gournia ein Opfer der Flammen – wahrscheinlich bei einem Erdbeben, das um 1450 v. Chr. die minoische Kultur auslöschte. Noch immer sind die Stufen zu sehen, die einst zum Eingang des Palasts führten, daneben die massive Steinplatte mit dem Loch, an der vermutlich Tiere vor ihrer Opferung angebunden wurden. Vielleicht war es aber auch nur ein ganz normaler Metzgerblock.

Gournia war ein wichtiges Handelszentrum, in dem getöpfert, gezimmert, gewebt, Metall verarbeitet und Fischfang betrieben wurde – ähnlich wie noch heute auf Kreta. ■

INSIDERTIPP:

Bleiben Sie in Gournia nicht nur im eingezäunten Bereich, sondern gehen Sie zum Strand, wo Reste einer minoischen Werft zu sehen sind, die den Originalhafen aus der Bronzezeit markieren.

DONALD HAGGIS
National Geographic-Mitarbeiter

Sitia & Ierapetra

Obwohl Sitia die Hauptstadt der östlichen Provinz von Kreta ist, veri… Touristen hierher. Das macht die Stadt zum idealen Reiseziel für al… thentische Kreta kennen lernen wollen. Vor allem das Essen ist hie… , herzhafter und landestypischer als das, was Sie in den Touristenzentren bekommen. Ierapetra ist die südlichste Stadt Europas.

Sitia

Hier findet jedes Jahr im August das Rosinenfest statt. In der Stadt gibt es die zum Teil restaurierte **Venezianische Festung** aus dem 13. Jahrhundert zu sehen, die heute als Freilufttheater genutzt wird. Im kleinen **Volkskundemuseum** ist regionale Handwerkskunst ausgestellt. Und das **Archäologische Museum** zeigt die Kuros-Statue aus Elfenbein – sie zeigt Spuren des Feuers, das die minoischen Siedlungen um 1450 v. Chr. zerstörte.

Ierapetra

Der Ort war ursprünglich eine dorische Siedlung, und seine Lage machte ihn zum idealen Ausgangspunkt für den Handel mit Nordafrika und dem Nahen Osten. Am Stadtrand erstrecken sich wunderschöne lange Strände, flankiert von Hotels, Villen und Tavernen. In der Stadt gibt es ein kleines **Archäologisches Museum** *(Adrianou Koustoula, Tel. 28 42 02 87 21, geschl. Mo, €)* und die Ruinen einer **Festung** aus dem 13. Jahrhundert. ■

Sitia

Karte S. 275

Besucherinformation

Karamanli Str.

28 43 02 83 00

Volkskundemuseum

Kapetan Sifi 33

Geschl. Nov.–März

€

Ierapetra

Karte S. 275

ERLEBNIS: Griechenland zu Ostern

Ostern ist das wichtigste Fest im christlichen Kalender und wird ausführlich und enthusiastisch gefeiert. Jeder nimmt an den Festivitäten teil, die mehrere Tage dauern; es ist eine aufregende Zeit für einen Besuch in Griechenland. Man feiert nicht nur die Auferstehung Christi, sondern auch den Beginn eines neuen Jahres, da Ostern die Ankunft des Sommers markiert. Es ist auch die Zeit, in der die Familie zusammenkommt, auf den Straßen ist es voll. Wenn Sie einen Besuch an Ostern planen, prüfen Sie erst die Termine. Das orthodoxe Ostern kann sich gegenüber dem westlichen um einige Wochen verschieben. In beinahe jeder Stadt beginnen die Feste am Gründonnerstag, in den Kirchen hängt bereits der Blumenschmuck für die Gottesdienste. Am Karfreitagabend wird ein reich geschmückter Sarg – als Symbol für die Grabtragung Christi – in einer Prozession durch die Straßen getragen, an der Spitze ein Priester gefolgt von den Gläubigen. Andere beobachten den Zug von Fenstern aus. Es kann eine bewegende Erfahrung sein, daran teilzunehmen und sich vom tiefen Glauben überwältigen zu lassen.

Der Höhepunkt wird Samstag um Mitternacht erreicht, wenn der Priester die Auferstehung Christi verkündet und jeder seine Kerze an der des Nachbarn anzündet und damit nach Hause geht. Sonntags gibt es ein großes Mittagessen, meist draußen, und es ist üblich, vorbeikommende Besucher dazu einzuladen.

Phaistos

Der Palast von Phaistos (Phästos, Festos) im Süden Zentralkretas stand im Hinblick auf Größe und Bedeutung an zweiter Stelle hinter Knossos, ist aber auf einem Plateau sehr schön gelegen. Im Norden erheben sich Berge: Der Psiloritis, besser bekannt als Ida, ist mit 2456 Metern der höchste auf Kreta. Im Süden erstreckt sich der einstige Hippie-Strand von Matala.

Ein leichtes Gefälle sorgt dafür, dass das Regenwasser von den flachen Stufen schneller abfließt. Dies ist nur ein Beispiel für das ausgeklügelte Entwässerungssystem des Palasts von Phaistos

Phaistos
Karte S. 274
28 92 04 23 15
€€

Die Geschichte von Phaistos gleicht der anderer minoischer Stätten. Der erste Palast wurde um 1900 v. Chr. gebaut und um 1700 v. Chr. durch das Erdbeben zerstört, das große Teile der Insel verwüstete. Daraufhin wurde ein neuer Palast errichtet, der um 1450 v. Chr. mit der minoischen Kultur unterging. In Phaistos sind Überreste des ersten Palasts erhalten geblieben, entdeckt im Jahr 1900 von dem italienischen Archäologen Frederico Halbherr.

Die Anlage ähnelt der von Knossos, doch hat man hier kaum etwas restauriert. In Phaistos wurden die Ruinen nur freigelegt und gesäubert, lediglich die Mauern, die bei der Grabung eingestürzt waren, sind wieder zusammengefügt worden.

Der Hügel, auf dem Phaistos errichtet wurde, ist für den Bau der **Großen Treppe** zum

Palast genutzt worden: Sie ist 13 Meter breit und hat 12 Stufen, von denen die meisten aus dem Gestein herausgemeißelt wurden. Bei den Stufen hat sich der Architekt eines in Griechenland üblichen Kunstgriffs bedient – sie sind in der Mitte etwas höher als an den Seiten, was sie besonders imposant wirken lässt.

Am oberen Ende der großen Treppe liegt der Westeingang des zweiten Palasts und rechts davon der ebenso eindrucksvolle **Zentrale Innenhof**, der bei fast allen minoischen Palästen zu finden ist. Die Kolonnaden, die zwei Seiten dieses Innenhofs umrahmten, sind verschwunden, doch nach Norden hat man noch dieselbe großartige Aussicht auf den Psiloritis wie vor 4000 Jahren. Für die Palastbewohner hatte diese Aussicht eine besondere Bedeutung, weil sie ihnen einen freien Blick auf die Höhle von Kamares bot, eine heilige Stätte hoch oben am Berg. Auch einige Räume des Palasts erlaubten den Ausblick auf diese Höhle.

Nördlich des Innenhofs liegt der Eingang zu den königlichen Räumen, vor denen noch die Überreste der Wachhäuser zu erkennen sind. Achten Sie auf dem Weg dorthin auf den Regenwasserkanal zu Ihren Füßen: Die Passage war den Elementen ausgesetzt. Dahinter liegen die **königlichen Gemächer**, die eingezäunt wurden, weil sie eine besondere Fundstätte sind: Sie enthalten separate Räume für den König und die Königin, die Überreste eines Schwimmbeckens und sogar die einer Toilette. In diesem Bereich liegt auch das Archiv, in dem der Diskus von Phaistos (siehe unten) gefunden wurde.

Wenn Sie Phaistos besuchen, sollten Sie sich auch die drei Kilometer östlich gelegenen Ruinen von **Hagia Triada** ansehen, einer Villa oder eines Palasts, erbaut um 1600 v. Chr., vielleicht die Sommerresidenz der Königsfamilie oder eines reichen Bewohners von Phaistos. Hier gibt es einige ausgezeichnete Fresken, und viele der hier gefundenen Artefakte sind jetzt im Alten Archäologischen bzw. im Prähistorischen Museum in Heraklion ausgestellt (siehe S. 277). ■

Der Diskus von Phaistos

Im Jahre 1903 wurde eine 16 Zentimeter großen Tonscheibe aus der Zeit um 1700 bis1600 v. Chr. gefunden. Die Schriftzeichen darauf konnten bisher nicht entschlüsselt werden. Beide Seiten sind mit einer Bilderschrift bedeckt, die den ägyptischen Hieroglyphen ähnelt. Zu den Bildern gehören Menschen, Tiere, Schiffe und Blumen. Vielleicht hatte die Scheibe religiöse Bedeutung und die Bildzeichen sind die Niederschrift eines Gebets. Der Diskus ist im Archäologischen Museum von Heraklion ausgestellt.

Hagia Triada

Karte S. 274
28 92 09 13 60
€

Zu Fuß durch die Samaria-Schlucht

Eines der Erlebnisse auf Kreta ist eine Wanderung durch die Samaria-Schlucht, die längste Europas. Sie ist nach Knossos die zweitgrößte Attraktion der Insel: Jedes Jahr wird sie von fast einer halben Million Menschen durchwandert.

Zu Beginn der Saison stehen die Wildblumen in der Schlucht in voller Blüte. Der Fluss ist unberechenbar und manchmal wird der Wanderweg kurzfristig gesperrt

Die Schlucht ist die einzige Stelle Europas, wo noch wilde Bezoarziegen leben. Die Strecke ist 17 Kilometer lang und die meisten Leute brauchen dazu fünf bis sieben Stunden. Ohne Wanderstiefel und ausreichend Essen und Wasser sollten Sie sich aber nicht auf den Weg machen.

Die Wanderung beginnt an einem großen, ausgeschilderten Parkplatz südlich des Dorfes **Omalos** ❶, wo Sie auch übernachten können, wenn Sie im Voraus buchen. Dann können Sie früh aufbrechen und das Gedränge vermeiden. Die Schlucht wird um sechs Uhr geöffnet. Heben Sie auf jeden Fall die Eintrittskarte auf, denn Sie werden sie noch brauchen.

Folgen Sie vom Parkplatz aus dem ausgeschilderten **Xyloskalo** ❷, der „hölzernen Treppe". In Wirklichkeit besteht sie aus in den Stein gehauenen Stufen, doch ein Holzgeländer dient als Stütze. Dies ist einer der schönsten Abschnitte, der Sie in nur drei Kilometern etwa 700 Meter abwärts führt. Am Fuß der Treppe steht die kleine Kapelle **Agios Nikolaos**. Dort können Sie sich nach dem Abstieg ausruhen.

NICHT VERSÄUMEN:

Aussicht vom Omalos • Xyloskalo von Samaria • Sidiroportes

INSIDERTIPP:

Wenn Sie in den Weißen Bergen sind, können Sie bis zur Berghütte Kallergi fahren oder wandern, dort haben Sie die beste Aussicht auf die von hohen Felsgipfeln umgebene Samaria-Schlucht.

NICHOLAS TURLAND
NATIONAL GEOGRAPHIC-Mitarbeiter

Nun verbreitert sich der Weg und kreuzt mehrmals den Fluss, der durch die Schlucht fließt. Im Winter und zur Zeit der Schneeschmelze wird aus ihm ein reißender Strom – deshalb ist die Schlucht bis Mai geschlossen. Im Sommer ist der Fluss nur ein erfrischendes Rinnsal. Nach etwa 6,5 Kilometern erreichen Sie das verlassene Dorf **Samaria** 3, dessen Bewohner wegzogen, als die Schlucht 1962 zum Nationalpark erklärt wurde.

Der aufregendste Teil der Strecke sind die so genannten Eisernen Tore, **Sidiroportes** 4, wo die 350 Meter hohen Steilwände nur noch drei Meter voneinander entfernt aufragen. Dann wird der Weg wieder breiter und Sie erreichen Agia Roumeli, ein weiteres verlassenes Dorf. Hier müssen Sie Ihre Eintrittskarte wieder abgeben – eine Sicherheitsmaßnahme, mit der Sie nachweisen, dass Sie die Schlucht heil und gesund verlassen haben.

Nach weiteren zwanzig Minuten kommen Sie in das neue **Agia Roumeli** 5 und ans Meer – eine willkommene Erfrischung für Ihre müden Füße. Sie können hier übernachten oder mit dem Boot zu anderen Küstenorten fahren (z.B. nach Chora Sfakion, siehe S. 299), von wo aus Sie mit dem Bus nach Chania oder Rethimnon zurückkehren können. Im Sommer verkehren die Busse nachmittags.

Palaiochora & die Südküste

Kretas Südküste ist so rau und zerklüftet, dass es nahezu unmöglich ist, die Badeorte durch eine Küstenstraße zu verbinden. Aus diesem Grund ist die Südküste nicht in dem Maße touristisch erschlossen, wie es an der Nordküste der Fall ist. Trotzdem sind manche Orte im Sommer ziemlich überlaufen.

Agia Galini ist zu einer Touristenhochburg geworden

Agia Galini
Karte S. 274

Amari-Tal
Karte S. 274

Ein typisches Beispiel dafür ist **Agia Galini** westlich von Phaistos. Dieser urtypische griechische Küstenort war früher ein verschlafenes Fischerdorf – heute ist er eine Touristenhochburg. Ein alter Teil ist erhalten geblieben und bildet einen hübschen Kontrast zu all dem Neuen. Im Hafenviertel gibt es eine ganze Reihe von Tavernen.

Ein beliebtes Ausflugsziel von Agia Galini aus ist das landeinwärts gelegene **Amari-Tal** am Fuß des Ida. Es ist die Region der kleinen Dörfer, der fruchtbaren Täler und der grandiosen Schluchten.

Westlich davon führt die Kourtaliotiko-Schlucht durch eine wundervolle Landschaft hinab zum Küstenkloster **Piso Preveli** aus dem 17. bis 19. Jahrhundert. Sie können es besichtigen, aber da es noch von Mönchen bewohnt wird, sollten Sie auf angemessene Kleidung achten.

In dem Badeort **Plakias** lockt ein zwei Kilometer langer Sandstrand die Sonnenhungrigen an. Plakias liegt am Ende der eindrucksvollen Kotsyfou-Schlucht. Die nächste größere Stadt im Westen, Chora Sfakion, liegt in der Nähe der **Imbros-Schlucht**, die fast genauso schön ist wie die Samaria-Schlucht, aber längst nicht so überlaufen.

Von einer der wenigen Ebenen an der Küste zwischen Plakias und Chora Sfakion ragen die Überreste der venezianischen Festung **Frangokastello** auf. Sie wurde 1371 gebaut und ihre Außenmauern sind fast vollständig erhalten. Innen ist nicht viel übrig geblieben, aber allein die malerische Lage am Meer und der Anblick von außen sind sehenswert. Die Festung sollte dem Schutz vor Piraten dienen, hatte aber auch die Aufgabe, die Bewohner der Region unter Kontrolle zu halten.

Chora Sfakion ist empfehlenswert für jeden, der die schönste Landschaft Kretas genießen und zugleich das traditionelle Leben auf der Insel kennen lernen will. Im Westen der Stadt erheben sich steile Berge, und vor dem Bau der haarsträubend gewundenen Serpentinenstraße war sie nur mit dem Boot zu erreichen. Trotz der gestiegenen Besucherzahlen scheint in diesem Ort die Zeit stehen geblieben zu sein. Auch hier tragen noch einige alte Männer die traditionelle Kleidung.

Der westlichste Küstenort **Palaiochora** war lange Zeit sehr ruhig, doch seit einigen Jahren boomt auch hier der Tourismus. Die Stadt hat zwei schöne Strände beiderseits einer Landzunge mit den Überresten einer venezianischen Festung. Palaiochora ist ein Paradies für Windsurfer und andere Wassersportler und ein idealer Ort für alle, die Erholung mit Entdeckungstouren verbinden möchten. ■

Kleiderwahl für Klosterbesuche

Für den Besuch eines Klosters sind angemessene Kleidung und gutes Benehmen selbstverständlich. Obwohl die Klöster Touristen gewohnt sind und im Sommer geradezu überlaufen sind, ist ordentliche Kleidung ein Muss. Auch wenn man griechische Männer mit Shorts in den Klöstern sieht, sollten Frauen schulterfreie Tops und knappe Shorts vermeiden. An manchen Orten ist man toleranter als an anderen, aber das erfahren Sie erst vor Ort. Bei einigen Klöstern müssen Sie draußen bleiben, wenn die Kleidung unpassend erscheint, die meisten bieten aber Umhänge oder ähnliches, die sie Besuchern zur Verfügung stellen.

Chora Sfakion
Karte S. 274

Palaiochora
Karte S. 274

Die Westküste

An der Westküste Kretas hat das moderne Leben noch keinen Einzug gehalten. Natürlich gibt es auch hier überlaufene Badeorte, aber die Dörfer, in denen die Männer, wie es seit Jahrhunderten üblich ist, ihre Zeit im Café verbringen, sind in der Überzahl. Die Strände sind wunderschön und vergleichsweise ruhig.

Elafonisos
Karte S 274

Kastelli Kissamos
Karte S . 274

Rund 13 Kilometer nordwestlich von Palaiochora liegt der herrliche Strand von **Elafonisos**, der mit seinem rosigweißen Sand, dem tiefblauen Wasser und dem azurblauen Himmel mit einem Strand in der Karibik zu vergleichen ist. Die Temperaturen erinnern Sie daran, dass die Küste nur 300 Kilometer von Nordafrika entfernt liegt. Hier ist das Meer so flach, dass Sie zur nächstgelegenen der vorgelagerten Inseln hinüber waten können, wo ebenfalls wunderbare Strände warten.

Landeinwärts am Fuß des 1182 Meter hohen Dikaios liegt **Elos**, die Hauptstadt dieser Region, der **Kastanokhoria** („Kastaniendörfer"): Hier werden überwiegend Maronen angebaut. Zur Feier der Ernte findet Ende Oktober ein großes Fest statt.

Die teilweise haarsträubende Küstenstraße führt durch Zitronen- und Olivenhaine, vorbei an Hügeln auf der einen und dem tiefdunklen Ägäischen Meer auf der anderen Seite. Größte Stadt am Nordende der Westküste ist **Kastelli Kissamos**. In Kastelli, wie die Stadt gewöhnlich genannt wird, gehen die Menschen ihren Geschäften nach und kümmern sich kaum um die Touristen ■

ERLEBNIS: Kretische Kultur

Der Tourismus ist für lokale Gemeinden sehr einträglich, er bringt Einkünfte und hält damit kleine Städte und Ortschaften am Leben. Umsichtige Reisende können die Gelegenheit nutzen, den Gemeinden etwas zurückzugeben für die schönen Erlebnisse, die sie ihnen bescheren.

Eine sehr unternehmerisch denkende Gemeinde ist das Dorf Vamos im Nordwesten Kretas, wenige Kilometer landeinwärts von den beliebten Küstenorten Almerida und Kalives gelegen. Letztere waren früher selbst reine Fischerdörfer, jetzt leben sie vom Fremdenverkehr. Obwohl sie ihren Charme bewahrt haben, hat sich das Leben dort zweifellos verändert. Einige Dorfbewohner in Vamos beschlossen, die alten Traditionen zu pflegen, indem sie sie den Besuchern zeigen und so zum Reiseprogramm machen. Sie begannen mit der Renovierung alter Hütten, die nun modernen Komfort in einem traditionellen Dorfhaus bieten. Touristen können nicht nur in diesen pittoresken Häuschen wohnen, sondern haben in Vamos noch viele Möglichkeiten, griechische Kultur kennenzulernen. Dazu gehören Kochkurse, je nach Jahreszeit Teilnahme an der Trauben- oder Olivenernte und sogar das Traubentreten. Für weitere Details kontaktieren Sie Vamos Apokoronou *(Chania/Kreta, Griechenland 7300, Tel. 282 50 22 19, E-Mail: info@vamosvillage.gr, www.vamossa.gr).*

Maleme

Die Schlacht um Kreta, die sich im Mai 1941 über zehn Tage hinzog, war ein bedeutendes Ereignis in der Geschichte der Insel. Wenn Sie mehr darüber erfahren wollen, sollten Sie in den Küstenort Maleme westlich von Chania fahren, der erbittert umkämpft war und wo sich heute der deutsche Soldatenfriedhof befindet.

Der deutsche Soldatenfriedhof wird liebevoll gepflegt, obwohl die Besatzung nicht vergessen ist

Der alliierte Flugplatz in Maleme war das Ziel deutscher Fallschirmjäger, die 1941 auf der Insel landeten, nachdem die Wehrmacht Griechenland erobert hatte. Die Alliierten, für die Kreta eine wichtige Marinebasis gewesen war, zogen sich über die Insel zurück. Die meisten von ihnen wurden an der Südküste übers Meer evakuiert. Diese einzigartige Operation war nur mit Hilfe der Einheimischen möglich.

Am Eingang zum **Deutsche Soldatenfriedhof** befindet sich ein kleines Informationszentrum mit einer Karte, die den Verlauf der Schlacht dokumentiert. Die Deutschen verloren 6580 Soldaten, viele von ihnen waren Fallschirmjäger, die nach dem Absprung von Scharfschützen erschossen wurden. Heute ist der Hügel jedes Frühjahr mit Wildblumen übersät, die dem schrecklichen Ort eine stille Schönheit verleihen.

Von der Hügelkuppe aus sieht man das Flugfeld, den Landstreifen, um den so erbittert gekämpft wurde. Der Flughafen wird heute noch militärisch genutzt.

Wenn Sie mehr erfahren wollen, besuchen Sie den kleineren **Commonwealth-Soldatenfriedhof** am Ende der Halbinsel Akrotiri nördlich von Chania. Hier liegen 1522 der 2000 Alliierten, die in der Schlacht von Kreta ihr Leben ließen: Briten, Australier, Neuseeländer. ■

Maleme

Karte S. 274

Chania

Chania, die größte Stadt im Westen Kretas, ist auch eine der schönsten auf der Insel. Die malerische Lage, der belebte Hafen, die antiken Ruinen, der Markt, die interessanten Museen und die nahe gelegenen Strände machen Chania zu einem lohnenden Reiseziel.

Nicht zu übersehen: die täuschend modern wirkende Janitscharen-Moschee an der Hafenpromenade

Chania

Karte S. 274

Besucher-information

Akti Tombnzi

28 21 02 03 69

Dazu trägt auch die einmalige Lage bei. Im Norden liegt das funkelnde Ägäische Meer, während sich im Süden die Lefka Ori, die Weißen Berge, erheben. Wenn Sie sich Ihr Café an der Promenade geschickt aussuchen, können Sie gleichzeitig die schneebedeckten Berge und das azurblaue Meer sehen. Es gibt keinen besseren Ort für ein griechisches Frühstück, fürs Mittagessen oder vielleicht für ein romantisches Dinner bei Sonnenuntergang.

Ein Teil des **Hafens** ist von hohen Herrschaftshäusern gesäumt, die an Venedig erinnern. Natürlich waren die Venezianer nicht die einzigen, die diese schöne Stadt geprägt haben. Schon in minoischer Zeit war sie ein bedeutende Ort, was heute kaum noch jemand weiß, weil die moderne Stadt über den minoischen Überresten erbaut wurde. In der Stadt finden Ausgrabungen statt, um **Kydonia** (so hieß die minoische Stadt) freizulegen, doch es wird noch eine Weile dauern, bis Besucher die Früchte dieser Bemühungen endlich bewundern können.

Die besten Funde aus Kydonia sind im **Archäologischen Museum** zu sehen, aber auch Artefakte von anderen Fundstellen im Westen Kretas. Auch die Töpferwaren, die Mosaik- und die Skulpturen-Sammlung sind sehenswert. Das Museumsgebäude ist ebenfalls sehr interessant; es war zunächst die venezianische Kirche des heiligen Franziskus und wurde später von den Türken als Moschee genutzt. Beachten Sie die Überreste des Minaretts und den Springbrunnen im kleinen Innenhof.

Den türkischen Einfluss sieht man auch anderswo in der Stadt, so z. B. direkt am Hafen: Dort steht die **Janitscharen-Moschee** aus dem Jahr 1645, das älteste erhaltene osmanische Gebäude auf Kreta. Im Zweiten Weltkrieg wurde die Moschee beschädigt und diente nach ihrer Restaurierung viele Jahre als Informationszentrum für Touristen. Zurzeit wird an ihr wieder gebaut.

Das Hafenviertel ist überwiegend venezianisch geprägt, vor allem die restaurierte Festung **Firkas**, von der aus man einen schönen Blick über den Hafen hat. In einem der Türme ist das **Marinemuseum** untergebracht. Auch wenn Sie sich nicht für Schifffahrt interessieren, lohnt doch das detailgetreue Modell der Stadt Chania aus dem 17. Jahrhundert einen Besuch. Außerdem informiert das Marinemuseum so lebendig über die Schlacht um Kreta wie kein anderes auf der Insel.

Auch das Historische Museum im Südostteil der Stadt ist einen Besuch wert. Auf dem Weg dorthin können Sie am **Zentralmarkt** Station machen, einer großen Halle, in der neben Souvenirs auch frischer Fisch, Fleisch, Gemüse und vorzüglicher Käse angeboten werden. Die Erzeugnisse stammen aus dem Hinterland von Chania mit seinen Viehweiden, Olivenhainen und Orangenplantagen.

INSIDERTIPP:

Die Omalos-Hochebene ist ein lohnenswerter Autoausflug von Chania aus, ihr Zugang wird Neratzoporta genannt. Auf dem Weg nach oben kommen Sie an dem Dorf Lokki vorbei. Machen Sie ein Foto!

ARTEMIS LAMPATHAKIS
National Geographic-Illustratorin

Das **Historische Museum** befindet sich in einem Stadthaus aus der Zeit um 1900, als das Viertel das reichste von Chania war. Neben den Memorabilien der Lokalgrößen finden Sie dort Informationen über die kretische Widerstandsbewegung im Zweiten Weltkrieg und den Freiheitskampf gegen die Türken. ■

Archäologisches Museum
✉ Chalidon 21
☎ 28 21 09 03 34
🕒 Geschl. Mo
$ €

Marinemuseum
✉ Akti Kountourioti
☎ 28 21 09 18 75
$ €

Historisches Museum
✉ Sfakianaki 20
🕒 Geschl. Sa–So

Rethimnon

Mit seinen 25 000 Einwohnern ist Rethimnon Kretas drittgrößte Stadt, doch sie erweckt den Eindruck einer verkleinerten, mehr auf Touristen zugeschnittenen Version von Chania. Nicht nur die Häfen ähneln einander, auch die Architektur zeigt dieselben venezianischen und türkischen Einflüsse.

Cafés und Fischrestaurants dicht gedrängt am Hafen

Rethimnon

Karte S. 274

Besucher-information

E. Venizelou, Paralia

28 31 02 91 48

Fortezza

Katechaki

28 31 02 81 01

€

Archäologisches Museum

Cheimaras

28 31 05 46 68

€

Vorgänger des modernen Rethimnon war das griechisch-römische Rithymna, ein Ort, der schon in minoischer Zeit besiedelt war. Eine Palastruine gibt es hier nicht, aber viele Überbleibsel aus der griechisch-römischen Zeit, zu der Rethimnon bereits ein wichtiges Handelszentrum war. Im 16. Jahrhundert blühte die Stadt unter der Herrschaft der Venezianer auf und erwarb sich einen Ruf als Stadt der Künstler und Gelehrten.

Herausragendes Wahrzeichen der Stadt ist die **Fortezza**, die venezianische Festung. Sie wurde um 1570 zum Schutz vor Piraten gebaut, aber auch, um die zunehmend an Macht gewinnenden Türken im Auge zu behalten. Die Stärke der Festung erwies sich jedoch als kurzlebig: Die Türken eroberten sie 1645 nach einer Belagerung von 23 Tagen.

Die Fortezza soll die größte venezianische Festung sein, die je erbaut wurde, und sie ist noch heute in gutem Zustand. Im Innern befinden sich die Überreste von Verwaltungsgebäuden, Kasernen, Zisternen, die Kirche der heiligen Katharina und die Sultan-Ibrahim-Moschee. Allein der Blick über die Stadt und die Küste lohnt den Besuch der Festung.

Gegenüber dem Eingang zur Festung liegt das ehemalige Gefängnis, in dem heute das **Archäologische Museum** untergebracht ist. Der Umbau ist geschickt gemacht worden: Die Ausstellungen befinden sich in Räumen, die alle in ein helles, zentrales Atrium münden. In der Stadt wurden zwar kaum minoische Funde gemacht, dafür aber in der Umgebung, und das Museum besitzt eine herausragende Sammlung, zu der auch bemalte Sarkophage (*larnakes*) gehören. Sehenswert sind auch die vielen überwiegend griechisch-römischen Statuen.

Südlich des Archäologischen Museums liegt die Altstadt mit vielen interessanten Gebäuden. Im Zentrum der Altstadt steht der von Cafés und Geschäften umgebene **Arimondi-Brunnen** am Ende einer belebten Hauptstraße. Der Springbrunnen wurde 1629 vom venezianischen Gouverneur Alvise Arimondi erbaut (angeblich aus Neid auf den Morosini-Brunnen in Heraklion), und die Wasserspeier haben die Form von Löwenköpfen. Etwa 50 Meter weiter südlich steht ein noch älteres Gebäude, die **Loggia**, von den Venezianern im 16. Jahrhundert als Markthalle errichtet. In der Halle war einst das Archäologische Museum untergebracht, jetzt wird sie zur Bibliothek umgebaut.

Südöstlich der Loggia liegt der alte **venezianische Hafen**, in dem nur kleine Boote und die einheimischen Fischer anlegen können – größere Schiffe und die Fähre von Piräus müssen draußen vor Anker gehen. Hier kann man beobachten, wie die Fischer ihre Netze flicken und morgens den Fang der vergangenen Nacht verkaufen. Der Leuchtturm aus dem 16. Jahrhundert ist ein weiteres Vermächtnis der Venezianer.

23 Kilometer südöstlich von Rethimnon befindet sich **Moni Arkadi** aus dem 16. Jahrhundert am Ende einer grandiosen Schlucht: Das Kloster ist ein Muss auf jeder Kretareise. Besonders eindrucksvoll ist die zweischiffige Kirche mit einer reich geschmückten Fassade. ■

Moni Arkadi

Karte S. 274

28 31 08 31 16 (Kloster)
28 31 08 31 36 (Eingang/Shop)

€

ERLEBNIS: Englisch unterrichten auf Kreta

Die Insel Kreta ist ein spezieller Teil Griechenlands mit einer langen und stolzen Kultur. Einen besseren Einblick gewinnen Sie, wenn Sie Kontakt mit Einheimischen suchen und sich deren Respekt erwerben, indem Sie etwas für die Gemeinschaft tun. Anstelle nach Griechenland zu gehen, um selbst Griechisch zu lernen, könnten Sie dort z. B. Englischunterricht für die Einheimischen geben.

Athen bietet viele Möglichkeiten, Englisch für Schüler oder Geschäftsleute zu unterrichten, aber es gibt auch interessante Alternativen. Mit Elderhostel *(11 Avenue de Lafayette, Boston, MA 02111, USA, Tel. 80 04 54 57 68, www.elderhostel.org)* können Sie in Amoudara westlich von Heraklion Kinder lehren. Sie arbeiten mit dem Lehrer gemeinsam im Klassenraum und helfen bei den Konversationsübungen. Der zweiwöchige Zeitplan lässt Ihnen genügend Zeit, auch die Highlights der Insel zu entdecken, einschließlich des Palasts von Knossos und der Samaria-Schlucht. Das Programm beginnt Ende März, eingeschlossen ist der Besuch örtlicher Veranstaltungen und Treffen mit lokalen Gemeindevorstehern – so erhalten Sie einen besseren Einblick in das heutige Leben auf Kreta als bei jeder anderen Reise. Die Unterkunft hat Drei-Sterne-Niveau, es ist ein familiengeführtes Hotel nahe am Meer umgeben von Weingärten. Mahlzeiten sind inkludiert und Sie benötigen keine Unterrichtserfahrung. Ab 2200 € pro Person.

Weitere Sehenswürdigkeiten

Kretas zerklüftete Südküste nahe Chora Sfakion

Archanes

Eine weitere minoische Fundstätte liegt südlich von Knossos bei Kato und Archanes, in einer Region, in der neben Oliven auch Wein angebaut wird. Bei den Ruinen des Anemospilia-Tempels wurden 1979 die Überreste von vier Leichen gefunden, vermutlich minoische Menschenopfer. Karte S. 275

Gawdos

Die Insel Gawdos kann sich rühmen, der südlichste Punkt Europas zu sein. Sonst hat sie nicht viel zu bieten, obwohl die Menschen, die dort leben, behaupten, ihre Insel wäre die in Homers „Odyssee" beschriebene Insel der Kalypso.

Es gibt die Hauptstadt ist **Kastri** und den kleinen Badeort **Korfos** mit ein paar Zimmern und einer Taverne. Erkundigen Sie sich vor der Anreise nach einer Unterkunft und der Fährverbindung. Außerhalb der Saison verkehren manchmal nicht einmal die üblichen zwei Fähren pro Woche. Karte S. 274

Limenas Hersonisou

Limenas Hersonisou ist einer der beliebtesten Badeorte auf Kreta. Bars und Diskos säumen die Straßen. Im Hafenviertel steht ein römischer Springbrunnen aus dem 2. oder 3. Jahrhundert, der mit wundervollen Mosaiken geschmückt ist. Hauptattraktion der Region ist jedoch der **Aqua Splash Water Park** (*tägl. 10-19 Uhr geöffnet, €€€*), einer von Kretas bekanntesten Vergnügungsparks. Karte S. 275 **Tourist Police** 28 97 02 10 00

Theriso-Schlucht

Wenn Ihnen die Wanderung durch die Samaria-Schlucht (siehe S. 296f) zu anstrengend ist, können Sie mit dem Wagen durch diese Schlucht südlich von Chania fahren. Die Aussicht ist atemberaubend und vor den steilen Klippen sehen die Autos wie Spielzeuge aus.

Kata Zakro

Der viertgrößte minoische Palast auf Kreta ist der Palast von Kata Zakro am entlegenen Ostende der Insel, in das sich kaum ein Tourist verirrt. Hier war einst ein wichtiger Hafen für den Handel mit dem Nahen Osten. Vom Palast ist nicht mehr viel übrig, doch die umliegenden Gebäude sind recht gut erhalten. Karte S. 275 28 43 06 12 04 Geschl. Mo

Die grünen Ionischen Inseln sind kaum morgenländisch geprägt und Italien und den übrigen westeuropäischen Ländern kulturell und geographisch näher als alle anderen Teile Griechenlands

Korfu & die Ionischen Inseln

Erster Überblick 308–309

Korfu 310–319

Erlebnis: Wandern auf dem Korfu-Trail 314

Mit dem Auto: Die zwei Gesichter Korfus 316–317

Paxos & Andipaxos 320–321

Lefkas 322–323

Erlebnis: Segeln lernen 323

Ithaka 324–325

Special: Homer & die „Odyssee" 326–327

Erlebnis: Homers Grabstätte besuchen 326

Kephallonia 328–329

Erlebnis: Meeresschildkröten schützen 329

Zakynthos 330–331

Weitere Sehenswürdigkeiten 332

Hotels & Restaurants 373–375

Die Mellisani-Höhle auf Kephallonia

Korfu & die Ionischen Inseln

Korfu und die anderen Ionischen Inseln, nur eine kurze Bootsfahrt von Italien entfernt, sind schon seit der Römerzeit beliebte Urlaubsziele – sogar der deutsche Kaiser hatte hier von 1906 bis 1913 seinen Stammsitz. Heute sind die Besucherzahlen natürlich viel höher als damals, vor allem in Orten wie Kavos und Benitses, den Reisezielen junger Partygänger.

Vor Gaios auf Paxos liegt ein bewaldetes Inselchen

Jeder, der die trockenen und heißen Ägäischen Inseln kennt, wird erstaunt sein, wie grün die Ionischen sind. Hier ist die Erde außerordentlich fruchtbar, und es werden Oliven, Wein und Zitrusfrüchte angebaut. Das bedeutet natürlich, dass es hier mehr regnet als auf den Ägäischen Inseln. Sogar im Sommer gehen manchmal kurze Schauer nieder und Herbststürme sind keine Seltenheit. Am schönsten sind die Inseln im Frühjahr.

Unbedingt kosten sollten Sie die Spezialitäten der einheimischen Küche. Besonders beliebt sind *sofrito*, ein pikantes Kalbsgericht, und *bourdetto*, eine Fischspezialität. Der Honig aus Kephallonia ist hervorragend, ebenso die eingemachten Quitten und die Mandelpralinen. Auch die Weine aus Theotaki und Liapaditiko können uneingeschränkt empfohlen werden.

Die Ionischen Inseln sind unglaublich vielfältig. Ihre größte Stadt, Korfu, ist viel kosmopolitischer als die übrigen Inselhauptstädte – sie erinnert an andere europäische Mittelmeerstädte, was auf den Einfluss der Franzosen, Venezianer und Briten zurückzuführen ist, die seit dem 11. Jahrhundert über die Insel herrschten.

Nur rund eine Stunde von Korfus Südspitze entfernt liegt die winzige Insel Paxos mit nur drei kleinen Orten und einigen kleinen Gemeinden im Innern. Paxos ist die kleinste der Ionischen Hauptinseln.

Südlich von Paxos liegt das noch kleinere Andipaxos mit nur ein paar Einwoh-

nern. Eine andere kleine, aber berühmte Insel ist Ithaka, die legendäre Heimat des Odysseus. Die anderen Inseln – Lefkas, Kephallonia und Zakynthos – sind größer und haben Berge und Strände zu bieten.

Da die Inseln hintereinander aufgereiht sind, ist das Umherreisen zwischen ihnen schwieriger, als man erwarten sollte. Von Korfu nach Paxos zu kommen, ist kein Problem, aber um die nächste Insel, Lefkas, zu erreichen, müssen Sie eventuell einen Abstecher auf das Festland machen. ■

NICHT VERSÄUMEN:

Kaffee auf dem Liston in der Stadt Korfu **312–313**

Den Korfu-Trail oder wenigstens Teile davon **314**

Oliven probieren auf Paxos **321**

EIn paar Tage im kleinen Antipaxi verbringen **321**

Ein Besuch des Porto-Katsiki-Strandes auf Lefkas **323**

Homer lesen auf Ithaka **326–327**

Abendessen im pittoresken Hafen Fiskardo auf Kephallonia **328**

Mirtos-Strand auf Kephallonia **329**

Korfu

Korfu, die nördlichste der Ionischen Inseln, liegt am dichtesten an Italien (im Westen) und an Albanien (im Osten) und kam mit vielen anderen Kulturen in Berührung, was der Grund für einige Kuriositäten ist. So ist z.B. Korfu der einzige Ort in Griechenland, in dem Kricket gespielt wird, ein Überbleibsel aus der Zeit der britischen Herrschaft (1814–1908).

Korfu (Kerkyra)
Karte S. 309 & 311

Der griechische Name der Insel ist Kerkyra, was Sie wissen müssen, wenn Sie per Fähre oder Bus anreisen. Der Name Kerkyra stammt von Korkyra, der Tochter des Flussgottes Asopos. Der große Meeresgott Poseidon verliebte sich in sie und brachte sie auf diese Insel, der er ihren Namen gab. Ihr Sohn Phäax begründete das Volk der Phäaken (die Odysseus auf seiner langen Heimreise nach dem Fall von Troja freundlich aufnahmen; siehe S. 326f).

Mit den Balkons und Rundbögen erinnern die schmalen Gassen der Altstadt an Venedig

Der Name Korfu ist die italienische Version des altgriechischen Wortes *koryphai*, „die Hügel", womit aber nicht die Berge im Norden der Insel gemeint sind, sondern die beiden Erhebungen in der Stadt Korfu, auf denen die alte und die neue Festung errichtet wurden.

Im Bereich der modernen Stadt Korfu haben schon vor 40 000 Jahren Menschen gelebt, zu einer Zeit, als die Insel noch mit dem Festland verbunden war. Die Fruchtbarkeit, Größe und Schönheit der Insel trugen zu ihrer Entwicklung bei, und zu Zeiten der Perserkriege (520–448 v. Chr.) entsandte Korfu die zweitgrößte Flotte – nur Athen hatte noch mehr Schiffe. Korfu war schon immer von großer Bedeutung für Griechenland und so erstaunt es nicht, dass die Insel im Lauf der Zeit von den Rö-

mern und anderen Mächten beherrscht wurde.

Die Venezianer, die von 1386 bis 1797 blieben, hatten den größten Einfluss auf Korfu, sowohl kulturell als auch architektonisch. Der türkische Einfluss ist hier kaum spürbar. Die hohen Häuser in der Stadt Korfu ähneln mit ihren schmiedeeisernen Balkongittern und den Fensterläden denen einer italienischen Stadt und erinnern vor allem an Venedig.

Nach dem Ende der venezianischen Herrschaft gehörte die Insel zum Reich Napoleons, ab 1815 war sie britisch, bis sie 1864 zu Griechenland kam.

Zwischen dem bergigen Norden der Insel und ihrem tiefer liegenden Süden befindet sich eine grüne Ebene, wo der einzige Golfplatz angelegt wurde. Der Nordosten ist am stärksten touristisch erschlossen, vor allem nördlich der Stadt Korfu, schöne Strände finden sich rund um die über 600 Quadratkilometer der Insel. Korfu ist so groß, dass Sie in unberührte Bergdörfer ausweichen können, wenn Ihnen der Trubel in den Touristenzentren zu anstrengend wird (siehe S. 316).

Palaio Frourio
✉ Esplanade, Korfu-Stadt
$ €

Die Stadt Korfu

Nirgendwo wird der europäische Hintergrund der Ionischen Inseln so deutlich wie in der **Stadt Korfu**. Natürlich gibt es in den Seitenstraßen griechische Tavernen und Ostern wird hier noch ausgelassener gefeiert als anderswo in Griechenland, aber die Architektur zeigt britische, französische und italienische Einflüsse.

Dieser kosmopolitische Mix wird an der **Esplanade** in der Stadtmitte besonders deutlich. Die parkähnliche Anlage grenzt an ein sehr englisch anmutendes Kricketfeld, das früher ein venezianischer Schießstand war. An seinem Ende ragt eine Landzunge ins Ionische Meer, auf der die **alte Festung (Palaio Frourio)** steht. Sie wurde 1559 fertig gestellt und man nimmt an, dass sich an dieser Stelle schon seit dem 7. Jahrhundert n. Chr. Festungsanlagen befanden.

Am Nordende des Kricketfelds entstand von 1819 bis 1824 der **Palast der Heiligen Michael und Georg** als Residenz des britischen Hochkommissars. Das Gebäude wurde in den 1950er Jahren restauriert und beherbergt jetzt Verwaltungsräume, eine Bibliothek, das Touristenbüro und in einem Flügel das **Museum für Asiatische Kunst** *(Tel. 26 61 03 04 43, geschl. Mo, €)*. Die in Griechenland einzigartige Sammlung von 10 000 Exponaten wurde von dem griechischen Diplomaten Grigorios Manos (1850–1929) zusammengetragen, der ausgedehnte Reisen in den Fernen Osten unternahm.

Am Westende des Kricketfelds liegt das **Liston**, eine Rei-

Die Kapelle von Viahema an der Küste

he von Cafés und Geschäften, die aussehen, als kämen sie direkt aus Frankreich. Es wurde 1807 auf Befehl von Napoleon gebaut, der darauf bestand, dass die Kolonnaden aussehen sollten wie die der Rue de Tivoli in Paris. Die Cafés am Liston sind die angesagtesten Treffpunkte der Stadt, obwohl dort der Kaffee mehr kostet als sonst auf Korfu.

INSIDERTIPP:
Perfekte Strandlektüre zum Verständnis der Insel? „Meine Familie und anderes Getier", die Geschichte von Gerald Durrells Kindheit auf der Insel Korfu.

CHRISTOPHER BAKER
National Geographic-Autor

An die Südseite des Spielfelds grenzt ein Park mit einem großartigen Springbrunnen und dem **Enosis-Monument** (dem Wiedervereinigungsdenkmal). Es erinnert an das Jahr des britischen Abzugs (1864).

In Korfu unterwegs

In Korfu und Umgebung gibt es etliche Fundstellen und Museen, die Sie sich ansehen sollten.

Das interessante **Papiergeld-Museum** *(Ionische Bank, Plateia Iroon Kypriakou, Tel. 26 61 04 15 52, geschl. So)* dokumentiert auf faszinierende Weise die Herstellung von Banknoten und zeigt, welche Wandlungen die Währung auf Korfu im Verlauf seiner wechselhaften Geschichte durchgemacht hat. Zu den Ausstellungsstücken gehören auch deutsche und italienische Banknoten.

Das **Byzantinische Museum** in der Kirche Panagia Antivouniotissa *(Tel. 26 61 03 83 13, geschl. Mo, €)* besitzt eine kleine, stilvoll ausgestellte Ikonensammlung, deren älteste Stücke aus dem 15. Jahrhundert stammen. Beachtenswert sind vor allem die Arbeiten der so genannten Kretischen Schule; sie stammen aus der Zeit, in der kretische Künstler auf dem Weg zu ihren Lehrmeistern in Venedig auf Korfu Station machten.

Sehenswert ist auch die **Kirche**, die dem Schutzheiligen der Insel, Agios Spyridon, gewidmet ist. Sein mumifizierter Leichnam ruht in einem silbernen Sarg, der viermal im Jahr zur Feier des Sieges über Feinde oder Seuchen durch die Straßen getragen wird. Sie sollten sich für Ihren Besuch in der Stadt den Palmsonntag, den Ostersamstag, den 11. August und den ersten Sonntag im November vormerken.

Der Norden

Die Nordhälfte der Insel ist äußerst vielfältig, wenn Sie auch auf den ersten paar Kilometern außerhalb der Stadt Korfu noch nichts von den historischen und geographischen Höhepunkten sehen.

Die ersten Badeorte, an denen Sie auf ihrer Fahrt nach Norden vorbeikommen –

Kalami
Karte S. 311

Pantokratormassiv
Karte S. 311

Gouvia, Dasia, Ipsos und **Pirgi** – haben schöne Strände und bieten gute Wassersportmöglichkeiten. Sie sind besonders bei Familien beliebt, haben aber ihren ursprünglichen Charakter verloren. Um das wahre griechische Leben zu sehen, müssen Sie weiterfahren bis an die Ausläufer des **Pantokrator**, der höchsten Erhebung Korfus. Dort treffen Sie zuerst auf das Dorf **Nissaki** und kommen etwas später auch nach Kalami.

Vor allem **Kalami** ist es trotz der vielen Urlauber gelungen, so zu bleiben, wie es war. Eine der Sehenswürdigkeiten ist das Weiße Haus direkt hinter dem Strand, wo der britische Schriftsteller Lawrence Durrell (1912–90) sein Buch über Korfu, „Prosperos Zelle", schrieb. Hier besuchte ihn auch sein Freund, der amerikanische Schriftsteller Henry Miller (1891–1980). In seinem Buch „Der Koloss von Maroussi" beschreibt er seinen Besuch auf Korfu.

Orte wie Nissaki und Kalami geben ein besonders malerisches Bild ab, weil hinter ihnen das **Pantokratormassiv** aufragt, dessen höchste Erhebung (906 Meter) nur drei Kilometer von der Küste entfernt ist. Pantokrator bedeutet „der Allmächtige", ein Name, der ausgezeichnet zu den steil aufragenden Felsen passt. Der Pantokrator ist nahezu von jedem Ort zu sehen und bestimmt das Landschaftsbild. Sie können mit dem Auto hinauffahren, wenn Sie die schlechte Straße in Gipfelnähe nicht stört, aber empfehlenswerter ist es, den Berg von Perithia aus zu Fuß zu besteigen. Es gibt zahlreiche Pfade und die Wildblumen im Frühjahr sind eine Pracht. Auf dem Gipfel stehen ein kleines Kloster und ein Strommast und man hat

ERLEBNIS: Wandern auf dem Korfu-Trail

Man kann überall auf Kreta gut wandern, aber der Korfu-Trail ist der einzige Fernwanderweg. Er wurde 2001 eröffnet und führt über 220 km von der Nord- zur Südspitze. Experten behaupten, die Wanderung von Süd nach Nord sei die schönste.

Die Idee zum Korfu-Trail stammt von Hilary Whitton Paipeti, einer Engländerin, die auf Korfu lebt. Sie wollte Touristen und damit Einkünfte in die abgelegenen Bergdörfer bringen, die vom Niedergang bedroht sind, da viele Bewohner in die lukrativeren Küstengegenden ziehen. Paipeti ermutigte die Menschen, ihre Häuser für Übernachtungsgäste zu öffnen, um nicht nur die örtliche Wirtschaft anzukurbeln, sondern den Besuchern auch die wundervolle Erfahrung griechischer Gastfreundschaft zu bescheren.

Die beste Zeit zum Wandern ist von Mai bis Juni, wenn auf Korfu alles grünt, und im September und Oktober, wenn die größte Sommerhitze vorbei ist. Paipeti hat einen Reiseführer über den Trail verfasst. Sie können auch bei einem Reiseveranstalter in Korfu-Stadt Arrangements mit Unterkunft und Gepäcktransport buchen, so dass Sie nur mit Tagesgepäck wandern. Für weitere Informationen kontaktieren Sie Aperghi Travel ***(Tel. 26 61 04 87 13, www.travelling.gr/aperghi, E-Mail: aperghi@travelling.gr).***

einen schier endlosen Blick über die Insel, das Meer und die Küste von Albanien.

Im Innern von Korfus Norden liegen viele Bergdörfer, die einen Besuch wert sind, und der auf Seite 316f vorgeschlagene Ausflug führt Sie zu einigen der schönsten. Wenn man von den Rundfahrtbussen absieht, die gelegentlich vorbeikommen, leben die Dörfler in einer Welt, die kaum von den Touristenschwärmen an den nahe gelegenen Stränden beeinflusst wird.

Auch die Nordküste ist recht vielfältig, und im beliebten Badeort **Kassiopi** im Osten sind die Bewohner trotz des Trubels freundlich. Der Bilderbuchhafen ist beiderseits von einer bewaldeten Landzunge eingerahmt und wird von Fischern und Wassersportlern genutzt.

Ein kleiner Bootsanleger in einer felsigen Bucht bei Palaiokastritsa

Die Westküste

Der größte Badeort im Westen ist **Sidari**. Hier haben schon im Neolithikum um 7000 v. Chr. Menschen gelebt und eine der ältesten Siedlungen von Korfu gegründet. Heute sind die Hauptattraktionen – neben den Stränden – die ungewöhnlichen Felsformationen. Der Sandstein wurde von Wind und Regen zu surrealen Formen geformt. Am bekanntesten ist die Lücke zwischen zwei Felsen, die als *Canal d'Amour* bezeichnet wird. Man sagt, dass Paare, die zwischen diesen Felsen hindurchschwimmen, für immer in Harmonie zusammenbleiben werden. Der zweite große Badeort an der Westküste ist **Palaiokastritsa**. Einer der britischen Hochkommissare, Sir Frederick Adam (Amtszeit 1824–31) war von dem Ort so begeistert, dass er eine Straße von Korfu aus bauen ließ, um leichter hinzukommen.

Das ist durchaus verständlich. Grüne, bewaldete Landzungen ragen in die dunkelblaue See und eine Straße schlängelt sich hinab zu den malerischen Buchten und Stränden, von denen aus Boote zu den versteckten Grotten fahren. Mit dem **Kloster Theotokou** aus dem 17. und der Ruine einer byzantinischen Festung aus dem 13. Jahrhundert in nächster Nähe fällt es schwer, sich einen perfekteren Urlaubsort vorzustellen.

Kassiopi
Karte S. 311

Sidari
Karte S. 311

Palaiokastritsa
Karte S. 311

Mit dem Auto: Die zwei Gesichter Korfus

Besucher, die Strände und Bars nicht verlassen, werden nie erfahren, wie das Leben des griechischen Normalbürgers aussieht. Auf einer Fahrt durch den Norden von Korfu lernen Sie beides kennen: überfüllte Badeorte, aber auch stille Bergdörfer und dazu noch die schönste Landschaft der ganzen Insel.

Erodierte Sandsteinfelsen bei Sidari

Verlassen Sie die Stadt **Korfu** ❶ (siehe S. 312f) auf der Küstenstraße Nr. 24 in Richtung Norden und folgen Sie der Ausschilderung zu den Badeorten Kontokali und Gouvia.

In Gouvia gabelt sich die Straße. Fahren Sie nach links Richtung Palaiokastritsa, vorbei an den Ausläufern des Pantokrator und durch ein hübsches bewaldetes Tal. Etwa zwei Kilometer hinter **Sgombou** teilt sich die Straße erneut. Nehmen Sie die rechte Abzweigung Richtung Sidari.

Zunächst führt die Straße auf den **Troumbetas-Pass** ❷, mit einer wunderschönen Aussicht. Links unter Ihnen erstreckt sich die fruchtbare Ropa-Ebene. Auf dem Pass fahren Sie rechts in Richtung Roda und Sidari. Jetzt schlängelt sich die Straße abwärts durch die Dörfer auf der Westseite des Bergs, wo die Menschen noch genauso leben wie in den letzten Jahrhunderten: Chorepiskopi, Valanio, Kiprianades, Xanthates, Platonas und Sfakera.

NICHT VERSÄUMEN:

Troumbetas-Pass • Sidari • Avliotai • Kavadades

Hinter Sfakera fahren Sie weiter aufs Meer zu. Wenn Sie die Küstenstraße erreicht haben, biegen Sie in Richtung Karousades und **Sidari** nach links ab. Sidari ❸ (siehe S. 315) ist der belebteste Badeort dieser Region. Hier können Sie Mittagspause machen und sich die ungewöhnlichen Felsformationen ansehen. Folgen Sie weiter der Küstenstraße und halten Sie am Aussichtspunkt in **Avliotai** ❹ im äußersten Nordwesten von Korfu.

Vor der Küste liegen drei Inseln (Erikoussa, Othoni und Mathraki), auf denen nur eine Hand voll Menschen lebt.

Fahren Sie weiter durch Arilas und biegen Sie nach etwa zwei Kilometern nach links in Richtung Sidari ab. Sie befinden sich jetzt auf einem Rundkurs, der zum Troumbetas-Pass zurückführt. Steigen Sie in **Kavadades** 5 aus und folgen Sie der Ausschilderung zum Aussichtspunkt, von dem aus man einen schönen Blick über die bewaldeten Berge hat.

In Kavadades fahren Sie rechts nach Armenades. Von dort aus geht es wieder nach rechts Richtung Dafni, dann nach Agros und zurück zum Troumbetas-Pass, von dem aus Sie der Ausschilderung nach Korfu folgen.

Schloss Achilleion
Karte S. 311
26 61 05 62 45
€

Benitses
Karte S. 311

Petrakis *Dolphin*-Fähre
Korfu-Hafen
€€€

Hotel Kaonia
Rr. 1. Maji, Saranda, Albanien
35 58 52 26 08

Der Süden

Wenn Sie sich für Architektur interessieren, sollten Sie das **Schloss Achilleion** südlich der Hauptstadt ansteuern. „Ein monströses Gebäude", schrieb der britische Autor Lawrence Durrell. Tatsächlich ist das Durcheinander aus verschiedenen Stilrichtungen nicht jedermanns Geschmack, aber einzigartig.

Das Achilleion wurde 1890–91 für Kaiserin Elisabeth von Österreich (1837–98), die Frau von Kaiser Franz Josef (1830–1916) gebaut. Die Kaiserin nutzte ihr neues abgeschiedenes Domizil, um dem Wiener Hof zu entfliehen.

Der Entwurf für den Palast stammt von einem italienischen Architekten und spiegelt Elisabeths besondere Verehrung für Achilles, den Helden des Trojanischen Kriegs, wider. Das Anwesen trägt seinen Namen,

Anmutige Marmorstatuen schmücken die Gärten des Achilleion

INSIDERTIPP:

Nehmen Sie die *Dolphin*-Fähre um 9 Uhr von Korfu nach Saranda in Albanien und verbringen Sie die Nacht im Hotel Kaonia. Besuchen Sie die wunderbaren Strände der Ksamil-Inseln oder die Ruinen von Butrint.

BRIDGET ENGLISH
National Geographic-Autorin

und in Haus und Garten sind Bilder und Statuen von ihm zu finden, etwa die Statue des „Sterbenden Achilles".

Die Gärten sind eine Augenweide und von den Terrassen hat man einen wundervollen Blick auf die Küste. Im Haus stehen noch einige Original-Möbelstücke, obwohl der Palast nach der Ermordung Elisabeths neun Jahre leer stand, bis ihn schließlich Kaiser Wilhelm II. (1859–1941) kaufte und hier von 1906 bis 1913 seinen Sommersitz nahm. Heute ist das Achilleion eine beliebte Touristenattraktion mit einem Spielkasino, das aber nur im Sommer geöffnet ist.

Nichts könnte sich stärker von der stillen Eleganz des Achilleions unterscheiden als der nur wenige Kilometer entfernte Küstenort **Benitses**, der ideale Ort für alle Urlauber in Partystimmung. Es gibt zwar ein paar römische Ruinen, darunter ein Badehaus, doch es lohnt nicht, deswegen die Rei-

Korissia-Lagune
Karte S. 311

Burg Gardiki
Karte S. 311

se zu unterbrechen. Hinter Benitses liegen die Orte weit verstreut, und Sie können die Fahrt auf der Küstenstraße genießen. Belebter wird die Straße erst wieder, wenn Sie die Zwillingsorte Moraitika und Messogi erreichen, die inzwischen nahezu miteinander verschmolzen sind.

Etwas südlich davon liegt die interessanteste Region im Süden der Insel, die **Korissia-Lagune (Limni Korissia)**. Sie erstreckt sich über fünf Kilometer und ist durch Sanddünen und Strände vom Ionischen Meer abgeschnitten. Diese Strände und Dünen sind keineswegs unentdeckt, aber so groß, dass Sie sicher ein ruhiges Plätzchen finden, wenn Sie bereit sind, ein Stück weit zu gehen. Die relative Ruhe und das Süßwasser (eine Seltenheit auf Korfu) locken auch viele Tiere an, darunter Reiher und Watvögel wie Stelzenläufer, Schnepfen und Säbelschnäbler. Im Frühjahr blüht außerdem eine seltene Orchideenart. Schlangen und Eidechsen leben in den Dünen und die Gräben, Bäche und Teiche rund um die Lagune sind Lebensraum für Frösche und Schildkröten.

Nördlich der Lagune steht die **Burg Gardiki**, im 13. Jahrhundert von Michael Angelos Komnenos II. erbaut, dem byzantinischen Despoten von Epiros. Er veranlasste auch den Bau des Angelokastro, der heutigen Festungsruine in der Nähe von Palaiokastritsa an der Nordwestküste. Die Mauern und ein paar der Türme von Gardiki stehen noch heute. In der Gegend wurden auch die ältesten Hinweise auf eine menschliche Besiedelung Korfus gefunden: datiert auf 40 000 v. Chr. ■

Der Ouzo-Effekt

Die meisten Griechen geben zu, dass der beste Ouzo von der Insel Lesbos stammt. Aber das hält die anderen Regionen nicht davon ab, mit ihm zu konkurrieren. Neben dem kristallklaren Meerwasser und Olivenöl ist Ouzo die berühmteste Flüssigkeit Griechenlands. Also warum nicht davon genießen? Ouzo ist ein Aperitif, ähnlich wie Sambuca, Pastis oder Absinth. In früheren Zeiten wurde er durch die Vergärung von Taubenmost gewonnen, der dann mit Anis- und Fenchelsamen destilliert wurde, heute wird eher reiner Alkohol aus Trauben mit ätherischen Ölen versetzt. Er wird kühl serviert oder mit Wasser gemischt, aber nie mit Eis, da dieses die Chemie und den Geschmack verändert. Für ein einfaches wissenschaftliches Experiment gießen Sie Wasser zu einem Glas Ouzo. Die beiden klaren Flüssigkeiten vermengen sich zu einer milchigen Wolke. Wissenschaftler der Johns-Hopkins-Universität nannten das den „Ouzo-Effekt". Der Drink wird oft bei gesellschaftlichen Zusammenkünften gereicht, auch in Verbindung mit Meze, bunten Vorspeisenplatten, mit denen man eine Grundlage für den Alkohol legt. Wenn das Verhältnis Ouzo–Meze richtig bemessen ist, wird niemand betrunken, nur fröhlich. Und wenn Sie weit genug von den Touristenorten entfernt sind, sind diese Mezedes oft gratis.

Paxos & Andipaxos

Paxos (Paxi) ist mit Korfu, seiner Nachbarin im Norden, nicht zu vergleichen. Die nur acht Kilometer lange und drei Kilometer breite Insel liegt elf Kilometer südlich von Korfu und lässt sich bequem an einem Tag durchwandern – folgen Sie einfach den Pfaden, die sich durch die Olivenhaine schlängeln. Das südlich von Paxos gelegene Andipaxos (neugriechisch Andipaxi) ist noch kleiner.

Die Venezianer waren die Ersten, die auf Paxos Oliven anbauten

Paxos
Karte S. 309

Paxos

Nach Paxos kommen Urlauber, denen Korfu zu hektisch ist. Das Symbol von Paxos ist der Dreizack – ein Hinweis darauf, wie die Insel entstanden sein soll. Der Meeresgott Poseidon, der einen Ort brauchte, um seine Geliebte Amphitrite zu verstecken, schuf Paxos, indem er mit seinem Dreizack aufs Meer schlug.

Wenn man von den Göttern absieht, soll Paxos unbewohnt gewesen sein, bis im 6. Jahrhundert n. Chr. die ersten Siedler vom Festland kamen.

Paxos mag zwar einfach sein, aber billig ist es nicht. Die meisten Produkte müssen aus Korfu eingeführt werden, und wohlhabende Yachtbesitzer haben eine Nachfrage nach hochwertigen Lebensmitteln ausgelöst. Das hat den Vorteil, dass Sie in den Restaurants aller drei Hafenorte sehr angenehm und vorzüglich speisen können.

Der größte Ort ist **Gaios**, ein hübsches Dorf mit einem

kleinen Hafen und einem venezianischen Dorfplatz. Zwei Inselchen in der Bucht tragen noch zu seinem Charme bei. Auf dem mit Fichten bedeckten Agios Nikolaos stehen die Überreste einer venezianischen Festung und in Panagia gibt es eine Kirche gleichen Namens. Im Hafen liegen Boote, die Sie zu den Inseln bringen. Gaios hat nur ein Hotel, aber viele Ferienwohnungen und -häuser. Außerhalb der Hauptsaison finden Sie leicht eine Unterkunft.

Oliven & Olivenöl

Die Griechen verbrauchen mehr Olivenöl als jede andere Nation: jährlich 25–26 Liter pro Person. Dafür braucht man zwar eine Menge Oliven, doch Griechenland ist mit 300 000–350 000 Tonnen im Jahr nach Spanien und Italien drittgrößter Olivenproduzent der Welt.

Auf Korfu lässt sich der Olivenanbau mindestens 5000 Jahre zurückverfolgen. Hier bedecken fast vier Millionen Bäume rund 30 Prozent der Insel. Die Früchte werden auf ungewöhnliche Weise geerntet: Die Insulaner schlagen nicht auf die Zweige, wie es anderswo gemacht wird, sondern warten einfach, bis die reifen Früchte von selbst herunterfallen. Neben Kalamata auf der Peloponnes gilt Paxos als Produzent des besten Olivenöls in Griechenland.

Nördlich von Gaios führt die einzige Hauptstraße der Insel landeinwärts zu den stillen Dörfern – die Sie zu Fuß erkunden sollten – und dann zum nächsten Küstenort Longos. Dieser Ort ist wirklich schön und der Hafen sieht aus, als käme er direkt von einer Ansichtskarte. Hinzu kommen ein kleiner Strand, gute Wandermöglichkeiten (entsprechende Broschüren bekommen Sie in den örtlichen Geschäften) und einige der besten Restaurants der Insel. Besonders zu empfehlen sind die Wanderungen entlang der Küste, die Sie in stille Buchten führen, oder Sie steigen die steilen Stufen vom Hafen hinauf zum kleinen Dörfchen Dendiatika.

Am Nordende der Insel liegt der malerische Ort Lakka, dessen großer Hafen von bewaldeten Hügeln umgeben ist. Außerdem bietet **Lakka** mehrere Geschäfte, gute Restaurants, zwei Strände im Ort und weitere außerhalb.

Andipaxos

Auf dieser Insel, auf der es keine Geschäfte und nur am Strand ein paar Tavernen gibt, leben nur wenige Menschen. Im Hochsommer wird Andipaxos jedoch von Tagesauflüglern von Korfu und Paxos geradezu überrollt, was auf keinen Fall an der Qualität der Strände liegen kann. Wenn Sie dem Gedränge entgehen wollen, machen Sie einen Spaziergang in den Olivenhainen. ■

Andipaxos

Karte S. 309

Lefkas

Lefkas ist eigentlich keine richtige Insel – es war mit dem Festland verbunden, bis die Korinther im 6. Jahrhundert v. Chr. einen 20 Meter breiten Kanal bauten, damit Schiffe die griechische Westküste leichter umfahren konnten. Der Kanal existiert noch immer und die Brücke, die ihn überspannt, wird stündlich angehoben, damit die Schiffe passieren können

Lefkas
Karte S. 309

Die Stadt ist hübsch gelegen, nahe einer Lagune und direkt vor einer flachen Bergkette. 1953 wurde die Stadt fast vollständig von einem Erdbeben zerstört und der hastige Wiederaufbau hat kein besonders ästhetisches Stadtbild hervorgebracht. Der Hafenbereich ist jedoch recht ansehnlich.

Die belebte Hauptstraße **Odos Dörpfeld** trägt den Namen des deutschen Archäologen Wilhelm Dörpfeld (1853–1940). Seine Ausgrabungen haben Aufschlüsse über die Vergangenheit von Lefkas gebracht, und die Insulaner betrachten ihn noch heute mit großem Respekt. Die Insel war schon um 8000 v. Chr. bewohnt, und es wurden auch mykenische Überreste gefunden. Dörpfeld arbeitete mit Schliemann (siehe S. 112f) in Mykene und wie Schliemann unbedingt beweisen wollte, dass Agamemnon dort lebte und begraben wurde, war Dörpfeld überzeugt, dass nicht Ithaka die Heimat des Odysseus war, sondern Lefkas. Einen Beweis für seine Theorie fand er allerdings nicht. Er starb auf seiner Insel.

Einige von Dörpfelds Funden sind in dem kleinen **Archäologischen Museum** in Lefkas zu sehen. Interessanter ist das ebenso kleine **Volkskundemuseum** mit Modellen von Dörpfelds Grabungsstätten und Fotos, die zeigen, wie

Ein Schrein im idyllischen Agios Nikitas

die Stadt vor dem Erdbeben ausgesehen hat.

Dörpfeld ist neben einer Kirche auf einer Landzunge begraben worden, an einer Bucht, auf deren anderer Seite der Badeort **Nidri** liegt. Hier legen die Fähren nach Meganisi, Ithaka und Kephallonia ab. Wenn Sie volle Strände und lärmendes Nachtleben nicht mögen, sollten Sie sich in Nidri nicht lange aufhalten. Machen Sie lieber einen Tagesausflug nach **Meganisi**, eine kleine, ruhige Insel, auf der es ein Hotel und diverse Fremdenzimmer gibt.

Das im Süden gelegene **Vasiliki** ist zwar kleiner als Nidri, aber genauso überlaufen. Hierher kommen vor allem junge Leute zum Windsurfen.

Die besten Strände liegen an der Westküste. **Porto Katsiki** ist der schönste, mit weichem Sand und unglaublich blauem Wasser. Leider ist dies auch der vollste Strand, vor allem im Hochsommer. Nördlich von Katsiki, wieder in Richtung Lefkas, liegt einer der schönsten und unverdorbensten Orte der Insel, das kleine Agios Nikitas. Hier ist der Strand zwar nicht besonders, aber die alten Häuser sind sehr hübsch und vor allem ist der Ort immer noch ein griechisches Dorf und dann erst ein Ferienort. ■

Archäologisches Museum

✉ Kulturzentrum, Sikelianou & Svoronou Sts., Lefkas-Stadt
☎ 26 45 02 16 35
🕒 Geschl. Mo

Volkskundemuseum

✉ Stefanitsi 2, Lefkas-Stadt
☎ 26 45 02 54 97
🕒 Geschl. So–Mo
$ €

ERLEBNIS: Segeln lernen

Angesichts der Wassermassen, die Griechenland umgeben, ist es nicht erstaunlich, dass Segeln dort ein Volkssport ist – der perfekte Platz, um es zu lernen.

Auf einer typischen „Anfänger"-Reise können Neulinge ein Crewzertifikat erwerben, bei dem Sie die verschiedenen Aufgaben der einzelnen Crewmitglieder an Bord lernen und das für jeden von Nutzen ist, der Arbeit auf einem Schiff sucht. Erfahrenere Segler ab 16 Jahren können das Skipperzertifikat anstreben, das Ihnen bescheinigt, dass Sie eine Yacht bei Tageslicht sicher und seemannsgerecht in tidenlosem Wasser führen können. Gäste können entweder an Bord wohnen, um echtes Seemannsleben zu erleben, oder sie wohnen an Land und erlernen die für Segler unerlässlichen Schiffsknoten und die korrekte Handhabung der Schiffstaue.

An Bord erlebt man flugs die Attraktivität des Segelns, man wacht jeden Morgen in einem neuen Hafen auf und geht jeden Abend zum Abendessen von Bord. Man kann sich leicht vorstellen, wie die alten Seeleute gelebt haben, wie sie lernten, die Boote zu steuern und sicher in die Häfen zu lenken.

Der Seemannsanwärter kann auch ein Zweitagesprogramm wählen, während die Mitreisenden an Land ganz normale Inselferien verbringen. Die Yachten legen meist gegen 9:30 Uhr ab, Mittagessen gibt es entweder an Bord oder in einem anderen Hafen, bevor das Boot rechtzeitig zurückkehrt, damit alle zusammen an Land Abendessen können. Beide Unterkunftsvarianten bieten viele Gelegenheiten zum Schwimmen und Tauchen.

Ein griechischer Veranstalter von Segelferien ist Odyssey Sailing Greece *(Antonopoulou 158 D, Volos, 382 21 Magnisia, Tel. 24 21 03 66 76, info@odysseysailing.gr, www.odysseysailing.gr).*

Ithaka

Lassen Sie sich von der Odyssee leiten und Sie werden feststellen, dass Homer Ithaka (Ithaki) korrekt beschrieben hat: schmal und felsig, mit einer stark zerklüfteten Küste. An das symbolische Ithaka – die Vorstellung von einer Heimat, in die es uns alle zurückzieht – erinnert ein Schild im Hafen, das Besuchern versichert: »Jeder Reisende ist ein Bürger von Ithaka.« Tatsächlich ist Ithaka etwas Besonderes.

Die blauen Kuppeln der Kirche zaubern einen Farbtupfer auf Ithakas sonnenheiße Hügel

Ithaka
Karte S. 309

Auf den ersten Blick wirkt die Insel mit ihren felsigen Hügeln, die zu bestimmten Jahrezeiten auch noch in dichten Nebel gehüllt sind, ungemütlich und kahl. Die Fähren legen an verschiedenen Orten an. Die auf der Route Lefkas-Kephallonia steuern Frikes an und die von Kephallonia oder dem Festlandshafen Astakos gehen entweder in der Bucht von Piso Aëtos vor Anker oder in der tiefen Bucht vor der Hauptstadt Ithaka.

Die Fähren, die in der Hauptstadt ankommen, fahren durch den malerischen, fjordähnlichen Hafen, vorbei an den Überresten von zwei 1805 von den Franzosen erbauten Festungen, die einst über die Einfahrt wachten. Beiderseits des Hafens liegen Berge, und auf ihrem Weg zum Anleger pas-

INSIDERTIPP:

Machen Sie einen Tag Pause von archäologischen Stätten und mieten Sie eine Vespa auf einer ruhigen Insel wie Ithaka. Fahren Sie umher und genießen Sie die Landschaft und die griechische Sonne.

WILLIAM BARR
NATIONAL GEOGRAPHIC-Mitarbeiter

siert die Fähre die bewaldete kleine Insel **Lazaretto**. 1668 machten die Venezianer sie zu einer Quarantänestation und von 1864 an war sie eine Gefängnisinsel. Heute steht hier nur noch eine kleine Kapelle. Am Ende der Bucht erwartet Sie die kleine Hauptstadt.

Die Geschichte Ithakas ist zwar legendär, doch bisher wurden kaum Beweise dafür gefunden, dass hier tatsächlich einst der Palast des Odysseus stand. Die Einheimischen schwören allerdings, dass dies der Fall sei, und sie könnten Recht haben. Auf jeden Fall lebt die Insel recht gut von ihrem homerischen Erbe und etliche Sehenswürdigkeiten wurden in einen Bezug zur Odyssee gesetzt. Drei Kilometer außerhalb der Stadt Ithaka liegt die **Nymphengrotte**, wo Odysseus angeblich einen Schatz versteckte, und elf Kilometer weiter liegt die **Quelle der Arethusa**.

In der Stadt Ithaka (die auch Vathi genannt wird) gibt es ein **Archäologisches Museum** mit mykenischen Fundstücken. Im Nachbargebäude befindet sich die **Bibliothek** mit einer Sammlung von Homer-Ausgaben, darunter auch eine seltene japanische aus dem Jahr 1600. Das hübsche kleine **Volkskundemuseum** zeigt Exponate aus dem Leben der Inselbewohner. Sehenswert ist auch die **Kirche von Taxiarchos**, in der eine Kreuzigungsikone hängt, die der junge El Greco gemalt haben soll.

Der einzige halbwegs große Ort am Südende der Insel ist das Dorf **Perahori**, das fast 300 Meter über dem Meeresspiegel auf einer fruchtbaren Ebene liegt, auf der sich das größte Weinanbaugebiet der Insel befindet. Von hier führt ein Wanderweg um den 552 Meter hohen Nerovouno herum zum idyllischen **Kloster der Taxiarchen**.

Stavros im Norden ist ein belebter Marktflecken in den Hügeln. In der Stadt gibt es nicht nur eine Statue von Odysseus, sondern auch ein kleines **Archäologisches Museum**, in dem Fundstücke aus der Umgebung gezeigt werden, u.a. ein Teil einer Terrakotta-Maske, auf der das Wort Odysseus zu sehen ist. Sie wurde am nahe gelegenen Pelikatas-Hügel gefunden, wo Überreste eines Gebäudes stehen, das noch am ehesten als ehemaliges Domizil von Odysseus in Frage kommt. Ein wenig Hügel abwärts liegt der kleine Ferienort und Fährhafen Frikes. ■

Archäologisches Museum
Kallinikou, Ithaka-Stadt
26 74 03 22 00
Geschl. Mo

Volkskundemuseum
Ithaka-Stadt
Geschl. So–Mo
€

Stavros
Karte S. 309

Archäologisches Museum
Stavros
Geschl. Mo

Homer & die „Odyssee“

Viel ist nicht bekannt über den griechischen Dichter Homer, abgesehen davon, dass er möglicherweise blind war. Er soll auf Ithaka geboren worden sein, doch sicher ist das nicht, denn auch andere Orte wie etwa Chios beanspruchen dieses Vorrecht für sich. Es ist nicht einmal bekannt, wann er lebte – man weiß nur, dass es um das 7. Jahrhundert v. Chr. gewesen sein muss.

War Homer überhaupt der Autor der beiden Werke, die ihm zugeschrieben werden, „Ilias“ und „Odyssee“? Wie bei den Dramen Shakespeares fragt man sich auch hier, wie sich ein einzelner Geist solch eine Fülle von Geschichten ausdenken konnte.

Die Epen sind eine Mischung aus Geschichte und Mythos, vorgetragen von einem überragenden Geschichtenerzähler. Zu Homers Zeiten waren die Dichter noch Erzähler; denn ihre Werke wurden nur mündlich weitergegeben und nicht aufgeschrieben. Ihr Verfasser musste zugleich Schauspieler sein und zudem ein fabelhaftes Gedächtnis haben.

Die „Ilias“ spielt gegen Ende des Trojanischen Kriegs, der (falls es ihn überhaupt gab) wahrscheinlich drei Jahrhunderte vor Homers Geburt stattfand. Es gibt keinen definitiven Beweis für die Existenz von Troja, doch es könnte im türkischen Truva gelegen haben, wo der Archäologe Heinrich Schliemann 1870 mit seinen Ausgrabungen begann.

Auch die „Odyssee“ ist eine faszinierende Mischung aus Sage, Geschichte und Heldentum und es bleibt den Gelehrten überlassen, zu entscheiden, was der Wahrheit entspricht und was Fiktion ist. Die Geschichte handelt von Odysseus, dem König von Ithaka, der sich nach dem Trojanischen Krieg auf die Heimreise macht und dabei so viele Abenteuer erlebt, dass ein moderner Actionfilm vergleichsweise langweilig wirkt.

Seine Reise vom Westen der Türkei zu den Ionischen Inseln dauert zehn Jahre,

ERLEBNIS: Homers Grabstätte besuchen

Ios ist seit Kurzem ein Hot-Spot für junge Partygänger. Erstaunlicherweise gilt diese Insel auch als letzte Ruhestätte von Homer, einer der Größen der westlichen Zivilisation. Um zu Homers Grab zu gelangen, mieten Sie am Hafen oder in Hora ein Motorrad oder ein Quad. Ein Auto empfiehlt sich nicht, da viele Wege auf der Insel dafür nicht geeignet sind. Jacobs Rent a Car & Motorbike *(Hafen in Ios, Insel Ios, Tel. 22 86 09 10 47, E-Mail: jacobios@otenet.gr, www.jacobs-ios.gr)* ist eine gute Wahl. Fahren Sie nach Norden zum Tal Pano Kambos. Nach 4,5 km biegt links eine Straße ab. Nehmen Sie diese und fahren Sie direkt zum Plakoto-Strand, an dem das Grab liegt. Es ist nur wenig mehr als ein Haufen schroffer Felsen und bietet keinen physischen Beweis, dass Homers Leichnam unter dem sonnengebleichten Kies ruht. Doch behauptet kein anderer Ort in Griechenland, seine Gebeine zu besitzen. Das Grab repräsentiert eine der bewegendsten Eigenschaften der Griechen: den Glauben an die Vergangenheit. Für eine Nation, die die Fackel der Zivilisation auch während jahrhundertelanger Unterdrückung und Krieg emporgehalten hat, sind der Himmel, das Meer und zerfallene Felsen oft die einzigen Konstanten von Bedeutung.

weil Odysseus den Meeresgott Poseidon verärgert hat. Schon zu Anfang trifft er auf den Zyklopen Polyphem, einen einäugigen Riesen, der ihn und seine Männer in eine Höhle sperrt. Um zu entkommen, macht Odysseus den Zyklopen betrunken und blendet ihn, doch leider ist Polyphem der Sohn des Poseidon, und deshalb... Es braucht wohl nicht extra erwähnt zu werden, dass Odysseus, als er nach Begegnungen mit Sirenen, Strudeln, Lotosessern und mehreren Schiffbrüchen endlich wieder zu Hause ankommt, nicht nur seiner treuen Frau Penelope (und seinem alten Hund) seine Identität beweisen, sondern auch noch denen die Macht entreißen muss, die sie sich in seiner Abwesenheit angemaßt hatten.

Kephallonia

Korfu ist die bekannteste der Ionischen Inseln, aber ihr Verwaltungszentrum Kephallonia ist mit 781 Quadratkilometern viel größer. Die Insel hat nicht nur landschaftliche Vielfalt zu bieten, sondern auch viele Sehenswürdigkeiten, von wundervollen Stränden, die häufig in griechischen Reiseprospekten abgebildet sind, bis hin zu Bergen. Burgen und einsame Klöster laden zur Besichtigung ein.

Fischerboote im Hafen am Ende eines Arbeitstages

Kephallonia

Karte S. 309

Besucher-information

Uferpromenade nahe der Hafenbehörde, 281 00 Argostoli

26 71 02 22 48

Geschichts- und Volkskunde-museum

Ilia Zervou 12, Argostoli

26 71 02 88 35

Geschl. So & Nov.–April

€

Leider wurde ein Großteil der Insel, darunter auch die Hauptstadt Argostoli, bei dem verheerenden Erdbeben von 1953 stark in Mitleidenschaft gezogen. Verschont blieb nur die im Norden gelegene Stadt **Fiskardon**. Die in bunten Farben gestrichenen Villen aus dem 18. Jahrhundert lassen erahnen, wie hübsch die Insel war, bevor die Naturkatastrophe ihren Tribut forderte.

Besuchen Sie das **Geschichts- und Volkskundemuseum** in Argostoli. Das Museum ist hervorragend, und zu den Ausstellungsstücken gehören Schautafeln über das Erdbeben, aber auch eine große Sammlung von Möbeln, Trachten, historischen Dokumenten, Gemälden sowie Rekonstruktionen historischer Räume.

Argostoli ist ein reizvoller Ort mit einem belebten Hafen und einem guten Markt in Hafennähe. Über die Bucht führt die Drapanos-Brücke, die zwar zerbrechlich aussieht, das

Erdbeben aber überstand. Sie wurde 1813 gebaut, um Sami, die zweite Stadt auf der Insel, leichter erreichbar zu machen.

Die Straße in das an der Ostküste gelegene Sami führt an der **Drogarati-Höhle** vorbei, in der steile Stufen in eine riesige Kammer mit so perfekter Akustik führen, dass hier sogar Konzerte stattfinden. Die Höhle ist eine der schönsten in ganz Griechenland.

Ganz anders ist eine Höhle nördlich von Sami. In der **Melissani-Höhle** befindet sich ein unterirdischer Salzwassersee, der von der Sonne zum Funkeln gebracht wird. Der Name der Höhle bedeutet zwar „Purpurhöhle", doch das Wasser ist tiefblau.

Das Heiligtum von Ainios Zeus krönte einst den **Berg Ainos**, mit 1628 Metern die höchste Erhebung der Insel. Sie können mit dem Auto hinauffahren und die Aussicht genießen, aber der letzte Teil der Strecke ist recht unwegsam. Das Gebiet ist einer von Griechenlands Nationalparks, in dem sogar wilde Pferde leben.

Nordwestlich des Ainos liegt **Kastro**, die ehemalige Inselhauptstadt. Kastro bedeutet „Burg", doch in diesem Fall ist es der Name des Dorfes, das um die überwiegend aus dem 16. Jahrhundert stammende **Festung von Agios Georgios** entstand, von der aus man einen fantastischen Blick hat. Es lohnt sich, auch das Innere der Festung zu erkunden.

Der Strand von **Mirtos** an der Westküste ist einer der schönsten der Ionischen Inseln, wenn nicht gar des ganzen Mittelmeers. ■

Drogarati-Höhle
Karte S. 309
Im Winter geschl.
€€

Melissani-Höhle
Karte S. 309
Im Winter geschl.
€€

Agios-Georgios-Festung
Kastro-Stadt
Geschl. Mo
€

ERLEBNIS: Meeresschildkröten schützen

Unter der Leitung der Katelios Group werden Versuche unternommen, den Wildtierbestand zu Wasser und Land auf Kephallonia zu schützen. Von besonderer Bedeutung ist die Erhaltung der Karettschildkröte, *Caretta caretta*, die an den Sandstränden der Insel nistet. Die Katelios Group benötigt während der Sommermonate Unterstützung von Freiwilligen. Die Arbeit beginnt im Mai, kurz bevor die Schildkröten an Land gehen, um ihre Eier zu legen, und läuft bis Oktober, wenn die Jungtiere schlüpfen und sich auf den Weg ins Meer machen. Freiwillige zahlen 50 €, tragen ihre eigenen Unkosten (300 € pro Monat für ein Zweibettzimmer oder 5 € pro Tag auf dem Campingplatz) und verpflichten sich zu einem Monat Arbeit, an sechs Tagen der Woche zu je sieben bis acht Stunden.

Sie helfen, die Nester zu beobachten, halten die Strände sauber und klären die Öffentlichkeit über die Schildkröten und ihre Bedürfnisse auf. Einige der Strände, die die Schildkröten auswählen, sind Urlaubsstrände mit feinem weichen Sand, andere schwer zugänglich und manche Helfer übernachten ab und zu gern an diesen ruhigen Stränden mit lediglich den Schildkröten als Gesellschaft. Es ist zweifellos eine lohnende Arbeit, die dazu beiträgt, den Wildtierbestand auf Kefalonia zu erhalten und ein tieferes ökologisches Verständnis zu entwickeln. Weitere Informationen bei der Katelios Group *(www.kateliosgroup.org)*.

Zakynthos

Südlich von Kephallonia liegt Zakynthos (Zakinthos), ein weiteres beliebtes Reiseziel. Neben ihren wundervollen Sandstränden und der interessanten Hauptstadt hat die Insel noch etwas Besonderes zu bieten: Sie ist im Mittelmeer der wichtigste Eiablageplatz der Unechten Karettschildkröte (*Caretta caretta*).

Spektakuläre Klippen und das klare Wasser machen die Wrackbucht zu einer beliebten Anlaufstelle

Zakynthos

Karte S. 309

Besucherinformation

Touristenpolizei, Zakynthos-Stadt

26 95 02 44 82 oder

K. Lombardou Str. Zakynthos

26 92 73 67 62

Die Schildkröten legen schon seit Tausenden von Jahren ihre Eier in der **Laganas-Bucht** ab, doch seit dem Beginn des Massentourismus in den 1960er Jahren müssen sie sich den weichen Sand mit den Urlaubern teilen.

Glücklicherweise ist es Umweltschützern gelungen, einen gewissen Schutz für die Schildkröten zu erwirken – jetzt ist ein 14 Kilometer langer Strand für Besucher gesperrt. Die Einheimischen haben erkannt, dass die Tiere eine Attraktion für die Besucher sind

Zakynthos, die Hauptstadt der Insel, wurde beim Erdbeben von 1953 fast vollständig zerstört, danach aber im ursprünglichen Stil wieder aufgebaut. Der Hafenbereich ist besonders hübsch und die kleinen Fischerboote liegen Seite an Seite mit den großen Inselfähren. Hinter der Promenade erstrecken sich ansprechende Einkaufsstraßen, deren Kolonnaden im Sommer vor der Sonne und im Winter vor Regen schützen. Sie zeigen den Einfluss der Venezianer, die die Insel von 1484 bis 1797 beherrschten und sie *fiore de Levante*, „Blume des Ostens" nannten. Sie bauten eine Stadt, die noch schöner war als Korfu, bis sie durch das Erdbeben zerstört wurde.

Ein Gebäude, das das Erdbeben unversehrt überstand (die Einheimischen halten dies für göttliche Fügung), war die große **Kathedrale** von 1925, die Agios Dionysios, dem Schutzheiligen der Insel, geweiht ist. Dionysios (1547–1622) ist auch der Schutzheilige der Fischer. Auch Kapelle und Kirche im **Moni tis Panagias tis Anafonitrias** aus dem 16. Jahrhundert, in dem der heilige Dionysios die letzten Jahre seines Lebens Abt war, überstanden das Erdbeben.

Die Gebeine des Heiligen liegen in einem silbernen Sarg in der Kathedrale der Stadt Zakynthos und seine Messgewänder werden in der Kapelle von **Agios Nikolaos sto Molo** in der Plateia Solomou am Hafen aufbewahrt. Diese Kapelle der Fischer wurde durch das Erdbeben zerstört, danach aber liebevoll Stein für Stein wieder aufgebaut.

Der Marktplatz trägt den Namen eines anderen berühmten Insulaners, des Dichters Dionysios Solomos (1798–1857), der wie viele Jungen auf der Insel den Namen des Heiligen trug (siehe Infobox). Ein **Museum** zu seinem Gedenken steht neben seinem Mausoleum. Hier sind einige seiner persönlichen Habseligkeiten ausgestellt. Es werden aber auch andere herausragende Persönlichkeiten gewürdigt und Fotos aus der Zeit vor dem Erdbeben gezeigt. Das **Byzantinische Museum** zeigt Bilder der Ionischen Malerschule (17./18. Jahrhundert). Die realistische Darstellung der Heiligen ist noch heute beeindruckend. ■

Die Nationalhymne

Der Dichter Dionysios Solomos stammt aus Zakynthos, und in dem Museum, das ihm zu Ehren eingerichtet wurde, befindet sich ein Stück Holz von einem Baum aus dem nahe gelegenen Park in Strani. Unter diesem Baum schrieb Solomos im Mai 1823 seine „Ode an die Freiheit". Ein Teil dieses Gedichts wurde vertont und als „Hymne an die Freiheit" die griechische Nationalhymne.

Solomos war der erste Dichter, der nicht in klassischem Griechisch, sondern in der Umgangssprache schrieb, weil er seine Gedichte allen zugänglich machen wollte, nicht nur einer kleinen Elite. Heute kennt jeder Grieche zumindest eines seiner Werke.

Solomos-Museum
- ✉ Plateia Agiou Markou, Zakynthos-Stadt
- ☎ 26 95 04 89 82
- $ €

Byzantinisches Museum
- ✉ Plateia Solomou, Zakynthos-Stadt
- ☎ 26 95 04 27 14
- 🕒 Geschl. Mo
- $ €

Weitere Sehenswürdigkeiten

In Meganisi wird Heu auf althergebrachte Weise transportiert

Einige der größeren Ionischen Inseln haben vorgelagerte kleinere Inseln, auf die sich kaum ein Besucher verirrt. Auf manchen können Sie übernachten, andere können nur bei Tag besucht werden.

Vor Korfu

Vor Korfus Nordwestküste liegen die fünf kleinen Diapontia-Inseln, von denen nur drei bewohnt sind. Wenn Sie möchten, können Sie hier ein einfaches Zimmer mieten oder die Inseln im Rahmen einer Bootstour von Sidari oder Agios Stefanos aus besuchen.

Ereikousa ist die beliebteste Insel, auf der es sehr schöne Strände gibt. Viele Bootstouren von Korfu führen nach Ereikousa; dort können die Fahrgäste ein paar Stunden Sonne, Strand und Meer genießen.

Othonoi ist mit seiner spektakulären Landschaft das ideale Ziel für Wanderer. Hier können Sie einfache Zimmer mieten und in einer der Tavernen essen.

Mathrakion hat nur ein paar Dutzend Einwohner, von denen einige Zimmer an Feriengäste vermieten. Auf dieser Insel sind der Strand und die Wandermöglichkeiten am besten. Der Strand ist rund drei Kilometer lang und manchmal von Besuchern aus Korfu besetzt, aber wenn Sie in das bewaldete, hügelige Innere der Insel wandern, werden Sie niemandem begegnen.

Karte S. 309

INSIDERTIPP:

Die Ionischen Inseln (Kephallonia, Zakinthos, Lefkas) verdanken ihr unwirklich schönes smaragdgrünes Wasser den weißen Kalkfelsen, die darunter liegen.

EVA VALSAMI-JONES
National Geographic-Mitarbeiterin

Vor Lefkas

Vor Lefkas liegen mehrere Inseln, die nicht alle besucht werden können. Die bekannteste ist Skorpios, die der Familie Onassis gehört. Hier liegt Aristoteles Onassis (1906–75) begraben. Bewaffnete Wächter halten Neugierige fern, die auch auf der anderen privaten Insel, Madhouri, unerwünscht sind.

Besuchen Sie stattdessen **Meganisi**. Meganisi hat ein wunderschönes Hafenstädtchen, **Vathi**, wo nur wenige Besucher übernachten, wenn auch recht viele Tagesausflügler von Lefkas herüberkommen. Das Städtchen, kaum mehr als ein Dorf, ist entzückend rückständig. Folgen Sie ein paar Minuten der gewundenen Straße durch den Wald oberhalb von Vathi, bis Sie nach **Katomeri** kommen. Dies ist der größte Ort und der einzige mit einem Hotel. Die stillen Buchten sind einfach traumhaft. Karte S. 309

Reise-
informationen

Reiseinformationen 334–342
Reiseplanung 334
Anreise 335
Unterwegs in Griechenland 335–338
Praktische Tipps 338–341
Im Notfall 342
Hotels & Restaurants 343–375
Einkaufen 376–381
Unterhaltung 382–383
Sport 384
Speisekarte 385
Sprachführer 386–388

Unterwegs – stilvoll

REISEINFORMATIONEN

REISEPLANUNG

Reisezeit

Man kann das ganze Jahr über nach Griechenland reisen und den Aufenthalt genießen. Den August sollte man jedoch meiden; nicht nur, weil dies die Hauptsaison ist und Hotels und Strände voll sind, sondern auch, weil die Temperaturen 38 Grad Celsius überschreiten können und Athen besonders ungemütlich ist. Im Winter kann es Niederschläge und Temperaturen unter 10 Grad Celsius geben, aber genauso gut auch klaren blauen Himmel und Temperaturen von -6 Grad und keine Menschenschlangen in Athen, Delphi und Olympia.

Frühling und Herbst sind die besten Reisezeiten. Es ist angenehm warm, wenig regnerisch und leerer, sodass die gastfreundlichen Einheimischen mehr Zeit für Besucher haben. Im Frühling blühen Wildblumen in prachtvoller Landschaft. Wenn Sie ins Gebirge wollen: Von Ende Mai an schmilzt der Schnee, sodass die Wege wieder passierbar werden.

Eine besonders gute Reisezeit ist die Osterwoche mit ihren vielen Festlichkeiten: Ostern ist der höchste griechische Feiertag. Es fällt allerdings nur selten mit dem westeuropäischen Osterfest zusammen, weil es in Griechenland nach dem Kalender der orthodoxen Kirche gefeiert wird. Überprüfen Sie also den Termin.

Nicht vergessen

Man braucht nur in wenigen Restaurants abends Jacket und Krawatte. Im Sommer benötigen Sie tagsüber nicht viel mehr als kurze Hosen und T-Shirt sowie Badezeug, weil immer ein Strand in der Nähe ist und abends leichte Baumwollkleidung. Im Sommer können Sie bis spät in die Nacht draußen essen und selbst im Frühling und im Herbst brauchen Sie nicht mehr als einen Pullover oder eine leichte Jacke. Im Sommer regnet es auf den meisten griechischen Inseln nur selten. Auf den Ionischen Inseln und in den Bergregionen Nordgriechenlands ist ein Regenmantel unverzichtbar, weil es hier häufiger regnet. Im Winter empfehlen sich ein warmer Mantel oder eine Jacke sowie ein Pullover.

Mücken sind weit verbreitet, besonders auf den Ionischen Inseln und den Sporaden sowie dem Festland. Bringen Sie also Insektenschutzmittel mit, die man ebenso wie die elektrischen Anti-Mücken-Geräte auch vor Ort kaufen kann.

Die meisten Medikamente sind außer in entlegenen Gebieten oder auf Inseln mit wenig Touristen ohne Probleme zu bekommen. Apotheken sind in der Regel gut sortiert und das gut Englisch sprechende Personal kompetent. Stellen Sie sicher, dass Sie ausreichend Sonnenschutz haben – kühle Brisen können vergessen lassen, dass die griechische Sonne sehr stark ist.

Versicherungen

Es besteht in Griechenland für alle in Deutschland gesetzlich versicherten Personen ein Anspruch auf Behandlung. Als Nachweis gilt die europäische Krankenversicherungskarte Ihrer Krankenkasse. Darüber hinaus wir der Abschluss einer Auslandsreise-Krankenversicherung dringend empfohlen.

Die medizinische Grundversorgung ist recht einfach, während die leicht zu bewerkstelligende private Behandlung kostspielig ist. Apotheken und Ärzte werden kleinere Verletzungen gut versorgen, aber größere könnten schnell relativ teuer werden.

Bücher über Griechenland

Es gibt unzählige Bücher über das alte und das moderne Griechenland.

Homers „Odyssee" ist eine großartige Abenteuergeschichte, während Herodots „Historien" und die „Beschreibung Griechenlands" von Pausanias Hintergrundinformationen für den Besuch klassischer Stätten liefern. Die „Griechische Mythologie" von Robert Ranke-Graves klärt Sie über die komplexe griechische Mythologie auf. Egon Friedells „Kulturgeschichte Griechenlands" ist eine zwar schon ältere, aber gute Einführung in die Welt des alten Griechenlands.

Die „Geschichte Griechenlands im 19. und 20. Jahrhundert" von Richard Clogg informiert Sie über das moderne Griechenland. Die besten Reiseerzählungen aus dem 20. Jahrhundert stammen von Lawrence Durrell, seinem Bruder Gerald Durrell („Meine Familie und anderes Getier"), Patrick Leigh Fermor („Mani, Reise ins unentdeckte Griechenland") und Henry Miller („Der Koloss von Maroussi").

Die griechische Perspektive findet sich in den Romanen von Nikos Kazantzakis, vor allem dem berühmten „Alexis Sorbas". Die Gedichte von Odysseus Elytis und Nobelpreisträger George Seferis sind ebenfalls sehr zu empfehlen.

Anreise

Mit dem Flugzeug

Seit März 2001 ist Griechenlands neuer und wichtigster internationaler Flughafen in Betrieb – früher als erwartet. Geplant war er für die Olympischen Spiele 2004. Der Flughafen, benannt zu Ehren des großen Reformpolitikers Eleftherios Venizelos (1864–1936), liegt bei Spata, etwa 40 Kilometer südöstlich von Athen und wird von der griechischen Fluggesellschaft Olympic Airways (www.olympicair.com) von größeren Städten in aller Welt aus angeflogen. Alle 15 Minuten verkehren Busse nach Athen-Mitte und Piräus.

Von Frankfurt am Main, Wien, München, Rom, London, Paris und Zürich wird Athen täglich direkt angeflogen. Von zahlreichen anderen Städten aus gibt es zusätzlich mehrmals in der Woche Direktflüge. Hinzu kommt in der Saison ein vielfältiges Angebot an Charterflügen, auch zu anderen Flughäfen als Athen.

Von Athen aus gibt es viele Flugverbindungen zu anderen Flughäfen auf dem Festland oder den Inseln. Olympic Airways hat praktisch ein Monopol auf die Inlandsflüge. In letzter Zeit hat die Gesellschaft allerdings durch Aegean Airlines Konkurrenz bekommen.

Mit dem Schiff

Von Italien, besonders Bari, Brindisi, Ancona, Triest und Venedig, gibt es mehrere Fährverbindungen nach Griechenland, ebenso von Kroatien (u.a. Dubrovnik). Eine einfache Fahrt von Italien nach Griechenland kostet pro Person ab etwa 150–300 € für ein Auto (Hin- und Rückfahrt). Weil Agenturen in Griechenland in der Regel nur eine Fährgesellschaft vertreten, sollte man sich wegen Ratschlägen besser nicht an sie wenden.

Mit dem Zug

Griechische Züge sind billiger, aber auch langsamer als Busse. Von europäischen Ländern aus gibt es vielfältige Zugverbindungen, um nach Griechenland zu gelangen.

Einreisebestimmungen

Reisedokumente

Sie benötigen als Bürger eines EU-Landes einen gültigen Personalausweis oder Reisepass, mit dem Sie bis zu 90 Tage im Land bleiben dürfen. Bei einem längeren Aufenthalt informieren Sie sich vorab bei der griechischen Botschaft Ihres Heimatlandes.

Rauschgift

Zollkontrollen sind recht lax. Wer aber mit Drogen erwischt wird, hat eine harte Strafe zu erwarten. Wenn Sie verschreibungspflichtige Medikamente bei sich haben, sollten Sie für den Fall einer Zollkontrolle oder auch des Verlustes der Medizin auch das Rezept mitnehmen. Achten Sie darauf, dass Codein, das als Schmerzmittel weit verbreitet ist, in Griechenland illegal ist. Sie werden nicht unbedingt großen Ärger bekommen, wenn Sie es mitführen, aber es könnte konfisziert werden.

Haustiere

Haustiere müssen einen EU-Heimtierausweis mit gültiger Tollwutimpfung haben. Das Tier muss zudem durch einen Mikrochip eindeutig dem Dokument zuzuordnen sein.

Die Impfung darf nicht jünger als 21 Tage sein und höchstens so lange zurückliegen, bis die Wiederholungsimpfung fällig wird. Siehe hierzu die Angaben des Impfstoffherstellers.

Die Beförderung von Haustieren in öffentlichen Verkehrsmitteln ist in Griechenland verboten.

Geld

Es gibt keine Begrenzungen für die Einfuhr fremder Währungen und Reiseschecks nach Griechenland. Bei der Einfuhr von Fremd- und Landeswährung im Gegenwert von 10 000 Euro sowie bei der Ausfuhr von Fremd- und Landeswährung im Gegenwert von 2000 Euro besteht Deklarationspflicht.

Beachten Sie bitte auch die Bestimmungen Ihrer Transitländer.

UNTERWEGS IN GRIECHENLAND

Transit vom Flughafen Athen

Öffentliche Verkehrsmittel

Sie können mit öffentlichen Verkehrsmitteln vom internationalen Flughafen Athen ins Stadtzentrum fahren. Expressbusse der Athener Verkehrsbetriebe OASA oder von Ktel verbinden den Flughafen mit der Innenstadt. Die Busse kommen auf der Abflugsebene an und fahren vor der Ankuftsebene bei Tür 3 ab.

Aber auch mit Metro und S-Bahn gelangen Sie vom Airport direkt zum Athener Hauptbahnhof oder in die Innenstadt.

Die Fahrt mit dem Bus dauert je nach Strecke 40-70 Minuten, mit der Metro ca. 30 Minuten und mit der S-Bahn ca. 40 Minuten.

Mit dem Taxi

Lassen Sie sich nicht im Flughafengebäude ein Taxi aufschwatzen, sondern stellen Sie sich draußen am Taxistand an. Achten Sie unbedingt darauf, dass das Taxameter angestellt ist. Für den Fall, dass es defekt ist, sollten Sie wissen, dass der Fahrpreis vom Elefttherios-Venizelos-Flughafen in die Stadt nicht mehr als 15 Euro beträgt, obwohl die Fahrt wegen des Verkehrs auch länger dauern kann. In der Regel kosten Gepäckstücke zusätzlich. Wenn Sie meinen, der Preis sei zu hoch, fragen Sie an Ihrer Hotelrezeption nach, wo man die üblichen Preise kennt. Wenn alles nichts hilft, bitten Sie darum, dass man die Touristenpolizei ruft (171 von allen Telefonzellen).

Unterwegs in Athen

Mit der U-Bahn

Athen besitzt drei U-Bahn-Linien. Die Hauptlinie (1) fährt von Kifisia im Norden nach Piräus im Süden und hat zentral gelegene Haltestellen am Omonia-Platz und am Monastiraki-Platz. Eine neue Linie (2) von Südosten nach Nordwesten eröffnete 2000, verbindet den Omonia- mit dem Syntagma-Platz und führt von Aghios Antonios im Westen bis nach Aghios Dimitrios im Süden. Die Linie 3 verbindet den Syntagma- mit dem Monastiraki-Platz und führt zum neuen Flughafen in Spata im Osten. Eine vierte Linie durch das Stadtzentrum ist in Planung.

Das U-Bahn-Netz ist in Zonen unterteilt. Der Fahrpreis richtet sich danach, wie viele Zonen man durchquert. Man kauft den Fahrschein am Bahnhof und entwertet ihn, wenn man auf den Bahnsteig kommt. Die U-Bahn ist billig und fährt oft, aber achten Sie auf die Beschilderung, da nicht alle Züge bis zur Endstelle fahren. Die Linien 2 und 3 sind sehr modern. Die Linie 1 ist merklich älter, aber die Bahnhöfe werden langsam renoviert.

Mit dem Bus

Das Busnetz in Athen ist umfassend und der Fahrpreis niedrig. Die Busse sind aber stets sehr voll, im Sommer heiß und fallen häufiger aus. Sie brauchen Kenntnisse über die Geographie der Stadt und teilweise auch des griechischen Alphabets, um sich zu orientieren. Im Stadtzentrum geht man besser zu Fuß. Wenn Sie mit dem Bus fahren, müssen Sie Ihre Fahrkarte vorher in einem Kiosk an den größeren Haltestellen oder in bestimmten Läden kaufen. Entwerten Sie Ihren Fahrschein im Bus.

Mit dem Zug

Das Eisenbahnnetz Athen ist für den Besucher uninteressant, da es die entlegenen Vororte und den Rest des Landes bedient.

Mit dem Taxi

Taxis sind bequem und billig, wenn Sie die Fahrpreise kennen. Die Autos sind gelb und Sie winken sie einfach heran, obwohl es auch offizielle Taxistände gibt. Am Fuß des Syntagma-Platzes findet man gut Taxis. Sie sollen dort eigentlich nur Fahrgäste absetzen, aber die Fahrer nutzen die Gelegenheit auch gerne, um neue einzuladen.

In Athen benutzt man Taxen gemeinsam. Der Fahrer darf andere Fahrgäste mitnehmen, um seinen Wagen zu füllen. Jeder Fahrgast bezahlt den Taxameterpreis. Diese Regelung entschärft den Taximangel und erhöht das Einkommen der Fahrer bei gleichbleibenden Preisen. Sie werden sehen, dass Athener an der Straße stehen und laut ihr Ziel rufen, um ein passendes Taxi zu finden.

Unterwegs im übrigen Griechenland

Mit dem Flugzeug

Griechenland verfügt über ein gutes Flugliniennetz, obwohl die meisten Flüge von und nach Athen und einige von und nach Thessaloniki gehen. Häufig ist es am bequemsten, wieder nach Athen zurückzufliegen und von hier aus neu zu starten. Die Preise sind nicht teuer. Im Sommer sind Flüge rasch ausgebucht. Reservieren Sie also im Voraus.

Mit Fähre & Schiff

Griechenland verfügt über exzellente (aber zuweilen unberechenbare) Fährverbindungen, was bei einer der ältesten Seefahrernationen nicht überrascht. Die Konkurrenz ist groß und Fahrpläne ändern sich ständig (aktuelle Infos bei der Greek National Tourist Organization). Schiffsverbindungen können wegen des Wetters verspätet sein oder abgesagt werden, weshalb Sie einen Sicherheitstag einplanen sollten, wenn Sie einen Flug erwischen müssen.

Für den Transit zwischen den Inseln sowie Inseln und Festland haben Sie verschiedene Alternativen. Sie werden ein wenig herumfragen müssen, weil Reisebüros häufig nur für eine Fährgesellschaft arbeiten. Zusätzlich zu den billigen und langsamen normalen Fähren verkehren immer mehr Tragflügelboote, die schneller, aber auch teurer sind. Wenn Sie unter Seekrankheit leiden, kann sich die zusätzliche Ausgabe lohnen.

Zusätzlich verkehren auch viele kleine Boote zwischen benachbarten Inseln oder bieten im Sommer Ausflüge an. Zuweilen kann diese Alternative den großen Fähren vorzuziehen sein, und Sie können sicherlich auch über den Preis verhandeln. Die Preise für die großen Fähren liegen fest. Fahrscheine kauft man im Reisebüro, manchmal von einem Stand am Pier oder an Bord selbst.

Mit dem Zug

Wegen seiner bergigen Landschaft und der Seefahrertradition gibt es in Griechenland kein umfassendes Schienennetz. Züge verkehren nur auf dem Festland. Weite Gebiete in Westgriechenland und auf der südöstlichen Peloponnes werden gar nicht erfasst. Es gibt in Athen zwei Hauptbahnhöfe, einer für die Peloponnes, der andere für die direktere Route nach Thessaloniki und weiter nach Makedonien und Thrakien bis nach Bulgarien und in die Türkei.

Mit dem Bus

Griechenland besitzt ein ausgezeichnetes Busnetz. Busse sind bei den Griechen das bei Weitem beliebteste Transportmittel. Nur wenige Orte besitzen keinen Busbahnhof und auch manche Inseln erreicht man am besten mit dem Bus. Es gibt z.B. regelmäßige Busverbindungen zwischen Athen und den Ionischen Inseln, wobei die Fähre im Preis inbegriffen ist.

Viele ländliche Gebiete sind mit dem Bus gut erreichbar, und auch auf vielen Inseln ist der Bus das bequemste Verkehrsmittel. Auf kleineren Inseln holen Busse die Gäste häufig an der Fähre ab und fahren sie in den jeweiligen Hauptort. Busreisen auf dem Land können ein echtes Erlebnis sein. Die Passagiere transportieren alles Mögliche, die Fahrer befördern Pakete und weichen zuweilen von der Strecke ab, um einem Freund einen Gefallen zu tun. Außerdem halten sie nicht nur an festen Haltestellen, sondern setzen Fahrgäste dort ab und nehmen sie dort an Bord, wo es gerade passt. Winken Sie gegebenenfalls also ruhig einen Bus heran.

Fahrscheine für die wichtigen Städteverbindungen (meist in ausreichend bequemen klimatisierten Bussen) müssen vorher am Busbahnhof gekauft werden. Auf lokalen Strecken müssen Sie Ihren Fahrschein entweder in einem Laden in der Nähe der wichtigeren Haltestellen oder im Bus selbst kaufen. Fahrpläne finden sich an Telegrafenpfosten, in Ladenfenstern oder an Wänden und mögen aktuell und genau sein oder auch nicht. Am besten fragt man.

Mit dem Auto

Zum Führen eines Autos benötigen Sie einen gültigen nationalen Führerschein, der in einem EU-Staat ausgestellt wurde. Ansonsten brauchen Sie einen internationalen Führerschein. Wenn Sie mit dem eigenen Auto anreisen, denken Sie daran, die grüne Versicherungskarte mitzuführen.

Aufgrund der Problematik der illegalen Einwanderung rät das Auswärtige Amt dringend davon ab, unbekannte Personen im Auto mitzunehmen. Auf Schleusungsdelikte stehen in Griechenland hohe Geld- und Freiheitsstrafen.

Mietwagen

In Griechenland ein Auto zu mieten, ist einfach und bequem, aber teuer. Alle großen Vermieter wie Avis und Hertz haben Niederlassungen an Flughäfen, in großen Städten und auf den größeren Inseln. Die bekannten internationalen Namen sind in der Regel zuverlässiger. Manche kleinere Firmen vermieten ihre Autos das ganze Jahr über und warten sie kaum, um Kosten zu senken. Gleichzeitig allerdings können Sie in einer ruhigeren Jahreszeit bei einer unabhängigen Firma einen besseren Preis aushandeln als bei den internationalen Ketten mit ihren Festpreisen.

Sie brauchen nur einen normalen Führerschein und mindestens ein Jahr Fahrpraxis. Im Preis ist automatisch eine Haftpflichtversicherung enthalten, die gesetzlich vorgeschrieben ist. Es empfiehlt sich, auch eine Personenunfallversicherung abzuschließen, weil die Unfallrate zu den höchsten in Europa zählt. Sie müssen mindestens 21, für stärkere Wagen 25 Jahre alt sein. Die Auswahl an Autos ist groß. Sie können eine Kreditkarte als Sicherheit hinterlegen.

Erkundigen Sie sich, ob Sie den Mietwagen von einer Insel auf die andere mitnehmen dürfen. Bei vielen Vermietern ist dies nicht erlaubt.

Straßen & Verkehrszeichen

Dank Zuschüssen der EU werden die griechischen Straßen immer besser. Nur wenige können mit Schnellstraßen verglichen werden, aber im Durchschnitt sind die Straßen recht ordentlich. Für Schnellstraßen fällt Maut an – aber das sind andere Schnellstraßen, als Sie kennen. Vier Spuren können unvermittelt zwei werden und Sie können auf langsame Landwirtschaftsfahrzeuge treffen. Auf dem Land kann eine befestigte Straße plötzlich in einen Feldweg übergehen, auf dem Sie Tierherden begegnen. Die Ausschilderung ist nicht gut. Eine gute Karte ist essenziell, ebenso wie die Kenntnis des griechischen Alphabets: Die großen Straßen sind meist auch in lateinischen Buchstaben ausgeschildert, aber auf Seitenstraßen findet sich häufig nur griechische Beschriftung.

Verkehrsregeln

Viele Fahrer fahren mitten auf der Straße, besonders in Kurven. Seien Sie also vorsichtig. Beachten Sie, dass Fahrer durch ein Lichthupensignal anzeigen, dass sie weiterfahren.

Die Geschwindigkeitsbegrenzungen betragen 50 km/h in Ortschaften, 90 km/h außerhalb geschlossener Ortschaften, 110 km/h auf Schnellstraßen und 120 km/h auf Autobahnen.

Sicherheitsgurte müssen angelegt werden, wenn vorhanden. Geldbußen werden verhängt, wenn Sie kein Warndreieck, keinen Feuerlöscher oder kein Erste-Hilfe-Set dabei haben.

Fahren unter Alkoholeinfluss ist in Griechenland ein schweres Vergehen. Ein Glas Bier oder Wein kann schon genug für eine Ordnungswidrigkeit sein, und wenn Sie mehr trinken, ist dies eine Straftat, die Sie ins Gefängnis bringen kann. Sie sollten deshalb abstinent bleiben, wenn Sie fahren.

Die Strafen für Verkehrsverstöße sind in Griechenland sehr empfindlich. Erkundigen Sie sich daher vor Reiseantritt nochmals genau über die aktuellen Bestimmungen.

Kraftstoff

Bleifreies Benzin ist nicht überall erhältlich, obwohl es immer mehr Verbreitung findet. In entlegenen Gegenden können Tankstellen selten sein, weshalb Sie immer auf Ihren Benzinvorrat achten sollten. In kleineren Städten und Dörfern sind die Tankstellen Familienbetriebe. Sie mögen sonntags geschlossen sein, und Sie werden u.U. von einem kleinen Jungen oder Mädchen bedient, die kein Wort Englisch oder Deutsch verstehen. Viele kleinere Tankstellen akzeptieren keine Kreditkarten, weshalb Sie immer Bargeld dabeihaben sollten.

Parken

Parken ist in Griechenland einfach. Nur in größeren Städten gibt es Zonen, für die man einen Parkschein benötigt. Andernfalls ist eben Platz oder nicht. Wenn Sie einen Parkschein brauchen, steht dies in griechischer und englischer Sprache auf der Straße, auch wo Sie einen bekommen (meist in einem Laden in der Nähe).

Unfälle & Pannen

Bei einem Unfall sollten Sie unter 104 00 den ELPA (den wichtigsten griechischen Verkehrsklub) zu Hilfe rufen. Wenn Sie einen Mietwagen fahren, sollte man Ihnen diese oder eine andere Notfallnummer (siehe S. 341) genannt haben. Es ist strafbar wegzufahren, wenn Sie in einen Unfall verwickelt worden sind. Man muss in diesem Fall die Polizei rufen. Unterschreiben Sie keine Dokumente, die nur in griechischer Sprache abgefasst sind.

Die Mietwagenfirmen informieren Sie, was bei einer Panne zu tun ist. Sie gehören in aller Regel zu einem Verkehrsklub (ELPA, Hellas Service oder Express Service) und nennen Ihnen die entsprechende Notfallnummer.

Als ADAC-Mitglied erreichen Sie unter der Nummer 00 30 21 08 93 77 77 ganzjährig einen deutschsprachigen Mitarbeiter, der Ihnen bei Verkehrsproblemen hilft.

Mit Motorrad oder Moped

Mopeds und Motorräder können in Touristengegenden gemietet werden und sind ein gutes und sparsames Beförderungsmittel. Testen Sie, ob Ihr Fahrzeug in einem verkehrstüchtigen Zustand ist, bevor Sie losfahren. Außerhalb der Saison kann der Mietpreis meist verhandelt werden.

Halten Sie sich auch bei der Benutzung von Motorrad und Moped an die gültigen Verkehrsvorschriften. Die griechische Polizei hat auch bei Touristen kein Einsehen.

PRAKTISCHE TIPPS

Kommunikation

Postämter

Postämter findet man überall im Land, sogar auf den kleinsten Inseln (wo sie gleichzeitig als Bank fungieren und nur begrenzte Öffnungszeiten haben können). Große Postämter, *tachydromeia,* sind wochentags meist von 8 bis 14 Uhr geöffnet, manche an einem Tag abends auch länger und einige sogar samstags bis mittags. In großen Postämtern finden Sie unterschiedliche Schlangen für unterschiedliche Dienste. Achten Sie darauf, dass Sie in der richtigen stehen.

Pakete dürfen erst in Anwesenheit des Postbeamten geschlossen werden, weshalb die Leute immer Schere und Klebeband dabeihaben. Wenn Sie nur Briefmarken brauchen, suchen Sie nach dem Schild *grammatosima.*

Briefkästen

Briefkästen sind gelb und meist klein, folglich nicht immer leicht zu finden. Von isolierten Inseln und entlegenen Gebieten auf dem Festland mag die Post erst nach Ihrer Rückkehr eintreffen. Ansonsten braucht sie als Lufpost in europäische Länder bis zu eine Woche, Postkarten auch länger. Manchmal gibt es verschiedene Briefkästen für Inlands- (*esoteriko*) und Auslandspost (*exoteriko*). Man findet auch rote Kästen, diese sind allerdings nur für Express-Post.

Telefon

Sie haben neben den teuren Zimmerapparaten in Hotels vielfältige Möglichkeiten, von Griechenland aus anzurufen. Ortsgespräche sind billig, Fern- und Auslandstelefonate aber sehr teuer.

Im ganzen Land gibt es öffentliche Fernsprecher, an der Straße, in (Bus-)Bahnhöfen, an Häfen und Hotelrezeptionen sowie in Büros von OTE (die griechische staatliche Telefongesellschaft). Immer mehr öffentliche Fernsprecher benötigen Telefonkarten, die leicht zu bekommen sind, u.a. bei den kleinen Kiosken an den Straßenecken. Wenn Sie keine Karte kaufen möchten, können Sie in den OTE-Filialen telefonieren und bar oder mit Kreditkarte zahlen. Sie können aber auch, wie viele Einheimische, das Telefon eines Eckkiosks benutzen und die Gebühr laut Gebührenzähler bar zahlen. OTE-Filialen sind weit verbreitet und von Montag bis Samstag von frühmorgens bis spätabends geöffnet.

Elektrizität

Die Netzspannung in Griechenland beträgt 220 Volt bei 50 Herz. Stecker sind die üblichen mit zwei runden Pinnen, manchmal aber auch mit dreien, wenn Geräte geerdet werden müssen. Wenn Sie keinen passenden Adapter dabeihaben, sollten Sie in Touristenorten in Supermärkten oder Elektroläden einen kaufen können.

Etikette

Griechenland ist in vielerlei Hinsicht ein informelles Land, aber gute Manieren und Höflichkeit sind wichtig. Die Griechen sind sehr zuvorkommend und gastfreundlich. Sie schätzen jeden Versuch, ihre schwierige Sprache zu sprechen, sodass Sie wenigstens die einfachen Höflichkeitsformeln lernen sollten. Wie in vielen Sprachen ist es auch hier üblich, auf *efcharisto* (»Danke«) mit *parakalo* (»Bitte sehr« oder »Gerne geschehen«) zu antworten.

Wenn Griechen einander treffen, begrüßen Sie sich formal, indem sie nach der Familie und der Gesundheit des Gesprächspartners fragen und sich dabei Zeit lassen. Versuchen Sie nicht, sie anzutreiben, wenn Sie darauf warten, bedient zu werden. In Griechenland ist Geduld keine Tugend, sondern Lebenseinstellung. Wie auch z.B. in

Deutschland begrüßt man eine Person zunächst höflich mit *kali mera* (»Guten Tag«), bevor man ein Gespräch beginnt.

Griechenland ist eine Macho-Gesellschaft. Sie werden in männlichen Domänen wie Bars und Cafés selten Frauen sehen. Ausländische Frauen dürfen diese Regel aber brechen, ohne sich deplatziert fühlen zu müssen. Sie sollten sich in der Öffentlichkeit jedoch angemessen kleiden.

In Touristengegenden sieht man Männer und Frauen verstärkt in sehr leichter Kleidung. Dies wird toleriert, aber nicht akzeptiert. Sie sollten Ihre Gastgeber also durch entsprechende Kleidung respektieren. Dies gilt besonders für Kirchen und Klöster, wo es passieren kann, dass man Sie mit kurzen Hosen und bloßen Armen nicht einlässt. Zuweilen kann man in Kirchen Griechen in ordentlichen kurzen Hosen sehen, wenn gerade kein Gottesdienst stattfindet.

Sonnenbaden oben ohne ist weit verbreitet, wird an lebhaften Stränden in Stadtzentren aber nicht gern gesehen. Nur wenige Griechinnen werden sich oben ohne zeigen, aber es wird bei Ausländerinnen akzeptiert, wenn es nicht zu aufdringlich ist. Offiziell ist Nacktbaden nur an einer kleinen Zahl von Nudistenstränden erlaubt, aber wenn Sie niemanden belästigen, finden sich auch sonst ruhige Strände, um sich nackt zu bräunen.

Informationen im Internet

www.greektravel.com/index.html
Ausgezeichnete und umfassende Seite des Griechenland-Enthusiasten Matt Barrett

www.Athenguide.com/www.ametro.gr
aktuelle Informationen über die Metro von Athen

www.gogreece.com
Internetguide für Griechenland

www.gnto.gr
Griechische Zentrale für Fremdenverkehr

www.kypros.org/cgi-bin/lexicon
griechisch-englisches Online-Wörterbuch

www.greekhotel.com/home.htm
Verzeichnis griechischer Hotels und Reiseveranstalter

www.culture.gr/culture/gindex.jsp
Hellenisches Kulturministerium

Zusätzlich existieren unzählige Websites zu einzelnen Inseln, Gegenden oder Städten, z. B.:

psirri.gr/english
Führer über den neuerdings populären Bezirk Psirri in Athen

www.symi-travel.com
Führer über die Insel Simi

Alkoholgesetze

In Griechenland gibt es keine restriktiven Alkoholgesetze. Alkohol ist in Restaurants, Cafés, Bars und Geschäften frei erhältlich.

Medien

Zeitungen: Die meisten europäischen Zeitungen bekommt man am Abend des Erscheinungstages auch in Athen. Versuchen Sie es bei den Kiosken am Syntagma-Platz. Ausländische Zeitungen erhält man auch in Zentren wie Thessaloniki und der Stadt Rhodos sowie im Sommer in den wichtigen Touristengegenden, vermutlich jedoch ein oder zwei Tage später. In Athen erscheinen mehrere englischsprachige Zeitungen, die Sie aus griechischer Perspektive über die Weltereignisse informieren. Die *Athen News* (täglich außer montags) ist eine der traditionsreichsten.

Fernsehen: Griechenland besitzt zwei staatliche Kanäle, *ET 1* und *ET 2*. Beide strahlen einige ausländische Programme mit griechischen Untertiteln aus. Neuere Filme sind meist synchronisiert. Auf *ET 1* gibt es Zusammenfassungen der Nachrichten auf Englisch (informieren Sie sich in der Zeitung über die Sendezeiten). Die meisten großen Hotels besitzen Kabel- oder Satellitenfernsehen und empfangen auch ausländische Sender, von denen besonders *CNN* zu nennen ist. Auch in Griechenland senden viele weitere Kanäle, viele regional und über Kabel oder Satellit zu empfangen.

Radio: In Griechenland kann man unzählige lokale, nationale und internationale Sender empfangen. Man hört immer irgendwo griechische Musik. Die beiden staatlichen Sender sind *ERT 1* und *ERT 2*. *ERT 1* überträgt drei Programme auf unterschiedlichen Frequenzen. Den *BBC World Service* kann man über Kurzwelle empfangen und *The First Program* überträgt Nachrichten auf Englisch, Französisch, Deutsch und Arabisch (728 KHz). Englische Nachrichten werden täglich auf *ERT 2* (98 KHz) ausgestrahlt.

Der *BBC World Service* ist über Kurzwelle zu empfangen und bietet stündlich Nachrichten. In Athen müsste es mit 9,41, 12,09 oder 15,07 Megaherz klappen. Im Gebiet von Athen sendet auch der *American Forces Radio Service* auf 1484 und 1594 Kiloherz u. a. stündlich Nachrichten.

Geld

Griechenland gehört zur Euro-Zone, sodass Sie bei Transaktionen mit Bargeld keine Probleme haben werden.

Reiseschecks kann man bei den meisten Banken, Hotels und Postämtern unter Vorlage eines Ausweises einlösen, in Touristenorten auch in manchen Läden und Restaurants, allerdings zu einem schlechteren Kurs. Im Allgemeinen erhebt die Post geringere Gebühren als Banken oder Wechselstuben. Halten Sie Ausschau nach dem gelben „Exchange"-Zeichen.

Kreditkarten werden in teureren Hotels sowie Läden und Restaurants in Touristengegenden akzeptiert. Sie können in Griechenland allerdings nicht nur mit „Plastik" reisen, da man hier auch größere Transaktionen durchaus bar abwickelt. „No checks" ist ein häufig anzutreffendes Zeichen, sogar in manchen Mittelklassehotels in Athen.

Feiertage

1. Januar Neujahrstag
6. Januar Dreikönigsfest
25. März Unabhängigkeitstag
Februar/März Faschingsmontag (41. Tag vor Ostern)
März/April Karfreitag, Ostersonntag und -montag
Mai/Juni Pfingstmontag (50 Tage nach Ostern)
1. Mai Tag der Arbeit
15. August Mariä Himmelfahrt
28. Oktober Ochi-Tag
25./26. Dezember Weihnachten

An gesetzlichen Feiertagen ist fast überall geschlossen, auch in Sehenswürdigkeiten, Museen, Banken, Postämtern und einigen Läden und Restaurants. In Touristenorten werden Sie allerdings keine Schwierigkeiten haben, etwas zu essen zu bekommen. Reisen kann jedoch schwierig sein, weshalb Sie sich vorher erkundigen sollten.

Öffnungszeiten

Banken haben meist nur wochentags von 8 oder 8:30 bis 14 Uhr und Postämter von 7:30 bis 14 Uhr geöffnet. In größeren Städten können Banken und Postämter auch samstags vormittags geöffnet sein.

Läden öffnen von 8 bis 13 Uhr und schließen dann. Sie öffnen etwa um 17 Uhr wieder und schließen um 20 Uhr, aber einige Supermärkte und Läden, die sich an Touristen wenden, bleiben wesentlich länger offen. Die Öffnungszeiten können um etwa eine Stunde differieren, aber alle Geschäfte schließen über Mittag. Außer in Touristengebieten bleiben Läden sonntags geschlossen.

Exakte Angaben zu Öffnungszeiten von Museen und Sehenswürdigkeiten fallen schwer, weil sie von der Jahreszeit und zuweilen von den Launen des Personals abhängen. Die meisten sind das ganze Jahr über geöffnet, aber montags und feiertags geschlossen, außer wichtige Stätten wie Delphi, Olympia, die Akropolis etc. Sie sollten sich vor Ort erkundigen.

Fotografie

Die griechische Sonne ist stark, was Sie bei der Filmauswahl bedenken sollten. Versuchen Sie, historische Stätten frühmorgens zu fotografieren, wenn sie noch nicht überlaufen sind und das Licht gut ist. Das tiefblaue Meer und die Dörfer sind schöne Motive. Griechen lassen sich gerne fotografieren, fragen Sie vorher aber höflich. Fotografieren Sie wegen Spionagegefahr nie in der Nähe von Militärbasen und zivilen Einrichtungen wie Flughäfen oder Häfen. Bitten Sie in Kirchen und Museen um Erlaubnis.

Gotteshäuser

Die griechische Bevölkerung ist zu 97 Prozent griechisch-orthodox. Sie finden nur in großen Städten wie Athen und Thessaloniki auch andere Gotteshäuser. Erkundigen Sie sich beim örtlichen Besucherzentrum über Einzelheiten. Ansonsten können Sie in Griechenland kaum Gottesdienste Ihres eigenen Glaubens besuchen. Sie sind aber sonntags morgens immer in einem griechisch-orthodoxen Gottesdienst willkommen (Sie können die ganze Zeit oder nur teilweise teilnehmen). Sie sollten immer angemessen gekleidet sein.

Toiletten

Griechenland besitzt nur wenige öffentliche Toiletten. Die wenigen vorhandenen sollte man sich besser ersparen. Am besten versucht man es in einer Wirtschaft, aber der Standard ist sehr unterschiedlich. Fragen Sie höflich, ob Sie die Toilette benutzen dürfen, und man wird es Ihnen meist freundlich erlauben.

Griechische Wasserleitungen verstopfen sehr schnell durch Toilettenpapier. Nur neuere Hotels sind hier eine Ausnahme. Es gibt deshalb Abfalleimer für Toilettenpapier und Damenbinden. Das mag unhygienisch sein, ist aber immer noch besser als eine verstopfte und überflutete Toilette.

Zeitunterschied

Die griechische Zeit ist eine Stunde später als die westeuropäische. Die Uhren werden mit der europaweiten Zeitumstellung Ende Oktober und Ende März auf die Winter- bzw. Sommerzeit umgestellt. Wenn Sie zu diesen Zeiten unterwegs sind, müssen Sie aufpassen, um nicht Flüge oder Fähren zu verpassen. Unter 141 erreichen Sie die griechische Zeitansage.

Trinkgeld

In Restaurants ist die Bedienung im Preis enthalten. Es ist aber üblich, das kleine Wechselgeld liegen zu lassen. Wenn Sie mit dem Service sehr zufrieden sind, wird ein Extra-Trinkgeld geschätzt. Sie sollten auch dem Weinkellner und der Person, die den Tisch abräumt, eine kleine Aufmerksamkeit zukommen lassen.

In Hotels wird man Sie selten zu einem Trinkgeld nötigen, aber ein kleines Dankeschön für den Portier oder den Barmixer wird dankbar angenommen. Auch Zimmermädchen sollten Sie in Abhängigkeit von der Länge Ihres Aufenthaltes etwas hinterlassen.

In Taxis ist es üblich, das Wechselgeld als Trinkgeld zu geben.

Einrichtungen für Behinderte

Behinderte werden in Griechenland auf Schwierigkeiten stoßen. Hotels, Verkehrsmittel etc. sind noch nicht recht auf sie eingestellt. Obwohl die meisten Griechen sehr hilfsbereit sind, sollten Sie vorher die Lage prüfen. Es wird aber langsam besser: Die meisten neuen Metrostationen in Athen etwa sind für Behinderte zugänglich. Denken Sie aber daran, dass man an historischen Stätten und in Museen häufig teilweise sehr schwierige Treppen bewältigen muss.

Kulturdenkmäler

Bei Diebstahl, Beschädigung, Ausgrabung oder Entfernen von archäologischen Fundstücken werden in Griechenland mehrjährige Haftstrafen verhängt. Genießen Sie die Kulturdenkmäler also nur mit den Augen.

Besucherinformationen

Im Ausland

Das staatliche griechische Fremdenverkehrsbüro (Greek National Tourist Organization GNTO) hat Niederlassungen in:

Deutschland
Griechische Zentrale für Fremdenverkehr
Büro Frankfurt
Neue Mainzer Straße 22
60311 Frankfurt/M.
Tel. 06 92 57 82 70
Fax 069 25 78 27 29
E-Mail info@gzf-eot.de

Büro Berlin
Wittenbergplatz 3a
10789 Berlin
Tel. 03 02 17 62 62
Fax 03 02 17 79 65
E-Mail info-berlin@gzf-eot.de

Büro München
Pacellistraße 2
80333 München
Tel. 089 22 20 35
Fax 089 29 70 58
E-Mail info-muenchen @gzf-eot.de

Österreich
Opernring 8
1010 Wien
Tel. 015 12 53 17
Fax 015 13 91 89
E-Mail grect@vienna.at

Griechisches Festland
Die meisten größeren Städte auf dem Festland besitzen regionale Informationsbüros:

Hauptbüro der GNTO in Athen
Tsocha 7,
Tel. 21 08 70 70 00,
E-Mail info@gnto.gr,
Unter der gleichen Adresse gibt es ein Besucherzentrum; daneben Informationsschalter in der Ankunftshalle des Flughafens von Athen, Tel.210 35 30 44 58 und an der Zea Marina in Piräus, Tel. 428 41 00.
Thessaloníki Voujgari 50, Tel. 23 10 32 77 37
Olympia Praxitelous Kondili, Tel. 262 10 23 10 02 31 25

Griechische Inseln
Korfu Rizospaston Vouleuton & Iakovou Polyla, Korfu Stadt, Tel. 26 61 03 75 20
Kreta Marina Agiou Nikolaou, 72100 Agios Nikolaos, Tel. 28 41 08 23 84
Rhodos Archiepiskopou Makariou und Papagou, 85 100 Rhodos Stadt, Tel. 22 41 02 32 55
Samos 25th March 4, 83100 Samos, Tel. 22 73 02 85 82
Kos Akti Miaouli 2, 85300 Kos, Tel. 22 42 02 92 00

IM NOTFALL

Sicherheit & Polizei

Griechenland ist eines der sichersten Länder und Sie dürften mit Verbrechen keine Probleme haben. In den letzten Jahren haben kleinere Diebstahldelikte jedoch zugenommen. Führen Sie Geld und Wertsachen also in einem Geldgürtel mit sich oder lassen Sie sie im Hotelsafe. In Athen gibt es nur wenige Viertel, die man meiden sollte, und in Touristengebieten sollten Sie auch nachts keine Probleme bekommen. Die griechischen Straßen sind ohnehin bis spät in die Nacht voller Menschen.

Allein reisende Frauen mögen von jungen Griechen, sogenannten *kamaki* (Harpunisten), angesprochen werden. Die meisten lassen Sie in Ruhe, wenn Sie Ihr Desinteresse deutlich signalisieren. Wenn Sie belästigt werden, bitten Sie andere Griechen um Hilfe. Die meisten mögen dieses Verhalten auch nicht. Wenn Sie Hilfe brauchen, rufen Sie die **Touristenpolizei** unter **171** von einer Telefonzelle in Athen an. Außerhalb Athen hat die Touristenpolizei andere Nummern.

Notrufnummern

Notrufe von Telefonzellen aus sind kostenlos. Unter der **europaweiten Notrufnummer 112** erreichen Sie auch in Griechenland schnell Hilfe.

Medizinische Notfälle: In Athen wählen Sie **166** oder **171** für die Touristenpolizei. In anderen Orten rufen Sie mit **166** einen Krankenwagen *(asthenoforo)* oder mit **100** die als *ekato* (d. h. „100") bekannte Polizeiabteilung, die sich um Feuer und medizinische Notfälle kümmert.
Feuer *(fotya)*: **199**
Pannendienste: 104 00 (Notrufnummer der ELPA, des wichtigsten griechischen Straßenverkehrsklubs mit Abschleppdienst). An Autobahnen stehen in regelmäßigen Abständen Notruftelefone.

Botschaften & Konsulate

Deutschland

(Botschaft)
Karaoli & Dimitriou 3
10675 Athen
Tel. 21 07 28 51 11,
Fax 21 07 28 53 35

Österreich

Vasilissis Sofias 4
10674 Athen
Tel. 21 07 25 72 70, Fax
725 72 92

Schweiz

Iassiou 2, 11521 Athen
Tel. 21 07 23 03 64, Fax
724 92 09

Regionale Konsulate
gibt es für Deutschland in
Patras: Tel. 26 10 31 02 10
Thessaloniki: Tel. 23 10 25 11 20
Volos: Tel. 24v21 03 59 88
Korfu: Tel. 26 61 03 68 16
Kreta: Chania Tel. 28 21 06 88 76
Heraklion: Tel. 28 10 22 62 88;
Rhodos: Tel. 22 41 03 71 25
Samos: Tel. 22 73 02 52 70

Konsulate für die Schweiz
Thessaloniki: Tel. 23 10 28 22 14
Korfu: Tel. 266 108 11 51
Rhodos: Tel. 69 32 47 10 08
Patras: Tel. 26 10 27 76 88

Fundsachen

Wenn Sie etwas verloren haben, stehen die Chancen, es wiederzubekommen sehr gut, da die meisten Griechen extrem ehrlich sind. Wenn Sie sich nicht mehr erinnern, wo Sie etwas verloren haben, melden Sie den Verlust der Hotelleitung oder rufen Sie die Touristenpolizei an. Sie brauchen in jedem Fall eine Anzeige, wenn Sie den Schaden ersetzt bekommen wollen.

Gesundheit

Für Griechenland gibt es keine vorgeschriebenen Impfungen, aber Ihr Tetanus- und Polio-Schutz sollte wirksam sein.

Leitungswasser ist gechlort und kann getrunken werden. In den trockenen Sommermonaten ist es aber besser, das (günstige) abgefüllte Wasser zu trinken.

Medizinische Versorgung

Griechische Apotheker sind gut ausgebildet und häufig mehrsprachig. Mit kleineren Beschwerden ist man bei ihnen gut aufgehoben. Halten Sie Ausschau nach dem Zeichen mit dem roten Kreuz oder fragen Sie nach der *farmakio.*

In den meisten Städten existieren Gesundheitszentren mit Schildern in Griechisch und Englisch. Sie haben meist nur von 8 bis 12 Uhr geöffnet. Wenn Sie länger im Krankenhaus bleiben müssen, sollten Sie sich privat behandeln lassen, weil dies besser als die einfache staatliche Versorgung ist (die Sie ebenfalls bezahlen müssen). Eine Krankenversicherung ist also unverzichtbar. In den meisten größeren Dörfern praktizieren Ärzte, die gut ausgebildet sind und meist Englisch sprechen. Sie kennen die üblichen Touristenbeschwerden und werden sich bemühen, Ihnen zu helfen.

Zahnärztliche Behandlungen müssen bezahlt werden, sollten also von Ihrer privaten Krankenversicherung abgedeckt werden. Die Touristenpolizei oder Ihr Hotel nennen Ihnen den nächstgelegenen Zahnarzt. Lassen Sie Ihre Zähne aber vor Ihrer Abreise untersuchen.

Gefahren

Sie sollten sich mit Sonnenschutzmitteln mit hohem Lichtschutzfaktor vor Sonnenbrand schützen. Seien Sie bei Kindern besonders vorsichtig. Tragen Sie einen Hut und trinken Sie viel (keinen Alkohol). Nehmen Sie Ihr Essen mit Salz.

Beim Schwimmen sollten Sie sich vor Quallen und Seeigeln, die an Felsküsten häufig vorkommen, in Acht nehmen. Tragen Sie leichte Schuhe. Wenn Sie in einen Seeigel treten, müssen alle Stacheln entfernt werden. Bitten Sie Einheimische um Hilfe oder suchen Sie eine Apotheke auf. Quallen sind weniger häufig, und nicht alle sind giftig. Wenn Sie aber von einer verbrannt werden, sollten Sie auch eine Apotheke aufsuchen. Ammonium (Urin) hilft im Notfall in beiden Fällen.

Mücken stören an vielen Orten, es sind aber keine Malariamücken. Es gibt einige wenige Skorpione, die man, ebenso wie Schlangen, aber selten zu Gesicht bekommt. Solange Sie vorsichtig sind und keine Steine umdrehen oder Stöcke in Löcher stecken, werden Sie vermutlich nie welche sehen. Berühren Sie keine streunenden Hunde und gehen Sie sofort zum Arzt, wenn Sie gebissen werden.

HOTELS & RESTAURANTS

Mit Ausnahme der besten Fünf-Sterne-Hotels sind Hotelzimmer in Griechenland für den westlichen Gast relativ günstig. Der Standard ist sehr unterschiedlich. Es existiert zwar ein griechisches Einstufungssystem, es ist aber keine ideale Hilfe. Verwerfen Sie Hotels der unteren Kategorie nicht einfach. Manche von ihnen sind makellos sauber und liegen sehr schön, mögen aber Extras wie Minibars oder Satelliten-TV vermissen lassen. Im Sommer ist es besonders in den beliebten Touristengegenden unerlässlich, im Voraus Zimmer zu reservieren, weil viele von Reisegesellschaften in Beschlag genommen werden. Außerhalb dieser Gegenden und der Hochsaison (Juli/August) ist es meist kein Problem, eine akzeptable Unterkunft zu finden.

Ein Restaurantbesuch ist eines der größten Vergnügen in Griechenland. Die meiste Zeit des Jahres kann man draußen essen, und es gibt immer frischen Fisch und frisches Fleisch, das man einfach gegrillt abends wunderschön an einem Tisch direkt am Meer essen kann. Die Griechen sind sehr gastfreundlich und die meisten Restaurants und Tavernen sehr stimmungsvoll. Wie bei Hotels kann auch hier der Augenschein täuschen. Sie können in einer kleinen Familientaverne in einer Seitenstraße, in der der Mann bedient und die Frau kocht, u. U. genauso gut essen wie in einem scheinbaren Spitzenrestaurant, dessen Küche sich auf Touristen spezialisiert hat.

Unterkunft

Das staatliche Bewertungssystem klassifiziert Hotels und andere Unterkünfte von A bis E, was in etwa dem Fünf-Sterne-System entspricht. Es gibt zusätzlich eine De-Luxe-Kategorie. Der Preis richtet sich nach der Kategorie. Die Häuser werden jährlich inspiziert und klassifiziert. Die Bewertung wird ernst genommen. Alle Hotels müssen in jedem Zimmer einen offiziellen Hinweis auf ihre Bewertung, den Zimmerpreis in den unterschiedlichen Jahreszeiten und für unterschiedlich viele Gäste sowie darauf anbringen, ob Frühstück inklusive ist oder nicht. Wenn Sie keinen solchen Hinweis finden, hält sich das Hotel nicht an die Regeln. Früh im Jahr findet man häufig noch das Zeichen des Vorjahres, bis die neuen da sind.

Einchecken

Wenn Sie ohne Reservierung ein Zimmer mieten wollen, ist es in Griechenland üblich, zuerst darum zu bitten, sich das Zimmer ansehen zu dürfen. Wenn Sie einchecken, müssen Sie für die Bücher des Hotels Ihren Pass oder Personalausweis vorlegen. Sie erhalten ihn in der Regel innerhalb eines Tages zurück.

Das Frühstück ist manchmal im Preis inbegriffen und manchmal nicht. Teurere Hotels haben meist ein reichhaltiges Frühstücksbuffet mit Säften, frischem Obst, Joghurt und Honig, Zerealien, Eiern, Käse, kaltem Fleisch und verschiedenen Brotsorten. In einfacheren Häusern sind es häufig nur ein paar Scheiben kalter Toast und Kaffee. In nahe gelegenen Cafés ist die Auswahl größer.

Abreise

Die meisten Hotels akzeptieren die gängigen Kreditkarten. Gehen Sie aber nicht davon aus, dass Sie überall mit Karte zahlen können. Manche kleinere Familienbetriebe akzeptieren nur eine bestimmte Karte oder gar keine und wollen stattdessen Schecks, Reiseschecks oder Bargeld.

Restaurants

Es gibt kein griechisches Einstufungssystem für Restaurants. Unscheinbare Restaurants können wunderbar und spektakulär aussehende grauenhaft sein. Lokale, die vor Ihrer Tür Kundenfänger einsetzen, sollte man meiden, weil man so keine Griechen, sondern nur ausländische Gäste anlocken will, die nicht wiederkommen. Seien Sie also vorsichtig, auch wenn diese Regel nicht immer gilt.

Viele Restaurants in Touristengegenden erlauben keine Reservierung, weshalb Sie in der folgenden Liste manchmal keine Telefonnummer finden. Die meisten Lokale sind erweiterbar; man bringt einfach einen zusätzlichen Tisch, wenn die Kapazität nicht gerade völlig erschöpft ist. In diesem Fall wird man Ihnen sagen, wie lange Sie auf einen freien Tisch warten müssen. Daher sind auch keine Angaben zu den Plätzen in Restaurants aufgeführt.

In Griechenland gibt es unterschiedliche Arten von Esslokalen. Restaurants *(estiatorio)* sind feiner und Tavernen lockerer. In einer Taverne isst man u. U. von Papiertischdecken. In entlegeneren Gegenden kann es Ihnen passieren, dass der Kellner auch die Rechnung darauf schreibt. Es gibt auch *psarotavernes*, die auf Fisch spezialisiert sind und *psistaries*, deren Spezialität Gerichte vom Grill sind.

Essenszeiten

Wie andere Mittelmeervölker essen die Griechen spät. Das Mittagessen beginnt normalerweise nicht vor 14 Uhr und das Abendessen u.U. sogar erst um 21 oder 22 Uhr. Die meisten Restaurants, die sich an Ausländer wenden, öffnen aber viel früher.

Parkplätze

Kaum ein griechisches Restaurant besitzt einen eigenen Parkplatz. In Athen und anderen Großstädten wäre es ohnehin Wahnsinn zu fahren. Nehmen Sie also ein Taxi oder gehen Sie zu Fuß. In kleineren Städten und auf Inseln finden sich meist genug Parkplätze an der Straße, und die Griechen nehmen es nicht so genau. Daher werden keine Angaben zum Parken gemacht.

Kreditkarten

Sie müssen wissen, dass nicht alle Restaurants Kreditkarten akzeptieren. Die Griechen zahlen sowieso lieber bar, und da das Essen meist nicht teuer ist, sollte Barzahlung kein Problem sein. Abkürzungen: AmEx (American Express), DC (Diners Club), MC (MasterCard/Eurocard) und V (Visa).

Einrichtungen für Behinderte

Die wenigsten Restaurants besitzen Einrichtungen für Behinderte, weil sie schon lange in alten Gebäuden existieren. Aber die Griechen sind wunderbar hilfsbereit, und das Personal wird Ihnen helfen. Rufen Sie einfach vorher an und fragen Sie.

Ruhezeiten im Winter oder Sommer

Eine ganze Reihe von Restaurants, besonders in Athen, hat im August und manchmal noch länger geschlossen, um der Sommerhitze zu entgehen, wenn viele ihrer athenischen Gäste die Stadt für einen Inselurlaub verlassen. Manche Restaurants haben Filialen auf Inseln, die sie in den Sommermonaten öffnen, bevor sie für den Winter nach Athen zurückkehren. Viele Insel-Restaurants sind daher im Winter geschlossen. Genaue Angaben sind hier nicht möglich, weil sich die Verhältnisse ändern, aber wo möglich, werden Hinweise zu Ruhezeiten gegeben.

In der folgenden Auswahl werden zu den einzelnen Orten zuerst die Hotels aufgeführt – geordnet nach Preiskategorien und innerhalb jeder Kategorie in alphabetischer Reihenfolge –, danach, auf ähnliche Weise, die Restaurants.

M = Mittags A = Abends

ATHEN

Wie zu erwarten, herrscht in Athen die größte Auswahl mit internationaler und der besten griechischen Küche. Die Plaka ist eine populäre Essgegend. Es gibt hier jedoch eine Reihe mieser Lokale, die sich nur an den durchreisenden Ausländer wenden, daneben aber exzellente und authentische griechische Restaurants. In der Nähe bietet der neuerdings sehr beliebte Bezirk Psirri (nördlich vom Monastiraki-Platz und westlich der Athinas) eine große Auswahl echter griechischer Esslokale, obwohl Sie hier Ihren Sprachführer brauchen werden.

HOTELS

DER BESONDERE TIPP

GRANDE BRETAGNE
€€€€€
CONSTITUTION SQUARE
TEL. 21 03 33 00 00
www.grandebretagne.gr
Athen bekanntestes Hotel, direkt am Syntagma-Platz, wurde 1864 gebaut. Es besitzt noch seine alte Eleganz, bietet im Innern aber marmorne Interieurs, einen Pool, moderne Infrastruktur für Geschäftsreisende, einen Blick auf die Skyline und ein Spitzenrestaurant. Zu den illustren Gästen gehörten Winston Churchill, der hier gegen Ende des Zweiten Weltkriegs logierte, und Gäste von König Otto, dem ersten König Griechenlands, als das nahe gelegene Parlamentsgebäude noch der Königliche Palast war. Die oberen Zimmer nach vorne heraus mit spektakulärem Blick auf die Akropolis sind besonders begehrt.
320 Syntagma
Alle gängigen Kreditkarten

HILTON
€€€€€
VASILISSIS SOFIAS 46
TEL. 21 07 28 10 00
www3.hilton.com
Der typische hohe (Preis-) Standard eines Hilton, aber mit athenischer Prägung. Sie werden die feinen Restaurants genießen. Man trifft sich zum Kaffee in Salons. Bequem für den Syntagma-Platz, das Benaki-Museum und die Nationalgalerie, aber nicht die Plaka.
453 Evangelismos
Alle gängigen Kreditkarten

KING GEORGE PALACE
€€€€€
PLATEIA SYNTAGMA
TEL. 21 03 22 22 10
www.kinggeorgepalace.com

PREISKATEGORIEN

HOTELS

Einen Hinweis auf die Preise für ein Doppelzimmer ohne Frühstück geben die €-Symbole:

€€€€€	über 240 €
€€€€	160–240 €
€€€	110–160 €
€€	70–110 €
€	unter 70 €

RESTAURANTS

Einen Hinweis auf die Preise für ein Drei-Gänge-Menü ohne Getränke geben die folgenden €-Symbole:

€€€€€	über 65 €
€€€€	50–65 €
€€€	30–50 €
€€	20–30 €
€	unter 20 €

Seit dem Umbau zum Luxusstandard verdrängt es das benachbarte Grande Bretagne als das Hotel in Athen. Das Haus bietet ein tolles Spa, klassisch und komfortabel designte Zimmer, das Tudor-Hall-Restaurant, dessen Blick auf die Akropolis nur durch das superbe Essen getoppt wird (Küchenchef lernte bei Alain Ducasse) und zuvorkommendes Personal.

101 Syntagma Alle gängigen Kreditkarten

ST. GEORGE LYKAVITTOS

€€€€€

KLEOMENOUS 2

TEL. 21 07 29 07 11

www.sglycabettus.gr

Sehr praktisches und komfortables Luxushotel im beliebten Bezirk Kolonaki. Hochgelobtes Dachrestaurant mit schönem Blick auf die nächtliche Stadt.

154 Syntagma P Alle gängigen Kreditkarten

ANDROMEDA ATHEN

€€€€

TIMOLEONDOS VASSOU 22

TEL. 21 06 41 50 00

www.andromedahotels.gr

Luxushotel in ruhiger Straße mit Computer und Fax nach Bedarf, besonders für Geschäftsleute geeignet.

42 Evangelismos P Alle gängigen Kreditkarten

ATHENAEUM INTER-CONTINENTAL

€€€€

LEOFOROS SYNGROU ANDREA 89–93

TEL. 21 09 20 60 00

www.ichotelsgroup.com

Superbes Haus der Inter-Continental-Kette. Gemälde und Skulpturen moderner griechischer Künstler in Gemeinschaftsräumen verleihen ihm einen griechischen Charakter. Läden, Bars und Restaurants. Kurzer Fußweg ins Stadtzentrum.

520 P Alle gängigen Kreditkarten

DIVANI CARAVEL

€€€€

LEOFOROS VASILEOS ALEXANDROU 2

TEL. 21 07 20 70 00

www.divanis.com

Sehr feines und modernes Hotel, wegen seiner guten Infrastruktur bei Geschäftsreisenden beliebt. Mehrere Restaurants. Kurzer Fußweg oder Taxifahrt ins Stadtzentrum.

470 Evangelismos P Alle gängigen Kreditkarten

DIVANI PALACE ACROPOLIS

€€€€

PARTHENONAS 19–23

TEL. 21 09 22 29 45

www.divanis.com

Eines der schicksten modernen Hotels in der Innenstadt mit geräumiger marmorner Rezeptionszone und De-Luxe-Zimmern. Ebenfalls nahe der Innenstadt und Akropolis sowie guten Restaurants.

253 P Alle gängigen Kreditkarten

OCHRE AND BROWN

€€€€

LEOKORIOU 7

TEL. 21 03 31 29 50

www.oandbhotel.com

Psirri ist nun noch angesagter nach der Eröffnung dieses schicken Designerhotels, das solche Extras bietet wie kostenlose Parkplätze (ein Segen in Athen Zentrum), DVD-Player, Begrüßungschampagner und die Aufmerksamkeit des Personals, die nur möglich ist, wenn man nur 11 Zimmer bewirtet.

11 Thissio P Alle gängigen Kreditkarten

PERISCOPE

€€€€

HARITOS 22

TEL. 21 07 29 72 00

Natürlich steht ein Periskop am Eingang, eines der skurrilen Akzente dieses intimen Boutique-Hotels in Kolonaki und jedes Teil so schick wie die Nachbarschaft. Hier wohnen viele Geschäftsreisende, die sowohl Charakter als auch High-Tech-Ausstattung suchen und es legt die Messlatte für Hotelstandards in Athen höher.

21 Evangelismos/Syntagma Alle gängigen Kreditkarten

BABY GRAND

€€€

ATHINAS 65

TEL. 21 03 25 09 00

Stylishes und witziges neues Hotel mit gutem Restaurant, Meat Me, und der ersten Champagnerbar in Athen. Einige Räume wurden von lokalen Künstlern gestaltet, fragen Sie nach dem Spiderman-Zimmer.

76 Omonia Alle gängigen Kreditkarten

DORIAN INN

€€€

PIREOS 15–19

TEL. 21 05 23 97 82

www.dorianinnhotel.com

Sehr feines Hotel am Omonia-Platz in der Nähe der kürzlich eröffneten U-Bahn-Linie. Zentral gelegen und bequem für das Archäologische Nationalmuseum. Vom Dachgarten schöner Blick auf die Akropolis.

146 Omonia P Alle gängigen Kreditkarten

ELECTRA PALACE

€€€

NIKODIMOU 18-20

TEL. 21 03 37 00 00

www.electrahotels.gr

Luxushotel direkt in der Plaka mit Dachpool und Blick auf die Akropolis. Alle Zimmer mit Fernsehen, Telefon und Minibar. Sehr komfortabel und in fußläufiger Entfernung zum Syntagma-Platz und den wichtigsten Sehenswürdigkeiten.
106 Syntagma Alle gängigen Kreditkarten

HERODION
€€€
ROVERTOU GKALLI 4
TEL. 21 09 23 68 32
Gutes Hotel an der Südseite der Akropolis. Fern der Plaka, aber mit mehreren hochgelobten Restaurants in der Nähe. Alle Zimmer mit Fernsehen und Telefon. Die Dachterrasse blickt auf das Parthenon.
90 Alle gängigen Kreditkarten

HOLIDAY INN
€€€
MICHALAKOPOULOU 50
TEL. 21 06 68 90 00
www.hiAthen.com
Im Bezirk Ilisia etwas außerhalb der Innenstadt gelegen, entschädigt dieses komfortable Hotel für Geschäftsreisende durch die übliche gute Ausstattung eines Holiday Inn, u. a. Dachpool und mehrere Restaurants.
188 Alle gängigen Kreditkarten

LEDRA MARRIOTT
€€€
SINGROU 115
TEL. 21 09 30 03 30
www.ellada.net/Ledra-Marriott
Eines der besten Hotels der Marriot-Kette. Helle und geräumige Zimmer, umfangreiche Ausstattung, nahe der Innenstadt. Lassen Sie sein gerühmtes Restaurant **Kona Kai** nicht aus
258 Alle gängigen Kreditkarten

ROYAL OLYMPIC
€€€
ATHANASIOU DIAKOU 28-34
TEL. 21 09 28 84 00
www.royalolympic.com
Günstige Lage nahe der Akropolis und mit Blick über die Ruinen des Tempels des Olympischen Zeus und den Hadriansbogen. Das Hotel sieht von außen unscheinbar aus, aber seine Ausstattung ist exzellent und die Zimmer sind geräumig.
304 Syntagma Alle gängigen Kreditkarten

TITANIA
€€€
PANEPISTIMIOU 52
TEL. 21 03 32 60 00
www.titania.gr
Riesiges Hotel mit hohem Standard. In der Nähe des Omonia-Platzes und in fußläufiger Entfernung von Plaka und Archäologischem Nationalmuseum. Gut ausgestattete Zimmer; Dachbar mit Blick auf die Akropolis.
396 Omonia Alle gängigen Kreditkarten

FRESH
€€–€€€
SOFOKLEOUS 26
TEL. 21 05 24 85 11
www.freshhotel.gr
Eines der neueren Boutique-Hotels in Athen mit starkem Design und relaxter, schicker Atmosphäre, angesagtem Bar-Restaurant und schönem Pool auf der 9. Etage.
133 Omonia Alle gängigen Kreditkarten

ACHILLEAS
€€
LEKKA 21
TEL. 21 03 23 31 97
www.achilleashotel.gr
Frisch renoviertes preiswertes Hotel, sehr nahe am Syntagma-Platz. Alle Zimmer mit Bad, geräumig, luftig und sauber und mit Balkon und Telefon.

PREISKATEGORIEN

HOTELS

Einen Hinweis auf die Preise für ein Doppelzimmer ohne Frühstück geben die €-Symbole:

€€€€€	über 240 €
€€€€	160–240 €
€€€	110–160 €
€€	70–110 €
€	unter 70 €

RESTAURANTS

Einen Hinweis auf die Preise für ein Drei-Gänge-Menü ohne Getränke geben die folgenden €-Symbole:

€€€€€	über 65 €
€€€€	50–65 €
€€€	30–50 €
€€	20–30 €
€	unter 20 €

Lassen Sich sich nicht vom einfachen Äußeren täuschen – im 1. Stock gibt es einen schönen Speisesaal.
34 Syntagma Alle gängigen Kreditkarten

ACROPOLIS VIEW
€€
10 GKALLI AT WEBSTER ST.
TEL. 210 92 17 30 35
E-MAIL AV_HOTEL@OTENET.GR
www.acropolisview.net
Gutes bezahlbares besseres Hotel an der Südseite der Akropolis mit tollem Blick. Alle Zimmer mit Telefon. Ruhige Lage nahe dem Philopappos-Hügel.
32 AmEx, MC, Visa

ATHEN ACROPOLE
€€
DIM. GOUNARI 7, PIRAEUS
TEL. 21 04 17 33 13
E-MAIL AHOTEL@OTENET.GR
www.acropole-hotel.gr
Dieses große preiswerte Hotel nahe dem Omonia-Platz ist renoviert worden. Saubere

Zimmer, alle mit Telefon. Bar, Restaurant und Salons.
167 Omonia
Alle gängigen Kreditkarten

EXARCHION
€
THEMISTOKLEOUS 55
TEL. 21 03 80 07 31
E-MAIL INFO@EXARCHION.COM
www.exarchion.com
Günstiges Hotel in der Nähe des Archäologischen Nationalmuseums im lebhaften Studentenviertel Exarchia. Viele Zimmer mit Balkon. Außerdem Speisezone und Bar auf dem Dach.
49 Omonoia

LA MIRAGE
€€
KOTOPOULI 3
TEL. 21 05 23 47 55
Am Omonia-Platz, aber vor dem Lärm geschützt. Alle Zimmer mit Telefon und Minibar. Gutes Beispiel eines C-Klasse Hotels. Restaurant, Bar und Salons. Für die zentrale Lage recht günstige Preise.
192 Omonia
Alle gängigen Kreditkarten

NEFELI
€€
YPERIDOU 16
TEL. 210 32 28 04 40 45
www.hotel-nefeli.com
Kleiner Familienbetrieb mit Stammgästen. Günstig, freundlich, modern und makellos sauber, obwohl einige Zimmer recht klein sind. Liegt nicht weit von Plaka und Innenstadt.
18 Syntagma
AmEx, V

PHILLIPOS
€€
MITSEON 3
TEL. 21 09 22 36 11
E-MAIL PHILIPPOS@HERODION.GR
www.philipposhotel.gr
Gute Mittelklasse-Option im Bezirk Makriyanni, südlich der Akropolis und nahe mehrerer ausgezeichneter Restaurants. Alle Zimmer mit Telefon und Fernsehen.
50 Alle gängigen Kreditkarten

PLAKA
€€
KAPNIKAREAS 7
TEL. 21 03 22 27 06
E-MAIL PLAKA@TOURHOTEL.GR
www.plakahotel.gr
Etwas teureres Haus in der Plaka. Schick, sauber, modern und mit freundlichen Zimmern und Gemeinschaftsräumen. Sehr gute Lage nahe der Mitropoleos. Einige Zimmer – und Dachgarten – mit Blick auf die Akropolis.
67 Monastiraki
Alle gängigen Kreditkarten

ACROPOLIS HOUSE
€
KODROU 6
TEL. 21 03 22 62 41
E-MAIL HOTEL@ACROPOLISHOUSE.GR
www.acropolishouse.gr
Günstiger Familienbetrieb in der Plaka in Haus aus dem 19. Jahrhundert. Gut in Schuss. Für diejenigen, die Charme und Charakter modernem Komfort vorziehen (manche Zimmer ohne Badewanne).
19 Syntagma
V

ADONIS
€
KODROU 3
TEL. 21 03 24 97 41
E-MAIL INFO@HOTEL-ADONIS.GR
www.hotel-adonis.gr
Gutes billiges Hotel in Fußgängerzone direkt an der Grenze zur Plaka und nicht weit vom Syntagma-Platz. Hilfsbereites Personal; Frühstücksraum und Bar mit Blick auf die Akropolis. Viele Stammgäste.
20 Syntagma

CAROLINA
€
KOLOKOTRONI 55
TEL. 21 03 24 35 51
E-MAIL INFO@HOTELCAROLINA.GR
www.hotelcarolina.gr
Das Hotel hat bessere Tage gesehen, ist aber völlig in Ordnung, wenn die Mittel begrenzt sind. Die meisten Zimmer sind klein, aber sauber. Bequemer, zentraler Stützpunkt.
31 Monastiraki
AmEx, MC, V

CECIL HOTEL
€
ATHINAS 39
TEL. 21 03 21 70 79
E-MAIL INFO@CECIL.GR
www.cecilhotel.gr
Retro-Interieur mit Käfigfahrstühlen. Der Dachgarten bietet einen tollen Ausblick auf die Akropolis. Das Hotel wird von einem netten Brüderpaar geführt.
40 Monastiraki
Alle gängigen Kreditkarten

KOUROS
€
KODROU 11
TEL. 21 03 22 74 31
Billiges Haus in einer Straße mit mehreren kleinen Hotels. Ideale Lage – ruhig, aber nur wenige Schritte vom Herzen der Plaka. Keine Kinkerlitzchen, aber saubere und anständige Zimmer. Das Hotel war früher ein Herrenhaus.
10 Syntagma
Keine Kreditkarten

MARBLE HOUSE PENSION
€
ZINNI 35
TEL. 21 09 22 82 94
E-MAIL INFO@MARBLEHOUSE.GR
www.marblehouse.gr

Freundliches, günstiges kleines Hotel in ruhiger Lage in fußläufiger Entfernung von der Südseite der Akropolis. Manche Zimmer mit von Weinreben umrankten Balkonen. Besitzer extrem hilfsbereit.

16 Keine Kreditkarten

MUSEUM HOTEL
€
BOUBOULINAS 16
TEL. 21 03 80 56 11
E-MAIL INFO@MUSEUM-HOTEL.GR
www.museum-hotel.gr

Hinter dem Archäologischen Museum mit Blick über seinen Garten. Ruhig und gut in Schuss. Preiswerte Alternative, wenn Sie in dieser Gegend logieren möchten. Alle Zimmer mit Telefon.

93 Omonia AmEx, DC, V

ORION
€
EMMANUEL BENAKI 105
TEL. 21 03 82 73 62
www.orion-dryades.com

Sehr billig, aber völlig in Ordnung, wenn Ihre Reisekasse begrenzt ist und Ihnen ein langer Fußweg zur nächsten U-Bahn-Station (Omonia) nichts ausmacht. Im lebhaften Studenten-Bezirk Exarchia.

23 Omonia Keine Kreditkarten

RESTAURANTS

BOSCHETTO
€€€€
EVANGELISMOS PARK
TEL. 21 07 21 08 93

Dieses nette italienische Lokal im Evangelismos-Park an der Grenze von Kolonaki serviert modische Gerichte und frische Pasta. Es verwendet Zutaten, die in Griechenland und Italien gleichermaßen populär sind: Tintenfisch, Spinat, Zucchini, Käse.

Geschl. So, M im Winter & zwei Wochen im Aug. Alle gängigen Kreditkarten

VARDIS
€€€€
DELIGIANNI 66
TEL. 21 06 23 06 50

Dieses elegante französische Restaurant im Pentelikon Hotel in Kifisia serviert Hummer, *filet mignon*, weitere Fleischspeisen und Salate. Abends Klaviermusik. Teuer, aber sehr gut.

Kifisia Alle gängigen Kreditkarten

GB CORNER
€€€
GRANDE BRETAGNE HOTEL. CONSTITUTION SQUARE
TEL. 21 03 33 07 50

Dieses zum **Grande Bretagne Hotel** gehörende Restaurant mit einer Pianobar bietet gute traditionelle griechische Küche und europäische Gerichte.

Syntagma Alle gängigen Kreditkarten

GEROFINIKAS
€€€
PINDAROU 10
TEL. 21 03 63 67 10

Ausgezeichnete Speisen mit starkem zentralasiatischen Einfluss. Schick und abgelegen.

Syntagma Geschl. an Feiertagen Alle gängigen Kreditkarten

KIKU
€€€
DIMOKRITOU 12
TEL. 21 03 64 70 33

Eines der besten, aber auch teuersten japanischen Restaurants Athen mit Sushi und Sashimi, das von japanischen Köchen zubereitet wird. Liegt in Kolonaki. Wendet sich mehr an Diplomaten und Geschäftsleute als an Touristen.

Syntagma Geschl. So M & Hochsommer Alle gängigen Kreditkarten

PREISKATEGORIEN

HOTELS

Einen Hinweis auf die Preise für ein Doppelzimmer ohne Frühstück geben die **€**-Symbole:

€€€€€	über 240 €
€€€€	160–240 €
€€€	110–160 €
€€	70–110 €
€	unter 70 €

RESTAURANTS

Einen Hinweis auf die Preise für ein Drei-Gänge-Menü ohne Getränke geben die folgenden **€**-Symbole:

€€€€€	über 65 €
€€€€	50–65 €
€€€	30–50 €
€€	20–30 €
€	unter 20 €

KONA KAI
€€€
SYNGROU 115
TEL. 21 09 30 00 74

Dieses Restaurant im **Ledra Marriot Hotel** hat sich auf polynesische Küche spezialisiert (Dekor so exotisch wie das Essen). Aber auch japanische Karte. Sehr beliebt. Reservierung wird also empfohlen.

Geschl. So M & Mitte Aug. Alle gängigen Kreditkarten

L'ABREUVOIR
€€€
XENOKRATOUS 51
TEL. 21 07 22 91 06

Gehobenes französisches Restaurant in Kolonaki, wo Pavarotti und andere Promis schon zu Gast waren. Elegante Einrichtung und ebensolche Speisen: Spezialität sind Steaks. Umfangreiche, teure Weinkarte.

Syntagma Alle gängigen Kreditkarten

MAMACAS

€€€

PERSEPHONIS 41

TEL. 21 03 46 49 84

Das Essen im Mamacas lockte die Athener schon vor Jahren in den damals unattraktiven Gazi-Bezirk und die Wandlung der Gegend ist nicht zuletzt Häusern wie diesem zu verdanken. Man serviert traditionelle Küchenklassiker wie Hackbällchen und gefüllte Paprika, aber himmlisch gut. Bis spät in die Nacht geöffnet, ist die Bar ist ein beliebter Platz.

Keramikos Geschl. Mo Alle gängigen Kreditkarten

MELROSE

€€€

ZOSIMADOU 16

TEL. 21 08 25 16 27

Athen bestes pazifisches Restaurant, mit tollen Fischgerichten wie Lachs, Thunfisch, Krebs und Hummer, in schicker Umgebung und mit makellosem Service.

Omonia Geschl. M, So & Aug. Alle gängigen Kreditkarten

PIL POUL

€€€

APOSTOLOU PAVLOU/ POULOPOULOU

TEL. 21 03 42 36 65

Die Bezirke Theseion und Psirri sind die Heimat guter, moderner griechischer Lokale. Dieses beliebte Restaurant bietet auch einen Blick auf die Akropolis.

Thissio Geschl. So A Alle gängigen Kreditkarten

ORIZONTES (HORIZONS)

€€€

LYCAVITTOS HILL, KOLONAKI

TEL. 21 07 22 70 65

Schick speisen auf dem Lykavittos, dem höchsten Punkt oberhalb der Stadt. Zu erreichen über die Standseilbahn an der Ecke Ploutarchou/Aristippou (9 Uhr–Mitternacht).

Syntagma Alle gängigen Kreditkarten

HERMION

€€

PANDROSSOU 15

TEL. 21 03 24 71 48

Etabliertes Restaurant nahe am Flohmarkt mit Speisesaal und schönem Hofbereich. Exzellenter Service und griechische Lieblingsspeisen zu moderaten Preisen.

Monastiraki Alle gängigen Kreditkarten

IDEAL

€€

LEOFOROS ELEFTHERIOU VENIZELOU 46

TEL. 21 03 30 30 00

Schickes Restaurant mit aufmerksamem Personal und umfangreicher Karte, darunter „Trunkenbolds Leckerbissen" (Schwein in Tomatensoße mit Oliven, Zwiebeln, Champignons und Käse) oder Shrimps mit Feta.

Omonia Geschl. So Alle gängigen Kreditkarten

MEAT ME

€€

BABY GRAND HOTEL ATHINAS 65

TEL. 21 03 25 09 00

Traditionelle Tavernengerichte in moderner Atmosphäre und mit Stil in dem witzigen und günstigen Restaurant im Baby Grand Hotel.

Omonia Alle gängigen Kreditkarten

PALIA TAVERNA

€€

MARKOU MOUSOUROU 35

TEL. 21 07 52 23 96

Diese gegen Ende des 19. Jahrhunderts gegründete Taverne bleibt in Küche und Atmosphäre traditionell. Oft Musik, immer guter Service, Plätze drinnen und draußen und verlässliche Karte.

Geschl. So Alle gängigen Kreditkarten

PRUNIER

€€

YPSILANTOU 63

TEL. 21 07 22 73 79

Dieses französische Bistro in der Nähe des Hilton Hotel bietet eine romantische Umgebung mit typischer Bistro-Kost wie *coq au vin* und *escargots*. Auch einige exotischere Gerichte wie Wachtel in Oregano-Zitronen-Soße.

Syntagma Geschl. M & So Alle gängigen Kreditkarten

SHOLARHIO

€€

TRIPODON 14

TEL. 21 03 24 76 05

Dieses wunderbar einfache Lokal hat keine Karte. Vorspeisenplatten werden herumgereicht, Sie nehmen, was Sie mögen und bezahlen anteilig. Die Getränke sind ebenso einfach. Preiswerte und familiäre Atmosphäre und das Essen schmeckt.

Monastiraki Alle gängigen Kreditkarten

TO CAFENEIO

€€

LOUKIANOU 26

TEL. 21 07 22 90 56

Schickes, aber gemütliches Hotel in Kolonaki mit ausgezeichneten griechischen Spezialitäten wie Spinattaschen, überbackenen Auberginen, Zitronenhuhn und anderen Gerichten für eine internationale Kundschaft.

Syntagma Geschl. So Alle gängigen Kreditkarten

XINOS
€€
ANGELOU GERONTA 4
TEL. 21 03 22 10 65
Dieses Lokal in einer Seitenstraße in der Plaka, in die sich nur selten Touristen verirren, ist bei den Athenern sehr beliebt. Ausgezeichnetes Essen, spät abends Musik und reizende Plätze im Garten.
Syntagma Geschl. M, Sa–So & im Winter Alle gängigen Kreditkarten

BAKALARAKIA
€
KYDATHINAION 41
TEL. 21 03 22 50 84
Einfaches griechisches Essen in Athen angeblich ältester Taverne aus dem Jahr 1865. Gesalzener Kabeljau in Knoblauch ist die Spezialität, die dem Lokal den Namen gegeben hat.
Monastiraki Geschl. M im Hochsommer Keine Kreditkarten

BARBA YANNIS
€
EMMANUEL BENAKI 94
TEL. 21 03 30 01 85
Hier stehen die Menschen oft Schlange. Forscher Service und kleine Karte aus guten, deftigen Gerichten. Häufig spontan Musik.
Omonia Geschl. So A & Aug. Keine Kreditkarten

DER BESONDERE TIPP

EDEN
€
LYSSIOU 12
TEL. 21 03 24 88 58
Dies war das erste rein vegetarische Restaurant Athen. Fleischfreunde werden nichts vermissen. Das täglich frisch gebackene Brot ist sehr lecker. Ihre Kaffeetasse wird immer wieder nachgefüllt.
Monastiraki Geschl. Di Alle gängigen Kreditkarten

GURU
€
PLATEIA THEATROU 10, PSIRRI
TEL. 21 03 24 65 30
Im Erdgeschoss ein Thai-Restaurant, bekannt für gutes Essen und kreative Cocktails, mit Blick auf eine lebhafte Bar. Darüber eine entspannte asiatisch angehauchte Lounge im Zwischengeschoss, die zu einem Nachtklub führt.
Monastiraki Alle gängigen Kreditkarten

I SAITA
€
KYDATHINAION 21
Unprätentiöse Kellertaverne. Wein vom Fass, Wandgemälde und Standardkarte mit gelegentlichen leckeren Überraschungen wie Schweinefleisch in sahniger Selleriesoße.
Syntagma Geschl. M Keine Kreditkarten

KLIMATARIA
€
THEATROU SQUARE 2
TEL. 21 03 21 66 29
Jahrhundertealte Taverne in einer Nebengasse der Plaka mit einfachem Essen (Koteletts, Moussaka, Weinblätter), aber gut zubereitet und preiswert, manchmal abends Live-Musik.
Geschl. M Keine Kreditkarten

OUZERI SHOLARHEION (KOUKLIS)
€
TRIPODON 14
TEL. 21 03 24 76 05
Auch als To Yerani bekannt. Dieses beliebte Ouzo-Lokal konzentriert sich auf deftige *meze* (Snacks) wie *saganaki* (frittierter Käse), *Taramosalata*, Backfisch und in Ouzo gekochte Würste. Auch schöne Essterrasse.
Monastiraki Alle gängigen Kreditkarten

PREISKATEGORIEN

HOTELS

Einen Hinweis auf die Preise für ein Doppelzimmer ohne Frühstück geben die €-Symbole:

€€€€€	über 240 €
€€€€	160–240 €
€€€	110–160 €
€€	70–110 €
€	unter 70 €

RESTAURANTS

Einen Hinweis auf die Preise für ein Drei-Gänge-Menü ohne Getränke geben die folgenden €-Symbole:

€€€€€	über 65 €
€€€€	50–65 €
€€€	30–50 €
€€	20–30 €
€	unter 20 €

NEON
€
MITROPOLEOS 3
TEL. 21 03 22 81 55
Das Neon gehört zu einer Schnellrestaurant-Kette für Leute in Eile oder mit Kindern. Günstig, sauber, viele Plätze und internationale Karte mit Pasta, Steak, Huhn und einfachen griechischen Gerichten.
Syntagma Keine Kreditkarten

O PLATANOS
€
DIOGENOUS 4
TEL. 21 03 22 06 66
Ein bei Athenern beliebtes Lokal mit wenigen Zugeständnissen an Touristen. Es besitzt eine der besten Lagen in der Plaka. Im Sommer stehen draußen unter der Platane, die ihm den Namen gegeben hat, Tische.
Monastiraki Geschl. So Keine Kreditkarten

DER BESONDERE TIPP

SIGALAS

€

PLATEIA MONASTIRAKI 2

TEL. 21 03 21 30 36

Sigalas ist ungeschlagen, wenn Sie authentisch athenisch essen wollen. Es liegt direkt am lebhafen Monastiraki-Platz. Kellner in roten Pullovern schwirren herum. Einige sehen so aus, als ob sie seit der Gründung des Restaurants gegen Ende des 19. Jahrhunderts hier arbeiten. Ein lockeres Lokal voller Gelächter und Diskussionen. Alte Fotografien schmücken die Wände. Das Essen ist gute, günstige griechische Tavernenküche. Am Wochenende sollten Sie früh kommen.

Monastiraki Geschl. M Keine Kreditkarten

PIREAS

IDEAL

€

NOTARA 142

TEL. 21 04 29 40 50

www.ideal-hotel.gr

E-MAIL IDEAL@IDEAL-HOTEL.GR

Hotels in Piräus können teuer oder schäbig sein. Das Ideal in der Nähe des internationalen Fährhafens ist keines von beiden. Sehr saubere Zimmer. Lohnt die Voraus-Reservierung, wenn Sie eine Nacht in Piräus verbringen müssen.

31 Piräus (langer Fußweg)/Flughafenbus AmEx, V

LILIA

€

ZEAS 131

TEL. 21 04 17 91 08

E-MAIL INFO@LILIAHOTEL.GR

www.liliahotel.gr

Angenehme Lage fern des lärmigen Hafens. Saubere, komfortable Zimmer. Der nächste Hafen ist Zea Marina, von wo aus Tragflügelboote und Katamarane viele Ziele anfahren.

17 Piräus (von hier aus Taxi zu empfehlen)/Flughafenbus AmEx, V

ALLI SKALA

€€€

SERIFOU 57

TEL. 21 04 82 77 22

Ein vornehmes Restaurant mit schönem Innenhof, für Piräus aber nicht zu teuer. Die Karte bietet nicht nur Fisch, sondern auch Fleisch und ausgezeichnete Beispiele griechischer Hausmannskost.

Piräus Geschl. M Alle gängigen Kreditkarten

DOURAMBEIS

€€€

AKTI PROTOPSALTI 27

TEL. 21 04 12 20 92

Ein einfaches Restaurant, aber mit ausgezeichneten und teuren Gerichten aus frischen Fischen aus der Ägais, u.a. eine leckere Langustensuppe. 1932 gegründet. Eines der besten Restaurants in Piräus.

Piräus Alle gängigen Kreditkarten

VAROULKO

€€€

DELIYIORYI 14

TEL. 21 04 11 20 43

Moderne griechische und kontinentale Küche. Ungewöhnliche Karte mit Überraschungen, z.B. mit Fisch gefüllte Weinblätter. Seeteufel ist die Spezialität des Küchenchefs. Reservierung ist zu empfehlen.

Piräus Geschl. M, So & Aug. Alle gängigen Kreditkarten

ACHINOS

€€

AKTI THEMESTOKLEOUS 51,

TEL. 21 04 52 69 44

Dieses Bar-Restaurant auf zwei Ebenen liegt atemberaubend an der Steilküste, eine Art Piräus-Version von Santorin. Moderne mediterrane Küche mit einfachen und raffinierten Fischgerichten. Beeindruckende Weinkarte. Piräus Alle gängigen Kreditkarten

KOLLIAS

€€

STRATIGOU PLASTIRA 3

TEL. 21 04 62 96 20

Gelobtes Fischrestaurant in Piräus. Konventionelle (Makrele, Muscheln, Hummer) und ungewöhnliche Gerichte (Shrimp-Tomaten-Suppe, Skorpionfisch). Freundliches Personal, fantasievolle Karte.

Piräus Geschl. So, Aug. & M im Sommer Alle gängigen Kreditkarten

PLOUS PODILATOU

€€

AKTI KOUMOUNDOUROU 42, MICROLIMANO

TEL. 21 04 13 79 10

Einfallsreiche frische Meeresfrüchte direkt am Meer von Microlimano. Gute Auswahl an Weinen.

Piräus Alle gängigen Kreditkarten

VASILAINAS

€€

ETOLIKOU 72

TEL. 21 04 61 24 57

Wenn Sie nicht gerade den in ganz Griechenland teuren frischen Fisch wollen, finden sich auch in Piräus günstige Lokale. Diese Taverne ist in den 1930er Jahren gegründet worden und für ihre 16 Gerichte umfassende Karte bekannt.

Piräus Geschl. M & So Alle gängigen Kreditkarten

UM ATHEN

AKRA SOUNION

GRECOTEL CAPE SOUNION

€€€

KAP SUNION

TEL. 22 92 06 97 00

Herrlich gelegenes Fünf-Sterne-Resort-Hotel mit eigenem

Strand. Hinter dem Hotel ein Pinienwald am Rande des Nationalparks. Herrliche Aussicht auf den Poseidon-Tempel, gutes Essen, Fitnessraum, Pool; einige der Bungalows haben einen eigenen Pool.

124 Alle gängigen Kreditkarten

ILIAS

€€

KAP SUNION

TEL. 029 23 91 14

Eine Alternative zu den Esslokalen am Poseidon-Tempel findet sich in dieser Fischtaverne am Strand unten. Weniger eindrucksvoller Blick, jedoch etwas billiger. Die Karte bietet keine Überraschungen, aber guten frischen Fisch.

Keine Kreditkarten

MARATHON

CLUB MEDITERRANEE ATHENIA

€€€

MARATHON BEACH

TEL. 22 94 05 71 00

www.clubmed.us

Dieses riesige Hotel in der Nähe der Stätten von Marathon und des Strandes ist ideal für alle, die nahe, aber nicht in Athen wohnen möchten. Vier Pools, Nachtklub, Wassersport, Restaurants und Läden.

543 Alle gängigen Kreditkarten

VOULIAGMENI

ASTIR PALACE

€€€

VOULIAGMENI

TEL. 21 08 90 20 00

E-MAIL INFO@AEGEON-HOTEL.COM

www.astir-palace.com/en

Luxuriöser Hotelkomplex aus drei einzelnen Häusern. Sehr bequem für den Flughafen und direkt am Meer mit tollem Blick über die Ägäis. Ausgezeichnete Ausstattung. Athen ist bei Tag leicht zu erreichen.

571 Alle gängigen Kreditkarten

ARMONIA

€€

ARMONIAS 1

TEL. 21 08 91 47 00

E-MAIL ARMONIA@ARMONIA.GR

www.armonia.gr

Dieses A-Klasse-Hotel bietet einen spektakulären Blick über den Saronischen Golf und wendet sich mit gut ausgestatteten Konferenzräumen an Geschäftsreisende. Alle Zimmer mit Telefon, Fernsehen und Klimaanlage.

165 Alle gängigen Kreditkarten

PELOPONNES

ANDRITSAINA

THEOXENIA HOTEL

€

ANDRITSAINA

TEL. 26 26 02 22 19

Das einzige nennenswerte Hotel in diesem Bergdorf. Einfache Ausstattung, aber niedrige Preise und saubere Zimmer mit Telefon, viele auch mit hervorragendem Bergblick.

28 Geschl. Nov.–Feb. Keine Kreditkarten

O YIORGIS

€

MAIN PLATEIA

TEL. 26260 22004

Das Zentrum des Bergdorfs ist die ideale Umgebung für die einfache Taverne. Das Essen ist normal und deftig, z. B. gegrillte Koteletts und Rindfleischgerichte, aber die lokalen Zutaten sind lecker. Nehmen Sie entweder *souvlaki* oder ein schmackhaftes Ofengericht wie *youvetsi*.

Keine Kreditkarten

PREISKATEGORIEN

HOTELS

Einen Hinweis auf die Preise für ein Doppelzimmer ohne Frühstück geben die €-Symbole:

€€€€€	über 240 €
€€€€	160–240 €
€€€	110–160 €
€€	70–110 €
€	unter 70 €

RESTAURANTS

Einen Hinweis auf die Preise für ein Drei-Gänge-Menü ohne Getränke geben die folgenden €-Symbole:

€€€€€	über 65 €
€€€€	50–65 €
€€€	30–50 €
€€	20–30 €
€	unter 20 €

SIGOURI

€

SOPHOKLEOS

TEL. 26 26 02 21 97

Deftige, frisch zubereitete griechische Gerichte. Spezialitäten u. a. *moussaka* oder gefüllte Tomaten. Wein vom Fass.

Keine Kreditkarten

KORINTH

EFIRA

€

ETHNIKIS ANTISTASSEOS 52

TEL. 27 41 02 40 21

Wie an vielen beliebten Orten auf dem Festland (Olympia, Delphi, Epidaurus) sind auch in Korinth anständige Hotels Mangelware. Das Efira ist aber annehmbar. Es besitzt saubere und einfache Zimmer und ein eigenes Restaurant.

45 Keine Kreditkarten

KITHERA

SOTIRIS

€€

AVLEMONAS

TEL. 27 36 03 37 22

Das Sotiris liegt direkt am Hauptplatz von Avlemonas, hat aber nur an Sommerwochenenden geöffnet. Es gibt kein besseres Lokal, den Tagesfang der einheimischen Fischer zu kosten; Thunfisch, Meeräsche und häufig obskure Fische, für die nur griechische Namen existieren.

Geschl. Mo–Fr & Winter

Keine Kreditkarten

YDRAGOGEIO

€€

KAPSALI

TEL. 27 36 03 10 65

Das exzellente Restaurant am Ortsrand von Kapsali bietet für jeden etwas. Genießen Sie einen schönen Blick, regelmäßige Live-Musik, freundliches Personal, eine gute Lage und – vor allem – ausgezeichnetes Essen. Zu den vegetarischen Gerichten gehören gefüllte Paprikaschoten, während die üblichen Gerichte aus frischem Fisch und gegrilltem Fleisch durch delikate Spinat-Käse-Pasteten und andere Hausmachergerichte ergänzt werden.

Keine Kreditkarten

KORONI

AUBERGE DE LA PLAGE

€

ZANGA BEACH

TEL. 27 25 02 24 01

Angesichts des tollen Blicks auf den langen Sandstrand und das Schloss von Koroni sind die Preise hier überraschend moderat. Alle Zimmer mit Balkon und Meerblick.

43 Geschl. Nov.–März

Keine Kreditkarten

OUZERIE KANGELARIOS

€€

AM MEER

TEL. 27 25 02 26 48

Perfekt für einen Ouzo und einen Snack aus den ungewöhnlichen *meze*. Der gegrillte Fisch ist gut, ebenso wie Shrimps, Muscheln, Tintenfisch und die seltener zu findenden Seeigel.

Keine Kreditkarten

MANI

KARDAMYLI BEACH HOTEL

€€

KARDAMYLI BEACH, KARDAMYLI

TEL. 27 21 07 31 80

www.kardamilibeach.info

Die beliebte Ferienanlage liegt direkt am Strand. Viele Zimmer entweder mit Meerblick oder auf die Berge der Mani.

29 Geschl. Nov.–März

Alle gängigen Kreditkarten

LONDAS

€€

AREOPOLIS

TEL. 27 33 05 13 60

E-MAIL LONDAS@LONDAS.COM

www.londas.com

Das Hotel gehört einem Künstler und einem Architekten, die aus einem alten Turmhaus mit viel Gefühl ein komfortables A-Klasse-Hotel gemacht haben. Nur vier Zimmer, also Reservierung empfohlen. Perfekt, um die Mani zu erkunden.

4 Keine Kreditkarten

PORTO VITILO HOTEL

€€

KAROVOSTASSI, NEAR NEO ITYLO

TEL. 27 33 05 92 70

www.portovitilo.gr

Das B-Hotel beweist, dass man in Griechenland keine hohe Einstufung benötigt, um stilvolle und komfortable Zimmer zu finden. Alle Zimmer mit Klimaanlage, Himmelbetten und Balkonen mit Blick auf die See oder die Berge. Außerdem gehört zum etwas abseits des Dorfkerns gelegenen Hotel eine Taverne.

24 Keine Kreditkarten

AKTAION

€

SELINITSA BEACH, GITHIO

TEL. 27 33 02 91 14

E-MAIL INFO@AKTAION-RESORT.COM

www.aktaion-resort.com

Das helle und angenehme Hotel direkt am Meer befindet sich in einer alten Villa. Die Zimmer nach vorne haben Balkone mit Blick auf Hafen und Meer.

22 Geschl. Nov.–März

Keine Kreditkarten

KLIMATERIA

€€

PLATEIA POLYTECHNIOU

TEL. 27 23 031 5 44

Eines der besten Restaurants auf der Peloponnes. Liebevoll zubereitete, konventionelle griechische Gerichte, ausgefallenere Speisen für Gourmets, vegetarische Speisen, frischer Fisch und Hummer sowie guter Wein. Sie können günstiger oder auch teurer essen.

Geschl. Winter Alle gängigen Kreditkarten

KOZIA

€€

VASILEOS PAVLOU 11, GITHIO

TEL. 27 33 02 40 86

Ausgezeichnete Fisch-Taverne. Außderdem Fleisch- und vegetarische Gerichte sowie Salate als billigere Alternative.

Alle gängigen Kreditkarten

NISSI

€€

MARATHONISI

TEL. 27 33 02 28 30

Fahren Sie mit dem Schiff zur kleinen Insel Marathonisi und essen Sie mit Blick zurück auf die Stadt in dieser Taverne, de-

ren Name „Insel" bedeutet. Die Karte bietet gut zubereitete griechische Standards wie Moussaka und Tintenfisch.
Keine Kreditkarten

LELA'S
€
SEA FRONT, KARDAMYLI
TEL. 27 21 07 35 41
Familienbetrieb, in dem die Mutter exzellente Hausmacherkost kocht. Freundlicher Service und Meerblick.
Keine Kreditkarten

METHONI

ACHILLES HOTEL
€
METHONI
TEL. 27 23 03 18 19
Ein kleines einfaches B-Klasse-Hotel in dem beliebten Ferienort, das ein gutes Preis-Leistungs-Verhältnis bietet. Wenn Sie auf Telefon und Fernsehen auf dem Zimmer verzichten können und Sauberkeit und eine freundliche, entspannte Atmosphäre schätzen, ist dies ein echtes Schnäppchen. Nur eine Bar und ein Frühstücksraum, aber die Stadt ist nicht weit.
13 Keine Kreditkarten

MONEMVASIA

MALVASIA
€€
KASTRO, MONEMVASIA
TEL. 27 32 06 14 13
E-MAIL INFO@MALVASIA-HOTEL.GR
http://malvasia-hotel.gr/index-en.html
Die umgebauten alten Zimmer sind das Herzstück der Monemvasia-Festung. Eine Übernachtung hier gibt Ihnen das Gefühl völliger Abgeschiedenheit. Sehr geschmackvolle Zimmer, einige Suiten.
16 Alle gängigen Kreditkarten

KANONI
€
HAUPTDURCHGANGSSTRASSE DER ALTSTADT
TEL. 27 32 06 13 87
Umgebaute Villa aus dem 17. Jahrhundert in der Altstadt, wo Sie nur der Blick vom Essen ablenken kann.
Alle gängigen Kreditkarten

MATOULA
€
KASTRO
TEL. 27 32 06 16 60
Das Matoula im alten Teil von Monemvasia bietet Tische auf einer Terrasse mit Blick auf das Meer und die Küste der Peloponnes. Das Essen ist genau so gut; deftige Ofengerichte wie Lammkasserole und gegrilltes Schweinefleisch, Huhn und Fisch.
Keine Kreditkarten

MYKENE

OREA ELENI
€
15 HR. TSOUNTA
TEL. 27 51 07 62 25
In diesem Hotel logierte schon Heinrich Schliemann während der Ausgrabungen in Mykene. Einfach, aber sauber. Acht Zimmer ohne eigenes Bad. Der Charakter entschädigt für die Einfachheit. Das Restaurant ist auch das beste vor Ort (siehe unten).
5 Geschl. Nov.–April
Alle gängigen Kreditkarten

LA BELLE HELENE
€€
TEL. 27 51 07 62 25
Essen Sie in Schliemanns Hotel (siehe oben) und genießen Sie die Atmosphäre. Die Karte bietet keine Überraschungen, das Restaurant ist aber etwas besser – wenn auch etwas teurer – als die Touristentavernen der Gegend.
Alle gängigen Kreditkarten

PREISKATEGORIEN

HOTELS

Einen Hinweis auf die Preise für ein Doppelzimmer ohne Frühstück geben die **€**-Symbole:

€€€€€	über 240 €
€€€€	160–240 €
€€€	110–160 €
€€	70–110 €
€	unter 70 €

RESTAURANTS

Einen Hinweis auf die Preise für ein Drei-Gänge-Menü ohne Getränke geben die folgenden **€**-Symbole:

€€€€€	über 65 €
€€€€	50–65 €
€€€	30–50 €
€€	20–30 €
€	unter 20 €

MISTRA

BYZANTION
€
MISTRA
TEL. 27 31 08 33 09
E-MAIL BYZANHTL@OTENET.GR
www.byzantionhotel.gr
Die beste Basis für einen frühmorgendlichen Besuch in Mistra, das man von einigen der oberen Räume sehen kann. Zwar nur B-Klasse, aber sauber, komfortabel und erst kürzlich renoviert. Eigenes Restaurant, in der Nähe aber auch andere Esslokale in diesem entspannten kleinen Dorf.
22 Geschl. Nov.–März
MC, V

NAUPLIA

NAFPLIA PALACE
€€€
KASTRO ACRONAFPLIAS
TEL. 27 52 07 08 00

E-MAIL RESERVATIONS@NAUPLIANHOTELS.GR
www.Nauplianhotels.gr
Das Luxushotel der staatlichen Xenia-Kette liegt großartig über Nauplias Hafen, dem Meer und der Peloponnes. Hinunter in die Stadt kommt man leicht, der Aufstieg ist aber steil, nehmen Sie also Ihren Wagen oder ein Taxi. Die Zimmer sind angenehm, und bis auf den etwas fehlenden Charakter gibt es nichts zu bemängeln.
84 Alle gängigen Kreditkarten

VYREON
€€
2 PLATONOS
TEL. 27 52 02 23 51
Das freundlich angemalte intime Hotel in einer ruhigen Seitenstraße gegenüber dem Eingang der Agios-Spiridon-Kirche kann man nicht verfehlen. Zimmer mit viel Charakter.
17 Alle gängigen Kreditkarten

KING OTHON
€
FARMAKOPOULOU 4
TEL. 27 52 02 75 85
E-MAIL KINGOTHONNAUPLIA@GMAIL.COM
www.kingothon.gr
Das beliebte Haus besitzt zwölf einfache Zimmer, einige mit Blick auf den Hofgarten, in dem das Frühstück serviert wird. Die Atmosphäre vergangener Tage entschädigt für die mangelhafte Ausstattung.
12 Geschl. Winter AmEx, MC, V

OMORFI POLI
€€
SOFRONI 5
TEL. 27 52 02 15 65
www.omorfipoli-pension.com
Außergewöhnliche Menükarte in diesem gehobenen Restaurant, an das ein charmantes kleines Neun-Zimmer-Hotel angeschlossen ist. Probieren Sie das gefüllte Schweinefilet oder gefüllte Kartoffeln. Auch die Weinauswahl ist gut, mit bemerkenswerten Weinen aus regionalen Weingütern aus Nauplia.
Geschl. M & So Keine Kreditkarten

KARAMANLIS
€
BOUBOULINAS 1
TEL. 27 52 02 76 68
Lang etablierter Platzhirsch in Nauplia, eine einfache Taverne am Ufer mit preiswerten, aber guten griechischen Gerichten wie Koteletts, Moussaka, Würstchen oder etwas teurerem Fisch vom Grill.
Fast alle gängigen Kreditkarten

STATHMOS CAFÉ
€
OLD RAILROAD STATION
Einfache Snacks, Salate und *meze*, aber ein nettes schattiges Plätzchen für ein schnelles Essen, einen Kaffee oder ein Bier.
Keine Kreditkarten

TA PHANARIA
€
STAIKOPOULOU 13
TEL. 27 52 02 71 41
Ein kleiner schattiger Bereich bei der Taverne ermöglicht Ihnen ein angenehmes Essen. Gute vegetarische Gerichte und die üblichen Standards.
Keine Kreditkarten

O NOULIS
€
MOUTZOURIDOU 22
TEL. 27 52 02 55 41
Die meisten griechischen Lokale servieren *meze* oder etwas Ähnliches, aber erstaunlich wenige haben sich darauf spezialisiert wie das O Noulis. Dinieren Sie auf griechische Art mit einer Flasche Ouzo statt Wein und bestellen Sie fleißig Gerichte wie Tintenfisch, Krake oder frittierte Fischchen, bis Sie nicht mehr können. Meist schafft man etwa zehn verschiedene Gerichte.
Geschl. A & So Keine Kreditkarten

OLYMPIA

EUROPA BEST WESTERN
€€
DROUVA STR. 1
TEL. 26 24 02 26 50
E-MAIL HOTELEUROPA@HOTEL-EUROPA.GR
www.hoteleuropa.gr
Das A-Klasse-Hotel auf einem Hügel oberhalb des antiken Olympia kombiniert den Komfort einer etablierten Hotelkette mit dem persönlichen Charakter eines Familienbetriebs. Wanderungen und Ausritte im Angebot. Auch hoteleigener Tennisplatz.
80 Alle gängigen Kreditkarten

PRAXITELES
€
SPILIOPOULOU 7
TEL. 26 24 02 25 92 ODER 26 24 02 35 70 (RESTAURANT)
In Olympia findet man kaum kleine bezahlbare Hotels wie dieses. Es ist sauber und extrem billig. Erwarten Sie keine Kinkerlitzchen, wohl aber gutes Essen im Familienrestaurant.
10 AmEx, V

KLADEOS
€
HINTER DEM BAHNHOF
TEL. 26 24 02 33 22
Das beliebte Lokal, wunderschön am Fluss gelegen, serviert jahreszeitliche Spezialitäten, von Wild bis zu vegetarischen Gerichten und großzügiges *meze*.
Geschl. M Alle gängigen Kreditkarten

ZEUS RESTAURANT CAFÉ BAR
€
PRAXITELES STREET (HIGH STREET)
TEL. 26 24 02 39 13
Der Schwerpunkt liegt bei leichtem Essen wie Schweinekasserole, Salaten oder frisch gepressten Orangensaft. Wird von einem netten griechisch-australischen Paar geführt.
Keine Kreditkarten

PATRAS

PRIMAROLIA HOTEL
€€
OTHONOS AMALIAS ST. 33
TEL. 26 10 62 49 00
E-MAIL PRIMAROLIA@ARTHOTEL.GR
www.arthotel.gr/primarolia
Das stylishste Designhotel der Stadt. Nüchterne, aber gemütliche Zimmer.
14 Alle gängigen Kreditkarten

RANNIA
€
53 RIGA FEREOU
TEL. 26 10 22 01 14
Angenehm ruhiges Hotel in der lebhaften Hafenstadt Patras an einem netten Platz abseits des Hafens. Die Ausstattung ist einfach und nicht alle Zimmer haben ein Bad, aber das Hotel ist gut in Schuss.
30 Alle gängigen Kreditkarten

PHAROS
€€
AMALIAS 48
TEL. 26 10 33 65 00
In jedem Hafen gibt es ein Fischrestaurant namens Pharos („Leuchtturm"), und dies hier in Patras ist besonders gut. Man bekommt auch Fleisch und andere griechische Gerichte, aber der Fisch ist so frisch, dass es eine Schande wäre, den Tagesfang nicht zu kosten.
Alle gängigen Kreditkarten

MYTHOS
€€
TRION NAVARHON/RIGA FEREOU
TEL. 26 10 32 99 84
Romantisches und preiswertes Lokal, Spezialität: Mythos-Pastete mit Huhn und Feta-Käse.
Geschl. M Alle gängigen Kreditkarten

PILOS

DIETHNES
€€
PARALIA
TEL. 27 23 02 27 72
Ein idealer Essplatz direkt am Hafen. Fangfrischer Fisch, vielleicht Meeräsche oder Schwertfisch, aber auch andere griechische Standards.
Alle gängigen Kreditkarten

O GRIGORIS
€
MAIN SQUARE
TEL. 27 23 02 26 21
Attraktives Restaurant aus dem lokalen Stein mit geschütztem und schattigem Hof nach hinten. Seine Grillgerichte, wie Schweinefleisch und Huhn, sind bekannt; ebenso seine Ofeneintöpfe wie Stifado.
Keine Kreditkarten

SPARTA

MANIATIS
€
PALEOLOGOU 72
TEL. 27 31 02 26 65
www.arthotel.gr/primarolia/
Dieses beste Angebot im Zentrum Spartas ist ein annehmbares, aber uninteressantes Hotel mit 80 Zimmern mit Bad. Die Ausstattung ist komplett, aber man sollte hier nicht seinen Urlaub, sondern eher eine Nacht verbringen, um Mistras zu besichtigen.
80 Alle gängigen Kreditkarten

DIETHNES
€
PALEOLOGOU 105
TEL. 27 31 02 86 36
Die Einheimischen und die seltenen Touristen lieben die Tische im schattigen Garten. Die Preise sind niedrig, der Standard ist aufgrund der einheimischen Gäste hoch. Erwarten Sie aber außer ein paar Tagesgerichten keine Überraschungen.
Keine Kreditkarten

PREISKATEGORIEN

HOTELS

Einen Hinweis auf die Preise für ein Doppelzimmer ohne Frühstück geben die €-Symbole:

€€€€€	über 240 €
€€€€	160–240 €
€€€	110–160 €
€€	70–110 €
€	unter 70 €

RESTAURANTS

Einen Hinweis auf die Preise für ein Drei-Gänge-Menü ohne Getränke geben die folgenden €-Symbole:

€€€€€	über 65 €
€€€€	50–65 €
€€€	30–50 €
€€	20–30 €
€	unter 20 €

MITTELGRIECHENLAND, THESSALIEN & EPIRUS

ARACHOVA

APOLLON
€
DELPHON 20
TEL. 22 67 03 14 27
Ausgezeichnetes Beispiel für ein exzellentes Hotel zu mode-

ratem Preis, ideal für Delphi und den Parnass. Saubere und nette Zimmer (jedoch nicht mit Bad) und freundliche Besitzer.

10 Alle gängigen Kreditkarten

KARATHANASSI

€

DELPHON 56

TEL. 22 67 03 13 60

In dieser lange etablierten, von einer Familie betriebenen Taverne (auch als Barba Yannis bekannt) werden Sie viel besser essen als die Straße hinunter in Delphi. Deftige Speisen, z.B. ausgezeichnetes Lamm und gute Auswahl lokaler Weine.

Geschl. M im Sommer

Keine Kreditkarten

DELPHI

OLYMPIC

€€

VAS. PAVLOU 53A

TEL. 22 65 08 27 93

E-MAIL INFO@OLYMPIC-HOTEL.GR

www.olympic-hotel.gr

Reizendes, altmodisches Hotel mit makelloser Innenausstattung und beeindruckendem Ausblick. Liegt zentral in der Nähe von einigen der besseren Restaurants Delphis sowie der antiken Stätten. Ideal für einen frühmorgendlichen Besuch.

20 Alle gängigen Kreditkarten

VARONOS

€

FREDERIKIS 25

TEL. 22 65 08 23 45

E-MAIL INFO@HOTEL-DELPHI.GR

www.hotel-delphi.gr

Kleiner Familienbetrieb, ideal für den unabhängigen Reisenden mit schmalem Budget. Sehr freundliche Besitzer, einfache, aber saubere Zimmer mit Balkon und tollem Blick. Kurzer Spaziergang zu den antiken Stätten Delphis.

10 Alle gängigen Kreditkarten

INIOCHOS

€€

FREDERIKIS 19

TEL. 22 65 08 31 03

Toller Blick über das Tal und sehr gute Speisekarte in einer Stadt, wo schlechte Touristenkost vorherrscht: Muscheln, frischer Fisch, Lamm in Blätterteig und vegetarische Speisen. Sehr zu empfehlen.

Keine Kreditkarten

TAVERNA SKALA

€€

VASILEOS PAVLOU & FREDERIKIS

TEL. 22 65 08 27 62

Diese gemütliche, holzgetäfelte Taverne bietet einfache griechische Kost – weniger für Touristen als vielmehr für einheimische Abendgäste.

Keine Kreditkarten

IOANNINA

EPIRUS PALACE HOTEL

€€€

TEL. 26 51 09 35 55

E-MAIL INFO@EPIRUSPALACE.GR

www.epiruspalace.gr

Das neue Luxushotel mit Gourmetrestaurant und Lagunenpool ist bei Wochenendausflüglern aus Athen beliebt. Alle Zimmer luxuriös ausgestattet mit Marmorbädern. 7 km von der Innenstadt.

116 Alle gängigen Kreditkarten

OLYMPIC

€€

MELANIDI 2

TEL. 26 51 02 51 47

E-MAIL INFO@HOTELOLYMP.GR

www.hotelolymp.gr

Hoher Standard in diesem zentralen Hotel. Günstige Lage für die Sehenswürdigkeiten der Stadt. Freundliche, saubere Zimmer mit Fernsehen, Telefon und Minibar. Beliebtes Restaurant La Fontantina

51 Keine Kreditkarten

GASTRA

€€

1,5 KM VOM FLUGHAFEN

TEL. 26 51 06 15 30

Das Fleisch wird in einem Eisentopf, einem *gastra* zubereitet. Das Gericht wird mit einem Eisendeckel zugedeckt, der mit heißen Kohlen oder Holz bedeckt ist. Dauert, ist aber gut.

Geschl. Mo Alle gängigen Kreditkarten

LA FONTANTINA

€€

OLYMPIC HOTEL, MELANIDI 2

TEL. 26 51 02 51 47

Dieses griechisch-italienische Restaurant im Hotel Olympic ist immer gut besucht. Das Risotto ist gut wie auch die grichischen überbackenen Gerichte wie gefüllte Tomaten.

Alle gängigen Kreditkarten

DER BESONDERE TIPP

PAMVOTIS

€

INSEL NISSI

TEL. 26 51 08 10 81

In Ionien kann man abends nicht besser essen als auf dieser kleinen Insel im See. Es gibt hier mehrere empfehlenswerte Fischrestaurants, aber dies ist eins der ältesten und besten. Wählen Sie Fisch frisch aus einem der Tanks, lassen Sie ihn grillen und essen Sie ihn in einfacher und romantischer Umgebung. Es gibt u.a. Zuchtforellen, da der Fischbestand im See gelitten hat.

Alle gängigen Kreditkarten

TO MANTELO
€
PLATEIA GIORGIOU 15
TEL. 26 51 02 54 52
Authentische Taverne. Reichliche Portionen. Lokale Spezialitäten wie gebackene Paprikaschoten oder Auberginen, verschiedene *saganaki*-Gerichte (u. a. frittierter Roquefort und Feta) und *tsoutsoukakia* (leicht gesüßte, würzige Würste).
Alle gängigen Kreditkarten

METEORA

EDELWEISS
€€
VENIZELOU 3, KALABAKA
TEL. 24 32 02 39 66
Nettes Hotel in Kalambaka nahe dem Kloster Meteora, das man von einigen Zimmern aus in der Ferne sieht. Moderate Preise, eigener Pool.
48 MC, V

METEORA
€
PLATIA DIMARCHIOU, KALABAKA
TEL. 24 32 02 23 16
Einfache, aber gute Taverne, in der die Frau kocht und der Ehemann und Verwandte bedienen. Großartige Moussaka, gute Auswahl an gegrilltem Fleisch.
Geschl. Winter Keine Kreditkarten

METSOVO

EGNATIA
€
TOSITSA 19
TEL. 26 56 04 19 00
Recht preiswertes Berghotel an der Hauptstraße mit traditioneller Dekoration aus Stein und Holzarbeiten. Einige Zimmer mit Bergblick und eigenes, sehr gutes Restaurant.
36 Alle gängigen Kreditkarten

GALAXY
€
HAUPTPLATZ
TEL. 26 56 04 12 02
Guter, sauberer Familienbetrieb im Herzen der Stadt, im Bergstil dekoriert. Ebenfalls empfehlenswertes benachbartes Restaurant.
10 MC, V

GALAXY
€
HAUPTPLATZ
TEL. 265 60 41 20 21 23
Gute Bergküche. Lokaler Käse und Wein in reizendem traditionellen Gebäude im gleichnamigen Hotel (siehe oben) mit Blick auf den Hauptplatz. Reichliche Portionen, also Hunger mitbringen!
Alle gängigen Kreditkarten

METSOVITIKO SALONI
€
TOSITSA
TEL. 26 56 04 21 42
Attraktives Restaurant mit Bergdekor und Bergküche, besonders Wild. Die Veranda blickt auf die Hauptstraße.
Alle gängigen Kreditkarten

NAFPAKTOS

NAFPAKTOS HOTEL
€€
KORYDALIOU 4
TEL. 26 34 02 95 51
Makelloses Hotel nahe am Hafen. Einige Zimmer mit Meerblick, fragen Sie also nach. Alle Zimmer mit Balkon.
50 Alle gängigen Kreditkarten

PARGA

PARADISSOS
€
PLATEIA AGIOU NIKOLAOU
TEL. 26 84 03 12 29

> **PREISKATEGORIEN**
>
> **HOTELS**
>
> Einen Hinweis auf die Preise für ein Doppelzimmer ohne Frühstück geben die €-Symbole:
>
> | | |
> |---|---|
> | €€€€€ | über 240 € |
> | €€€€ | 160–240 € |
> | €€€ | 110–160 € |
> | €€ | 70–110 € |
> | € | unter 70 € |
>
> **RESTAURANTS**
>
> Einen Hinweis auf die Preise für ein Drei-Gänge-Menü ohne Getränke geben die folgenden €-Symbole:
>
> | | |
> |---|---|
> | €€€€€ | über 65 € |
> | €€€€ | 50–65 € |
> | €€€ | 30–50 € |
> | €€ | 20–30 € |
> | € | unter 20 € |

Freundliches Hotel in renoviertem alten Gebäude an einem von Pargas attraktivsten Plätzen. Im Stadtzentrum, aber in fußläufiger Entfernung vom Hafen mit seinen Lokalen und dem besten Stadtstrand.
19 Alle gängigen Kreditkarten

FLISVOS
€
MAVROYENOUS 10
TEL. 26 84 03 16 24
Liegt abseits der auffälligeren Tavernen am Meer. Herausragender Blick auf den Sonnenuntergang, guter Fisch, gute Preise, guter Service.
geschl. Winter Alle gängigen Kreditkarten

PILION

ARCHONTIKO MOUSLI
€€
MAKRINITSA
TEL. 24 28 09 92 50 (BÜRONUMMER FÜR MEHRERE VILLEN)
Die restaurierten Pilion-

Herrenhäuser, mit alten Möbeln, Stickerei und anderen Wandbehängen dekoriert, verschaffen Ihnen eine allerdings teure Erinnerung. Vorausreservierung wird aufgrund ihrer Beliebtheit empfohlen.

8 Keine Kreditkarten

OSTRIA TAVERNA

€

AGIOS IOANNIS

TEL. 24 26 03 13 31

Serviert ausgezeichnete regionale Gerichte, z. B. ein wahres Lieblingsessen – Kanincheneintopf.

Geschl. Di–Do M & Winter

Alle gängigen Kreditkarten

VOLOS

PHILIPPOS

€€

SOLONOS 9

TEL. 24 21 03 76 07

Modernes Hotel mit guter Ausstattung am Hauptplatz im Zentrum von Volos, günstig für den Fährhafen und die Erkundung des Pilion. Einige Zimmer mit Meerblick.

39 Keine Kreditkarten

ZAGORIA

DIAS

€€€

MIKRO PAPINGO

TEL. 26 53 04 12 57

Kleines, charmantes Hotel mit Bogenfenstern in kleinem, charmantem Dorf abseits ausgetretener Pfade. Einfache, aber saubere Zimmer. Perfekt für Wanderer, die die Vikous-Schlucht und die Zagoria erkunden wollen.

5 V

PAPAEVANGELOU HOTEL

€€

MEGALO PAPINGO

TEL. 26 53 04 11 35

Exquisite Zimmer mit Blick auf die Schlucht und den Berg Smolikas. Romantisches Ambiente und köstliches selbst gemachtes Frühstück.

11 Keine Kreditkarten

SAXONIS HOUSES

€€

DASKA 11, MEGALO PAPINGO

TEL. 26 53 04 16 15

www.saxonis-papigo.gr

Eine Ansammlung traditioneller Herrenhäuser, die in ein elegantes, recht teures Hotel umgebaut wurden. Einige Elemente wie Kamine und bemalte Decken sind erhalten geblieben.

10 Keine Kreditkarten

SPIROS TSOUMANIS

€€

MEGALO PAPINGO

TEL. 26 53 01 21 08

Ein weiteres deftiges Lokal am Dorfrand von Zagoria, mit kräftiger Bergküche am Abend. Grillgerichte sind besonders gut, Fleisch und Gemüse ist aus der Gegend und frisch.

Keine Kreditkarten

KATERINA'S ART

€

NAHE VIKOUS-SCHLUCHT

TEL. 26 53 06 12 33

Eindrucksvolles Restaurant in altem Herrenhaus mit ungewöhnlichen Gerichten aus der Zagoria, besonders Wild.

Keine Kreditkarten

DIONYSOS

€

MONODENDRI

TEL. 26 53 07 13 66

Echte Bergkost aus Epirot mit Wildgerichten der Saison und traditionellen, regionalen Pasteten, ein belebtes Lokal an der Hauptstraße vor allem für Wanderer und Kletterer.

Keine Kreditkarten

MAKEDONIEN & THRAKIEN

ALEXANDROUPOLI

ALKYON

€

MOUDANION 1

TEL. 25 51 02 35 93

Einfaches, günstiges und freundliches Hotel mit gutem Meerblick. Trotz des modernen Designs u. a. aufgrund altmodischer Möbel ein traditionelles Ambiente.

32 Alle gängigen Kreditkarten

KLIMATARIA

€

POLYTECHNIOU 18

TEL. 25 51 02 62 88

An einem lebhaften Platz mit mehreren Esslokalen ist dies für Fisch das beste. Auch große Auswahl traditioneller griechischer Gerichte, u. a. ungewöhnliche wie gebackenes Ziegenfleisch. Gute lokale Weine.

Alle gängigen Kreditkarten

CHALKIDIKE

EAGLES PALACE

€€€

OURANOPOLIS

TEL. 237 70 31 10 14

E-MAIL INFO@EAGLESPALACE.GR

www.eaglespalace.gr

Vier-Sterne-Luxus auf bewaldetem Grundstück mit Pool, Tennisplätzen, Bars, Restaurant und sogar eigener Luxusyacht. Die meisten Zimmer mit schönem Meerblick über die Halbinsel Agion Oros. Eins der besten Hotels in der Region.

167 Alle gängigen Kreditkarten

KOSTIS

€€

NEA FOKEA

TEL. 23 74 08 13 79

Fantasievolle Karte, u. a. leckerer Auberginensalat. Es gibt stets frischen Fisch. Panierter Kabeljau in Knoblauchsoße ist eine Spezialität.

Alle gängigen Kreditkarten

TA PEFKA

€

NEOS MARMARAS, UFERSTRASSE

TEL. 23750 71763

Exquisite Lage auf einem Hügel inmitten von Kiefern. Angesichts der moderaten Preise überraschend gutes Essen. Fisch ist besonders beliebt: frische Sardinen, Tintenfisch-*meze* oder der Tagesfang, auch ausgefallenere Gerichte wie Muscheln in roter Sauce oder *saganaki* (frittierter Käse).

Alle gängigen Kreditkarten

TORONEOS

€

PEFKOHORI

TEL. 23 74 06 14 95

Hier gibt es ein besonderes Brot und ungewöhnliche Gerichte, vor allem Fisch, wie mit Feta und Koriander gefüllten Tintenfisch, gebackene Paprikaschoten und Kürbisse. Freundliches Personal.

Geschl. Winter Alle gängigen Kreditkarten

KASTORIA

ORESTION

€

PLATEIA DAVAKI 1

TEL. 24 67 02 22 57

Kleines, günstiges Hotel im Stadtzentrum unterhalb der Altstadt. Bar und Frühstücksraum, saubere und komfortable Zimmer, freundliche Besitzer.

20 Alle gängigen Kreditkarten

TSAMIS

€

KOROMILA 3

TEL. 24 67 08 53 34

www.hoteltsamis.gr

Modernes Hotel in altmodischem Stil etwas außerhalb des Zentrums mit gutem Blick auf See und Stadt. Alle Zimmer mit Telefon. Bar und Restaurant, Wassersport und weitere Annehmlichkeiten.

80 Alle gängigen Kreditkarten

KAVALA

AIROTEL GALAXY

€€€

VENIZELOU 27

TEL. 25 10 22 48 12

Direkt an der –Hafenseite liegt dieses ausgezeichnete moderne Hotel mit geräumigen Zimmern. Bequem für Fähren und die Attraktionen Kavalas, u. a. die Restaurants am Wasser.

149 Alle gängigen Kreditkarten

LUCY

€€

KALAMITSA BEACH

TEL. 25 10 24 28 30

www.lucyhotel.gr

Wer am Strand wohnen will, ist in diesem modernen, sauberen und anständigen Hotel direkt am besten Strand in Kavale richtig. Die Preise sind niedriger als im Stadtzentrum.

217 Geschl. Winter Alle gängigen Kreditkarten

PANOS & ZAFIRA

€€

KARAOLI DIMITRIOU 20

TEL. 25 10 22 79 78

Dieses Restaurant genießt den besten Ruf aller Fischlokale in der Stadt. Ungewöhnliche Speisen und der Tagesfang wie Meeräsche oder Tintenfisch. In Hafennähe.

Alle gängigen Kreditkarten

KOMOTINI

RODOPI

€€

ETHN MAKARIOU 3

TEL. 25 31 03 59 88

PREISKATEGORIEN

HOTELS

Einen Hinweis auf die Preise für ein Doppelzimmer ohne Frühstück geben die €-Symbole:

€€€€€	über 240 €
€€€€	160–240 €
€€€	110–160 €
€€	70–110 €
€	unter 70 €

RESTAURANTS

Einen Hinweis auf die Preise für ein Drei-Gänge-Menü ohne Getränke geben die folgenden €-Symbole:

€€€€€	über 65 €
€€€€	50–65 €
€€€	30–50 €
€€	20–30 €
€	unter 20 €

Das nach dem Berg, auf den es blickt, benannte Hotel besitzt in einem umgebauten thrakischen Herrenhaus große Zimmer mit Balkon. Sehr charaktervoll.

18 Keine Kreditkarten

LITOCHORON

DION PALACE RESORT

€€€

LITOCHORON BEACH

GRITSA

TEL. 03 52 06 14 31

Das Dion Palace liegt am Thermaischen Golf am Fuß des Olymp und bietet Annehmlichkeiten wie einen Tennisplatz, Wassersport, Reiten, Bars und ein Restaurant – für das Gebotene nicht teuer.

185 Alle gängigen Kreditkarten

MIRTO

€

AGIOS NIKOLAOS 5

TEL. 23 52 08 13 98

Dieses moderne Hotel in der Nähe des Stadtzentrums hat große Zimmer, freundliches Personal und einen hellen Speise-/Frühstückssaal. Für seinen Standard günstig. Guter Stützpunkt für die Erkundung der Gegend.

30 Alle gängigen Kreditkarten

PRESPASEEN

PARADOSI
€
PSARADES
Eine der Fischtavernen in diesem schönen Fischerdorf. Idyllische Lage und ausgezeichnete Fischküche.

Keine Kreditkarten

THESSALONIKI

CAPSIS HOTEL
€€€€€
MONASTIRIOU 18 2
TEL. 23 10 59 68 00
Eines der hübschesten und teuersten Boutique-Hotels der Stadt ist das kleine Capsis Hotel, jeder Raum individuell eingerichtet, der Stil eher traditionell klassisch statt modern und schick. Die Ausstattung ist trotzdem modern, mit einem Business-Center, Internet und 24-Stunden-Zimmerservice.

20 Alle gängigen Kreditkarten

MAKEDONIA PALACE
€€€€
MEGALOU ALEXANDROU 2
TEL. 23 10 89 71 97
www.makedoniapalacehotel.com
Das einzige Luxushotel der Stadt bietet Komfort, ausgezeichnetes Essen, eine ruhige Lage nicht weit vom Zentrum und Zimmer mit Balkon, die meisten mit Meerblick.

288 Alle gängigen Kreditkarten

AMALIA
€
ERMOU 33
TEL. 231 02 68 32 15
www.hotelamalia.gr
Das zentrale, aber nicht zu teure Hotel besitzt große Zimmer mit Telefon, manche mit Balkon. Lärm kann ein Problem sein.

66 Alle gängigen Kreditkarten

PARK
€
DRAGOUMI 81
TEL. 23 10 52 41 21
www.parkhotel.com.gr
Kleines, modernes Hotel mit hilfsbereitem Personal in ruhiger Lage in der Nähe der wichtigen Sehenswürdigkeiten. Typisches sauberes und gutes Mittelklassehotel.

56 Alle gängigen Kreditkarten

AIGLI
€€€
KASSANDROU/AYIOU NIKOLAOU
TEL. 31 27 07 15
Unter der Kuppel eines ehemaligen türkischen Hamams. Das Menü mag gewöhnlich klingen (*dolmades*, Hühnchen-Kebab), aber die Qualität ist hervorragend. Live-Musik.

Geschl. Mo–Mi Keine Kreditkarten

DRAFT
€€€
LYCOURGOUS 3
TEL. 23 10 55 55 18
Eines von Thessalonikis schickeren Restaurants im angesagten Ladadika-Bezirk hinter dem Hafen, wo man vor allem Ouzo und Bier (daher der Name) bestellt mit einer großen Auswahl ausgezeichneter *meze*.

Geschl. So Alle gängigen Kreditkarten

ARISTOTELEOUS OUZERIE
€€
ARISTOTELEOUS 8
TEL. 23 10 23 07 62
Modisches, geschmackvolles Lokal in einer Arkade. Einige der besten griechischen Gerichte, die Sie finden können, meist mit einer Besonderheit: mit Feta gefüllter Tintenfisch oder ein würziger Dip aus Feta, scharfem Paprika, Tomaten und Öl.

Geschl. So A Alle gängigen Kreditkarten

TA NISSIA
€€
PROXENOU KOROMILAN 13
TEL. 23 10 28 59 91
Dieses unverwechselbare, blau-weiße Haus eine Straße vom Ufer bietet eine der ideenreichsten Karten der Gegend, u.a. Shrimps mit Speck, Hase mit Zwiebeln und Quitten-Walnuss-Kuchen.

Alle gängigen Kreditkarten

STRATIS
€
NIKIS 19
TEL. 23 10 27 93 53
Modernes Restaurant am Meer mit gutem Service, traditioneller Küche, umfassender Weinkarte, Importbier, großzügigen Portionen; besonders beliebt für das sonntägliche Mittagessen.

Alle gängigen Kreditkarten

THANASIS
€
MODIANO KOMNENOU 32
TEL. 23 10 27 41 70
Es gibt kein authentischeres Lokal als diese lange etablierte Markttaverne, meist voller Einheimischer, die die gute Hausmacherkost schätzen. Ein einmaliges Esserlebnis.

Keine Kreditkarten

TO MAKEDONIKO

€

GIORGIOU PAPADOPOULOU 32

TEL. 23 10 62 74 38

Beliebte, einfache griechische Taverne im Bezirk Eptapyrgiou der Oberstadt. Begrenzte Karte, aber gute Tagesgerichte.

Geschl. Di Keine Kreditkarten

XANTHI

SISSY

€

LEFKIPOU 14

TEL. 25 41 02 32 42

Sehr zentral, aber nicht zu teuer. Geräumiges, gepflegtes Hotel mit einigen Zimmern mit schönem Blick über die Stadt.

27 Keine Kreditkarten

EUBÖA

APOLLON SUITES

€€€

KARYSTOS

TEL. 22 24 02 20 45

www.apollonsuiteshotel.com

Das hochklassige, stilvolle kleine Hotel besteht aus mehreren über ein großes Terrain verstreuten Suiten mit Blick auf das Meer und das hoteleigene Wassersportzentrum. Liegt in schöner Gegend. Reizender Zufluchtsort.

36 Alle gängigen Kreditkarten

CAVO D'ORO

€€

PARAODOS SACHTOURI, KARYSTOS

TEL. 22 24 02 23 26

Nahe am Hauptplatz ist diese Taverne schon seit Jahren bei Einheimischen und Touristen beliebt. Es gibt Wein direkt vom Fass und besondere Gerichte aus Euböa, sogenannte *ladera* (in Olivenöl gekocht). Hierzu gehören Gemüseeintöpfe wie *briam* und Fleischeintöpfe.

Geschl. Winter Keine Kreditkarten

O GOUVERIS

€€

BOUDOURI 22, CHALKIS

TEL. 22 21 02 57 69

Die Taverne direkt am Wasser bietet eine Auswahl leckerer Fischgerichte, u.a. Brasse, Seezunge oder was sonst gerade ins Netz ging sowie Hummer, Languste und andere Krustentiere. Auch viele Fleisch- und vegetarische Gerichte.

Keine Kreditkarten

ÄGÄISCHE INSELN

SAPONISCHE INSELN

ÄGINA

EGINITIKO ARCHONTIKO

€

ÄGINA-STADT

TEL. 22 97 02 49 68

Restauriertes traditionelles Herrenhaus von 1820. Die Atmosphäre ist besser als die Zimmer. Insgesamt aber eine günstige Option im Zentrum von Ägina mit zwei Innenhöfen und Dachgarten.

12 Alle gängigen Kreditkarten

MEZEDOPOLEIO TO STEKI

€€

PAN IRIOTI 45

TEL. 22 97 02 39 10

Einige der besten Orte zum Essen in Griechenland sind solche kleinen Meze-Lokale wie dieses. Es gibt einfache Gerichte wie gebratene Sardinen oder Tintenfisch, die wirklich toll sind. Es liegt direkt am Fischmarkt und ist bei Einheimischen sehr beliebt.

Keine Kreditkarten

PREISKATEGORIEN

HOTELS

Einen Hinweis auf die Preise für ein Doppelzimmer ohne Frühstück geben die €-Symbole:

€€€€€	über 240 €
€€€€	160–240 €
€€€	110–160 €
€€	70–110 €
€	unter 70 €

RESTAURANTS

Einen Hinweis auf die Preise für ein Drei-Gänge-Menü ohne Getränke geben die folgenden €-Symbole:

€€€€€	über 65 €
€€€€	50–65 €
€€€	30–50 €
€€	20–30 €
€	unter 20 €

HYDRA

BRATSERA

€€€

TOMBAZI, HYDRA-STADT

TEL. 22 98 05 39 71

E-MAIL BRATSERA@YAHOO.COM

www.bratserahotel.com

Wenn Sie etwas Besonderes suchen, kommen Sie in diese ehemalige Schwammfabrik in der Nähe des Haupthafens. Das Gebäude (1860) ist mit traditionellem Dekor, Pool, Garten und Speisebereich schön umgebaut worden.

14 Alle gängigen Kreditkarten

KYRIA SOFIA-LEONIDAS

€€€

MIAOULI 60, HYDRA-STADT

TEL. 22 98 05 30 97

Es lohnt sich, rechtzeitig einen Tisch in diesem beliebten Lokal zu reservieren, dessen Besitzer in New York gearbeitet hat

und außergewöhnliche griechische Gerichte mit guter vegetarischer Auswahl serviert.
Geschl. M, Jan.–März
Keine Kreditkarten

KONDYLENIA'S
€€
KÜSTENSTRASSE WESTLICH VON HYDRA-STADT
TEL. 22 98 05 35 20
Ein etwa 1 km langer Spaziergang an der Küste westlich von Hydra bringt Sie zu dieser Taverne mit großartigem Blick über das Festland. Ein schöner Ort, um den Sonnenuntergang zu beobachten. Die Karte ist recht beeindruckend und wendet sich mit Spinat, Tintenfisch und Shrimpskasserolle an anspruchsvolle Gäste, obwohl auch einfacher gegrillter Fisch im Angebot ist.
Geschl. Hochwinter
Keine Kreditkarten

TO STEKI
€€
MIAOULI, HYDRA-STADT
TEL. 22 98 05 35 17
Die Taverne ist das ganze Jahr über geöffnet. Sie findet also sowohl bei Einheimischen im Winter als auch bei Touristen im Sommer Anklang. Schöne Einrichtung mit alten Wandgemälden. Frischer Fisch und täglich einige besondere Tagesgerichte.
Keine Kreditkarten

XERI ELIA
€
NEBEN HAUPTPLATZ, HYDRA-STADT
TEL. 22 98 05 28 86
Die traditionelle Taverne mit Tischen im Garten versteckt sich in einer engen Straße nicht weit vom O Kipos. Einfache Karte aus Fleisch und Fisch, aber gut zubereitete Speisen und freundlicher Service.
Keine Kreditkarten

POROS

CARAVELLA
€
PARALIA
TEL. 22 98 02 36 66
Nette, lebhafte Taverne am Meer mit typisch griechischer Karte. Sorgfältig zubereitete Speisen: *moussaka, souvlaki,* Fisch, Tintenfisch, *stifado,* vegetarische Gerichte.
Alle gängigen Kreditkarten

MARIDAKI AEGINA
€
DIMOKRATIAS
TEL. 22 97 02 58 69
Lebhaftes Lokal am Meer mit günstigen Salaten und Omeletts, etwas kostspieligerem gegrillten Tintenfisch oder Moussaka und teurem frischen Fisch.
Keine Kreditkarten

SPETSES

NISSIA
€€€
DAPIA, SPETSES-STADT
TEL. 22 98 07 50 00
www.nissia.gr
Das einzige Luxushotel der Insel. 20 Zimmer und 10 Suiten in einer ehemaligen Fabrik aus dem 19. Jahrhundert. Heute ein Haus mit gepflegtem Garten, Pool, Kinderspielbereich und gelobtem Restaurant.
31 Alle gängigen Kreditkarten

POSEIDONION
€€€
DAPIA, AM MEER, SPETSES-STADT
TEL. 22 98 07 45 53
www.poseidonion.com
Poseidon selbst würde dieses schöne, altmodische Hotel mit Blick über den Hafen hinüber zum Festland lieben. Etwas verblichene Pracht, aber viel Charme.
55 Geschl. Winter
Alle gängigen Kreditkarten

EXEDRA
€€
PALEO LIMANI, SPETSES-STADT
TEL. 22 98 07 34 97
Direkt am alten Hafen; etwas teuer, aber das Essen ist es wert. Viele typische Meeresfrüchte-Spezialitäten wie *argo,* eine Kasserolle aus Shrimps, Hummer und Feta.
Alle gängigen Kreditkarten

LAZAROS
€€
KASTELLI
TEL. 22 98 07 26 00
Dieses gemütliche Lokal bietet eigenen Retsina aus den Fässern an den Wänden. Man erreicht es, indem man den Hügel hinter dem Hafen emporsteigt; es herrscht immer eine gute Stimmung. Es lohnt sich, köstliche Gerichte wie Ziege in Zitronensoße zu probieren, ein beliebte lokale Spezialität.
Geschl. M & Winter
Keine Kreditkarten

LIRAKIS
€
HAFEN, SPETSES-STADT
TEL. 22 98 07 21 88
Oberhalb des Supermarkts mit schönem Hafenblick bietet das Lirakis eine eklektische Karte aus Omeletts und vegetarischen Speisen wie *briam* (ähnelt Ratatouille) bis hin zu feineren, aber traditionellen griechischen Fleisch- und Fischgerichten.
Geschl. Winter Alle gängigen Kreditkarten

SPORADEN

ALONISSOS

TO KAMAKI
€€
IKION DOLOPON, PATITIRI
TEL. 24 24 06 52 45
Hier, ein paar Straßen vom Wasser entfernt, kann man am

besten in der Stadt essen. Eindrucksvolle Fischkarte mit u.a. gebackenen Muscheln und gefülltem Tintenfisch. Genießen Sie sie entweder als *meze* zusammen mit einem Ouzo oder bestellen Sie den ganzen Abend über immer wieder neue „Gänge".
Geschl. Sept.–Juni
Keine Kreditkarten

ASTROFEGIA
€
ALTSTADT VON ALONISOS
TEL. 24 24 06 51 82
Restaurant mit wundervollem Blick ganz oben in der Altstadt. Im Sommer wird es abends lebhaft und festlich. Einfache gegrillte Fischsteaks, gefüllte Tomaten und ausgefeiltere Alternativen: Artischockenherzen mit Sahne-Dill-Soße.
Geschl. M Alle gängigen Kreditkarten

SKIATHOS

ATRIUM
€€€€
PLATANIAS
TEL. 24 27 04 93 45
E-MAIL INFO@ATRIUMHOTEL.GR
www.atriumhotel.gr
Stilvolles neues Hotel in schöner Lage an bewaldetem Hügel und mit riesigem Pool mit Blick über die Ägäis. Die Zimmer sind groß und haben vom Balkon ebenfalls einen tollen Blick. Restaurant, Bar und Wassersport.
75 Alle gängigen Kreditkarten

ASPROLITHOS
€€
MAVROYIALI, SKIATHOS-STADT
TEL. 24 27 02 31 10
Hier wird in gehobenem Stil die Tavernentradition gepflegt. Man serviert *moussaka*, aber eben die leichteste, die Sie je gegessen haben. Spezialitäten wie Shrimps mit Artischocken sind kostspieliger.
Geschl. M Keine Kreditkarten

KAMPOURELI OUZERIE
€€
PARALIA, SKIATHOS-STADT
TEL. 24 27 02 11 12
Typisches griechisches Ouzolokal, das *meze* serviert (das griechische Gegenstück der spanischen *tapas*) – eine Auswahl an Häppchen zu Ihrem Ouzo wie Tintenfisch und Oliven. Es gibt auch richtige Mahlzeiten.
Keine Kreditkarten

WINDMILL
€€
SKIATHOS-STADT
TEL. 24 27 02 45 50
www.skiathoswindmill.gr
Das schicke Restaurant auf der Kuppe des östlichen Hügels der Stadt serviert ebenso ausgefallenes Essen. Huhn mit Bourbon und Chili ist nur ein Beispiel für die originellen Kombinationen. Zu den Desserts gehören unter anderem pochierte Birnen.
Keine Kreditkarten

SKYROS

NEFELI
€€
SKYROS-STADT
TEL. 22 22 09 19 64
www.skyros-nefeli.gr
Das moderne Hotel im traditionellen Stil ist eine Mischung aus Hotelzimmern und größeren Apartments. Mit seiner Lage an der Stadtgrenze ist es recht ruhig. Bitten Sie aber um ein Zimmer mit Ausblick und reservieren Sie im Voraus, da es sehr beliebt ist.
14 Alle gängigen Kreditkarten

KRISTINA'S RESTAURANT
€€
SKYROS-STADT
TEL. 22 22 09 11 23
Die Österreicherin Kristina kombiniert moderne Elemente wie eine gute Auswahl vegetarischer Gerichte und Brotsorten mit griechischen Traditionen. Ihre Spezialität ist Hühnerfrikassee.
Geschl. So Alle gängigen Kreditkarten

PREISKATEGORIEN

HOTELS
Einen Hinweis auf die Preise für ein Doppelzimmer ohne Frühstück geben die €-Symbole:

€€€€€	über 240 €
€€€€	160–240 €
€€€	110–160 €
€€	70–110 €
€	unter 70 €

RESTAURANTS
Einen Hinweis auf die Preise für ein Drei-Gänge-Menü ohne Getränke geben die folgenden €-Symbole:

€€€€€	über 65 €
€€€€	50–65 €
€€€	30–50 €
€€	20–30 €
€	unter 20 €

SKOPELOS

ANATOLI OUZERIE
€
SKOPELOS-STADT
Das Lokal mit Live-Musik spät in der Nacht wendet sich an Griechen. Genießen Sie die besonders guten *meze*. Kein Telefon, keine Adresse. Erklimmen Sie den Hügel und fragen Sie nach Anatoli. Die Einheimischen werden Ihnen helfen.
Geschl. M & Winter
Alle gängigen Kreditkarten

MOLOS
€
HAFEN, SKOPELOS-STADT
TEL. 24240 22551

Mehrere Restaurants am Meer bieten gute, einfache griechische Küche zu günstigen Preisen an. Molos hat frischen Fisch, gegrilltes Fleisch und ausgezeichnete Kasserollen.
Geschl. Hochwinter Keine Kreditkarten

TAVERNA T'AGNANTI
€
GLOSSA, SKOPELOS
TEL. 24 24 03 30 76
Dieser kleine Familienbetrieb ist typisch für die herrlichen unprätentiösen Lokale der Insel. Großartige Atmosphäre, freundliche Besitzer, günstige und gute Küche: Tintenfisch, Grillgerichte, Koteletts, *moussaka*.
Keine Kreditkarten

NORDOST-ÄGÄISCHE INSELN

IOS

GRECIAN CASTLE HOTEL
€€
IOS-STADT
TEL. 22 71 04 47 40
E-MAIL INFO@GRECIANCASTLE.GR
www.greciancastle.gr
Restauriertes Fabrikgebäude, geschmackvoll eingerichtet und mit hübschen Gärten. Direkt am Meer gelegen, bietet es auch Restaurant und Bar.
55 Alle gängigen Kreditkarten

TA PETRINA
€€
VOLISSOS
TEL. 22 74 02 11 28
Zauberhaftes, ländliches Haus auf einem Hügel in der Nähe der Strände der Nordwestküste. Ein britisch-griechisches Paar hat das Hotel vorzüglich restauriert; die Terrasse lädt zum Grillen ein und bietet einen herrlichen Ausblick.
5 Keine Kreditkarten

APOLAISI
€€
AGIA ERMIONI
TEL. 22 71 03 13 59
Die Einwohner von Ios reisen 10 km zu dieser Fischtaverne in einem Fischerdorf. Blick aufs Wasser, romantische Umgebung und exzellenter fangfrischer Fisch.
Geschl. M Alle gängigen Kreditkarten

O MORIAS STA MESTA
€
HAUPTPLATZ, MESTA
TEL. 22 71 07 64 00
Die Reise in dieses Dorf lohnt allein, um die traditionelle Inselküche in dieser einfachen Taverne am Hauptplatz zu kosten. Besonders gute Fischgerichte (fragen Sie nach *kritamo*). Der örtliche Wein wird aus Rosinen gekeltert und ist entsprechend süß und schwer.
Alle gängigen Kreditkarten

TAVERNA HOTZAS
€
STEFANOU TSOURI 74, IOS-STADT
TEL. 22 71 04 27 87
Die älteste Taverne der Stadt und eine der beliebtesten. Hotzas ist auf der Insel eine Institution, die man nicht auslassen sollte. Es ist nicht einfach zu finden, aber jeder kennt es. Hübscher Speisebereich im Garten, den Sie sich mit Katzen und Hennen teilen. Das Essen ist ebenfalls wunderbar. Einfache Gerichte wie gegrillter Fisch oder gebackene Auberginen kann man mit Retsina vom Fass herunterspülen.
Geschl. So & M Keine Kreditkarten

LESBOS

OLIVE PRESS
€€
MYTILLENE
TEL. 22 53 07 12 05
www.olivepress-hotel.com
Mytillene ist ein unverzichtbarer Bestandteil jedes Besuchs auf Lesbos. Sie sollten versuchen, hier Zimmer zu reservieren. In diesem traditionellen Gebäude am Meer wurden tatsächlich Oliven gepresst. Schöner Hof und Garten. Bitten Sie um ein Zimmer mit Meerblick.
53 Alle gängigen Kreditkarten

VAFIOS
€€
VAFIOS, NAHE MYTILLENE
TEL. 22 53 07 17 52
www.taverna-vafios.gr
Die Taverna Vafios im gleichnamigen Dorf 5 km südöstlich von Mytillene ist ein beliebtes Ziel abendlicher Ausflüge. Die Einheimischen schätzen die guten Pasteten und Grillgerichte und die großen Portionen und kleinen Preise. Wein vom Fass.
Geschl. Winter Keine Kreditkarten

CAPTAIN'S TABLE
€
HAFEN, MYTILLENE
TEL. 22 53 07 12 41
Die Hausspezialität ist eine große „Kapitänsplatte" aus Fisch und Meeresfrüchten. Es gibt aber auch einfache Grill- und vegetarische Gerichte, italienische Alternativen und exotischere Speisen.
Geschl. Winter Alle gängigen Kreditkarten

ERMIS
€
KORNAROU 2, MYTILLENE
TEL. 22 51 02 62 32
Dieses ehrwürdige Lokal bietet viel Atmosphäre. Das Innere ist eine Mischung aus Antiquitätenladen und Bar. Sehr beliebt und gut für einen schnellen Drink oder eine richtige Mahlzeit. Wählen Sie aus den leckeren *meze*-Gerichten wie gebackenem Käse oder Tintenfisch.
Keine Kreditkarten

I SYKAMINIA
€
SKALA SYKAMINIAS
TEL. 22 53 05 53 19
Ruhig gelegene Taverne am malerischen Hafen dieses kleinen Fischerdorfs. Genießen Sie an einem Tisch unter einem Maulbeerbaum einfache leckere Fischgerichte wie Tintenfisch oder Sardinen. Im Spätsommer sollten Sie als Spezialität gefüllte Kürbisse kosten.
Keine Kreditkarten

LIMNOS

AKTI MYRINA
€€
MYRINA
TEL. 22 54 02 26 81
Dieses Ferienhotel etwa 1 km westlich der Stadt besitzt einen eigenen Strand, drei Restaurants, Wassersporteinrichtungen und Tennisplätze. Man wohnt in gut ausgestatteten Steinhäuschen in schöner Umgebung.
125 Geschl. Winter Alle gängigen Kreditkarten

O PLATANOS
€
KYDHA, MYRINA
TEL. 22 54 02 20 70
O Platanos liegt hübsch an einem kleinen Platz neben der Hauptstraße und heißt so nach zwei riesigen Platanen. Das Essen ist einfache, aber sehr schmackhafte ländliche Küche, wie Fleischkasserollen und Lamm aus dem Ofen. Auch vegetarische Angebote.
Keine Kreditkarten

SAMOS

FITO BUNGALOWS HOTEL
€€
PITHAGORIA
TEL. 22 73 06 13 14
E-MAIL WELCOME@FITOBAY.GR
www.fitobay.gr
Eine friedliche Ferienanlage, deren Bungalows in einem gepflegten Garten liegen, der von schattigen Wegen durchzogen ist. Gekalkte Wände und Kiefermöbel schaffen eine Atmosphäre komfortabler Einfachheit.
87 Geschl. Winter Alle gängigen Kreditkarten

VARKA
€€
PARALIA, PITHAGORIA
TEL. 22 73 06 10 88
In diesem von den Einheimischen geschätzten Lokal ist das Essen so gut wie die Umgebung ungewöhnlich. *Varka* bedeutet „Boot" und das Lokal ist tatsächlich ein umgebautes ehemaliges Fischerboot. Ausgezeichneter Fisch und Steaks. Nehmen Sie aber doch die *meze* – man bietet hier eine überraschend gute Auswahl.
Geschl. Winter Keine Kreditkarten

CHRISTOS
€
PLATEIA AYIOU NIKOLAOU
TEL. 22 73 02 47 92
So einfach wie eine griechische Taverne nur sein kann, mit Standardgerichten wie Koteletts, Huhn oder Fisch, aber alles gut zubereitet und beliebt bei den Einheimischen.
Keine Kreditkarten

TAVERNA AVGO TOU KOKORA
€
KOKKARI
TEL. 22 73 09 21 13
Dieses etwas hochwertigere Esslokal in Kokari (10 km westlich von Samos-Stadt) liegt fantastisch am Meer. Große Auswahl an sehr empfehlenswerten *meze*-Gerichten.
Alle gängigen Kreditkarten

PREISKATEGORIEN

HOTELS
Einen Hinweis auf die Preise für ein Doppelzimmer ohne Frühstück geben die €-Symbole:

€€€€€	über 240 €
€€€€	160–240 €
€€€	110–160 €
€€	70–110 €
€	unter 70 €

RESTAURANTS
Einen Hinweis auf die Preise für ein Drei-Gänge-Menü ohne Getränke geben die folgenden €-Symbole:

€€€€€	über 65 €
€€€€	50–65 €
€€€	30–50 €
€€	20–30 €
€	unter 20 €

THASSOS

MAKRYAMMOS BUNGALOWS
€€€
MAKRYAMMOS
TEL. 25 93 02 21 01
E-MAIL INFO@MAKRYAMMOS-HOTEL.GR
www.makryammos-hotel.gr
Die Ferienanlage besteht aus Häuschen und zehn Luxussuiten, mit eigenem makellosem, weißen Sandstrand und eine der besten Lagen auf Thassos.
206 AmEx, MC, Visa

KYKLADEN

MYKONOS

MYKONOS GRAND HOTEL
€€€€
AGIOS YIANNIS
TEL. 22 89 02 55 55
E-MAIL INFO@MYKONOSRAND.GR www.mykonosgrand.gr

Schönes Hotel, direkt oberhalb von drei Sandbuchten gelegen, mit traumhaftem Blick auf Delos bei Sonnenuntergang. Spezielle Spasuiten für Paare in den Flitterwochen.

111 Alle gängigen Kreditkarten

HOTEL BELVEDERE

€€€

HORA, ROCHARI

TEL. 22 89 02 51 22

E-MAIL CONTACT@BELVEDERE HOTEL.COM

www.belvederehotel.com

Resort-Hotel in der Hauptstadt, günstig für Einkaufsbummel und zum Ausgehen. Zimmer sind klein, aber gemütlich. Mit japanischem Restaurant der Kette Nobu.

48 Alle gängigen Kreditkarten

DER BESONDERE TIPP

LA MAISON DE KAT'RINE

€€€

NIKI AGIOS GERASIMOS, CHORA

TEL. 22 89 02 21 69

Auf den griechischen Inseln gelingt es nur wenigen Restaurants, Atmosphäre und Spitzenküche zu kombinieren, aber dies ist eines. Es bringt französisches Flair in die griechische Küche: *coq au vin* ist ein griechisches Hühnchen in griechischem Wein mit einem Ergebnis, das einem Pariser Restaurant gut anstünde. Seien Sie auf hohe Preise gefasst und reservieren Sie im Voraus.

Geschl. M Alle gängigen Kreditkarten

LA TAVERNE

€€€

HOTEL CAVO TAGOO, MIYKONOS -STADT

TEL. 22 89 02 36 92

Reservieren Sie hier einen Tisch mit Blick über die Bucht. In dem schicken Hotel-Restaurant trifft Haute Cuisine auf griechische Küche in köstlichen Gerichten wie Lammkeule mit Joghurt-Minz-Soße.

Alle gängigen Kreditkarten

SEA SATIN

€€

MYKONOS-STADT

TEL. 22 89 02 46 76

Das In-Restaurant, unterhalb der Windmühlen mit Blick auf Klein-Venedig und das Meer. Fangfrischer Fisch und Gemüse werden entspannt, aber schnell serviert. Das gegrillte T-Bone-Steak ist einmalig

Geschl. M

KIKI'S

€

AGIOS SOSTIS

Die ultimative Strand-Taverne. Es gibt keinen Strom und kein Telefon, deshalb schließt Kiki's bei Sonnenuntergang. Saftige Koteletts vom Holzkohlengrill, köstliche Salate, serviert in einem schattigen Innenhof.

Geschl. Winter Keine Kreditkarten

NAXOS

ONIRO

€€€

PLATEIA BRADOUNA, NAXOS-STADT

TEL. 22 85 02 38 46

Wohl das beste Restaurant der Stadt. Wunderbarer Blick vom Dachgarten, kerzenbeleuchtete Tische und ruhiger Hof. Das Essen ist so gut wie die Atmosphäre. Vor allem internationale, aber auch griechische Speisen wie mit Knoblauch und Speck gefülltes Lamm aus dem Ofen.

Geschl. M & Winter Keine Kreditkarten

FAROS

€€

PARALIA, CHORA

TEL. 22 85 02 33 25

Ein Restaurant, in dem sich ausländische Einflüsse (deutsche) und griechische Traditionen und Zutaten zu einer abwechslungsreichen Karte verbunden haben. Die bekannten griechischen Fleischbällchen werden z.B. durch eine gulaschartige Soße aufgewertet.

Alle gängigen Kreditkarten

MANOLIS GARDEN TAVERNA

€

KASTRO, NAXOS-STADT

TEL. 22850 25168

In der Altstadt nahe der Burg gibt es mehrere Touristenrestaurants, aber diese reizende Gartentaverne bewahrt sich durch traditionelle Speisen wie Moussaka, frittierte Auberginen und gefüllte Paprika und Tomaten ihren Ruf.

Geschl. Winter Keine Kreditkarten

NIKOS

€

PARALIA, CHORA

TEL. 22 85 02 27 65

Das Lokal gehört einem Fischer, sodass der Fisch hier garantiert frisch ist. Meist gibt es einige ausgefallenere Angebote. Die umfassende Karte enthält aber auch Alternativen. Die Weinkarte konzentriert sich auf Weine von Naxos und den anderen Kykladen.

Keine Kreditkarten

PAROS

ASTIR OF PAROS

€€€€

KOLYMBITHRES BEACH, NAHE NAOUSSA

TEL. 22 84 05 19 76 84

www.astirofparos.gr

Das Hotel ist fast ein eigenes Dorf. Eigener Strand, kleiner

Dorfplatz und Kunstgalerie. Moderne griechische Kunst an der Rezeption. Lohnt die Ausgabe.

57 Geschl. Winter Alle gängigen Kreditkarten

TO KYMA

€

AYII ANARGHIRI BEACH

TEL. 22 84 05 20 25

„Die Welle" wird von zwei Französinnen betrieben, die neben griechischen Standards wie Tintenfisch, gefülltem Gemüse und Hummer auch thailändische, chinesische, französische und sogar schottische Gerichte auf der Karte haben.

Alle gängigen Kreditkarten

LEVANTIS

€

PARIKIA

TEL. 22 84 02 36 13

Der Name dieser freundlichen kleinen Taverne mit Tischen unter Weinreben weist auf die mittelasiatischen Einflüsse mit Joghurt, Aprikosen und Nüssen und und zarten Huhngerichten hin.

Geschl. M & Di Alle gängigen Kreditkarten

SANTORIN

ASTRA SUITES

€€€€€

IMEROVIGLI

TEL. 22 86 02 36 41

www.astrasuites.com

Entzückender dorfähnlicher Komplex von Zimmern, Suiten und Bungalows mit eigenem Pool. Das Astra liegt eindrucksvoll oben am Fels, wo man fantastische Sonnenuntergänge erleben kann und ist sicher einer der komfortabelsten und erholsamsten Plätze der Insel.

85 Alle gängigen Kreditkarten

VEDEMA HOTEL

€€€€

MEGALOCHORI

TEL. 22 86 08 17 96

E-MAIL INFO@VEDEMA.GR

www.vedema.gr

Das Vedema bietet Apartments im Kykladen-Stil in einer umgewandelten Villa eines Weinhändlers. Eine riesige Auswahl an griechischen und internationalen Weinen in dem hundert Jahre alten Restaurant. Das Cocoon-Spa bietet Massagezelte direkt am nahegelegenen Strand.

36 Alle gängigen Kreditkarten

KATINA

€

OIA HAFEN

TEL. 22 86 07 12 80

Wenn Sie sich den Abstieg hinunter zum Hafen von Oia – oder eher den steilen Anstieg zurück (Sie können aber auch ein Taxi nehmen) – zutrauen, ist dies ein gutes Fischlokal direkt am Meer.

Keine Kreditkarten

SKARAMANGAS FISH TAVERN

€

MONOLITHOS BEACH

Authentische Taverne direkt am Meer, die fangfrischen Fisch serviert, wie etwa gegrillten Red Snapper.

Keine Kreditkarten

SIFNOS

TO LIOTRIVI

€€

ARTEMON

TEL. 22 84 03 20 51

Aus Sifnos kommen angeblich die besten Küchenchefs Griechenlands und Yiannis Yiorgoulis soll der beste sein, der auf der Insel geblieben ist. Kosten Sie *kaparosalata* (Kapernsalat), einfach, aber doch ungewöhnlich und delikat, und Sie wissen, warum das Restaurant so beliebt ist.

Alle gängigen Kreditkarten

PREISKATEGORIEN

HOTELS

Einen Hinweis auf die Preise für ein Doppelzimmer ohne Frühstück geben die €-Symbole:

€€€€€	über 240 €
€€€€	160–240 €
€€€	110–160 €
€€	70–110 €
€	unter 70 €

RESTAURANTS

Einen Hinweis auf die Preise für ein Drei-Gänge-Menü ohne Getränke geben die folgenden €-Symbole:

€€€€€	über 65 €
€€€€	50–65 €
€€€	30–50 €
€€	20–30 €
€	unter 20 €

CAPTAIN ANDREAS

€

AM STRAND, KAMARAI

TEL. 22 84 03 23 56

Wenn Ihre Bedürfnisse einfach sind, dann ist dieses Restaurant direkt am Strand ideal. Der Besitzer fängt die meisten Zutaten selbst und kauft den Rest von seinen Fischerkollegen. Es gibt kaum etwas Besseres.

Keine Kreditkarten

SIROS

HOTEL OMIROS

€€

OMIROU 43, ERMOUPOLI

TEL. 22 81 08 49 10

Das elegante Hotel in einer Fußgängerzone ist charmant, ruhig und bietet geschmackvolle große Zimmer mit traditionellem Mobiliar. Der Dachgarten ermöglicht wunderbare Blicke über den Hafen.

13 Keine Kreditkarten

TINOS

TO KOUTOUKI
€
G. GAGOU 5
TEL. 22 83 02 48 57
Hier geht es richtig griechisch zu: Sie bekommen zwar die gleichen Gerichte, die auf jeder Karte (sofern vorhanden) der zahlreichen Lokale in dieser Nebenstraße stehen, aber das Koutouki serviert alles frisch und freundlich. Gerichte wie Kalbsragout oder Zitronenhuhn sind perfekt zubereitet.
Keine Kreditkarten

DODEKANES

KALYMNOS

PANORAMA
€
AMMOUDARA
WWW.PANORAMA-KALYMNOS.GR
Das moderne Hotel etwas abseits der lebhaften Gegend am Meer auf der Kuppe eines steilen Hügels hat sehr freundliche Besitzer. Einige Zimmer mit Terrasse, alle mit beeindruckendem Meerblick und gut in Schuss.
13 Keine Kreditkarten

BARBA PETROS
€
PLATEIA DIAMANTIS, POTHIA
TEL. 22 43 02 96 78
Sehr charaktervolles Lokal am Nordende des Hafens. Frischer Fisch auf Olivenholzkohle geräuchert und Spezialitäten wie mit einer delikaten Mischung aus Spinat, Käse und Kräutern gefüllter Tintenfisch.
Keine Kreditkarten

DOMUS ROOF GARDEN
€
KANTOUNI
TEL. 224 50 04 77 60
Das Domus liegt wunderbar – in Kantoni an der Westküste mit Blick über den Strand und die Ägäis. Das Essen ist genau so gut. Normale Gerichte wie *dolmades* und *moussaka* sind außergewöhnlich gut, und es gibt zahlreiche Überraschungen wie mit Joghurt gekochtes armenisches Lamm.
Alle gängigen Kreditkarten

TAVERNA KSEFTERIS
€
CHRISTOS, POTHIA
TEL. 22 43 02 86 42
Die Taverne ist eine Institution, schon seit Generationen im Besitz einer Familie. Hier gibt es keine *nouvelle cuisine*, aber leckere Dolmades, deftige Eintöpfe und ein herzliches Willkommen.
Keine Kreditkarten

KOS

AFENDOULIS HOTEL
€
EVRIPILOU 1, KOS-STADT
TEL. 22 42 02 53 21
E-MAIL INFO@AFENDOULISHOTEL.COM
www.afendoulishotel.com
Freundlicher Familienbetrieb, typisch für die griechischen Inseln. Einfach, aber makellos, nahe Zentrum und Strand, aber ruhig. Alle Zimmer mit Balkon auf den Hafen.
23 Keine Kreditkarten

OLYMPIADA
€
KLEOPATRAS 2, KOS-STADT
TEL. 22 42 02 30 31
In einer Stadt voller unterdurchschnittlicher Touristentavernen ist dies eine Ausnahme. Ein authentisches, anständiges griechisches Restaurant mit gutem Essen für wenig Geld. Kosten Sie *souvlaki* oder eines der vielen Gemüsegerichte.
Keine Kreditkarten

PLATANOS
€
PLATEIA PLATANOS, KOS-STADT
TEL. 22 42 02 89 91
Das Platanos bietet die beste Lage der Stadt und ungewöhnliche Speisen wie Tintenfisch-*stifado* und internationale Alternativen wie indonesisches Filetsteak. An den meisten Sommerabenden Live-Musik.
Alle gängigen Kreditkarten

TAVERNA MAVROMATIS
€
PSALIDI BEACH, KOS
TEL. 22 42 02 24 33
www.mavromatisrestaurant.gr
Die Gebrüder Mavromati, die diese Taverne betreiben, wollen sowohl Einheimische als auch Touristen zufriedenstellen. Der frittierte Käse ist köstlich, ebenso die zarten gegrillten Fleischgerichte, und natürlich gibt es stets frischen Fisch.
Geschl. Winter Alle gängigen Kreditkarten

PATMOS

AUSTRALIS
€
SKALA
TEL. 22 47 03 15 76
www.patmosaustralis.gr
Familienbetrieb eines Paares, das früher in Australien lebte. Sehr ruhige Lage in einem schönen Garten. Frühstück auf einer Terrasse mit Hafenblick.
18 Geschl. Winter Keine Kreditkarten

VEGGHERA
€€€
NEA MARINA, SKALA
TEL. 22 47 03 29 88
Vegghera gilt als das beste Restaurant der Stadt, in einem alten Herrenhaus an der Marina gelegen. Die Besitzer kombinieren griechische Spritzigkeit mit französischem Flair und servieren klassische Gerichte mit Pfiff wie Kalamaris in Pes-

to. Es ist nicht günstig, aber das Gebotene rechtfertigt den Preis.

Geschl. Winter Alle gängigen Kreditkarten

PATMIAN HOUSE

€€

CHORA, PATMOS-STADT

TEL. 22 47 03 11 80

Das beste Restaurant der Insel. Ausgezeichnetes Essen in einem schön restaurierten Gebäude aus dem 17. Jahrhundert. Die Vorspeisen wie *taramosalata* und Spinatkuchen sind hausgemacht und sehr gut. Dies gilt auch für die Hauptspeisen wie z.B. Kaninchen-*stifado*.

Geschl. M Alle gängigen Kreditkarten

TO PYROFANI

€

PARALIA, SKALA

TEL. 22 47 03 15 39

Die Fischtaverne versorgt sich direkt bei den örtlichen Fischern, sodass es je nach Jahreszeit etwas anderes gibt – aber was es auch ist, es ist frisch und wird schlicht gegrillt.

Alle gängigen Kreditkarten

RHODOS

HILTON RODOS RESORT

€€€

LEOFOROS IALLYSOU, IXIA, RHODOS-STADT

TEL. 22 41 07 50 00

E-MAIL SALES.RHODOS@HILTON.COM

www1.hilton.com

Das vorzügliche Fünf-Sterne-Hotel mit eigenem tollen Garten und Strand liegt ein paar Kilometer abseits des Lärms von Rhodos-Stadt. Geräumige Zimmer mit Marmorbad. Restaurant, Bar, Sauna, Tennisplatz und Jacuzzi.

402 Alle gängigen Kreditkarten

LINDOS MARE

€€€

LINDOS BAY, LINDOS

TEL. 22 44 03 11 30

E-MAIL INFO@LINDOSMARE.GR

www.lindosmare.gr

Luxushotel auf mehreren Ebenen, die hinunter zu wunderbarem Strand führen. Es ist in der teureren Kategorie, weil der Preis für Halbpension (inklusive Frühstück und Abendessen) gilt. Da es 2 km außerhalb von Lindos liegt, essen die meisten Gäste tatsächlich hier.

123 Alle gängigen Kreditkarten

S. NIKOLIS HOTEL

€€

HIPPODAMOU 61, RHODOS-ALTSTADT

TEL. 22 41 03 45 61

E-MAIL NIKOLIS@HOL.GR

www.s-nikolis.gr

Ein Hotel in der Altstadt, das Geschichte verströmt, u.a. durch teilweise 800 Jahre alte Steinarbeiten. Obwohl einige Zimmer etwas klein sind, sind alle modern und haben Telefon. Die Besitzer vermieten auch noch Zimmer in der Nähe.

30 Alle gängigen Kreditkarten

ALEXIS

€€€

SOKRATOUS 18, RHODOS-STADT

TEL. 22 41 02 93 47

Eines der besten Fischrestaurants im Dodekanes. Es serviert Gerichte, die man woanders kaum findet (z.B. Seeigel) und fangfrischen Fisch. Das Gemüse wird von den Besitzern organisch angebaut.

Geschl. So Alle gängigen Kreditkarten

ARHONTIKO

€€€

LINDOS

TEL. 22 44 03 19 92

Lindos ist schon allein wegen dieses Restaurants in einem alten Kapitänshaus eine Reise wert: Gerichte wie Pflaumen mit Frischkäsefüllung im Speckmantel zeigen den Erfindungsreichtum der Küche. Exzellente Weinkarte.

Alle gängigen Kreditkarten

KIOUPIA

€€

MESAIONIKI POLI RODOU, RHODOS-STADT

TEL. 22 41 09 34 48

Kommen Sie mit gutem Appetit. Nach einer Auswahl an Suppen werden Sie mit einem Tisch voller verführerischer *meze*-Gerichte und deftigen Hauptspeisen konfrontiert. Auch große Dessertkarte.

Geschl. M & So Alle gängigen Kreditkarten

MAVRIKOS

€€

LINDOS

TEL. 22 44 03 12 32

Hier serviert man traditionelle Gerichte wie Lamm aus dem Ofen oder gemischte *meze*, aber mit einem Flair, das auf

PREISKATEGORIEN

HOTELS

Einen Hinweis auf die Preise für ein Doppelzimmer ohne Frühstück geben die €-Symbole:

€€€€€	über 240 €
€€€€	160–240 €
€€€	110–160 €
€€	70–110 €
€	unter 70 €

RESTAURANTS

Einen Hinweis auf die Preise für ein Drei-Gänge-Menü ohne Getränke geben die folgenden €-Symbole:

€€€€€	über 65 €
€€€€	50–65 €
€€€	30–50 €
€€	20–30 €
€	unter 20 €

den ersten Küchenchef zurückgeht, der lange in Frankreich arbeitete.

Alle gängigen Kreditkarten

PALIA ISTORIA

€€

MITROPOLEOS 108, AMMOS, RHODOS-NEUSTADT

TEL. 22 41 03 24 21

Das ausgezeichnete Restaurant ist eines der besten der Stadt. Die *meze*-Gerichte sind berühmt, u. a. ungewöhnliche wie Rote Bete mit Walnuss. Hauptgerichte von einfachem, leckerem Schweinebraten bis hin zu teureren Hummerspaghetti.

Geschl. M Alle gängigen Kreditkarten

SYMI

ALIKI

€€€

AKTI GENNIMATA, SYMI-STADT

TEL. 22 46 07 16 55

E-MAIL INFO@HOTELALIKI.GR

www.simi-hotel-aliki.gr

Obwohl es in den letzten Jahren den Besitzer gewechselt hat, hat sich dieses ehrwürdige Hotel, ruhig am Meer gelegen, seinen Charme erhalten. Das dreistöckige klassizistische Herrenhaus wurde 1895 erbaut. Die Zimmer sind modernisiert worden und komfortabel. Die besten sind die oberen nach vorne mit Meerblick und kleinen Balkonen. Elegante Einfachheit und Herzlichkeit lassen viele Gäste immer wiederkommen.

15 Keine Kreditkarten

MYLOPETRA

€€€

DODECANISSOS

TEL. 22 46 07 23 33

Diese ehemalige Mühle ist eines der besten Lokale auf Symi in einem eleganten, alten Ambiente. Die deutschen Besitzer verwandeln die meist regionalen Zutaten in so anspruchsvolle Gerichte wie Lamm in Sauce Hollandaise und machen eigenes Brot, Pasta und Käse.

Geschl. M & Winter Vi

DER BESONDERE TIPP

GEORGIO'S

€

CHORIO, SYMI

Es gibt in ganz Griechenland kein zweites Restaurant wie dieses. Es ist chaotisch, serviert aber stets verführerisches Essen. Der Besitzer gleitet von der Küche in den Speisesaal, bedient manchmal oder spielt für die Gäste auf der Bouzouki, je nach Laune. Effizienz ist hier nicht die Stärke, Sie müssen sich mit Ihren Wünschen also bemerkbar machen. Gehen Sie in die Küche und werfen Sie einen Blick in die Töpfe, setzen Sie sich an einen Tisch und genießen Sie das abendliche Treiben wie ein Theaterstück.

Geschl. M Keine Kreditkarten

MYTHOS MEZE RESTAURANT

€

YIALOS, SYMI-STADT

TEL. 22 46 07 14 88

Stavros Godio macht sich derzeit international einen Namen für seine qualitativ hochwertige mediterrante Küche. Barsch in Ingwersoße oder überbackenes Schweinefilet in Thymian-Balsamico-Sud locken Gourmets in sein Restaurant am Meer und in seine wöchenlich stattfindenden Kochkurse.

Geschl. wochentags Nov.–Ostern Alle gängigen Kreditkarten

NERAIDA

€

YIALOS, SYMI-STADT

TEL. 22 46 07 18 41

Das Neraida sieht nicht anders aus als viele andere Tavernen um den Hafen von Symi-Stadt, aber das Essen ist außergewöhnlich gut, besonders der frische Fisch und die hausgemachten Spinatkuchen. Werfen Sie einen Blick in die Töpfe.

Keine Kreditkarten

THOLOS

€

NEAR PARADISE BEACH

TEL. 22 46 07 20 33

Dieses charmante Restaurant im Freien serviert vegetarische und scharfe Kost. Kichererbsen-Pilz-Auflauf und Babygarnelen mit grünen Paprika sind typische Gerichte.

Geschl. Winter Keine Kreditkarten

TILOS

IRINI

€

LIVADIA

TEL. 22 41 04 42 93

Makelloses Familienhotel in friedlicher Lage mit schönem, gepflegtem Garten. Zimmer nach vorne mit Meerblick. Großzügiges Frühstück. Sehr hilfsbereite Besitzer.

23

KRETA

AGIOS NIKOLAOS

PELAGOS

€€

ECKE KORAKA & KATEHAKI STRASSE

TEL. 28 41 02 57 37

Auf der Speisekarte des Restaurants findet der Gast eine verführerische Auswahl an frischen Meeresfrüchten vor. Ein besonderes Highlight ist der Seeigel-Salat.

Keine Kreditkarten

ELOUNDA

ELOUNDA MARE

€€€€

ELOUNDA (2 KM NÖRDLICH VOM ZENTRUM)

TEL. 28 41 06 80 12
E-MAIL MARE@ELOUNDA-SA.COM
www.eloundamare.com
Die Anlage besitzt einen außergewöhnlichen Garten. Superbe Lage mit Blick über die Ägäis. Gekalkte Häuschen um das Hauptgebäude. Gemeinschaftsräume mit antikem Mobiliar und modernem Komfort.
108 Alle gängigen Kreditkarten

DER BESONDERE TIPP

ELOUNDA BEACH
€€€€€
ELOUNDA (2 KM NÖRDLICH VOM ZENTRUM)
TEL. 28 41 06 30 00
E-MAIL ELOHOTEL@ELOUNDA BEACH.GR
www.eloundabeach.gr
Zweifellos das luxuriöseste Hotel auf Kreta und eines der besten Europas. Preise wie im Zentrum von New York oder Paris. 301 Zimmer, einige von ihnen Häuschen mit eigenem Pool für auf Intimität bedachte Superreiche. Für die anderen Gäste gibt es Pool, Strand, Wassersport, Minigolf, Sporteinrichtungen, einen Segelklub, ein Gesundheits- und ein Unterhaltungszentrum.
301 Alle gängigen Kreditkarten

VRITOMARTES
€
G. SFIRAKI WATERFRONT
TEL. 28 41 04 13 25
Eine einfache, ausgezeichnete Taverne direkt am Hafen, wo Sie mit Blick aufs Meer speisen. Der Fisch ist nur einige Stunden alt und wurde u.U. vom Besitzer selbst gefangen. Es gibt auch Fleisch- und Gemüsegerichte, bevorzugen Sie aber doch den Fisch.
Geschl. im Winter
MC, V

CHANIA

VILLA ANDROMEDA
€€€
ELEFTHERIOU VENIZELOU 150
TEL. 28 21 02 83 03
E-MAIL INFO@VILLANDROMEDA.GR
www.villandromeda.gr
Reizendes, intimes Hotel in klassizistischem Herrenhaus von 1870. Sein Marmorboden und elegantes Mobiliar sind prachtvoll und die Zimmer blicken über Meer und Stadt, können aber laut sein.
6 Alle gängigen Kreditkarten

AMPHORA
€€
PARODOS THEOTOKOPOULOU 20
TEL. 28 21 09 32 24
E-MAIL CONTACT@AMPHORA.GR
www.amphora.gr
Das restaurierte Herrenhaus, das bis 1300 zurückgeht, kombiniert venezianische Eleganz, türkischen Stil und modernen Komfort. Die Gartenterrasse blickt über Chanias schönen Hafen. Die Zimmer sind geräumig, es kann wegen des Hafens aber laut sein.
21 Alle gängigen Kreditkarten

TAMAM
€€
ZAMBELIOU 49
TEL. 28 21 09 60 80
Eines der besten Lokale der Stadt, wenn man von den Warteschlangen ausgeht, herausragende mediterrane Gerichte wie Risotto oder gefüllte Paprika, aber kombiniert mit orientalischen Einflüssen und Gewürzen, Früchten und Joghurt.
Alle gängigen Kreditkarten

THE WELL OF THE TURK
€
KALINIKOU SARPAKI 1–3
TEL. 28 21 05 45 47
Obwohl Griechen und Türken nicht miteinander auskommen, floriert dieses Restaurant wegen seiner ideenreichen Küche, des historischen Gebäudes und des stilvollen Inneren. Fleischbällchen mit Aubergine sind eine Hausspezialität.
Keine Kreditkarten

PREISKATEGORIEN

HOTELS
Einen Hinweis auf die Preise für ein Doppelzimmer ohne Frühstück geben die €-Symbole:

€€€€€	über 240 €
€€€€	160–240 €
€€€	110–160 €
€€	70–110 €
€	unter 70 €

RESTAURANTS
Einen Hinweis auf die Preise für ein Drei-Gänge-Menü ohne Getränke geben die folgenden €-Symbole:

€€€€€	über 65 €
€€€€	50–65 €
€€€	30–50 €
€€	20–30 €
€	unter 20 €

HERAKLION

CANDIA MARIS
€€€
ANDREAS PAPANDREOU 72
TEL. 210 37 70 00
Das Hotel der Luxusklasse bietet Zimmer bzw. Häuschen mit moderner Ausstattung und Meerblick. Der große, runde Pool ist eine besondere Freude.
257 Alle gängigen Kreditkarten

LATO
€–€€
EPIMENIDOU 15
TEL. 28 10 22 81 03
www.lato.gr

Das attraktive Hotel ist einfach und modern, aber seine freundliche Atmosphäre und die zentrale Lage machen es zu einer Empfehlung. Einige Zimmer mit Blick auf den venezianischen Hafen. Das Archäologische Museum liegt in der Nähe.

50 Alle gängigen Kreditkarten

KYRIAKOS

€€

LEOFOROS DIMOKRATIAS 53

TEL. 28 12 02 46 49

Sehr gutes traditionelles kretisches Essen, stilvoll und mit Auge fürs Detail serviert. Formelle Kleidung empfohlen, obwohl das Lokal sehr freundlich ist. Probieren Sie Tintenfisch mit Zwiebeln oder die Hausspezialität, Schnecken.

Geschl. Mi & manchmal im Sommer Alle gängigen Kreditkarten

LIMENAS HERSONISOU

ROYAL MARE VILLAGE

€€€€

LIMENAS HERSONISOU

TEL. 28 97 02 50 25

E-MAIL RMV@ALDEMARHOTELS.COM

www.aldemarhotels.com

Griechenlands einziges Thalassotherapie-Zentrum. Zusätzlich zu den eigentlichen Zimmern gibt es 101 mit direktem Zugang zum Zentrum sowie 24 Suiten. Aller Komfort, schöner Garten, eigener Strand.

390 Alle gängigen Kreditkarten

RETHIMNON

GRECOTEL CRETA PALACE

€€€€

MISIRIA BEACH

TEL. 28 31 05 51 81

E-MAIL SALES_CP@GRECOTEL.GR

www.grecotel.com

Die moderne, von Gärten umgebene Ferienanlage ist einfach, aber stilvoll im traditionellen kretischen Stil erbaut. Neben den eigentlichen Zimmern gibt es 204 Häuschen und Villen mit kompletter Ausstattung. Drei Restaurants, vier Bars, Tennisplatz, Tauchen.

355 Geschl. Winter Alle gängigen Kreditkarten

FORTEZZA

€€

MELISINOU 16

TEL. 28 31 05 55 51

E-MAIL INFO@FORTEZZA.GR

www.fortezza.gr

Das moderne Hotel weist kretische Architektur auf und liegt schön in einer ruhigen Straße nahe der venezianischen Festung und nur einen kurzen Fußweg vom Meer entfernt.

54 Geschl. Winter Alle gängigen Kreditkarten

AVLI

€€€

XANTHOUDIDOU 22/ RADAMANTHYOS

TEL. 28 31 02 62 13

www.avli.gr

Versuchen Sie, einen Tisch im Innenhof zu bekommen mit Palmenbäumen und Kunstwerken, das Essen entspricht der opulenten Umgebung. Es ist exzellent, so wie eine der Spezialitäten des Hauses: Wildziegenkitz in Honig und Thymian. Beachten Sie auch die umfangreiche Weinkarte.

Alle gängigen Kreditkarten

CAVO D'ORO

€€

NEARCHOU 42

TEL. 28 31 02 44 46

www.cavodoro-rethymno.com/english

Eines der besseren Lokale im venezianischen Hafen. Beliebt und immer voller Gäste, reservieren Sie in der Saison also einen Tisch. Schöner Blick und einfaches Essen mit Schwerpunkt auf fangfrischem Fisch, Hummer etc.

Geschl. Winter Alle gängigen Kreditkarten

KORFU & DIE IONISCHEN INSELN

KORFU

HOLIDAY PALACE KORFU

€€€€

NAUSICAA, KANONI

TEL. 26 61 03 65 40

E-MAIL RESERVATIONS@KORFUHOLIDAYPALACE.GR

www.Korfuholidaypalace.gr

Luxusanlage in der Nähe des Flughafens und nur eine Taxi- oder Busfahrt von Korfu-Stadt. Zwei Restaurants, mehrere Bars, Snackbars, zwei Pools und Casino.

256 Alle gängigen Kreditkarten

DER BESONDERE TIPP

BELLA VENEZIA

€

ZAMPELI 4, KORFU-STADT

TEL. 26 61 04 65 00

E-MAIL BELVENHT@HOL.GR

www.bellaveneziahotel.com

Das sehr einfache C-Klasse-Hotel besitzt einen ganz eigenen Charme und Charakter. Es liegt in einem liebevoll restaurierten klassizistischen Herrenhaus aus dem 19. Jahrhundert an einer ruhigen Straße ein paar Fußminuten vom Zentrum und bietet geräumige, hohe Zimmer. Auch ein schöner Garten. Sehr freundliches Personal.

32 Alle gängigen Kreditkarten

CAVALIERI

€€€

KAPODISTRIOU 4, KORFU-STADT

TEL. 26 61 03 90 41

www.cavalieri-hotel-Korfu-tom.com/

Das Hotel liegt fast am Meer. Die oberen Zimmer haben einen schönen Blick auf die alte Festung und das Meer. Es ist in einem alten Herrenhaus untergebracht, das unter Beibehaltung des altmodischen Stils restauriert wurde. Die Zimmer sind ein wenig spartanisch, haben aber moderne Annehmlichkeiten.

48 Alle gängigen Kreditkarten

DIMARXION

€€€

GUILDFORD 71, KORFU-STADT

TEL. 26 61 03 90 31

Das beste und teuerste Restaurant der Stadt. Sehr schöne Lage nahe dem Rathausplatz. Die Karte bietet konventionelle (aber vorzügliche) Moussaka bis hin zu Spezialitäten wie *bourdetto* (Fisch in Tomaten-Knoblauch-Soße).

Alle gängigen Kreditkarten

AEGLI

€€

KAPODISTRIOU 23, KORFU-STADT

TEL. 26 61 03 19 49

Schönes Lokal an Korfus trendiger Liston, wo die Menschen sehen und gesehen werden wollen. Die Lage treibt die Preise, aber das Essen ist außergewöhnlich gut, u.a. viele Insel-Spezialitäten. Kosten Sie vor allem *sofrito* (Kalb in Knoblauchsoße).

Alle gängigen Kreditkarten

MOURAGIA

€€

ARSENIOU 15

TEL 26 61 03 38 15

Die kleine *ouzerie* ist meistens voll, besonders sonntags, wenn Leute von weit her hierher zu Mittag essen. Nehmen Sie draußen Platz und bestellen Sie eine Auswahl an *mezes* wie frittierte Zucchini, gefüllten Tintenfisch und Hering.

Alle gängigen Kreditkarten

GRILL ROOM CHRISSOMALIS

€

THEOTOKI 6, KORFU STADT

TEL. 26 61 03 03 42

Sehr einfach, bei Einheimischen beliebt. Exzellentes gegrilltes Fleisch zu günstigen Preisen mit freundlichem Service.

Keine Kreditkarten

IL POLLO

€

MITROPOLITON ATHANASIOU 71

TEL. 26 61 02 62 10

Nicht allzu viele Touristen finden den Weg entlang der Garitsa-Bucht hierher. Daher geht es hier sehr griechisch zu, sehr lebhaft, mit einfachen, aber sehr leckeren Gerichten. Probieren Sie Gegrilltes oder fragen Sie nach einer Auswahl an *mezes*.

Geschl. M Alle gängigen Kreditkarten

NIKOLAS

€

GIMARI, NEAR KALAMI

TEL. 26 63 09 12 43

Traditionelle Taverne direkt am Strand des ruhigen Dorfes Gimari, 2 km westlich von Kalami. Mittags voller Strandbesucher und Familien, abends ruhiger. Ausgezeichneter Fisch wie Meeräsche, Schwertfisch und Thunfisch.

Geschl. Winter Keine Kreditkarten

ITHAKA

LIBERTY

€€

MYLOS COASTAL RD., VATHI

TEL. 26 74 30 03 70

Cooles Restaurant am Hafen, dessen kühle hellgraue Einrichtung mit den geschmack- und farbreichen Gerichten kontrastiert, wie etwa Meeresfrüchteravioli. 35 griechische Weinsorten auf der Karte.

Geschl. Mo im Winter Alle gängigen Kreditkarten

PREISKATEGORIEN

HOTELS

Einen Hinweis auf die Preise für ein Doppelzimmer ohne Frühstück geben die €-Symbole:

€€€€€	über 240 €
€€€€	160–240 €
€€€	110–160 €
€€	70–110 €
€	unter 70 €

RESTAURANTS

Einen Hinweis auf die Preise für ein Drei-Gänge-Menü ohne Getränke geben die folgenden €-Symbole:

€€€€€	über 65 €
€€€€	50–65 €
€€€	30–50 €
€€	20–30 €
€	unter 20 €

TREHADIRI TAVERNA

€

VATHI

TEL. 26740 33066

Wunderbarer Familienbetrieb, in dem die Frau kocht und der Ehemann bedient. Einfache Karte mit Gerichten wie Moussaka und gegrilltem Fleisch, aber gut zubereitet und lecker.

Geschl. M Keine Kreditkarten

KEPHALLONIA

EMELISSE ART HOTEL

€€€

FISKARDO, KEPHALLONIA

TEL. 26 74 04 12 00

E-MAIL EMELISSE@ARTHOTEL.GR

www.arthotel.gr/emelisse/gr

Schicke balinesische Einrichtung in den Bungalows, die über eine Halbinsel verstreut sind. Herrliches hausgemachtes Frühstück.

Alle gängigen Kreditkarten

ANONYMOUS

€

ANTONI TRITSI 146, ARGOSTOLI

TEL. 26710 22403

Der kleine Familienbetrieb direkt am Hafen beschränkt seine Karte auf wenige Tagesgerichte sowie die üblichen Grillgerichte und frischen Fisch. Freundlicher, entspannter Service.

Keine Kreditkarten

CAPTAIN'S CABIN

€

HAFEN, FISKARDO

TEL. 26740 41007

Direkt am Hafen liegt dieses traditionsreiche Lokal in Familienbesitz, in dem die netten Gastgeber sowohl Einheimische als auch Gäste bewirten. Fangfrischer Fisch des Tages steht immer auf der Karte ebenso wie griechische Klassiker wie gefüllte Tomaten oder gebratener Tintenfisch. !

Alle gängigen Kreditkarten

OLD PLAKA

€

METELAS, ARGOSTOLI

TEL. 26710 24849

Typisches, den ganzen Tag geöffnetes griechisches Lokal, abends aber schickeres Publikum. Preiswerte, leckere griechische Küche. Schweinefleisch mit Knoblauch ist eine Hausspezialität.

Alle gängigen Kreditkarten

PATSOURAS

€

ANGOLO TRA LAVRAGKA/ METAXA

ARGOSTOLI

TEL. 26 71 02 00 61

An lebhaften Tagen in Argostoli ist es eine Wonne, sich in den Garten dieses netten kleinen Restaurants zurückzuziehen. Die Karte bietet jahreszeitliche Insel-Spezialitäten, wobei es die Fleischpastete immer gibt.

Keine Kreditkarten

LEFKAS

LEFKAS HOTEL

€€

PAPAGOU 2, LEFKAS-STADT

TEL. 26 45 02 39 16

E-MAIL INFO@HOTELLEFKAS.GR

www.hotellefkas.gr

Der beste Tipp für die Insel-Hauptstadt. Großes, zentrales und gutes Hotel. Geräumige, komfortable Zimmer und sehr nettes Personal.

93 Alle gängigen Kreditkarten

REGANTOS

€

VERGOTI, LEFKAS-STADT

TEL. 26 45 02 28 55

Ein in Lefkas beliebtes Restaurant muss gut sein, weil es hier nicht zu viele ausländische Gäste gibt. Kosten Sie die Fleischeintöpfe, Würste und Kebabs, für die Lefkas berühmt ist.

Geschl. M Keine Kreditkarten

PAXI

TAKA-TAKA

€

GAÏOS

TEL. 26 62 03 23 29

Beliebtes Lokal, auf gegrilltes Fleisch und frischen Fisch spezialisiert. Freundliche Besitzer und draußen hübsche Speisezone unter Weinreben.

Alle gängigen Kreditkarten

VASSILI'S

€

AM MEER, LONGOS

TEL. 26 62 03 15 87

Direkt am malerischen kleinen Hafen von Longos sieht dieses Restaurant unspektakulär aus, serviert aber das beste Essen auf der Insel. Auch gute Weinkarte. Zu lebhaften Zeiten Reservierung empfohlen.

Geschl. manche Tage M (rufen Sie vorher an) Alle gängigen Kreditkarten

ZAKYNTHOS

NOBELOS HOTEL

€€€

VOLIMES

TEL. 26 95 02 76 32

E-MAIL INFO@NOBELOS.GR

www.nobelos.gr

Vier romantische Suiten – mit Antiquitäten eingerichtet – überblicken das Meer. Begrüßen Sie den Morgen mit einem hausgemachten Frühstück.

4 Alle gängigen Kreditkarten

DER BESONDERE TIPP

MANTALENA

€

ALIKANAS

TEL. 26 95 08 35 50

Wohl das beste Restaurant der Insel. In einem kleinen Dorf direkt südlich des Urlaubsorts Alikanas. Die Karte des Familienbetriebs bietet im Lauf der Jahre von den Verwandten des Besitzers gesammelte Rezepte. Der Geschäftsführer Tasos ist mit seinem guten Aussehen und makellosen Englisch ein reizender Maître, während seine Mutter in der Küche leckere Speisen zaubert. Man trinkt Wasser aus einer eigenen Quelle, Wein aus einem eigenen Weinberg und ein Glas Ouzo aufs Haus.

Alle gängigen Kreditkarten

Einkaufen

Souvenirläden haben das übliche Angebot mit Schwerpunkt auf Keramik. Wenn man ein wenig sucht, kann man statt Massenware auch ausgefalleneres Kunsthandwerk finden. Leder, von kleinen Börsen bis zu dicken Mänteln, ist ein guter Kauf. Wolldecken und flokati, die Schafwollteppiche, die vor allem in den nördlichen Bergen und in Thrakien produziert werden, sind auch häufig zu finden.

Gold- und Silberschmuck, für den die Griechen bekannt sind, gehört zu den besten Angeboten, z. B. exquisite Ringe, Ohrringe und Ketten. Ferner gibt es feine Stickerei- und Webarbeiten, Spitze, Baumwollkleider und -blusen. Viele Städte haben Volkskundemuseen für traditionelle Kleidung und Kunsthandwerk, die meisten mit einem Geschenkladen. Wenn es keinen gibt, wird Ihnen der Kurator sagen, wo Sie die örtlichen Spezialitäten bekommen. Weitere schöne Souvenirs sind Aufnahmen griechischer Musik und die *komboloia* (Sorgenperlen), die es in den meisten Touristenläden gibt. Griechische Nahrungsmittel überstehen mit Ausnahme hochklassiger Spirituosen und Olivenöle den Transport nur schlecht.

Wo man gut einkauft

Unterschiedliche Regionen in Griechenland sind auf unterschiedliche Erzeugnisse spezialisiert. Rhodos, Sifnos und Skyros sind für ihre Keramik bekannt, obwohl man überall im Land günstig gute Stücke bekommt. Ioannina in Epirus ist das traditionelle Zentrum der Silberschmiedekunst. Rhodos und Athen sind für Goldschmuck bekannt, jedoch teuer. Gute Lederwaren bekommt man an vielen Orten, aber die besten werden auf Kreta hergestellt, besonders in Chania. Holzschnitzereien und Stickerei sind besonders gut in Metsovon, und auch die Ionischen Inseln, vor allem Kephallonia und Zakyinthos, erzeugen feine Stickereiarbeiten.

Antiquitäten

Es ist in Griechenland strafbar, Antiquitäten zu kaufen oder zu verkaufen, zu besitzen oder auszuführen. Es gibt keine klare Definition, was unter dieses Gesetz zum Schutz des griechischen kulturellen und historischen Erbes fällt. Wenn man Ihnen unter der Hand etwas Altes anbietet, sollten Sie vorsichtig sein: Wenn es authentisch ist, begehen Sie u. U. eine Straftat, wenn nicht, werden Sie wohl betrogen. Halten Sie sich lieber an Kopien aus Museumsläden.

Das heißt nicht, dass Sie nicht legal jüngere Antiquitäten wie Bücher, Bilder, Stiche etc. kaufen können. Sie werden auf Märkten wie in Monastiraki im Zentrum Athen und sonntagmorgens in Piräus wie auch in Antiquitätenläden im ganzen Land viele derartige Dinge sehen. Es gibt allerdings nur ein begrenztes Angebot, da die Griechen eher an Familienstücken festhalten und das Sammeln von Antiquitäten weniger beliebt ist als in anderen Ländern.

Feilschen

Unter bestimmten Umständen ist Feilschen akzeptabel, besonders in Touristengegenden wie der Plaka in Athen. Hier fangen die Ladenbesitzer ohnehin damit an, indem Sie einen niedrigeren Preis als den auf dem Preisschild („nur heute Sonderpreis") nennen. Der leichtgläubige Tourist akzeptiert diesen schon als Schnäppchen und fragt sich nicht, ob noch mehr drin ist: Normalerweise ist das der Fall. Schmuck- und Kunsthandwerkläden haben meist noch Luft, allerdings nicht so viel, wie etwa in Nordafrika üblich ist.

ATHEN

Antiquitäten & Kunsthandwerk

Kunstwerke, alte Drucke und Postkarten bekommt man in mehreren guten Trödel- und Antiquitätenläden am Ende der Adrianou. Gehen Sie an den Souvenirläden der Plaka vorüber.

A.D. Gallery, Pallados 3, Tel. 21 03 22 87 85. Versteckt gelegen im neuerdings angesagten Bezirk Psirri, veranstaltet diese kleine Galerie Wechselausstellungen zeitgenössischer Kunst aus Malerei, Fotografie und Multimedia. Nur mittags und abends geöffnet, sonntags und montags geschlossen.

Aidini, Nikis 32, Tel. 21 03 23 45 91 oder 21 03 22 60 88. Ungewöhnlicher Kunsthandwerkladen in einem Keller zwischen Syntagma-Platz und Plaka. Der Besitzer fertigt ausgefallene Metallskulpturen an, von interessanten Fischen bis hin zu recht surrealen Objekten.

Alekos Kostas, Abyssinia Square 3, Tel. 21 03 21 15 80. Antiquitäten oder Kitsch? Von beidem etwas in diesem ausgefallenen Laden in Monastiraki, dessen Inhaber ein Auge fürs Detail hat.

L'Atelier, Adrianou 116, Tel. 21 03 23 37 40. Es ist illegal, echte griechische Antiquitäten auszuführen, aber hier gibt es gute Kopien von Vasen, Fresken und kykladischen Statuetten. Viele sind wirklich schön, und wenn Sie Glück haben, erleben Sie, wie diese „Antiquitäten" produziert werden.

Athen Gallery. Pandrossou 14, Tel. 21 03 24 69 42. Die stilvolle

Galerie ist besser als die meisten sie umgebenden Souvenirläden der Plaka. Sie präsentiert eine Handvoll zeitgenössischer griechischer Künstler, Bildhauer, Maler, Töpfer und Goldschmiede. Auch wenn Sie sich die teureren Stücke nicht leisten können, lohnt die Besichtigung.

Gallerie Areta, Pandrossou 31, Tel. 21 03 24 33 97 oder 21 08 94 02 17. Kleiner Ableger der Athen Gallery. Hauptsächlich Keramik und Gemälde, u.a. nettes naives Kunsthandwerk.

Center of Hellenic Tradition, Mitropoleos 59/Pandrossou 36, Tel. 21 03 21 30 23 oder 21 03 21 38 42. In einer Arkade zwischen der Hauptstraße der Plaka, der Pandrossou, und der Mitropoleos liegt eine Handvoll kleiner Läden für Kunst und Kunsthandwerk, u.a. Gemälde, Keramik, Holzarbeiten, gemalte Postkarten und Ikonen. Es gibt auch ein gutes Café mit Blick auf die Plaka.

EOMMEX, Mitropoleos 9, Tel. 21 03 23 04 08. In dieser Kooperative können Sie handgewebte Teppiche aus ganz Griechenland kaufen, die mit traditionellen Webstühlen, Materialien und Techniken hergestellt wurden.

Greek Women's Institution, Kokotroni 3, Tel. 21 03 25 05 24. Das Geschäft präsentiert die griechische Stickereitradition und verschafft den entlegeneren ländlichen und Inselgemeinden ein gewisses Einkommen aus dem Tourismus – das sie sonst nicht hätten. Ein unterstützenswertes Anliegen.

Iakovos Antiques, Ifaistou 6, Tel. 21 03 21 01 69. Keramik, Gemälde und Kleinkram, alt und neu, nicht nur aus Griechenland, sondern aus aller Welt.

Vassilios Kevorkian, Ifaistou 6, Tel. 21 03 21 00 24. Handgemachte Gitarren, Bouzoukis und andere Saiteninstrumente werden hier in einer kleinen Werkstatt im Basar hergestellt. Der freundliche Besitzer hat nichts dagegen, wenn Sie nur gucken.

Karamikos Mazarakis, Voulis 31–33, Tel. 21 03 22 49 32.

Der große Laden zwischen Syntagma-Platz und der Plaka verkauft nicht nur traditionelle griechische *flokati*-Teppiche und *kilims,* sondern auch Woll- und Seidenteppiche aus aller Welt, u.a. ungewöhnliche Stücke mit Designs von Dalí, Picasso, Magritte und anderen Künstlern.

Takis Moraytis, Adrianou 129, Tel. 21 03 22 52 08. Ein Laden von Künstlern aus der Plaka mit guten originalen Landschaftsgemälden. Teuer, aber gute Qualität.

Martinos, Pandrossou 50, Tel. 21 03 21 31 10. Es gibt einige wirklich sehr gute Antiquitätenläden zwischen den Souvenirshops der Plaka und dieser ist einer der besten. Antike Möbel, alte Spiegel, *kelim*-Teppiche und alte Haushaltswaren.

Museum of Greek Children's Art, Kodrou 9, Tel. 21 03 31 26 21. Hier kann man reizende und preisgekrönte Bilder griechischer Kinder sehen und kaufen. Eine Chance, durch einen Kauf nicht nur das Museum zu unterstützen, sondern auch ein Lächeln auf ein Kindergesicht zu zaubern.

Nasiotis, Ifaistou 24, Tel. 21 03 21 23 69. Die Schatzhöhle birgt alte Fotos, Stiche, Bücher, Zeitschriften und freche Postkarten. Unten gibt es einen Haufen alter Bücher, die meisten auf Griechisch, aber manche auch in anderen Sprachen und einen Blick wert.

National Welfare Organization, Ypatias 6, Tel. 210 32 50 52 49. Die ausgezeichnete Kooperative bietet traditionelles Kunsthandwerk und praktische Gegenstände aus ländlichen Gemeinden des gesamten Landes zum Kauf an: Stickerei, Teppiche, Keramik, Ikonen sowie besonders gute Küchenobjekte, u.a. Kaffeebereiter, Brotbretter sowie Töpfe und Pfannen. Sie sind allesamt attraktiv, solide, und ein Kauf hilft, das traditionelle Handwerk am Leben zu erhalten.

Olive Wood Workshop, Mnisikleous 8, Tel. 21 03 21 61 45. Kleines Familiengeschäft in einer Seitenstraße in der Plaka. Schöne Olivenholzschnitzereien, darunter Brot- und Käsebretter und Schalen. Der freundliche junge Besitzer schnitzt selbst in seinem Laden.

Panayiri, Kleomenous 25, Tel. 21 07 22 53 69. Geschäft in Kolonaki mit guter Auswahl an Kunsthandwerk, Gemälden, Büchern und – seine Spezialität – vom Besitzer geschnitzten Modellschiffen aus dem Holz alter Schiffe.

Pyromania, Kodrou 14, Tel. 21 03 25 52 88. Mundgeblasenes Glas, Keramik und Olivenholzschnitzereien, allesamt geschmackvoll. Der nette und begabte Besitzer arbeitet hinten in einer kleinen Werkstatt. An der Grenze der Plaka, an seinen auffällig beleuchteten Auslagen zu erkennen.

Mihalarias Arts, Alopekis 1–3, Tel. 21 07 21 30 79. Der Laden in Kolonaki an sich ist schon eine Antiquität und der Besitzer verkauft hochwertige Möbel, Lampen, Gemälde und andere hochpreisige Ware.

Kostas Sokaras, Adrianou 25, Tel. 21 03 21 68 26. Stickerei, Schmuck, griechische Trachten und Puppen aus dem traditionellen griechischen Schattentheater.

Bücher, Zeitungen & Zeitschriften

The Booknest, Panepistimiou 25–29, Tel. 21 03 23 17 03. In diesem chaotischen Buchladen gibt es alte und neue gebundene Taschenbücher, Reiseführer und Romane in vielen Sprachen.

Compendium, Nikis 28, Tel. 21 03 22 12 48. Englischsprachige Bücher, Zeitschriften, Führer, Romane, Bücher über Griechenland, Landkarten und eine große Second-Hand-Abteilung. Manchmal Lesungen heimischer oder reisender Autoren – informieren Sie sich am Schwarzen Brett.

Pantelides, Amerikis 11, Tel. 21 03 62 36 73. Der größte englischsprachige Buchladen in Athen mit riesigem Sortiment. Eine gute Abteilung voller Bücher über Griechenland sowie Wörter-, Kunst-, Kochbücher und historische Werke. Der englischsprachige Besitzer ist sehr hilfsbereit.

Raymondos, Voukourestiou 18, Tel. 21 03 64 81 89. Hier finden Sie eine große Auswahl ausländischer Zeitschriften sowie Magazine über Griechenland, griechische Romane auf Englisch und Reiseführer.

Bekleidung

Die autofreie Straße Ermou beherbergt eine Reihe internationaler Bekleidungsgeschäfte wie Benetton, Lacoste und Marks & Spencer wie auch griechische Vertreter. Exklusivere Designerläden findet man im modischen Bezirk Kolonaki am Fuß des Lykabettos.

Artisti Italiani, Kanari 5, Kolonaki, Tel. 21 03 63 90 85. Italienisches Design für Frauen und Männer zu anständigen Preisen.

Stavros Melissinos, Aghias Theklas 2, Tel. 21 03 21 92 47. Melissinos, heute eine Institution in Athen, fertigt seit den 1960er Jahren Sandalen und schreibt Gedichte. Er machte John Lennon Sandalen und wird es auch für Sie tun.

Essen & Trinken

Besuchen Sie den **Zentralmarkt** südlich von Omonia an der Athinas, um Kräuter, Gewürze, Nüsse, Oliven, Käse und andere Delikatessen zu kaufen.

Aristokratikon, Karayioryi Servias 9, Tel. 21 03 22 05 46. Griechen kann es nie süß genug sein und dieser schicke Laden versorgt schon seit Jahrzehnten die Stadt mit Schokolade und anderen Köstlichkeiten.

Bachar, Evripidou 31, Tel. 21 03 21 51 50. Spezialgeschäft in der Nähe des Zentralmarkts. Gewürze und Kräuter für Küche und Medizin.

Brettos, Kydathinaion 41, Tel. 21 03 23 21 10. Gut ausgestatteter und farbiger Spirituosenladen in der Plaka mit eigener Spirituosenmarke und den bekannten griechischen Getränken.

The Mastiha Shop, Panepistimiou Street/Kriezotou Street, Tel. 21 03 63 27 50. Dieser liebreizende kleine Laden in der Nähe von Syntagma verkauft alles, was aus Mastix-Harz von der Insel Chios hergestellt werden kann, darunter Süßigkeiten, Säfte, Kosmetika, Naturheilmittel und vieles mehr, das gesundheitsfördernd sein soll.

Schmuck

Athen hat eine lange Silberschmiedtradition. Eine Reihe von Geschäften findet sich in der Gegend um die Straßen Lekka und Praxitelous. Einige präsentieren grelle Silberauslagen. Es gibt aber auch kleinere Läden mit geschmackvolleren Stücken. Mehrere teure Schmuckläden liegen an der schönen autofreien Einkaufsstraße Voukourestiou.

Borell's, Ypsilandou 5, Tel. 21 07 21 97 72. Moderner und auch alter Schmuck, nahe am Kolonaki-Platz.

Ilias Lalaounis Jewelry Museum, Karyatidon-Kallisperi 12, Tel. 21 09 22 10 44. Besichtigen Sie in einem stilvollen Museum Kopien von Arbeiten dieses weltberühmten griechischen Schmuckdesigners. Sie können, für viel Geld, Originale bestellen. Der Lalaounis-Laden liegt an der Panepistimiou 6, Tel. 21 03 61 13 71.

Marathianakis, Voukourestiou 21, Tel. 21 03 62 71 18. Umwerfend schöner griechischer Goldschmuck mit byzantinischen Mustern.

Marianna Petridi Jewellery, Haritos 34, Tel. 21 07 21 77 89 42 95. Der Laden zeigt Mariannas Halbedelsteinkunst – und eine Handvoll andere Jungdesigner wie Katerina Anesti.

Nisiotis, Lekka 23, Tel. 21 03 24 41 83. Toller Laden, der auf hochwertigen Silberschmuck spezialisiert ist.

Zolotas, Stadiou 9, Tel. 21 03 61 37 82. Einer von Griechenlands führenden Juwelieren. Ob Sie kaufen oder nicht, die Besichtigung lohnt. Weiteres Geschäft: Pandrossou 8.

Reproduktionen in Museen

Mehrere der wichtigen Museen Athen verkaufen Kopien ihrer bekanntesten Stücke, von kleinen günstigen bis hin zu Reproduktionen in Originalgröße. Der Standard ist in der Regel hoch. Die wichtigsten Läden sind im Archäologischen Nationalmuseum (siehe S. 82f), dem Benaki-Museum (siehe S. 74f) und dem Goulandris-Museum für kykladische Kunst (siehe S. 78f).

Musik

Auf dem **Flohmarkt in Monastiraki** gibt es mehrere Spezial-Plattenläden mit besonderem Schwerpunkt auf den 1960er und 1970er Jahren. Gute Auswahl an LPs und CDs.

Museum für griechische Volksmusikinstrumente, Diogenous 1–3, Tel. 21 03 25 01 98.

Der Museumsladen verkauft Aufnahmen traditioneller griechischer Musik. Riesige Auswahl sowie Bücher (meist auf Griechisch).

PELOPONNES

NAUPLIA

To Enotio, Staikopoulou 40, Tel. 27 52 02 11 43. In Griechenland gibt es eine lange Tradition von Schattentheatern und man kann in diesem tollen Laden mit lustigem Schaufenster einige Schattenpuppen erwerben, sowohl alte als auch neue.

Odyssey, Plateia Syntagmatos, Tel. 27 52 02 34 30. Gute Auswahl an ausländischen Büchern (u.a. Führer und griechische Romane bzw. Romane über Griechenland), Zeitungen und Zeitschriften.

MITTELGRIECHENLAND

IOANNINA

Athanasias Daktylithos, Pirsinela 14, Tel. 26 51 02 80 05. Gutes Sortiment griechischer und ausländischer Medien; Zeitungen in der Regel einen Tag nach Erscheinen.

Kasa Makis, Plateia Eleuthezotou 2, Tel. 26 51 02 25 02. Weinkontor, das Weine aus aller Welt und viele gute griechische Tropfen verkauft, die man auf den Karten vieler Restaurants nicht findet. Auch griechische Kuchen und Süßigkeiten.

Nikos Xaritos, Anexartisias 2, Tel. 26 51 02 92 00. In Ioannina gibt es viele Silbergeschäfte, aber nur noch eine Handvoll Werkstätten. Diese hier verkauft selbst hergestelltes Geschirr, Schmuck und dekorative Stücke, meist aus Silber und Messing.

MAKEDONIEN & THRAKIEN

THESSALONKI

Marina, Mitropoleos 62, Tel. 23 10 23 83 61. Die Besitzerin Marina arbeitete früher für den berühmtesten griechischen Juwelier, Ilias Lalaounis, von dem sie auch beeinflusst wurde. Nicht billig ... aber billiger als ihr Lehrer.

Molho, Tsmiski 10, Tel. 23 10 27 52 71. Wenn Sie in Thessaloniki Bücher, Zeitungen oder Zeitschriften in Englisch oder anderen Fremdsprachen suchen, ist dies der richtige Ort. Wenn Sie es hier nicht finden, bekommen Sie es vermutlich nirgends – von konventionellen Führern über Archäologie, Geschichte bis hin zu Literatur. Auch gute Auswahl griechischer Titel.

Adelphi Kazanzidi, Klissouras 12, Tel. 23 10 26 27 41. Wenn Sie nach griechischen Weinkrügen und Espressokannen aus Kupfer suchen, dann werden Sie in dieser Kupferwerkstatt fündig. Seit vielen Generationen in Familienhand, pflegt der exquisite Laden das traditionelle Handwerk, das häufiger im Nahen Osten und in Zentralasien zu finden ist.

ÄGÄISCHE INSELN

SARONISCHE INSELN

Elefteris Diakoyiannis, Vas-Georgiou 39, Ägina-Stadt, Tel. 22 97 02 45 93. Keramik aus ganz Griechenland. Auch Schmuck und Reproduktionen griechischer Skulpturen.

SPORADEN

Skiathos/Skopelos

Archipelago, Skiathos-Stadt & Skopelos-Stadt, Tel. 24 27 02 21 63 & 24 24 02 31 27. Diese beiden Geschäfte haben Antiquitäten, ausgefallenes Kunsthandwerk und Bekleidung im Angebot – Stöbern lohnt sich.

Galerie Varsakis, Plateia Trion Ierarchon, Skiathos-Stadt, Tel. 24 27 02 22 55. Diese Schatzhöhle voller Kunsthandwerk, Schmuck, Stickerei, Schnitzereien und Teppichen gehört einem Künstler, dessen surreale Bilder auch zum Verkauf stehen.

Skyros

Faltaïts Museum, Palaiopyrgos, Skyros-Stadt, Tel. 22 22 09 12 32 (Museum); 22 22 09 21 58 (Argo). Kleines Volkskunstmuseum mit Werkstatt und Geschenkladen, wo Sie Arbeiten von modernen Kunsthandwerkern und Frauen kaufen können, die die Traditionen der Insel hochhalten. Das Museum hat auf der Hauptstraße einen Laden, Argo.

Andreou's, Agoras, Tel. 22 22 09 29 26. Geschäft für traditionelle Keramik im Stil der Insel aus der Werkstatt des Besitzers in Magazia. Handbemalte Teller, Schalen, Vasen etc.

NORDOST-ÄGÄISCHE INSELN

Ios

The Mastiha Shop, Aigeou 36, Tel. 22 71 08 16 00. Reizender kleiner Geschenkladen etwa 7 km südlich von Ios-Stadt, der die Arbeit der örtlichen Frauen verkauft, vor allem wunderbare handgearbeitete Puppen in traditioneller Tracht.

Lesbos

The Lesbos Shop, Pavlou Kountourioti 33, Tel. 22 51 02 60 88. Dieser tolle Laden verdient Ihre Unterstützung, da er das Ergebnis einer gemeinsamen Initiative der Gemeinde ist, die dafür sorgen will, dass Inseltraditionen lebendig bleiben. Angeboten werden lokale Produkte, von Ouzo und Olivenöl zu Seifen und Töpferwaren.

KYKLADEN

Andros

Batsi Gold, Bats, Tel. 22 82 04 15 75. In diesem südlichen Küstenort finden Sie hier ein gutes Sortiment an von antiken Mythen und Legenden inspiriertem Schmuck: Armbänder, Ohrringe, Ketten, Broschen, Ringe.

Paraporti, Plateia Kairi, Andros-Stadt, Tel. 22 82 02 37 77. Kunsthandwerk, besonders Keramik aus Andros sowie Stickerei, etwas Schmuck und Modellschiffe.

Mykonos

Galatis Ioannis, Platia Manto, Mykonos-Stadt, Tel. 22 89 02 22 55. Modedesigner aus Mykonos, dessen Entwürfe einst von Brigitte Bardot und Sophia Loren getragen wurden.

Ilias Lalaounis, Polykandrioti 14, Mykonos-Stadt, Tel. 22 89 02 24 44. Der berühmteste Juwelier Griechenlands (mit eigenem Museum in Athen) unterhält in Mykonos einen Laden. Seine Arbeiten sind entsprechend teuer.

The Rarity Gallery, Kalogera 20-22, Mykonos-Stadt. Die älteste Galerie der Insel mit Werken berühmter griechischer Künstler. Schöne Veranda.

To Vivlio, Zouganeli, Mykonos, Tel. 22 89 02 77 37. Einer der besten Bücherläden auf Mykonos. Bücherliebhaber finden hier eine große Auswahl an englischen Büchern sowie übersetzte Werke griechischer Autoren. Zusätzlich findet man hier Bücher über Kunst und Architektur und einige Reiseführer.

Naxos

Tirokomika Proionia Naxou, Papavasiliou, Naxos-Stadt, Tel. 22 85 02 22 30. Ausgezeichnetes Lebensmittelgeschäft, unverzichtbar, wenn Sie etwas mit nach Hause nehmen oder einfach ein schönes Picknick mit Käse, Oliven und örtlichem Wein vorbereiten wollen.

Paros

Enosis, Plateia Mando Mavrogenous, Paros-Stadt, Tel. 22 82 02 21 81. Ein nettes Unternehmen, das lokale Produkte anbietet wie Käse und Weine, Honig, Olivenöl und sogar Nudeln aus Paros.

Santorin

Canava Roussos, Kamari, Tel. 22 86 03 13 49. Auf Santorin wird guter Wein gekeltert. Hier können Sie ihn an der Quelle kosten und zu moderaten Preisen ein paar Flaschen kaufen.

Sifnos

Antonis Kalogirou, Agia Anna, Artemonas, Tel. 22 84 03 30 90. Dieser Töpfer verkauft seine eigenen typischen Arbeiten im Sifnos-Stil sowie Gemälde vom Inselleben, die wesentlich besser als die üblichen Massenartikel sind.

Tinos

Harris Prassas Ostria-Tinos, Evangelistrias 20, Tinos-Stadt, Tel. 22 83 02 38 93. Dieser Juwelier produziert Stücke in einem eklektischen Stil mit antiken und modernen Elementen sowie aus Silber und Gold. Viele Stücke bearbeiten religiöse Themen, was zum Wallfahrtsort Tinos passt.

DODEKANES

Im Dodekanes verkaufen viele Läden Schwämme, und alle Touristenläden haben zumindest ein paar. Um zu wissen, was Sie kaufen, sollten Sie zunächst ein Spezialistenzentrum (siehe Liste unten) aufsuchen. Die Experten dort werden Sie informieren, was einen guten Schwamm ausmacht und Ihnen vor der Entscheidung mehrere Typen vorführen. Man sollte wissen, dass die natürlich braun gefärbten Schwämme widerstandsfähiger als die künstlich gelb gefärbten sind, bessere Schwämme kleinere Löcher haben und ganze länger als zerschnittene Schwämme halten.

Patmos

Katoi, Chora, Tel. 22 47 03 14 87. Gute Auswahl an Schmuck, Ikonen und Keramik.

Rhodos

Ministry of Culture Museum Reproduction Shop, Ippitou, Rhodos-Neustadt. Staatliches Geschäft, das erstklassige Reproduktionen von Statuen und anderen Stücken aus Museen in ganz Griechenland verkauft.

Rhodos Gold, Lindou 10, Rhodos, Tel. 22 41 08 60 40. Goldschmuck (meistens aus 14 Karat) ist hier verhältnismäßig günstig. Touristen, die sich dafür interessieren, sollten RODOS GOLD einen Besuch abstatten. In der Werkstatt, die von den Brüdern Vogiatzis betrieben wird, kann der Besucher den Angestellten bei der Arbeit zusehen, aber sich natürlich auch die fertigen Produkte im großen Ausstellungsraum anschauen und diese kaufen.

Symi

Aegean Sponge Center, Hafen, Yialo, Tel. 22 46 07 16 20. Tausende Schwämme stehen hier auf einer Insel zum Verkauf, deren Wohlstand einst auf der Schwammfischerei beruhte. Die Besitzer zeigen Ihnen, woran Sie hochwertige Schwämme erkennen und erzählen vom Leben der Schwammfischer.

KRETA

Stickerei und Webkunst sind schon seit minoischer Zeit kretische Traditionen. In den Städten und besonders in den Dörfern auf der Lasithi-Hochebene kann man gute Stücke bekommen. Es gibt auch hochwertige Lederwaren. Die markigen, knielangen kretischen Stiefel sind sehr beliebt.

Eleni Kastrinoyanni, Ikarou 3, Heraklion, Tel. 28 21 02 61 86. Dieses exklusive Geschäft verkauft moderne kretische Volkskunst wie Gewebtes, Stickerei- und Töpferarbeiten sowie Schmuck.

Leather Alley, Odos Skridlof, Chania. Die als Lederstraße bekannte Straße nahe am Markt ist voller Geschäfte für alle möglichen Lederwaren, u.a. Sandalen, Stiefel, Handtaschen, Rucksäcke, Gürtel und Brieftaschen.

Elixir, Koundourou 15, Agios Nikolaos, Tel. 28 41 08 25 93. Elixir bietet feine kretische Produkte wie Olivenöl, Seife und Honig, die sich toll als Mitbringsel für Sie und Ihre Lieben eignen.

Petrakis Icon Workshop, Elounda 72053, Tel. 28 41 04 16 69. Das junge Ehepaar hier hält die griechische Tradition der Ikonenmalerei mit großer Kunst am Leben. Man kann auch konventionelle Bilder und anderes Kunsthandwerk kaufen.

KORFU & IONISCHE INSELN

KORFU

Mironis, Spyridon 65, Tel. 26 61 04 90 82. Eine von vielen Olivenholzwerkstätten in Korfu-Stadt. Die Küchenausstattung, die Dekoobjekte und andere Waren sind im Familienbetrieb gefertigt.

Mavromatis Distillery, Auf der Straße nach Palaiokastritsa 13 km von Korfu-Stadt, Tel. 26 63 02 21 74. Sehen Sie bei der Herstellung der drei Haupterzeugnisse der Firma zu: Brandy, *Ouzo,* und der einzigartige örtliche Likör aus Kumquats (kleine Orangen). Man kann sie natürlich auch kaufen.

Terracotta, Filarmonikis 2, Korfu-Stadt, Tel. 26 61 04 52 60. Gutes Geschäft für griechisches Kunsthandwerk. Exzellente Arbeiten, z. B. Skulpturen und Keramik. Zwar teuer, aber auch von höchster Qualität.

Vassilakis, Spiridonos 61, gegenüber Achilleion Palace, Tel. 26 61 05 24 40. Eines der größten Sortimente an Wein und Spirituosen aus Griechenland im ganzen Land. Man kann vor dem Kauf probieren.

Lalaoúnis, Odos Kapodistríu 35, Korfu. Griechenlands berühmtester und teuerster Juwelier hat nicht nur in der Altstadt von Korfu eine Filiale, sondern auch auf den Virgin Islands und in New York.

KEPHALLONIA

Alexander's, Vergoti, Argostoli, Tel. 26 71 02 30 57. Große Auswahl an griechischem Kunsthandwerk, darunter vom Ladenbesitzer hergestellter Schmuck sowie Keramik, Puppen in Trachten, Stickerei und ausgefallene mundgeblasene Glasartikel.

Gentilini Vineyard, Minies, Tel. 26 71 04 16 18. Dieser kleine Weinkeller hat keine festen Führungen. Rufen Sie also vorher an. Wenn es geht, wird man Sie persönlich herumführen und Ihnen die Möglichkeit eröffnen, die vorzüglichen Weine zu kosten und zu kaufen.

ZAKYNTHOS

Handicraft Cooperative, Lombardou 42, Zakynthos-Stadt. Dieser ausgezeichnete Laden am Hafen verkauft unterschiedliche Erzeugnisse der Insel, z. B. Teppiche, Bekleidung, Stickerei und Tischwäsche.

I Zykynthos, Psaron 5, Zakynthos-Stadt, Tel. 26 95 02 87 17. Seit 1910 produziert I Zakynthos traditionelle Süßigkeiten auf der gleichnamigen Insel, vor allem Nugat (Mantolato) und das aus Griechenland stammende Pasteli. Die Kotsoni Familie achtet darauf, die alten Traditionen der Süßigkeiten-Herstellung zu wahren und legt großen Wert auf gute Qualität. Neben einer großen Auswahl an süßen Leckereien findet man hier auch landesübliche Weine.

Unterhaltung

Unterhaltung ist in Griechenland oft spontan: Irgendjemand steht in einer Bar oder Taverne einfach auf und singt oder tanzt, es gibt eine Party anlässlich eines der vielen Festtage des griechischen Kalenders oder jemand hat gerade Namenstag (das griechische Gegenstück zum Geburtstag) und alle mit diesem Namen veranstalten gemeinsam eine Party. Es finden aber auch organisierte Veranstaltungen statt, zu denen Sie unten Details finden.

ATHEN

Kunstfestival

Alljährliches Kulturfest mit Musik, Tanz, Theater etc. in den Monaten Juni bis Oktober. Der Veranstaltungsort ist das Herodes-Atticus-Theater, Tel. 21 03 22 14 59 oder 21 03 23 27 71.

Feste

Der 6. Januar ist ein gesetzlicher Feiertag, das Dreikönigsfest, und gleichzeitig der Tag für die **Segnung des Wassers**, um den Seefahrern für das kommende Jahr Glück zu bringen. Dies geschieht in Piräus sowie überall im Land. Der 25. März ist der **Unabhängigkeitstag**, an dem es in Athen Paraden und weitere Festlichkeiten zu Ehren des Unabhängigkeitskriegs gegen die Türken (1821) gibt.

Volkstanz

Dora Stratou war eine berühmte Tänzerin und Verfechterin der griechischen Musik und Kultur. Die von ihr gegründete Tanztruppe führt von Mai bis Ende September allabendlich Tänze in einem schönen Open-Air-Theater auf, dem **Dora-Stratou-Theater** auf dem Philoppapos-Hügel, Tel. 21 03 24 43 95.

Ton & Lichtschau

Auf dem Pnyx-Hügel gegenüber der Akropolis von April bis Oktober. Jeden Abend in einer anderen Sprache, informieren Sie sich also über das Programm, Tel. 21 03 22 14 59.

PELOPONNES

Kunstfestival

Jeden Sommer findet in der reizenden Stadt **Nauplion** ein Festival für klassische Musik, Drama und weitere Künste statt. Informieren Sie sich unter 27 52 02 71 53 und 27 52 09 90 85.

Jeden Sommer findet in **Patras** ein Festival mit Klassikkonzerten, Theateraufführungen und traditioneller Musik und Tanz statt.

Theaterfestival

Dieses gemeinsam mit dem Athener Kunstfest stattfindende Theaterfestival im beeindruckenden antiken Theater von **Epidaurus** dauert den gesamten Sommer. Es finden nicht jeden Abend Aufführungen statt, besorgen Sie sich also ein aktuelles Programm, Tel. 21 03 22 14 59.

Feste

Vom 18. bis 20. Juli findet das **Fest des Profitis Ilias** statt,das mit Messen und Festivitäten in vielen Klöstern dieses Namens im ganzen Land begangen wird. Die bei weitem größte Veranstaltung wird am Gipfel des **Berges Taygetos,** nahe der Stadt Sparta, durchgeführt.

Weinfest

Patra ist für seine Karnevalsfeier und ein großes jährliches Weinfest bekannt, das von Ende August bis Mitte September dauert, Tel. 26 10 27 98 66.

MITTELGRIECHENLAND, THESSALIEN & EPIRUS

Feste

Am 23. April wird das **Fest des Heiligen Georg** mit traditioneller Musik, Tanz und Trachten im Bergdorf **Arachova** nahe Delphi gefeiert.

MAKEDONIEN & THRAKIEN

Kunstfestival

Im antiken Theater von **Philippi** findet während der Sommermonate ein Theaterfestival statt.

In **Thessaloniki** besteht das jährliche **Dimitria-Fest** aus Musik, Theater und Oper. Es findet an verschiedenen Standorten in der Stadt Ende Oktober und Anfang November statt, sodass es mit dem 26. Oktober zusammenfällt, dem Festtag des Schutzheiligen der Stadt.

Feste

Am 21. Mai gibt es beim **Fest des Agios Konstantinos** Feuerprozessionen in einigen Dörfern nahe Thessaloniki, besonders herausragend in **Lagkadas.** Am 26. Oktober findet das **Fest des Agios Dimitrios** in **Thessaloniki** (siehe oben) statt.

In Dörfern in ganz **Thrakien** wird die von Männern dominierte Gesellschaft am 8. Januar traditionellerweise auf den Kopf gestellt: Die Männer bleiben zu Hause und erledigen die Hausarbeit, während sich die Frauen in den Cafés entspannen.

ÄGÄISCHE INSELN

SARONISCHE INSELN

Feste

Der 8. September ist der **Tag der Schlacht an der Meerenge von Spetses,** die jedes Jahr im Hafen der Stadt nachgespielt wird. Am gleichen Tag findet überall in Griechenland das **Fest der Geburt der Jungfrau Maria** statt.

Der **Unabhängigkeitstag** wird am 25. März mit besonderer Hingabe auf Hydra gefeiert.

SPORADEN

Feste

Der 25. Februar wird auf **Skopelos** als **Fest des Agios Riginos** begangen, des Schutzheiligen der Insel.

Der **Heilige Georg** ist der Schutzheilige von **Skyros,** weshalb sein **Festtag** am 23. April dort enthusiastisch gefeiert wird.

NORDOSTÄGÄISCHE INSELN

Theaterfestival

Ein Festival des antiken griechischen Dramas wird jedes Jahr in **Thassos-Stadt** veranstaltet.

Feste

Die Insel Ikaria ist für ihre panayiri (Festivals) bekannt, die den ganzen Sommer über zelebriert werden. Manchmal wird drei Tage am Stück gefeiert.

Im Dorf **Agia Paraskevi** auf Lesbos gibt es am **Festtag** des gleichen Namens am 26. Juli Festivitäten aller Art. Am 15. August erlebt man **Mariä Himmelfahrt** am besten in **Ayiassos.**

Auf **Samos** wird das **Fest der Agia Paraskevi** im gleichnamigen Dorf am 26. Juli besonders gefeiert.

Es gibt auf **Limnos** am 23. April ein traditionelles Pferderennen, um das **Fest des Heiligen Georg** zu feiern.

KYKLADEN

Feste

Auf **Tinos** gibt es am 25. März, dem **Unabhängigkeitstag** und am 15. August zu **Mariä Himmelfahrt** große Feiern.

Musikfestival

Jeden August findet auf **Santorin** ein Musikfest statt.

DODEKANES

Feste

Das Bergdorf **Olympos** auf Karpathos ist ein guter Ort für den 15. August, **Mariä Himmelfahrt.**

Das **Fest der Agia Marina** am 17. Juli ist in dem gleichnamigen Dorf auf der Insel **Kasos** ein großer Festtag.

Auf **Kos** wird das **Fest des Heiligen Georg** am 23. April traditionell mit Pferderennen gefeiert.

Das **Fest der Agia Marina** am 17. Juli ist ein großer Festtag im Dorf Agia Marina auf **Leros.**

Vom 18. bis 20. Juli wird das **Fest des Profitis Ilias** in den unzähligen nach dem Propheten benannten Klöstern begangen. Besonders farbig sind die Feierlichkeiten im Kloster auf **Rhodos,** etwa 1 km südöstlich von Kamiros.

Die Inselbewohner von **Symi** begeben sich auf die vorgelagerte Insel Agia Marina, um am 17. Juli das **Fest der Agia Marina** zu feiern.

Auf **Tilos** pilgern die Dorfbewohner am 27. Juli zum Kloster Agia Pandelimon für das jährliche **Fest** mit Essen, Musik und Tanz.

Volkstanz

In der **Altstadt von Rhodos** gibt es von Mai bis Oktober jeden Abend (gegenwärtig ab 21.15 Uhr, Mo, Mi & Fr) Vorführungen der **Nelly Dimoglou Company.** Sie finden Sie im Old Town Theater, Rhodos-Stadt, Tel. 22 41 02 01 57.

Ton & Licht-Schau

Im städtischen Garten von **Rhodos** neben dem Großmeisterpalast finden von April bis Oktober Vorführungen statt. In unterschiedichen Sprachen, erkundigen Sie sich also nach den Einzelheiten (Tel. 22 41 02 19 22).

KRETA

Kunstfestival

Ein großes **Kunstfestival** wird jeden August in **Heraklion** veranstaltet. Drama, Tanz und Konzerte mit internationalen Namen und griechischen Stars.

Jedes Jahr im August/September bietet das **Renaissance-Festival** in **Rethimnon** Musik- und Theaterveranstaltungen (Tel. 28 31 08 82 79).

Weinfest

Rethimnon veranstaltet auch ein jährliches Weinfest, fast den ganzen Juli hindurch.

KORFU & IONISCHE INSELN

Cricket

Auf **Korfu** ist der Juli die Zeit der jährlichen **Cricket Week.** Die Spiele finden auf der Esplanade in Korfu-Stadt statt. Es nehmen Teams von der Insel, englische Gastteams und weitere Mannschaften teil.

Feste

Die **Vereinigung der Ionischen Inseln** am 21. Mai wird auf der gesamten Inselgruppe gefeiert, aber besonders in und um **Korfu-Stadt.**

Sport

Griechenland bietet viele Sportarten mit besonderem Schwergewicht auf Wassersport. Die meisten Urlaubsorte bieten Windsurfen, Wasserski, Tretboote, Jetskiing und Paragliding. Sportarten wie Wandern und Fahrradfahren sind eher unorganisiert und etwas für den Einzelnen. Tennis, Fußball und Basketball sind beliebt, und es gibt einige Golfplätze.

Golf

Begeisterte Golfer mögen sich für die folgenden Plätze interessieren: **Glyfada Golf Course,** Konstantinou Karamanli, Glyfada, Athen, Tel. 21 08 94 68 20. Ein 60 Hektar großer 18-Loch- und 72-Par-Platz. Der beste in Griechenland, mit Klubhaus und kompletter Ausstattung.

Afantou Golf Course, Rhodos, Tel. 22 41 05 12 55. Ein 18-Loch- und 72-Par-Platz. Nicht besonders gut, aber schön gelegen.

Korfu Golf Club, Ermones, Korfu, Tel. 22 61 09 42 20. Ein für alle Levels geeigneter 18-Loch- und 72-Par-Platz. Es gibt Trainer sowie ein Restaurant und ein Geschäft mit Leihausrüstung.

Kreta Golf Club, Hersonnisos, Tel. 28 97 02 60 00. Ein 18-Loch-Platz (Par 72), von dem aus man einen herrlichen Blick auf die kretische Landschaft hat. Restaurant und Klubeinrichtungen.

Reiten

In Griechenland nicht sonderlich weit verbreitet. Informationen zu Klubs in Athen, Thessaloniki und sonst im Land: **Hellenic Riding Club,** Maroussi, Athen, Tel. 21 06 81 25 06.

Marathonlauf

Der Marathonlauf wird auf der ursprünglichen Strecke zweimal jährlich durchgeführt. Infos bei: **SEGAS,** Syngrou 137, Athen, Tel. 21 09 35 93 46.

Bergsteigen

Es gibt in Griechenland Bergsteigerklubs, die Informationen zu Veranstaltungen, Wanderwegen und den Berghütten geben, die man über sie reservieren kann. Wenden Sie sich an: **Hellenic Federation of Mountaineering Clubs,** Miloni 5, 10673 Athen, Tel. 21 03 64 59 04.

Segeln

Segelfreunde, erfahren oder nicht, finden in griechischen Gewässern, was ihr Herz begehrt. Infos bei: **Hellenic Professional Yacht Owners Association,** A8–A0 Marina Zea, 18536 Piräus, Tel. 21 04 52 63 35.

Tauchen

Tagsüber ist Tauchen nur in bestimmten Zonen erlaubt. Erkundigen Sie sich vor Ort. Diese Zonen sind nahe Korfu, Kalymnos, Kos, Lefkas, Mykonos, Pax, Rhodos und Zakynthos. Infos bei: **Union of Greek Diving Centers**, Tel. 21 09 22 95 32.

Skifahren

Informationen über Skifahren in Griechenland gibt es bei der **Hellenic Federation of Skiing Clubs,** Karayoryi tis Servias 7, 10563 Athen, Tel. 21 03 23 01 82.

Skizentren sind u.a.: **Kalavrita Ski Resort,** Xirokambos, Kalavrita, Tel. 26 92 02 44 51. Auf der Peloponnes, 12 Pisten (25 km Gesamtlänge) unterschiedlicher Schwierigkeitsgrade, in Höhen zwischen 1700 und 2347 Metern. Restaurant, Laden, Klinik, Berghütte.

Und in Mittelgriechenland: **Metsovo Ski Center,** Karakoli und Politses-Profitis Ilias Metsovo, Tel. 26 56 04 13 12/412 11. Von Weihnachten bis Ostern geöffnet. Für Griechenland gute Ausstattung, aber nicht mit westeuropäischem Standard zu vergleichen.

Parnassos Ski Center, Fterolakka und Kellaria, Tel. 22 34 02 26 93. Zwölf Pisten unterschiedlicher Schwierigkeit in 1700 Meter (Kellaria) und 1800 Meter (Fterolakka) Höhe. Laden, Skischule, Chalet für Mahlzeiten. Offen von Dezember bis Ostern.

Pilion Ski Center, Agriolefkes, Pilion, Tel. 24 21 07 37 19.Normalerweise von Ende November bis Ende April geöffnet. Drei Hauptpisten, Anfängerpiste und Langlaufloipen.

Zuschauersport

Fußball ist der Lieblingssport der Griechen, ist in den letzten Jahren aber von Basketball eingeholt worden, seit Griechenland 1987 Europameister wurde. Seien Sie nicht überrascht, wenn Sie in einer Bar oder Taverne nicht bedient werden, weil alle gebannt auf das Fernsehen starren. Wenn Sie sich an Fußball oder Basketball interessiert zeigen, bekommen Sie rasch Kontakt.

Wasserski

Allgemeine Informationen zu Möglichkeiten in der Region Athen bei: **Greek Water Skiing Federation,** Posidonos Avenue, Elliniko, Athen, Tel. 21 08 94 74 13.

Windsurfen

Erfahrene Windsurfer, die ungestört von Anfängern gute Bedingungen haben möchten, sind auf den Ionischen Inseln (besonders Korfu, Lefkas und Zakynthos) und auf Kos, Lesbos, Naxos und Samos richtig.

Speisekarte

Allgemeine Ausdrücke
der Scheck *o logariasmos*
Flasche *boukali*
Glas *potiri*
Wasser *nero*

Grundnahrungsmittel
Brot *psomi*
Eier *avga*
Fisch *psari(a)*
Fleisch *kreas*
Gemüse *lakhanika*
Honig *meli*
Joghurt *yiaourti*
Käse *tyri*
Meeresfrüchte *thalassina*
Öl *lathi*
ohne Öl *khoris lathi*
Pfeffer *to piperi*
Salz *alati*
vegetarisch *khortofagos*
Zucker *zakhari*

Vorspeisen
Auberginen-Dip *melitzanosalata*
gefüllte Weinblätter *dolmades*
gemischte Vorspeisen *mezedes*
Joghurtzubereitung mit Gurken und Knoblauch *tzatziki*
Kabeljau-Rogen-Pastete *taramosalata*
Knoblauch-Dip *skordalia*
Oliven *elies*
Suppe *soupa*

Gemüse
Aubergine *melitzana*
gefüllte Aubergine *papoutsakia*
Griechischer Salat *khoriatiki*
grüne Bohnen *fasolakia*
Gurke *angori*
Kartoffeln *patates*
Pommes frites *patates tighanites*
Kohl *láhano*
Kopfsalat *marouli*
Linsen *fakes*
Limabohnen *koukia*
Okra *bamies*
Paprika *piperies*
Ratatouille *briam*
Reis *rizi/pilafi*
Salat *salata*
Spinat *spanaki*
Tomate *domates*
weiße Bohnen *gigantes*
Zucchini *kolokithakia*

Fisch & Meeresfrüchte
Austern *streidia*
Breitling *marides*
Brasse *kefalas*
Flusskrebs *karavides*
Hummer (Aegean variety) *astakos*
Kabeljau *bakaliaros*
Makrele *skoumbri*
Meerbarsch *lavraki*
Muscheln *mydhia*
Oktopus *oktapodi*
rote Meeräsche *barbouni*
Sardelle *gavros*
Sardinen *sardelles*
Schwertfisch *xifias*
Seezunge *glossa*
Shrimp/Krabbe *garides*
Thunfisch *lakerda/tonnos*
Tintenfisch *kalamaria*
Babytintenfisch *kalamarakia*
Tintenfisch *soupia*
Venusmuschel *kidonia*

Fleisch
Fleischbällchen *keftedes*
Hamburger *bifteki*
Huhn *kotopoulo*
Kalbfleisch *moskhari*
Kaninchen *kounelli*
Kotelett (Schwein oder Rind) *brizola*
Lamm *arni*
Leber *sikoti*
Schweinefleisch *khirino*

Desserts
Eiscreme *pagoto*
Honig-Nuss-Gebäck *baklava*
Reispudding *rizogalo*
Sahnetorte *galaktoboureko*
Sesamsamen-Leckerei *halva*
Vanillepudding *krema*
Walnusskuchen *karydopita*

Obst
Äpfel *mila*
Birnen *akladia/krystalia*
Erdbeeren *fraoules*
Feigen *syka*
Kirschen *kerasia*
Kiwi *aktinida*
Melone *peponi*
Orangen *portokalia*
Pfirsiche *rodakino*
Quitten *kydoni*
Wassermelone *karpouzi*
Weintrauben *stafylia*
Zitrone *lemoni*

Getränke
Bier *bira*
Kaffee *kafes*
Limonade *limonada*
Milch *gala*
Orangenlimonade *portokalada*
Schokoladenmilch *galakakao*
Tee *tsai*
Wasser *nero*
Mineralwasser *metaliko nero*
Wein *krasi*
Roséwein *kokkinelli/roze*
Rotwein *kokkino/mavro*
Weißwein *aspro*

Einige verbreitete Gerichte/Ausdrücke
kleftiko in dickes Pergamentpapier gewickeltes und im Ofen mit Kartoffeln und Gemüse gebackenes Fleisch
loukanika würzige Wurst
loukoumades frittierte, mit Honig getränkte Krapfen
moussaka gebackene Schichten aus Aubergine, Kartoffel und Fleisch
pastitsio mit Fleisch gebackene Makkaroni
scharas vom Grill
souvlaki auf einem Spieß gegrillte Fleischstückchen
souzoukakia Hackfleischpastetchen
stifado Eintopf aus Rindfleisch oder anderem Fleisch mit Tomaten und Zwiebeln
youvetsi Lamm oder anderes Fleisch aus dem Ofen mit Nudeln oder Kartoffeln in einem Tontopf oder manchmal Aluminiumfolie

Sprachführer

Griechisches Alphabet

Alpha	Α, α	*a*, wie in Masse
Beta	Β, β	*v/w*, wie in Watte, Villa
Gamma	Γ, γ	*j*, wie in Jens
Delta	Δ, δ	*th*, wie in engl. that
Epsilon	Ε, ε	*e*, wie in Ära
Zita	Ζ, ζ	*s*, wie in Saal
Eta	Η, η	*i*, wie in Wiese
Theta	Θ, θ	*th*, wie in engl. thing
Iota	Ι, ι	*i*, wie in Idee
Kappa	Κ, κ	*k*
Lambda	Λ, λ	*l*
Mu	Μ, μ	*m*
Nu	Ν, ν	*n*
Xi	Ξ, ξ	*x*
Omicron	Ο, ο	*o*, wie in Ort
Pi	Π, π	*p*
Rho	Ρ, ρ	rollendes *r*
Sigma	Σ, σ (im Wortinneren) ς (am Wortende)	*s*, wie in Post
Tau	Τ, τ	*t*
Upsilon	Υ, υ	*i*, wie in wichtig
Phi	Φ, φ	*f*
Chi	Χ, χ	*ch*, wie in ich
Psi	Ψ, ψ	*ps*, wie in Psalm
Omega	Ω, ω	*o*, wie in Sokrates

Aussprache

αι	*e*, wie in Tee
αυ	*av/af*
ει	*ee*, wie in hey!
ευ	*ev/ef*
ου	*ou*, wie in Mull
γγ	*ng*, wie in Angora
γκ	*g*, wie in Gans, Wortanfang; *ng* im Wortinneren
μπ	*b* am Wortanfang; *mb* im Wortinneren, wie in Embargo
ντ	*d* am Wortanfang; *nd* im Wortinneren, wie in anders
σι	*si*, as in Siphon
τζ	*j*, wie in Johnny

Zeit

am Morgen *to proí*
am Nachmittag *to mesiméri*
am Abend *to vrádhi*
in der Nacht *ti níchta*
heute Morgen *símera to proí*
heute Nachmittag *símera to mesiméri*
heute Abend *símera to apóyevma*
heute Nacht *apópse*
letzte Nacht *timberasméni níchta*
diese Woche *avtí tin evdhomádha*
nächsten Monat *ton epómeno mína*
Wie spät ist es? *Ti óra íne?*
Wann? *Ti óra?*

Zahlen

0 *midhén*
1 *éna*
2 *dhío*
3 *tría*
4 *téssera*
5 *pénde*
6 *éxi*
7 *eftá*
8 *ochtó*
9 *enyá*
10 *dhéka*
100 *ekató*
1000 *hílya*

Wochentage

Montag *deftéra*
Dienstag *tríti*
Mittwoch *tetárti*
Donnerstag *pémpti*
Freitag *paraskeví*
Samstag *sávato*
Sonntag *kiriakí*

Nützliche Redewendungen

Könnten Sie mir bitte helfen? *Boríte na me voithísete, parakaló?*
Darf ich Sie etwas fragen? *Boró na rotíso káti?*
Wissen Sie ...? *Xérete ...?*
Wo ist die Toilette? *Poo íne i twaléta?*
Wer? *Pyós?*
Wer ist das? *Pyós íne?*
Was? *Ti?*
Warum? *Yatí?*
Wie? *Pos?*
Wie weit ist es? *Póso makriá íne?*
Wie lange dauert es? *Pósi óra dhiarkí/kratái?*
Wie lange dauert die Reise? *Póso kratái to taxídhi?*
Welche(r/s)? *Pyo? / Pya?*
Wann? *Póte?*
Woher kommen Sie? *Apó poo érhesthe?*
Ich hätte gern ein Kilo Äpfel, bitte. *Tha íthela éna kiló míla.*
Wie teuer? *Póso?*
Wie viel kostet dies? *Póso káni?*
Kann ich dies nehmen? *Boró na to páro mazí moo?*
Ich möchte mich nur umschauen, wenn es Ihnen nichts ausmacht. *Tha ríxo mya matyá, an epitrépete.*
Könnten Sie es bitte als Geschenk einpacken? *Boríte na to tilíxete ya dhóro, parakaló?*

Ja, natürlich *Ne, vévea/vevéos*
Es tut mir leid, nein *Óhi, lipáme*
In Ordnung *Kalá*
Okay *Endáxi*
Ich weiß nicht *Dhen xéro*

Danke *Efcharistó*
Gern geschehen *Parakaló*
Vielen Dank *Efcharistó polí*
Sehr nett von Ihnen *Polí evyenikó ek méroos sas*
Vielen Dank für Ihre Mühe *Efcharistó ya tongópo*

Verzeihung! *Sighnómi*
Entschuldigen Sie *Me sinchoríte*
Ich bitte um Entschuldigung *Me sinchoríte*
Es tut mir leid *lipáme*
Das macht nichts *Endáxi étsi*
Gefällt es Ihnen? *Soo arési?*
Wunderbar! *Thavmásio!*
Es ist wirklich schön hier! *Ti oréa poo íne edhó!*

Ich komme aus Deutschland *Ime jermanía*

Sprechen Sie Englisch/Deutsch? *Miláte angliká/jermaniká?*
Ich verstehe (nicht) *(dhen) Katalavéno*
Verstehen Sie mich? *Me katalavénete?*
Könnten Sie das bitte wiederholen? *Boríte na to epanalávete, parakaló?*
Könnten Sie bitte langsamer sprechen? *Boríte na miláte pyo arghá, parakaló?*
Wie spricht man das aus? *Pos proférete aftó?*

Hilfe! *Voithiá!*
Könnten Sie bitte einen Arzt rufen/holen? *Parakaló, kaléste/idhopiíste ghríghora éna yatró?*
Rufen Sie einen Krankenwagen! *Idhopiíste éna asthenofóro!*

Im Restaurant

Hat das Restaurant schon geöffnet? *Ine anichtí i koozína?*
Wann öffnet/schließt das Restaurant? *Póte aníyi/klíni i koozína?*
Ich möchte einen Tisch für zwei Personen, bitte. *Tha íthela éna trapézi ya dhío átoma.*
Wir haben/haben nicht reserviert. *(dhen) Klísame trapézi.*
Können wir auf einen Tisch warten? *Boróome na periménoome ya éna trapézi?*
Ist dieser Platz besetzt? *Ine eléftheri aftí i thési?*
Können wir hier/dort sitzen? *Boróome na kathísoome edhó/ekí?*
Können wir am Fenster sitzen? *Boróome na kathísoome kondá sto paráthiro?*
Können wir draußen sitzen? *Boróome na fáme éxo?*
Haben Sie noch einen weiteren Stuhl für uns? *Mas férnete akóma mya karékla?*

Ober!/Meine Dame!/Mein Herr! *Garsóni!/Kiría!/Kírie!*
Könnten wir bitte die Karte/Weinkarte sehen? *Boróome na dhóome tongatálogho/tongatálogho krasyón?*
Haben Sie eine Karte in Englisch/Deutsch? *Éhete éna katálogho sta angliká/jermaniká?*
Haben Sie ein Tagesgericht/Touristenmenü? *Éhete pyáto tis iméras/tooristikó menóo?*
Was sind die Spezialitäten der Gegend/des Hauses? *Pyes íne i spesialité tis periohís/too maghazyóo?*
Was ist das? *Ti íne aftó?*
Ist dies ein warmes oder ein kaltes Gericht? *Aftó to fayitó íne krío i zestó?*
Ist das süß? *Aftó to fayitó íne ghlikó?*
Ist das würzig/scharf? *Aftó to fayitó íne pikándiko/piperáto?*
Ich möchte/wir möchten, was die Leute dort haben. *Théloome to ídhyo fayitó poo tróne ekíni i ánthropi, parakaló.*
Könnte ich bitte etwas mehr Brot bekommen? *Parakaló, lígho psomí akóma?*
eine Flasche Wasser/Wein *Parakaló, éna bookáli neró/krasí akóma*
etwas Salz und Pfeffer *Mas férnete to alatopípero, parakaló?*
eine Serviette *Mas férnete mya chartopetséta, parakaló?*
einen Löffel *Mas férnete éna kootaláki, parakaló?*
ein paar Zahnstocher *Mas férnete odhondoghlifídhes, parakaló?*
ein Glas Wasser *Mas férnete éna potíri neró, parakaló?*
einen Strohhalm (für das Kind) *Mas férnete éna kalamáki (ya to pédhi), parakaló?*
Wie viel kostet dieses Gericht? *Póso káni aftó to fayitó?*
Könnte ich bitte die Rechnung haben? *To loghariazmó, parakaló?*

Haben Sie einen Kinderstuhl? *Mas férnete mya pedhiki karékla?*
Könnten Sie diese Flasche/dieses Glas bitte für mich aufwärmen? *Boríte na moo zestánete avtó to biberó/vazàki?*
Kann ich hier irgendwo die Windeln wechseln? *Ipárhi kápyos chóros ópoo boró na aláxo to moró?*
Das Kind isst bei uns mit. *To pedhí tha fái lígho apó to dhikó mas fayitó.*

Unterkunft

Haben Sie ein Einzel-/Doppelzimmer frei? *Éhete éna eléfthero monó/dhipló dhomátyo?*
Ist Frühstück/Mittagessen/Abendessen inbegriffen? *Me to proinó/to mesimeryanó/to vradhinó?*
Kann ich mir das Zimmer ansehen? *Boró na dho to dhomátyo?*
Könnten wir zwei benachbarte Zimmer bekommen? *Boróome na échoome dhío dhomátya dhípla-dhípla?*
mit/ohne Toilette/Badewanne/Dusche *me/chorís twaléta/bányo/doos*
(nicht) auf die Straße *(óhi) apó ti meryá too dhrómoo*
mit/ohne Meerblick *me/chorís théa pros ti thálasa*
Hat das Hotel einen Aufzug? *To xenodhohío éhi asansér?*
Haben Sie Roomservice? *To xenodhohío éhi exipirétisi dhomatíoo/room sérvis?*
Um wieviel Uhr gibt es Frühstück? *Ti óra íne to proinó?*
Kann ich das Frühstück auf dem Zimmer bekommen? *Boró na écho to proinó sto dhomátiómoo?*
Wo ist der Notausgang/die Feuertreppe? *Poo íne i éxodhos kindhínoo/i skála pirkayás?*
Den Schlüssel für Zimmer ..., bitte *To klidhí too dhomatíoo..., parakaló*
Gibt es Trinkwasser? *Ipárchi pósimo neró?*
Könnten Sie ein Kinderbett mit hineinstellen? *Boríte na válete kyéna pedhikó kreváti sto dhomátiómas?*
Könnten Sie mir einen Babysitter besorgen? *Boríte na moo vríte mya béibi-síter?*

Können Sie es auf meine Rechnung setzen? *Boríte na to ghrápsete sto loghariazmómoo?*
Ist der Service im Preis inbegrif-

fen? *(Sto posó aftó) simberilamvánete i exipirétisi?*
Kann ich mit Kreditkarte zahlen? *Boró na pliróso me pistotikí kárta?*
Kann ich mit ausländischem Geld zahlen? *Boró na pliróso me xéno sinálaghma?*
Kann ich bitte eine Quittung haben? *Boró na écho mya apódhixi/to loghariazmó?*

Richtungen

Wo? *Poo?*
hier/dort *edhó/ekí*
rechts/links *pros ta dhexyá/aristerá*
rechts/links von *dhexyá/aristerá apó*
geradeaus *ísya*
über *méso*
in *se*
gegenüber *apénandi*
neben/nahe *dhípla se/kondá se*
vor *brostá*
im Zentrum/in der Mitte *sti mési*
hinunter *(pros ta) káto*
hinauf *(pros ta) páno*
innen *(pros ta) mésa*
außen *(pros ta) éxo*
hinter *(pros ta) píso*
vorne *brostá*
hinten *píso-píso*
im Norden *sto vorá*
nach Süden *pros to nóto*
aus Westen *apó ti dhísi*
aus Osten *tis anatolís*
nördlich/südlich/westlich/östlich von *vórya/nótya/dhitiká/anatolitiká apó*
Adresse (Straße/Nummer) *idhiéfthinsi (odhós/arithmós)*

Unterwegs

Wohin fährt dieser Zug? *Poo piyéni aftó to tréno?*
Fährt das Schiff nach ..? *Aftó to plío piyéni se ...?*
Kann ich diesen Bus nach ... nehmen? *Boró na páo se ... me to leoforío?*
Hält der Zug in ...? *Aftó to tréno stamatái se ...?*
Ist der Platz besetzt/frei/reserviert? *Aftí i thési íne pyazméni/eléftheri/klizméni?*
Können Sie mir sagen, wo ich aussteigen muss für ...? *Moo léte poo prépi na katevó ya ...?*
Können Sie mir sagen, wenn wir in ... sind? *Boríte na me proidhopiísete ótan tha ftánoome kondá se ...?*
Können Sie bitte an der nächsten Haltestelle anhalten? *Boríte na stamtísete stin epómeni stási, parakaló?*
Wo sind wir jetzt? *Poo ímaste edhó?*
Kann ich mit demselben Ticket zurückfahren? *Ine me epistrofí aftó to isitírio?*
Kann ich mit diesem Ticket umsteigen? *Boró na sinechíso maftó to isitírio?*
Wie lange ist das Ticket gültig? *Ya póso kyeró ischíi aftó to isitírio?*
Wo kann ich ...? *Poo boró na ...?*
ein Ticket kaufen? *Poo boró na aghoráso isitírio?*
reservieren? *Poo boró na klíso thési?*
einen Flug buchen? *Poo boró na klíso thési sto aeropláno?*
Kann ich ein/e ...nach ... haben, bitte? *Thélo éna ... ya ...*
Einzelfahrt *Thélo éna apló isitírio ya ...*
Hin- und Rückfahrt *Thélo éna metepistrofís ya...*
zweiter Klasse *dhéfteri thési*
Touristenklasse *tooristikí thési*
Haben Sie auch...? *Mípos éhete ke...?*
Saisontickets? *Mípos éhete ke kárta polaplón dhiadhromón?*
Wochentickets? *Mípos éhete ke kárta ya mya evdhomádha?*
Ich hätte gern eine Reservierung für einen Sitzplatz/Liegesitz/Schlafwagen *Thélo na klíso thési/kreváti/kabína*
am Fenster *sto paráthiro*
Raucher/Nichtraucher *kapnízondes/mi kapnízondes*
Einzel/Doppel *ya éna átomo/ya dhío átoma*
Wo ist ...? *Poo íne ...?*
Wo ist die Information? *Poo íne to ghrafío pliroforyón?*
Haben Sie einen Stadtplan mit Bus-/U-Bahnlinien? *Mípos éhete éna chárti tis pólis me to dhíktio leoforíon/too metró?*
Haben Sie einen Fahrplan? *Mípos éhete to orário ton dhromoloyíon?*
Wie teuer ist die Einzelfahrt/die Hin- und Rückfahrt? *Póso káni éna apló isitírio/éna metepistrofís?*
Wie viel Gepäck darf ich mitnehmen? *Póses aposkevés boró na páro mazímoo?*
Muss ich in einen anderen Zug/Bus/ein anderes Schiff umsteigen? Wo? *Prépi naláxo tréno/leoforío/plío? Poo?*
Landet das Flugzeug zwischen? *To aeropláno káni endhiámeses prosyiósis?*
Hält das Schiff unterwegs in anderen Häfen an? *To plío pyáni skála ke sála limánya?*
Hält der Zug/Bus in ...? *Káni stási se ... to tréno/to leoforío?*
Gibt es eine Verbindung nach ...? *Ipárchi andapókrisi ya ...?*
Wie lange muss ich warten? *Pósi óra prépi na periméno?*
Wann geht ... ab? *Póte févyi ...?*
Können Sie mir bitte ein Taxi rufen? *Boríte na kalésete éna taxí ya ména?*
Wo ist ein Taxistand in der Nähe? *Poo boró na vro éna taxí edhó kondá?*

Banken

Wo ist eine Bank in der Nähe? *Ipárchi edhó kondá kamyá trápeza sinalághmatos?*
Kann ich hier mit meiner Kreditkarte Geld abheben? *Boró na páro leftá edhó me mya pistotikí kárta?*
Können Sie mir ein wenig Kleingeld zurückgeben? *Boríte na moo dhósete ke lígha psilá, parakaló?*

REGISTER

Fette Seitenzahlen verweisen auf Abbildungen.

A

Abdera 195–196
Achilleion (Schloss) 318, **318**
Ägäische Inseln 215–272
  Dodekanes 256–272
  Einkaufen 380
  Hotels und Restaurants 364–366
  Karten 216–217
  Kykladen 240–255
  Nordostägäische Inseln 228–233, 236–239
  Saronische Inseln 218–223
  Sporaden 224–227
  Unterhaltung 383
  Vogelbeobachtung 199
Ägina 218, 220, 223
  Aphaia-Tempel 220, **220**
  Einkaufen 379
  Hotels und Restaurants 362
Agia Galini 298, **298**
Agia Kiriaki 151
Agia Lavra 34, 135
Agia Paraskevi, Chalkis 207
Agia Roumeli 297
Agiasos 236
Agios Andreas, Patra 134, **134**
Agios Germanos 177
Agios Ioannis 151
Agios Ioannis, Astipalea 268
Agios Ioannis o Rosos, Prokopion 212
Agios Nikitas **322,** 323
Agios Nikolaos **290,** 290–291
  Hotels und Restaurants 371
Agios Nikolaos, Siros **244,** 245
Agios Nikolaos sto Molo, Zakynthos 331
Agios Titos 279
Agiou Pandeleimonos 189
Agora, Athen 63–64
Agora, Thassos 230–231
Agriovotanon 214
Ainos, Berg 329
Akra Artemision 214
Akra Sounion 90, 92–95, 98
  Hotels und Restaurants 351
  Koropi 94–95
  Lavrion 93–94
  Markopoulon 94, 98
  Mati 95
  Porto Rafti 94
  Poseidon-Tempel **92,** 92–93, 98
  Rafina 95, **95,** 98
Akrokorinthos 106
Akropolis, Athen **54,** 54–57, **56–57**
  Erechtheion **44–45, 56,** 56–57
  nördlich der 62–65
  südlich der 58–59
  Tempel der Athena Nike 55, **57**
Akropolismuseum, Athen 57, 58–59
Akrotiri 301
Aktivitäten 384
Albanien 155, 176
Alexander der Große **30,** 30–31
Alexandroupoli **196,** 197
  Hotels und Restaurants 359
Ali Pascha 160–161, 162–163
Alonissos **224,** 224–225, 226–227
  Hotels und Restaurants 363
Amari-Tal 298
Amorgos 252–253
Andikithera 119
Andipaxos 308, 321
Andirrion 141
Andritsaina 129
  Hotels und Restaurants 352
Andros 242, 380
Ano Siros 244–245
Antikithira 136
Aperi 271
Aphaia-Tempel, Ägina 220, **220**
Apollon-Theater, Siros 245
Apollonas 249
Arachova 145, 148–149
  Hotels und Restaurants 356
Archäologische Ausgrabungen, Teilnahme an 117
ARCHÄOLOGISCHE MUSEEN
  Agios Nikolaos 291
  Andros 242
  Argos 116
  Argostoli 328
  Athen 87
  Chalkis 207
  Chania 303
  Chora 127
  Dion 171
  Eretria 210
  Ioannina 161, 164
  Heraklion 277
  Kavala 193
  Komotini 196
  Korfu 313
  Korinth 106
  Kos 266
  Milos 251
  Mytilene 233
  Nauplia 115
  Naxos 248–249
  Olympia 131
  Paros 250
  Rethimnon 304
  Rhodos 259
  Samos 239
  Sitia 293
  Thessaloniki 178, 181
  Volos 150
  Vravrona 102
Archanes 306
Architektur
  Einführung 44–46
  türkische Einflüsse 197
  Turmhäuser **120,** 120–121
Arcturos-Bärenreservat 175
Argos 116
Argostoli 328–329
Aristophanes 61
Aristoteles 61, 77, 185, 206
Arna 125
Arnaia 185
Artemis 101, **102**
Asfendiou-Dörfer, Kos 267–268
Asklepios 267
Aspropotamos-Tal 157
Astipaläa **10,** 268–269
Athen 51–88
  Agora 63–64
  Akropolis **54,** 54–57, **56–57**
  Akropolis-Studienzentrum 57, 58–59
  American School of Classical Studies 79
  Anaflotika 62–63
  Archäologisches Museum 87
  Ausflüge 88
  Benaki-Museum 74–75
  Benaki-Museum der Islamischen Kunst 67
  Byzantinisches Museum 77
  Dionysos-Theater 58, **58**
  Dora Stratou-Theater 69
  Einkaufen 376–378
  Erechtheion, Akropolis **44–45**
  Griechisches Marinemuseum 87
  Große Mitropolis 67
  Hadriansbibliothek 65
  Hauptmarkt 81
  Herodes Atticus-Theater 58
  Hotels 344–348
  Kanellopoulos-Museum 68–69
  Karten 52–53, 71
  Kerameikos 67
  Kleine Mitropolis 67
  Kolonaki 78–79
  Kriegsmuseum **74,** 75–76
  Lykavittos **78,** 79
  Marathon 97
  Monastiraki 66–67
  Moschee des Fethiye Tzami 65
  Münzmuseum 83
  Museum für griechische Volkskunst 69
  Museum der Kykladenkunst 78–79
  Museum für Musikinstrumente 68
  Nationales Archäologisches Museum 42, 82–83, **84–85**
  Nationalgalerie 76–77, **77**
  Nationalgarten 73
  nördlich der Akropolis 62–65
  Olympische Spiele **50**
  Omonoia-Platz **80,** 80–81
  Parthenon 45, **54,** 54–55
  Piräus **86,** 86–87
  Psirri 67
  Plaka **15, 62, 68,** 68–77
  Plaka, Spaziergang durch 70–71

Pnyka 59
Restaurants 348–350
römisches Forum 64–65
St. Nikodemos 70
St. Sotira 70
südlich der Akropolis 58–59
Stoa des Attalos 63–64
Syntagma-Platz 70, 72–73
Tanzstunden 69
Tempel des Hephaistos 63
Turm der Winde **64,** 64–65
U-Bahn **43,** 81, 335–336
Unterhaltung 382
Verkehr 335–336
Vouli 72
Athena Lindia-Tempel, Lindos 260
Athene **173**
Athener Umland (Attika) 89–102
Akra Sounion 90, 92–95, 98
Chalkis 98
Hotels und Restaurants 351–352
Karten 91, 98
Marathon 91, 96–97, 98
mit dem Auto 98
Ostküste 92–95
Porto Rafti 94
Rafina 95, **95,** 98
Rhamnous 100–101
Poseidon-Tempel **92,** 92–93, 98
Vouliagmeni 98
Vravrona **100,** 100–102
Athini *siehe* Athen
Athos, Berg 168
Klöster **186,** 186–187, 188–189
Schifffahrt um 188–189
Attika *siehe* Athener Umland
Autofahren 337–338
Etikette 101
Parken 344
Vermietung 337
Autovermietung 337
Avliotai 316

B

Bären 155, 175
Balkankriege 34–36
Banana Beach, Skiathos 245
Banken 388
Basar, Komotini 197
Behinderungen, Reisende mit 341, 344
Benaki-Museum, Athen 74–75
Benaki-Museum der Islamischen Kunst, Athen 67
Benitses 318–319
Botschaften und Konsulate 342
Bouboulinas Haus, Spetses 223
Bourtzi, Nauplio 114
Brauron *siehe* Vravrona
Bucht des heiligen Paulus, Lindos 260
Bürgerkrieg 37–38
Bulgarien 191
Burg der Johanniter, Kos 266
Busse 336–337
BYZANTINISCHE MUSEEN
Athen 77
Ioannina 160
Kastoria 174
Korfu 313
Mytilene 233
Rhodos 259, 262
Thessaloniki 181
Zakynthos 331
Byzantinisches Reich 32–33

C

Casa Romana, Kos 267
Castello Rosso, Karystos 211, **213**
Chalki 256, 272
Chalkidike 184–185
Hotels und Restaurants 359
Chalkis 98, 206–207, 208
Chania 185, 275, 302–303
Archäologisches Museum 303
Firkas 303
Historisches Museum 303
Hotels und Restaurants 372
Janitscharen-Moschee **302,** 303
Kydonia 302–303
Marinemuseum 303
Zentralmarkt 303
Chatzi-Giannis-Mexis-Museum, Spetses 223
Chios **33, 236,** 236–238
Einkaufen 380
Hotels und Restaurants 364
Karte 237
Chora 135
Chora Sfakion 299
Commonwealth-Soldatenfriedhof, Akrotiri 301
Cricket 383

D

Dadia-Forst 169, 199, 200–201
Delos 247
Delphi 144–147, 149 **146–147**
Hotels und Restaurants 356–357
Museum 147
Orakel 144–145
Stadion **144**
Despotenpalast, Mistra 125
Deutscher Soldatenfriedhof, Maleme 301, **301**
Diapontia-Inseln 332
Dikteon Andron 287
Dion **167,** 171
Dionysos-Theater, Athen 58, **58**
Dirfis, Berg 212
Dochiariou 188
Dodekanes 256–272
Astipaläa **10,** 268–269
Chalki 256, 272
Hotels und Restaurants 368–371
Kalymnos 265–266
Karpathos **18–19, 256, 270,** 270–271
Karten 256–257, 261, 263, 267
Kos 256, 266–268
Lindos 260
Nisyros 256, 272
Patmos 256, 264–265
Pserimos 272
Rhodos 256, 258–264
Einkaufen 185, 380–381
Symi 265, **269,** 269–270
Tilos 256, 272
Unterhaltung 383
Dodona 161, 164–165
Dora Stratou-Theater, Athen 69
Dorpfeld, Wilhelm 322–323
Drachenhäuser, Euböa 214
Drogarati-Höhle 329

E

Edessa 181
Einkaufen 185, 376–381
Antiquitäten 376
Feilschen 10, 376
Kleidung 339, 378
Öffnungszeiten 79, 340
El Greco 44, 76, 279, 325
Elafonisos 119, 300
Eleftherias-Tor, Rhodos 262
Eleusis 72
Elgin, Lord 55, 57
Elgin Marbles 42, 55, 59
Eliou, Nikos und Ritsa 264
Elouda 289, **289**
Hotels und Restaurants 371–372
Elytis, Odysseas 235
Enosis-Monument, Korfu 313
Ephyra 166
Epidaurus **48,** 61, 108–109, **108–109**
Epirus *siehe* Mittelgriechenland, Thessalien und Epirus
Ereikousa 332
Eresos 235, 236
Eretria 210–211
Gorgonenhaupt **203**
ERLEBNISSE
archäologische Ausgrabungen 117
Ausflug nach Bulgarien 191
Bildhauerkurse auf Tinos 243
Einkaufen 185
Englisch unterrichten 305
Epidaurus, Theater in 61
Fischen gehen 238
Fünfkampf 41
Griechisch lernen 49
Homers Grabstätte 326
Kirschen pflücken & Marmelade kochen 125
Korfu-Trail 314
kretische Kultur 300
lokale Feste 145
Meeresschildkröten schützen 329
Mönchsleben auf dem Berg Athos 187
Nachtleben auf den Inseln 223

Naturbeobachtung in Mazedonien 199
Nemeische Spiele 107
Öko-Tourismus auf Naxos 247
Ostern 293
Ouzo 319
Pilze sammeln 157
Poesie vor Ort 235
Raubvogelprogramm 136
Reiten auf Kreta 281
Sagen auf der Spur 173
Segeln lernen 323
Skifahren 149
Tauchen 212
Tanzstunden in Athen 69
Übernachten im Dadia-Forst 201
Weingüter 259
Windsurfen vor Paros 250
Wohnen bei einer Familie 268
Xanthi, Karneval in 194
Zagoria, Pfade in 159
Ermoupoli 244
Essen und Trinken 20
Joghurt 202
Kaffee 252
Kirschen pflücken & Marmelade kochen 125
Sprachführer 385
Ouzo 20, 319
Wein 259, 382–383
Euböa 203–214
Akra Artemision 214
Drachenhäuser 214
Eretria 210–211
Chalkis **206,** 206–207, 208
Hotels und Restaurants 361–362
Kandili-Center 208
Karistos 211
Karten 204–205, 209
Kimi 211–212
Limni 208, 213
Loutra Aidipsou 213
Loutra Gialtra 213
Mandoudion 208
mit dem Auto 208
Moni Galataki 208, 213
Ochi 214
Ochthonia 214
Prokopion 208, 212–213
Psachna 208
Steni Dirfyos 212
Stira 214
Evangelos Averoff-Galerie, Metsovo 153
Evans, Sir Arthur 23, 281, **284,** 284–285
Evrosdelta 169, 198–199, 200–201
Evzones **51,** 72

F

Fähren 93
Feiertage 340
Mariä Verkündigung 243–244
Unabhängigkeitstag **35**
Feilschen 10, 376
Feste 18, 382–383
Festivals 18, 382–383
lokale Feste 145
Skyros 226
Xanthi, Karneval 194
Filaki-Strand 245
Firkas, Chania 303
Fischen 238
Fiskardon 328
Florina 202
Flughäfen und -verbindungen 335, 336
Fortetsa, Rethimnon 304
Frangokastelo 299
Fterolakkas 149
Fünfkampf 41

G

Gaïos 321
Galatas 221
Galaxidion 140
Galissas 245
Gamila, Berg 155
Gardiki, Burg 319
Gawdos 274, 306
Geld 83, 340
Geldautomaten 340
Geschichte 22–39
Geschichts- und Volkskundemuseum, Argostoli 328
Gialos **269**
Githion 121
Götterwelt 172–173
Gournia 292, **292**
griechische Sprache
Alphabet 386
Lektionen 49
nützliche Sätze 11, 386–388
Sprachführer 385
Griechisches Marinemuseum, Athen 87
griechisch-türkische Beziehungen 233
Großmeisterpalast, Rhodos 258–259, 262–263

H

Haga Triada 295
Halkidiki *siehe* Chalkidike
Halkio 249
Haus der Mosaiken, Eretria 210
Heiligtum der Artemis, Vravrona 101
Heraion 239
Heraklion 275, **276,** 276–279
Agios Titos 279
Archäologisches Museum 277
Historisches Museum 279
Hotels und Restaurants 372
Ikonenmuseum 279
Karte 277
Loggia 278–279
Naturkundemuseum 279
Plateia Eleftherias 277–278
Plateia Venizelos 278
Rocco al Mare **276**
Herodes Atticus-Theater, Athen 58
Hippokrates 266
Historisches Museum, Chania 303
Historisches Museum, Heraklion 279
HÖHLEN UND GROTTEN
Diktean Andron 287
Drogarati-Höhle 329
Höhle von Trapeza 22–23, 286
Korykische Grotte 149
Melissani-Höhle 329
Nymphengrotte, Ithaka 325
Perama-Höhlen 166
Petralona-Höhle 185
Spilia Dirou 121, 122
Homer 26, 48, 112–113, 234, 235, 252, 325, 326–327
Hora 326
Hotels und Restaurants 72–73, 343–375

I

Idra **218,** 219, 221–222, **222,** 223
Hotels und Restaurants 362
Ierapetra 293
Ikaria 228
Iklaina 117
Ikonen **73,** 76, **137,** 143
Ilias 26, 326
INSELN
Ägäische Inseln 215-272
Dodekanes 256-272
Euböa 203-214
Ionische Inseln 307-309, 320-332
Ithaka 113, 308, 324-325
Kephallonia 328-329
Korfu (Kerkira) 310-319
Korfu und die Ionischen Inseln 307-332
Kreta (Kriti) 273-306
Kykladen 240-255
Lefkas 322-323
Nordostägäische Inseln 228-233, 236-239
Paxos und Antipaxos 308, 320-321
Saronische Inseln 218-223
Sporaden 216, 224-227
Zakynthos 330-331
Ioannina 138, **160,** 160–161
Ali Pascha-Museum 161, 163
Alte Synagoge 162
Archäologisches Museum 161, 164
Byzantinisches Museum 160
Einkaufen 185, 379
Hotels und Restaurants 357
Karte 163
Nissi 161, **162,** 163
Museum für Volkskunst 161, 162
Silberwarenhalle 160, 163
Spaziergang 162–163
Ionische Inseln *siehe* Korfu und die Ionischen Inseln
Ios 240, 251–252, 326

Ist-Kale-Festung, Nauplia 114
Ithaka 113, 308, 324–325
- Bibliothek 325
- Hotels und Restaurants 374
- Ithaka-Stadt 324–325
- Lazaretto 324–325
- Nymphengrotte 325
- Perahori 325
- Stavros 325
- Taxiarchos-Kirche 325

Ithaka-Stadt 324–325

J

K

Kaisariani-Kloster 88
Kalamata 127
Kalami 314
Kalavria 221
Kalavrita 135
Kalimnos 265–266
- Einkaufen 381
- Hotels und Restaurants 368–369
- Schwammfischerei 265

Kamiros 261
Kandili-Center, Prokopion 208
Kapsali 135
Kardamena 267
Karistos **210,** 211, **213**
Karneval 194, 226
Karpathos **18–19, 256, 270,** 270–271
KARTEN
- Ägäische Inseln 216–217, 219, 229
- Athen 52–53, 71
- Athos-Halbinsel 189
- Attika 91, 98
- Chios 237
- Dodekanes 256–257
- Euböa 204–205, 209
- Ioannina 163
- Heraklion 277
- Korfu 311, 317
- Korfu und die Ionischen Inseln 309
- Kos 267
- Kreta 274–275
- Kykladen 240–241
- Makedonien und Thrakien 168–169
- Mani-Autotour 123
- Mittelgriechenland, Thessalien und Epirus 138–139
- Naxos 249
- Peloponnes 105
- Rhodos 261
- Rhodos-Stadt 263
- Samaria-Schlucht 297
- Saronische Inseln 219
- Sporaden 225
- Thessaloniki 182

Kassandra 184, **184**
Kassiopi 315
Kassopi 166
Kastelli Pediados 286
Kastellorizo 256, 271
Kastoria **174,** 174–175
- Hotels und Restaurants 359–360

Kastro, Kephallonia 329
Kastro, Mistra 125
Kastro-Viertel, Chalkis **206,** 207
Katapola 253
Katomerion 332
Kavadades 317
Kavafis, Konstantin 234–235
Kavala **192,** 192–194
- Hotels und Restaurants 360

Kephallonia **328,** 328–329
- Einkaufen 381
- Hotels und Restaurants 374–375

Kerameikos, Athen 67
Kettenturm, Thessaloniki 183
Kifisia 88
Kimi 211–212
Kini 245
KIRCHEN 340
- Agia Dimitrios, Thessaloniki 182–183
- Agia Paraskevi, Chalkis 207
- Agia Sofia, Thessaloniki 182
- Agios Akhillios 177
- Agios Andreas, Patras 134, **134**
- Agios Athanasios, Agios Germanos 177
- Agios Georgios, Athen 79
- Agios Germanos 177
- Agios Ioannis o Rosos, Prokopion 212
- Agios Nikolaos, Siros **244,** 245
- Agios Nikolaos sto Molo, Zakynthos 331
- Agios Spiridon, Nauplia 115
- Agios Titos, Heraklion 279
- Große Mitropolis, Athen 67
- Kastoria 174
- Kleine Mitropolis, Athen 67
- Korfu 313
- Mitropolis, Mistra 124–125
- Monastiraki, Athen **66**
- Osios David, Thessaloniki 183
- Panagia Eleousas 177
- Panagia Evangelistria, Tinos 243
- Pantanassa, Mistra 125
- St. Nikodemos, Athen 70
- St. Sotira, Athen 70
- Taxiarchos, Ithaka 325
- Zakynthos 331

Kita 121
Kithira 119, 135–136
- Hotels und Restaurants 352

klassische Antike 28–29
Kleidung
- Einkaufen 378

Klima und Reisezeit 70, 334, 338
KLÖSTER
- Agia Lavra 34, 135
- Athos 188–189
- Dresscode 299
- Johanneskloster, Patmos 264
- Kloster der Apokalypse, Patmos 264, 265
- Meteora 152
- Moni Arkadiou 305
- Moni Galataki, Limni 213
- Moni Panachrantou 242, **242**
- Moni Piso Preveli 298–299
- Moni Taxiarchis Michail Panormitis, Simi 269–270
- Moni tis Panagias tis Anafonitrias, Zakynthos 331
- Nea Moni, Chios 238
- Osiou Louka **142,** 142–143
- Panagia Hozoviotissa, Amorgos **253**
- Roussanou, Meteora **12**

Knossos 23, 274, **280,** 280–285, **282–285**
Kolonaki, Athen 78–79
Koloss von Rhodos 262
Komotini 196–197
- Hotels und Restaurants 360

Konitsa 155
Konstantin I, König 36, **36**
Konstantinopel 32–33
Korfu (Kerkira) 310–319
- Achilleion (Schloss) 318, **318**
- Avliotai 316
- Benitses 318–319
- Burg Gardiki 319
- Einkaufen 381
- Hotels und Restaurants 373–374
- Kalami 314
- Karten 311, 317
- Kassiopi 315
- Kavadades 317
- Korfu-Stadt 312–313
- Korfu-Trail 314–315
- Korissia-Lagune 319
- mit dem Auto 316–317
- nördliches Korfu 313–315
- Pantokratormassiv 314–315
- Palaiokastritsa 315, **315**
- Sidari 315, 316, **316**
- südliches Korfu 315, 318–319
- Troumbetas-Pass 316
- vorgelagerte Inseln 332
- Westküste 315

Korfu und die Ionischen Inseln 307–332
- Andipaxos 308, 321
- Einkaufen 381
- Hotels und Restaurants 373–375
- Ithaka 113, 308, 324–325
- Karte 309
- Kephallonia **328,** 328–329
- Korfu (Kerkira) 310–319
- Lefkas 322–323
- Paxos 308, **320,** 320–321
- Unterhaltung 383

Zakynthos **307,** 330–331
Korfu-Stadt 310, **310,** 311, 312–313
Korfu-Trail 314–315
Korinth (Korinthos) 106, 235
Hotels und Restaurants 352
Korinth, Kanal von **140,** 140–141
Korissia-Lagune 319
Koroni 126, **126**
Hotels und Restaurants 352
Koropi 94–95
Korykische Höhlen 149
Kos 256, 266–268
Archäologisches Museum 266
Asklepion 267
Asfendiou-Dörfer 267–268
Casa Romana 267
Burg der Johanniter 266
Hotels und Restaurants 369
Kardamena 267
Karte 267
Roman Agora 267
Kreta (Kriti) 273–306
Agios Nikolaos **290,** 290–291
Archanes 306
Chania 185, 275, 302–303
Diktean Andron 287
Einkaufen 185, 381
Elouda 289, **289**
Englisch unterrichten 305
Gawdos 274, 306
Gournia 292, **292**
Heraklion 275, **276,** 276–279
Hotels und Restaurants 371–373
Ierapetra 293
Karte 274–275
Kastelli Pediados 286
Kata Zakro 306
Knossos 23, 274, **280,** 280–285, **282–285**
Limenas Hersonisou 306
Maleme 301
Malia 288, **288**
Palaiochora 299
Phaistos **294,** 294–295
Reiten 281
Rethimnon **304,** 304–305
Samaria-Schlucht **296,** 296–297
Sitia 293
Südküste 298–299, **306**
Theriso-Schlucht 306
Unterhaltung 383
Vogelbeobachtung 198
Westküste 300
Kriegsmuseum, Athen **74,** 75–76
Kriti *siehe* Kreta (Kriti)
Kunst 42–50
Architektur 44–46, **120,** 120–121, 197
bildende Kunst 42–44
Festivals 382–383
in der U-Bahn **43**
Kino 50
Literatur 48–50
Musik 46–47
Kykladen 240–255
Amorgos 252–253
Andros 242, 380
Delos 247
Einkaufen 380
Geschichte 23
Hotels und Restaurants 366–368
Ios 240, 251–252, 326
Karte 240–241
Milos 250–251
Mykonos 240, 245–246, **246**
Naxos 240, 247–249
Paros 240, 249–250
Santorin 253–255
Siros 240, **244,** 244–245
Tinos 242–244
Unterhaltung 383

L

Laganas-Bucht 330–331
Lakka 321
Lassi 329
Lavrion 93–94
Lazaretto 324–325
Lefkas 322–323
Hotels und Restaurants 375
vorgelagerte Inseln 332
Lefkas-Stadt 322–323
Lesbos 232–233, 236
Agiasos 236
Archäologisches Museum 233
Byzantinisches Museum 233
Eresos 235, 236
Hotels und Restaurants 365
Mithymna **232,** 236
Mytilene 233
Einkaufen 380
Skala Kalonis 236
Theophilos-Museum 236
Vogelbeobachtung 199
Lesetipps 173, 334–335
Limenaria 231
Limenas Hersonisou 306
Hotels und Restaurants 372–373
Limni 208, 213
Limnos 232, **239**
Hotels und Restaurants 365–366
Lindos 260
Liston 312–313
Literatur 48–50
Litochoron 171
Hotels und Restaurants 360
Livadia 268
Longos 321
Loutra Aidipsou 213
Loutra Gialtra 213
Lykavittos, Athen **78,** 79
Lykavittos-Theater, Athen 79

M

Makedonien und Thrakien 167–202
Alexandroupoli **196,** 197
Archäologisches Museum, Dion 171
Avdira 195–196
Berg Athos 168, **186,** 186–187
Bootstour um den Berg Athos 188–189
Chalkidike 184–185
Dadia-Forst 169
Dion 171
Einkaufen 379
Evros-Delta 169
Feste 382
Florina 202
Geschichte 35–36
Hotels und Restaurants 359–361
Karte 168–169
Kastoria **174,** 174–175
Kavala **192,** 192–194
von Kavala nach Alexandroupoli 192–197
Komotini 196–197
Kunstfestival 382
Litochoron 171
Maroneia 202
Naturbeobachtung mit Jeepsafari 199
Olymp 168, **170,** 170–171, **172**
Olymp-Nationalpark **170,** 170–171
Nestos-Tal 190, **190**
Pella 168, 179
Philippi 191
Prespa-Seen 168, **176,** 176–177
Rhodopegebirge 169
Saltista 202
Strände 184–185
Thessaloniki **180,** 180–183
Unterhaltung 382
Vergina 168, 178
Xanthi 194–195
Makedonisches Reich 30–31
Makrinitsa **150,** 150–151
Maleme 301
Malia 288, **288**
Mandoudion 208
Mandraki-Hafen, Rhodos **258,** 262
Mani **120,** 120–121
mit dem Auto 122
Hotels und Restaurants 353
Karte 123
Marathon 91, 96–97, 98
Hotels und Restaurants 351–352
Marathons 96, 97, 384
Marinemuseum, Chania 303
Markopoulon 94, 98
Maroneia 202
Mastix-Dörfer, Chios 237–238
Mathrakion 332
Mati 95
Megalopolis 128
Meganisi 323, 332, **332**
Melissani-Höhle 329
Menetes 271

Messene 127–128
Messenien 126–128
  Hotels und Restaurants 352–353
  Megalopolis 128
  Messene 127–128
  Methoni **104,** 126–127
  Nestors Palast 127
Messolongi 141, 199
Meteora **12,** 152
  Hotels und Restaurants 357
Methoni **104,** 126–127
  Hotels und Restaurants 353
Metsovo 153, 156
  Hotels und Restaurants 358
Mezapos 122
Mili 214
Milies 151
Milos 250–251
minoische Fundstätte, Malia 288
minoische Kultur **13, 22,** 23
Mirina 232
Mirtos 329
Mistra **124,** 124–125
  Hotels und Restaurants 354
mit dem Auto
  Attika 98
  Korfu 316–317
  Mani 122
  Nordeuböa 208
Mithymna **232,** 236
Mittelgriechenland, Thessalien und Epirus 137–166
  Arachova 148–149
  Delphi **144,** 144–147, **146–147,** 149
  Dodona 164–165
  Einkaufen 379
  Ephyra 166
  Hotels und Restaurants 356–359
  Ioannina **160,** 160–161, 162–163
  Kanal von Korinth **140,** 140–141
  Karte 138–139
  Kassope 166
  Meteora 152
  Metsovo 153
  Nikopolis 166
  Nomaden **156,** 156–157, **157**
  Osiou Louka **142,** 142–143
  Parnass**148,** 148–149
  Perama-Höhlen 166
  Pilion, Halbinsel 150–151
  Pindosgebirge **154,** 154–155
  Spaziergang 162–163
  Unterhaltung 382
  Vikos-Schlucht 158, **158**
  Volos 150
  Zagoria 158–159
Mönchsrobben 227
Molivdoskepastos 155
Monastiraki-Platz, Athen 66
Monemvasia **118,** 118–119
  Hotels und Restaurants 353–354
Moni Arkadiou 305
Moni Galataki, Limni 208, 213
Moni Panachrangou 242, **242**
Moni Piso Preveli 298–299
Moni Taxiarchis Michail Panormitis, Simi 269–270
Moni tis Panagias tis Anafonitrias, Zakynthos 331
Monolithos 261, 264
Moped- und Motorradverleih 338
Mosaiken **33, 167**
  Haus der Mosaiken, Eretria 210
  Pella 179, **179**
  Thessaloniki 183
MOSCHEEN
  Chalkis **206,** 207
  Fethiye-Moschee, Athen 65
  Janitscharen-Moschee, Chania **302,** 303
  türkische Einflüsse 197
Mourtia-Strand, Alonissos **224**
Münzen 83
MUSEEN
  Akropolis-Studienzentrum, Athen 57, 58–59
  Ali Pascha-Museum, Nissi 161, 163
  Archäologisches Museum, Agios Nikolaos 291
  Archäologisches Museum, Andros 242
  Archäologisches Museum, Argos 116
  Archäologisches Museum, Argostoli 328
  Archäologisches Museum, Athen 87
  Archäologisches Museum, Chalkis 207
  Archäologisches Museum, Chania 303
  Archäologisches Museum, Chora 127
  Archäologisches Museum, Dion 171
  Archäologisches Museum, Eretria 210
  Archäologisches Museum, Heraklion 277
  Archäologisches Museum, Ioannina 161, 164
  Archäologisches Museum, Kavala 193
  Archäologisches Museum, Komotini 196
  Archäologisches Museum, Korfu 313
  Archäologisches Museum, Korinth 106
  Archäologisches Museum, Kos 266
  Archäologisches Museum, Marathon 97
  Archäologisches Museum, Mykonos 246
  Archäologisches Museum, Milos 251
  Archäologisches Museum, Mytilene 233
  Archäologisches Museum, Nauplia 115
  Archäologisches Museum, Naxos 248–249
  Archäologisches Museum, Olympia 131
  Archäologisches Museum, Paros 250
  Archäologisches Museum, Rethimnon 304
  Archäologisches Museum, Rhodos 259
  Archäologisches Museum, Samos 239
  Archäologisches Museum, Sitia 293
  Archäologisches Museum, Thessaloniki 178, 181
  Archäologisches Museum, Volos 150
  Archäologisches Museum, Vravrona 102
  Benaki-Museum, Athen 74–75
  Benaki-Museum der Islamischen Kunst, Athen 67
  Bouboulinas Haus, Spetses 223
  Byzantinisches Museum, Athen 77
  Byzantinisches Museum, Ioannina 160
  Byzantinisches Museum, Kastoria 174
  Byzantinisches Museum, Korfu 313
  Byzantinisches Museum, Mytilene 233
  Byzantinisches Museum, Rhodos 259, 262
  Byzantinisches Museum, Thessaloniki 181
  Byzantinisches Museum, Zakynthos 331
  Chatzi-Giannis-Mexis-Museum, Spetses 223
  Delphi 147
  Epidaurus 108–109
  Geschichts- und Volkskunde-museum, Argostoli 328
  Historisches Museum, Chania 303
  Historisches Museum, Heraklion 279
  Ikonenmuseum, Heraklion 279
  Kanellopoulos-Museum, Athen 68–69
  Kriegsmuseum, Athen **74,** 75–76
  Marinemuseum, Chania 303

Militärmuseum, Nauplia 115
Münzmuseum, Athen 83
Museum für Asiatische Kunst, Korfu 312
Museum für dekorative Volkskunst, Rhodos 259, 262
Museum für griechische Volkskunst, Athen 69
Museum der modernen Kunst, Andros 242
Museum für Naturgeschichte, Heraklion 279
Museum des makedonischen Kampfes, Thessaloniki 181–182
Museum für Musikinstrumente, Athen 68
Museum der Olympischen Spiele, Olympia 131
Museum für Volkskunde und Geschichte, Komotini 196–197
Museum für Volkskunst, Ioannina 162
Museum für Volkskunst und moderne Kunst, Kavala 193–194
Nationales Archäologisches Museum, Athen 42, 82–83, **84–85**
Papiergeld-Museum, Korfu 313
Stoa des Attalos, Athen 63–64
Theophilos-Museum, Varia 236
Tositsa-Anwesen, Metsovo 153
Volkskundemuseum, Agios Nikolaos 291
Volkskundemuseum, Kimi 211
Volkskundemuseum, Xanthi 195
Volkskundemuseum, Kastoria 175
Volkskundemuseum, Lefkas 323
Volkskundemuseum, Mykonos 246
Volkskundemuseum, Nauplia 115
Volkskunde- & Ethnologisches Museum, Thessaloniki 181
Musik **46,** 46–47, 68, 378, 383
Mykene 110–111, 112
Hotels und Restaurants 354
Königsgräber **110,** 111, 112
Löwentor **27,** 110–111
Museum 26, 82
Schatzhaus des Atreus 110
Totenmasken 112, **113**
Mykener, Zeitalter der 26
Mykonos 240, 245–246, **246**
Einkaufen 380
Hotels und Restaurants 366–367
Mythologie 172–173
Mytilene 233

N

Nafpaktos 140–141
Hotels und Restaurants 358
Nationales Archäologisches Museum, Athen 42, 82–83, **84–85**
Nationalgalerie, Athen 76–77, **77**
Nationalgarten, Athen 73
Nationalpark, Alonissos 227
Nauplia **114,** 114–115
Agios Spiridon 115
Archäologisches Museum 115
Bourtzi 114
Einkaufen 379
Hotels und Restaurants 354–355
Ist-Kale-Festung 114
Militärmuseum 115
Palamidi-Festung 114
Volkskundemuseum 115
Naxos 240, 247–249
Apollonas 249
Archäologisches Museum 248–249
Einkaufen 380
Halkio 249
Hotels und Restaurants 367
Karte 249
Kathedrale Zoodochos Pigi 248
Livadi-Tal 249
Melanes-Tal 249
Naxos-Stadt 248
Öko-Tourismus 247
Portara 248, **248**
Tragaia-Tal 249
Nea Agora, Rhodos 259–260
Nea Moudaniais 184
Nemeische Games 107
Nestos-Tal Valley 190, **190**
Nidri 323
Nikopolis 166
Nissi 161, **162,** 163
Karte 163
Nissiros 256, 272
Nomaden **156,** 156–157, **157**
Nordostägäische Inseln 228–233, 236–239
Chios **33, 236,** 236–238
Einkaufen 380
Hotels und Restaurants 364–366
Karte 229
Lesbos 199, 228, 232–233, 235, 236
Limnos 232, **239**
Samos 238–239
Thassos **228, 230,** 230–232
Unterhaltung 383
Notfall, im 342

O

Ochi, Berg 214
Ochthonia 214
Odyssee 48, 235, 325, 326–327
öffentliches Verkehrsnetz 335–337
Oinousa 228–229
Olimpos **270,** 271, **272**
Oliven und Olivenöl 19, **103,** 127, 321
Olymp, Berg 168, **170,** 170–171, **172**
Olympia 130–133
Antikes Olympia 130–131, **132–133**
Archäologisches Museum 131
Hera-Tempel 131, **132**
Hotels und Restaurants 355
Museum der Olympischen Spiele 131
Olympische Spiele 40–41, **50,** 130, 131
Palestra **130, 132**
Zeus-Tempel 130, **132–133**
Olympische Spiele **40,** 40–41, **50,** 53
Omalos 296
Orakel von Delphi 144–145
Orakel des Zeus, Dodona 164–165
Osiou Louka **142,** 142–143
Othonoi 332
Ouranopolis 188, **188**

P

Paiania 88
Palaiochora 299
Palamidi-Festung, Nauplia 114
Palast der Heiligen Michael und Georg, Korfu 312
Palatitsia-Palast, Vergina 178
Paleochora 136
Paleokastritsa 315, **315**
Panagia Hozoviotissa, Amorgos **253**
Panagia Mavriotissa, Kastoria 175
Pantanassa, Mistra 125
Pantokrator 314–315
Papandreou, Andreas 39
Papandreou, George 38
Papiergeld-Museum, Korfu 313
Parga **164,** 165
Hotels und Restaurants 358
Parnass **148,** 148–149
Parnass-Nationalpark 148
Paros 240, 249–250
Archäologisches Museum 250
Einkaufen 380
Hotels und Restaurants 367–368
Kathedrale Panagia Hekatontapyliani 250
Paros-Stadt 250
Windsurfen 250
Parthenon, Athen 45, **54,** 54–55
Patmos 256, 264–265
Einkaufen 381
Hotels und Restaurants 369–370
Patras 134, **134**
Hotels und Restaurants 355
Paxos 308, **320,** 320–321
Gaïos 321
Hotels und Restaurants 375
Lakka 321
Longos 321
Pella 168, 179, **179**
Peloponnes 103–136
Agia Lavra 135

Andritsaina 129
archäologische Ausgrabungen 117
Argos 116
Chora 127, 135
Einkaufen 379
Epidaurus 108–109, **108–109**
Githion 121
Hotels und Restaurants 352–356
Iklaina 117
Kalavrita 135
Kapsali 135
Karte 105, 123
Kirschen pflücken und Marmelade kochen 125
Kithira 135–136
Korinth 106
Koroni 126, **126**
Mani **120,** 120–121, 122
Megalopolis 128
Messene 127–128
Methoni **104,** 126–127
Mezapos 122
mit dem Auto 122
Monemvasia **118,** 118–119
Mykene **110,** 110–111, 112
Mistra **124,** 124–125
Nauplia **114,** 114–115
Nestors Palast 127
Olympia **130,** 130–131
Paleochora 136
Patras 134, **134**
Pilos 136
Sparta 115
Spilia Dirou 121, 122
Tempel von Vasse 129
Tigani 122
Tiryns 115–116, **116**
Unterhaltung 382
Vatheia **120,** 121, 122
Perahori 325
Perama-Höhlen 166
Perivleptos-Kloster, Mistra 125
Petaloudes 260–261
Petralona-Höhle 185
Phaistos **294,** 294–295
Philip II, König (Makedonien) 30–31, 178
Philippi 191
Pilgerfahrten 243–244
Pilion, Halbinsel 150–151
Hotels und Restaurants 358
Pilos 136
Hotels und Restaurants 356
Pindosgebirge **154,** 154–155
Pilze sammeln 157
Piräus, Athen **86,** 86–87
Hotels und Restaurants 350–351
Pithagoria 239
Plaka, Milos 250–251
Plaka, Athen **15, 68,** 68–77
Plakias 299
Plakotos 252
Plateia Miaouli, Siros 245
Poros 221, **221**
Hotels und Restaurants 362–363
Nachtleben 223
Portara, Naxos 248, **248**
Porto Katsiki 323
Porto Rafti 94
Poseidontempel **92,** 92–93, 98
Potamia 231
Pothia 265
Prespa-Nationalpark 176
Prespaseen 168, **176,** 176–177
Hotels und Restaurants 360
Vogelbeobachtung 198
Prokopion 208, 212–213
Psachna 208
Psara 229
Pserimos 272
Psirri, Athen 67

R

Rafina 95, **95,** 98
Raki **286**
Reiten 281, 384
Restaurants 343–375
Essenszeiten 17, 344
Kreditkarten 344
Menschen mit Behinderung 344
nützliche Sätze 387
Sprachführer 385
Trinkgeld 63
Rethimnon **304,** 304–305
Archäologisches Museum 304
Fortetsa 304
Hotels und Restaurants 373
Moni Arkadiou 305
Rimondi-Brunnen 305
Rhamnous 100–101
Rhodos 256, 258–264
Einkaufen 381
Hotels und Restaurants 370
Kamiros 261
Karte 261
Lindos 260
Monolithos 261, 264
Petaloudes 260–261
Rhodos-Stadt **258,** 258–260, **262,** 262–263
Rhodos-Stadt **258,** 258–260, **262**
Archäologisches Museum 259
Byzantinisches Museum 259, 262
Großmeisterpalast 258–259, 262–263
Karte 263
Museum für dekorative Volkskunst 259, 262
Nea Agora 259–260
Ritterstraße 258–259, 262
Spaziergang 262–263
Ritterstraße, Rhodos 258–259, 262
römische Agora, Kos 267
römisches Forum, Athen 64–65
Rotonda, Thessaloniki 180–181
Roussanou-Kloster, Meteora **12**

S

Salamina 88
Saltista 202
Samaria-Schlucht **296**
Karte 297
Spaziergang 296–297
Samos 238–239
Archäologisches Museum 239
Heraion 239
Hotels und Restaurants 366
Pithagoria 239
Samos-Stadt 239
Samothraki 228
St. Nikodemos, Athen 70
St. Sotira, Athen 70
Santorin 253–255
Einkaufen 380
Hotels und Restaurants 368
Thira 253, 254–255
Santorin (Vulkan) 241
Sappho 234, 235
Saronische Inseln 218–223
Ägina 218, 220, 223
Einkaufen 379
Hotels und Restaurants 362–363
Idra **218,** 219, 221–222, **222,** 223
Karten 219
Nachtleben 223
Poros 218–219, 221, **221,** 223
Spetses 219, 222–223
Unterhaltung 383
Schafe **156,** 156–157
Schiffstouren 93, 188–189, 336
Schildkröten 329, 330–331
Schliemann, Heinrich 23, 26, 82, **112,** 112–113, 326
Schmuckkauf 185, 378
Schwämme 185, 380–381
Sferia 221
Sidari 315, 316, **316**
Sifnos 368, 380
Simi **269,** 269–270
Einkaufen 381
Hotels und Restaurants 370–371
Schwammfischerei 265
Sithonia 184–185
Sitia 293
Skala Kalonis 236
Skala Sikaminias 236
Skiathos 224, 225–226
Einkaufen 379
Hotels und Restaurants 363–364
Skifahren 149, 384
Skopelos 227
Einkaufen 379
Hotels und Restaurants 364
Skyros **215,** 225, 226, **227**
Einkaufen 379
Hotels und Restaurants 364
Smolikas, Berg **154,** 154–155
Sokrates 59
Solomos, Dionysios 331
Sonnenbaden, textilfrei 245

Sophokles 61
Sparta 115
  Hotels und Restaurants 356
Spartathlon 97
SPAZIERGÄNGE
  Ioannina 162–163
  Plaka, Athen 70–71
  Rhodos-Stadt 262–263
  Samaria-Schlucht 296–297
Spetses 219, 222–223
  Hotels und Restaurants 363
Spilia Dirou 121, 122
Spinalonga 289
Sporaden 216, 224–227
  Alonissos **224,** 224–225, 226–227
  Einkaufen 379
  Feste 383
  Hotels und Restaurants 363–364
  Karte 225
  Skiathos 224, 225–226
  Skyros **215,** 225, 226, **227**
  Skopelos 227
  Unterhaltung 383
Sport 41, 97, 107, 384
Sprache
  Alphabet 386
  Kurse 49
  nützliche Sätze 11, 386–388
  Sprachführer 385
Stagira 185
Stavros 325
Steni Dirfyos 212
Stickerei 185, **215**
Stira 214
Störche **198**
Strände
  Attika 92, 98
  Chalkidike 184–185
  FKK 245
Syros 240, **244,** 244–245
  Agios Nikolaos **244,** 245
  Ano Syros 244–245
  Apollon-Theater 245
  Archäologisches Museum 245
  Ermoupoli 244
  Galissas 245
  Hotels und Restaurants 368
  Kini 245
  Plateia Miaouli 245

T

Tauchen 212, 384
Taxis 63, 335, 336
Thassos **228, 230,** 230–232
  Hotels und Restaurants 366
  Limenaria 231
  Potamia 231
  Thassos-Stadt 230–231
  Theologos 231–232
Theater, Eretria 210–211
Theologos 231–232
Theophilos 69
Theophilos-Museum, Varia 236
Theriso-Schlucht 306
Thessalien *siehe* Mittelgriechenland, Thessalien und Epirus
Thessaloniki 180–183
  Agia Dimitrios 182–183
  Agia Sofia 182
  Archäologisches Museum 178, 181
  Byzantinisches Museum 181
  Einkaufen 379
  Hotels und Restaurants 360–361
  Karte 182
  Kettenturm 183
  Kirchen 182–183
  Museum des makedonischen Kampfes 181–182
  Osios David 183
  Rotonda 180–181
  Statue Alexander des Großen **183**
  Triumphbogen des Galerius 180
  Volkskunde- & Ethnologisches Museum 181
  Weißer Turm **180,** 181
Thira (Insel) *siehe* Santorin
Thira-Stadt 253, 254–255
Thrakien *siehe* Makedonien und Thrakien
Tigani 122
Tilos 256, 272
  Hotels und Restaurants 371
Tinos 242–244
  Archäologisches Museum 242
  Bildhauerkurse 243
  Einkaufen 380
  Heiligtum des Poseidon und der Amphitrite 242–243
  Hotels und Restaurants 368
  Kirche Panagia Evangelistria 243
  Tinos-Stadt 242–243
Tiryns 26, 115–116, **116**
Touristenpolizei 165
Trikerion 151
Trinkgeld 63, 341
Troumbetas-Pass 316
Troja 26, 112, 326
Tsagkarada 151
Türkei 33–34, 55–56, 233

U

Unabhängigkeit 34–35, **39**
Unterhaltung 223, 382–383

V

Vamos 300
Vasiliki 323
Vasses 129
Vatheia **120,** 121, 122
Vathi 332
Venus von Milo 250
Vergina 168, 178
Verkehr 335–338
Viahema **312**
Vikos-Aoos-Nationalpark 154
Vikos-Schlucht 158, **158**
Vizitsa 151
Vlachen 156–157, **157**
Vögel 136, **198,** 198–199, **199,** 200–201
Volos 150
  Hotels und Restaurants 358
Vouliagmeni 98
  Hotels und Restaurants 352
Voulismeni, See 291
Volkskundemuseum, Agios Nikolaos 291
Volkskundemuseum, Kimi 211
Volkskundemuseum, Xanthi 195
Volkskunde- & Ethnologisches Museum, Thessaloniki 181
Volkskundemuseum, Kastoria 175
Volkskundemuseum, Lefkas 323
Volkskundemuseum, Mykonos 246
Volkskundemuseum, Nauplia 115
Volkstanz 382–383
Vravrona **100,** 100–102

W

Wandern
  Dirfis, Berg 212
  Korfu-Trail 314
  Olymp 170–171
  Pindosgebirge 154–155
  Samaria-Schlucht 296–297
  Vikos-Schlucht 158
  Zagoria 159
Wetter 70, 334, 338
Windmühlen 255, **256,** 286
Windsurfen 250, 384

X

Xanthi 194–195, **195**
  Hotels und Restaurants 361
Xenophontos 188

Z

Zagoria 158–159
  Hotels und Restaurants 358–359
Zakros 306
Zakynthos **307,** 330–331
  Einkaufen 381
  Hotels und Restaurants 375
Zeitungen 87, 339, 377–378
Zeustempel, Olympia 130, **132–133**
Zia **266**
Ziegentanz, Skyros 226
Zographou 188
Zollbestimmungen 335
Zyklopen 111

ABBILDUNGSNACHWEIS

Es werden folgende Abbkürzungen verwendet: (o) oben; (u) unten; (m) Mitte; (l) links; (r) rechts:

Cover Samot/Fotolia.com (Rückseite links) tobago77/Fotolia.com (Rückseite Mitte) Freesurf/Fotolia.com (Rückseite rechts) Tatiana Popova/Shutterstock.com. 2-3, Maarten Udema; 4, IML Image Group/Alamy; 8, Studio Kontos/Photostock; 10, IML Image Group/Alamy; 12, Soren Lauridsen/Mathilde Foto; 13, K. Schafer/CORBIS; 15, Bob Turner/Art Directors & TRIP/drr.net; 16, Marco Simoni/Getty Images; 18-19, Yiorgos Depollas/Fotorama; 21, Steve Outram/Alamy; 22, Ashmolean Museum, Oxford, UK/Bridgeman Art Library; 27, James L. Stanfield/NGS; 28-29, French School/Bridgeman Art Library/Getty Images ; 30, D. Lees/CORBIS; 33, Photo © H. Palmer; 35, T. Gervis/Robert Harding Picture Library; 36, Hulton Archive/Getty Images; 39, Hulton-Deutsch Collection/CORBIS; 40, Mary Evans Picture Library; 43, Y. Nikiteas/Eye Ubiquitous; 44-45, Peter M. Wilson/Alamy; 46, T. Harris/Just Greece Picture Library; 48, P. Partington/Sylvia Cordaiy Photo Library; 50, James L. Stanfield/NGS; 51, M. Southern/Eye Ubiquitous; 54, N. Setchfield/Superstock; 58, Studio Kontos/Photostock; 60, James L. Stanfield/NGS; 62, M. Kouri/World News; 64, Terry Harris/Just Greece Picture Library; 66, M. Borchi/NGS; 68, Sebastien Brangoulo; 70, PCL/Alamy; 73, akg-images; 74, Studio Kontos/Photostock; 77, Alexandros Soutzos Museum; 78, Spectrum/Heritage-Images; 80, M. Borchi/NGS; 82, Nationales Archäologisches Museum, Athen, Greece/Bridgeman Art Library; 86, Hemis/Alamy; 89, Photo © H. Palmer; 90, Helga Lade Fotoagentur; 92, T. Harris/Just Greece Picture Library; 95, R. Reichenfeld/Dorling Kindersley; 96, Michael Holford; 100, N.I. Bowen-Morris/Travel Ink; 102, Studio Kontos/Photostock; 103, Studio Kontos/Photostock; 104, World Pictures/Photoshot; 107, Louisa Gouliamaki/AFP/Getty Images; 108, T. Gervis/Robert Harding Picture Library; 110, A. Gin/Superstock; 112 (l), Mary Evans Picture Library; 112 (r), akg-images; 113, Ashmolean Museum, Oxford, UK/Bridgeman Art Library; 114, N.I. Bowen-Morris/Travel Ink; 116, T. Harris/Just Greece Picture Library; 117, Cindy Miller Hopkins/DanitaDelimont.com/drr.net; 118, Imagebroker/Alamy; 120, Photo © H. Palmer; 124, T. Harris/AA Picture Library; 126, Photo © H. Palmer; 128, Spectrum/Heritage-Images; 129, Clay Perry; 130, James L. Stanfield/NGS; 134, IML Image Group/Alamy; 137, C. Pickles/ffotograff; 140, Werner Otto/Alamy; 142, T. Harris/Just Greece Picture Library; 144, Peter Horree/Alamy; 148, IML Image Group/Alamy; 150, Terry Harris, Just Greece Photo Library/Alamy; 153, Evangelos Averoff Gallery, Metsovo, Greece; 154, Tom Dempsey/Photoseek.com; 156, Photo © H. Palmer; 157, Peter M. Wilson/Alamy; 158, Photo © H. Palmer; 160, George Pantoulas; 162, T. Harris/AA Photo Library; 164, T. Harris/Just Greece Photo Library; 167, John Heseltine Archive; 170, Herve Champollion/Cephas Picture Library; 172, Courtesy of sacredsites.com and Martin Gray; 173, Erich Lessing/Art Resource, NY; 174, M. Dubin/Travel Ink; 176, John Heseltine Archive; 179, Spectrum/Heritage-Images; 180, Chris Hellier; 183, Spectrum/Heritage-Images; 184, Peter Baker/International Photobank; 186, James L. Stanfield/NGS; 188, James Davis/Eye Ubiquitous; 190, F. York/Dorling Kindersley; 192, John Heseltine Archive; 195, G. Tsafos; 196, F. York/Dorling Kindersley; 198, David Tipling/naturepl.com; 199, blickwinkel/Alamy; 200, Yiorgos Depollas/Fotorama; 203, Swiss School of Archaeology in Greece; 206-213 (alle), R. Moore/AA Picture Library; 215, Studio Kontos/Photostock; 218, Lee Frost/Imagestate; 221, Nikita Rogu/Shutterstock; 222, Photo © H. Palmer; 224, Travel Library; 227, Clay Perry; 228, T. Harris/Just Greece Picture Library; 230, A. Sattin/AA Picture Library; 232, A. Sattin/AA Picture Library; 234 (l), Arte & Immagini srl/CORBIS; 234 (r), A. Sattin/AA Picture Library; 236, IML Image Group/Alamy; 239, Hugh Palmer, "The Most Beautiful Villages of Greece and the Greek Islands: by Mark Ottaway/Thames & Hudson, London and New York; 242, T. Harris/AA Picture Library; 244, T. Harris/Just Greece Picture Library; 246, A. Tovy Amsel/Eye Ubiquitous; 248, James Davis/Eye Ubiquitous; 251, Studio Kontos/Photostock; 253, Studio Kontos/Photostock; 254, Hugh R./Eye Ubiquitous; 256, Clay Perry; 258, S. Day/AA Photo Library; 262, T. Harris/Just Greece Picture Library; 266, James Davis/Eye Ubiquitous; 269, Hugh Palmer, "The Most Beautiful Villages of Greece and the Greek Islands: by Mark Ottaway/Thames & Hudson, London and New York; 270, Patricia Fenn; 272, S. Paine/ffotograff; 273, C. Pendle/ffotograff; 276, G. Mooney/CORBIS; 278, R. Grant Archive; 280, Third Eye Images/CORBIS; 283, Robert Harding; 284, Ashmolean Museum, Oxford, UK/Bridgeman Art Library; 285, Studio Kontos/Photostock; 286, Clay Perry; 288, T. Harris/Just Greece Picture Library; 289, The Travel Library; 290, T. Harris/Just Greece Picture Library; 292, K. Paterson/AA Picture Library; 294, Studio Kontos/Photostock; 296, D. Bailey/Spectrum/Heritage-Images; 298, Brian Hoffman/Alamy; 301, K. Paterson/AA Picture Library; 302, Studio Kontos/Photostock; 304, Spectrum/Heritage-Images; 306, World Pictures/Photoshot; 307, Chris Deeney/Itchy Feet Photography; 308, Spectrum/Heritage-Images 310, James Davis/Eye Ubiquitous; 312, Jeremy Horner/CORBIS; 315, H. Merten/Robert Harding Picture Library; 316, H. Merten/Robert Harding Picture Library; 318, Rupert Horrox/Sylvia Cordaiy Photo Library; 320-324 (alle), Hugh Palmer, "The Most Beautiful Villages of Greece and the Greek Islands: by Mark Ottaway/Thames & Hudson, London and New York; 327, British Museum, London, UK/Bridgeman Art Library; 328, Rob Rayworth/Alamy; 330, James Davis/Eye Ubiquitous; 332, D. Ireland/AA Picture Library; 333, T. Harris/Just Greece Picture Library

Illustrationen von Maltings Partnership, Derby, England
Landkarten von Chris Orr Associates, Southampton, England

In der Reihe NATIONAL GEOGRAPHIC TRAVELER sind bisher folgende Titel erschienen:

ÄGYPTEN
ALASKA
ANGKOR
ARGENTINIEN
AUSTRALIEN
BARCELONA
BERLIN
BOSTON UND UMGEBUNG
CHINA
COSTA RICA
DEUTSCHE NATIONALPARKS
FLORENZ UND TOSKANA
FLORIDA
FRANKREICH
GRIECHENLAND
GROSSBRITANNIEN
HAWAII
HONGKONG
INDIEN
IRLAND
ISTANBUL UND WESTLICHE TÜRKEI
ITALIEN
JAPAN
KALIFORNIEN
KAMBODSCHA
KANADA
KANADA-NATIONALPARKS
KARIBIK
KOLUMBIEN
KRETA
KROATIEN
KUBA
LONDON
MADRID
MAROKKO
MEXIKO
MIAMI UND DIE FLORIDA KEYS
NEUSEELAND
NEW YORK
PANAMA
PARIS
PEKING
PERU
PORTUGAL
PRAG UND TSCHECHIEN
PROVENCE UND CÔTE D'AZUR
ROM
RUMÄNIEN
SAN FRANCISCO
SANKT PETERSBURG
SCHOTTLAND
SCHWEIZ
SHANGHAI
SPANIEN
STATE PARKS – AMERIKAS „KLEINE NATIONALPARKS"
SÜDAFRIKA
SYDNEY
TAIWAN
THAILAND
USA-NATIONALPARKS
VENEDIG
VIETNAM
WASHINGTON, D.C.
WIEN

Weitere Titel in Vorbereitung

Deutsche Ausgabe veröffentlicht von NATIONAL GEOGRAPHIC DEUTSCHLAND (G+J/RBA GmbH & Co KG), Hamburg 2002
3. aktualisierte Auflage, Hamburg 2013

Deutsche Übersetzung: Jutta Ressel, Cristoforo Schweeger, Simone Wiemken, Dr. Martin Goch (Reisefinformationen), Erika Weigele-Ismael (Aktualisierung 2013)
Aktualisierung 2013: Angela Stascheit für twinbooks, München
Gesamtproducing: twinbooks, München
Satz: textum GmbH, München
Druck und Verarbeitung: Offizin Andersen Nexö Leipzig GmbH

Printed in Germany
ISBN 978-3-95559-005-5

Titel der amerikanischen Originalausgabe:
National Geographic Traveler Greece

Die National Geographic Society, eine der größten gemeinnützigen wissenschaftlichen Vereinigungen der Welt, wurde 1888 gegründet, um «die geographischen Kenntnisse zu mehren und zu verbreiten». Sie unterstützt die Erforschung und Erhaltung von Lebensräumen sowie Forschungs- und Bildungsprogramme. Ihre weltweit mehr als neun Millionen Mitglieder erhalten monatlich das NATIONAL GEOGRAPHIC-Magazin, in dem die besten Fotografen der Welt berichten. Ihr Ziel: *inspiring people to care about the planet,* Menschen zu inspirieren, sich für ihren Planeten einzusetzen.

Die National Geographic Society informiert nicht nur durch das Magazin, sondern auch durch Bücher, Fernsehprogramme und DVDs.

Falls Sie mehr über NATIONAL GEOGRAPHIC wissen wollen, besuchen Sie unsere Website unter *www.nationalgeographic.de*